KB220870

미국 남침례신학교 총장 앨버트 몰러의 통찰력 있고 신학적으로 풍부한 해설은 히브리서가 예수의 인격과 사역을 어떻게 심오하게 드러내는지를 명확하고 설득력 있게 제시한다. 이 주석은 천사, 모세, 율법, 제사장 직분 등 모든 것 위에 그리스도의 탁월하심과 그분의 희생이 어떻게 구약의 체계를 성취하고 초월하는지를 탁월하게 보여준다. 몰러의 그리스도 중심적 접근은 독자들이 예수를 하나님의 약속의 궁극적 성취로 바라보게 하며, 신자들이 인내의 완벽한 모범이신 예수에 대한 믿음에 굳건히 설 수 있도록 격려한다.

목회자, 학자, 평신도를 막론하고 이 주석은 히브리서의 신학적 깊이에 대한 귀중한 통찰과 기독교 신앙을 실천하는 데 필요한 실제적 적용을 제공한다. 몰러의 글은 읽기 쉽고 매력적이며 성경에 충실하기에, 구속사에서 그리스도의 중심적 역할을 더 명확히 이해하고자 하는 모든 이에게 필독서라 할 만하다. 히브리서에 대한 이해를 깊이 추구하는 이들에게 이 책은 영적 성장을 위한 의미 있는 도구가 될 것이다. 히브리서를 통해 그리스도의 우월성을 깊이 탐구하고자 하는 모든 이에게 이 책을 적극 추천한다.

**류호준** | 백석대학교 신학대학원 은퇴 교수

모든 본문에서 그리스도를 설교할 수 있을까? 그리스도 중심 설교에 대해 많이 받는 질문 중에 하나다. 모든 본문에서 그리스도를 설교한다는 말은 성경 모든 본문에서 일대일로 그리스도가 대응된다는 말이 아니라, 성경 전체에 흐르는 그리스도 중심성을 말하는 것이다. 모든 본문에는 인간의 한계상황이 있고, 그 대안으로 우리는 그리스도를 초청할 수 있다. 앨버트 몰러의 〈히브리서 주석〉은 어떻게 모든 본문에서 그리스도를 드러낼 수 있는지를 잘 보여주는 책이다. 특히 히브리서는 구약의 해설서 같은 책이어서, 어떻게 구약을 그리스도 중심적으로 읽어야 하는지에 대한 선명한 모범 답안을 보는 기분이다. '안식'이라는 개념 하나를 설명할 때도 에덴동산에서 이스라엘과 가나안의 관계, 그리고 시편 95편의 광야 이야기를 통해 진정한 안식인 그리스도까지 연결해서 설명해준다. 이 책은 단순한 주석서가 아니다. 구약을 어떤 눈으로 바라보아야 하는지에 대한 성경신학적 안목을 보여주는 책이다. 온 우주에 별들이 가득 찬 것처럼 모든 성경 안에는 그리스도의 영광이 가득 차 있다. 그 영광을 보게 하는 천체망원경을 선물 받은 기분이다.

**고상섭 | 그사랑교회 담임목사**

히브리서는 일반 성도들에게는 이해하기가 쉽지 않아 난해한 책이며, 목회자들에게는 적용하기가 쉽지 않아 까다로운 책이다. 앨버트 몰러는 신학교의 학자인 동시에 지역교회의 교육 목사로서 신실하게 가르친 결과물을 이해하기 쉽고 적절한 적용이 있는 알찬 주석으로 우리에게 전해준다. 나는 성경에 진지한 관심이 있는 그 누구든 이 책을 쉽게 읽을 것이라고 확신하며, 성경공부나 설교를 준비해야 하는 목회자들에게 유용한 도움이 될 것이라고 믿는다. 무엇보다 복음의 예수님을 사랑하는 사람들은 이 히브리서 주석을 통해 함께 예수 그리스도를 찬양하는 기쁨을 누리게 되리라 믿는다.

**이정규** | 시광교회 담임목사

"탄탄한 성경강해서다. 앨버트 몰러는 나의 기대를 한 치도 저버리지 않았다. '그리스도 중심 강해주석' 시리즈에 적합한 책이 추가되었다. 히브리 신자들에게 보낸 멋들어진 서신에 풍덩 뛰어드는 모두에게 큰 유익이 될 것이다."

**대니얼 L. 애킨** | 사우스이스턴 침례신학교 총장

"신학의 초점이 조금도 엇나가지 않고 주석이 매우 꼼꼼하며 그리스도를 높이는 히브리서 강해서를 앨버트 몰러가 내놓았다. 찬사를 받아 마땅하

다. 그는 신약성경에서 까다롭기로 소문난 책을 다루면서 히브리서 전체에 나타나는 심각한 경고들은 물론이고 서신의 구조에 담긴 역사적 의미를 비롯해 현대적 중요성과도 씨름하면서 통찰과 감동이 넘치는 주석을 독자들에게 선사한다. 또한 독자들이 그리스도의 위대하심에 눈을 돌리게 한다. 그러면서 몰러는 설교자들과 교사들에게 꼭 필요하고 명쾌한 신학주석을 안겼을 뿐 아니라 하나님 말씀의 진리를 깨닫고 싶은 모든 독자에게 더없이 유익하고 따끈한 자료를 안겼다. 이 놀라운 책을 목회자들과 교회 지도자들과 학습자들에게 기쁜 마음으로 추천한다."

**데이비드 S. 다커리** | 사우스웨스턴 침례신학교 총장

"앨버트 몰러는 어느 모로 보더라도 21세기 가장 중요한 기독교 지도자에 속한다. 그는 하나님 말씀의 권위를 교회와 세상에 꾸준히 일깨운다. 이 책에서 몰러는 본문을 예리하게 주석하고 삶에 날카롭게 적용하며 세계관을 깊이 분석한다. 이 주석은 그리스도인들이 구속 이야기 전체를 하나로 묶는 '성경의 한 책'에서 그리스도의 영광을 보고 또 선포할 수 있도록 훌륭하게 준비시켜 준다."

**러셀 무어** | 〈크리스처니티 투데이〉 편집장

"앨버트 몰러를 접할 때면 그의 철학과 세계관에 대한 통찰을 읽어야 할지, 아니면 그의 예리한 성경 주석에 초점을 맞춰야 할지 몰라 늘 고민이다. 히브리서를 다룬 이 책에서는 이 고민이 단숨에 해결된다. 박식하고 빼어난 몰러는 지적 성취와 하나님의 말씀을 향한 부드러운 마음과 청중을 향한 사랑을 한 데 잘 녹여, 누구라도 이해할 수 있는 설교를 할 수 있도록, 보기 드문 형태의 주석으로 내놓는다. 성경대로 설교하려 한다면 이 히브리서 주석을 절대로 놓치지 말아야 한다."

**페이지 패터슨** | 사우스웨스턴 침례신학교(텍사스 주 포트워스) 전 총장

"독자들은 성경에 충실하고 신학이 풍성한 몰러의 히브리서 주석에 감사할 것이다. 히브리서는 독자들이 이해하기 어려운 부분이 적지 않다. 몰러는 우리가 이 서신을 역사의 맥락에서 이해하도록 도울 뿐 아니라 오늘의 세계에 강력하게 적용한다."

**토머스 R. 슈라이너** | 남침례교 신학교 부학장, 신약해석학 제임스 뷰캐넌 해리슨 교수

"적극 추천할 만한 이 히브리서 주석은 앨버트 몰러가 설교자들과 교사들에게 주는 엄청난 선물이다. 독자들은 이 책이 빈틈없고 많은 정보를 주며 크게 유익할 뿐 아니라 설교를 향한 열정과 불에 기름을 끼얹고 부채질을 한다는 것을 알게 될 것이다. 집어 들고 읽어라!"

**테리 L. 와일더** | 캠벨스빌 대학 신약 및 헬라어 교수, MDiv 프로그램 책임자

"히브리서에 흐르는 사고의 물줄기와 성경적 계시의 흐름을 앨버트 몰러만큼 잘 추적하는 사람이 없다. 예리한 주석가의 눈, 따뜻한 목회자의 마음, 배경이 되는 구약성경의 구속사에 충만한 정신으로 몰러는 누구든지 자신과 함께 걸으며 이 책 구석구석을 탐지하려는 사람에게 히브리서가 살아 숨 쉬게 한다. 이 주석은 우리 시대의 가장 훌륭한 설교자요 신학자가 성경 본문을 이해하고 설명하고 적용하도록 인내심을 가지고 도와주는 것과 같다."

**허셸 W. 요크** | 사우스웨스턴 침례신학교 신학부 학장, 설교학 빅터 앤 루이스 레스터 교수, 벅런 침례교회(캔터키 주 프랭크퍼트) 원로 목사

# CCEC

그리스도 중심 강해주석 히브리서

Christ

Centered

Exposition

Commentary

# 그리스도 중심 강해주석 히브리서

히브리서에서
그리스도
높이기

앨버트 몰러 지음
전의우 옮김

아바서원

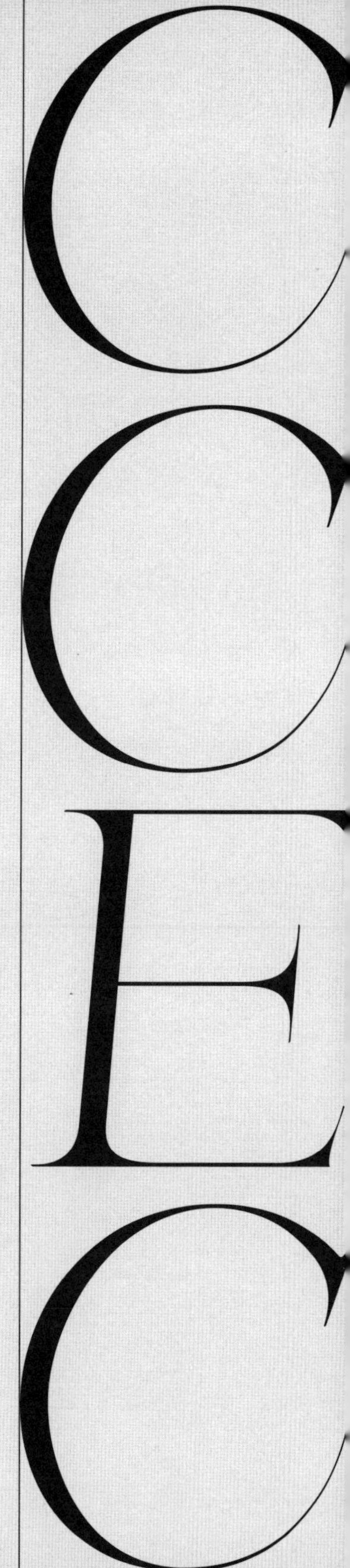

애드리언 로저스와 존 파이퍼에게 이 시리즈를 헌정합니다. 두 분은 우리에게 예수 그리스도의 복음을 사랑하고 성경을 무오한 하나님의 말씀으로 선포하며 우리 구주께서 위하여 죽으신 교회를 목양하고 모든 열방이 기뻐하며 어린양을 예배하는 광경을 보려는 열정을 가지라고 가르쳤습니다.

2013년 3월
데이비드 플랫, 토니 메리다, 대니얼 애킨

차례

**일러두기**

1. 인용된 성경은 대한성서공회에서 발행한 개역개정판이다. 다른 번역을 사용한 경우는 따로 표시했다.
2. 영어 성경은 달리 표기하지 않은 경우 저자가 사용한 CSB(Christian Standard Bible)이며, 다른 번역일 경우는 따로 표시했다.
3. 모든 각주는 옮긴이가 붙인 것이다.

히브리서 주석을 쓰는 일은 절대 만만하지 않다. 나와 아내 메리는 켄터키주 루이스빌에 자리한 하이뷰 침례교회를 20년 넘게 다녔으며, 감사하게도 나는 이 교회에서 교육 목사로 섬겼다. 그러니까 이 주석은 내가 누렸던 특권, 곧 이 교회 성도들에게 히브리서를 한 절 한 절 가르치고 설교하는 특권에서 시작되었다. 따뜻하고 신실했던 교회 성도들에게 지금도 깊이 감사한다. 나는 그곳에서 2년 넘게 히브리서를 풀어 가르쳤다. 성경의 어느 본문이든 그 풍성함을 다 길어낼 길이 없다. 우리가 함께 히브리서를 공부할 때도 전혀 다르지 않았다.

지금껏 많은 사람이 이 프로젝트와 나의 사역을 도왔다. 이들 중에 탁월한 총장실 인턴팀이 있었다. 팀원은 제레마이어 그리버, 던컨 콜린스, 포레스트 스트릭랜드, 크리스 위니거, 안드레스 베라, 존 펜들턴, 티모시 클라이저 등이었다. 이 인턴들은 엄청난 팀이었으며, 이들 한 명 한 명에게 감사한다. 이 프로젝트가 진행되는 동안, 맷 타일러와 존 스완은 나의 개인 사서로 수고했으며 내게 엄청난 도움을 주었다. 존 펜테코스트는 이 기간에 나의 미디어 프로듀서로 수고했으며, 그에게도 매우 감사한다. 이 기간에 J. T. 잉글리시와 토마스 헬람스는 내 사무실에서 나의 수행비서와 비서실장으로 수고했으며, 둘 다 이 프로젝트를 믿고 인내하고 이해하며 헌신적으로 기여했다.

특별히 언급해야 할 사람이 두 명 더 있다. 연구 책임자 샘 에마디는 내가 맡은 모든 책과 글쓰기 프로젝트와 강연과 설교와 에세이를 비롯한 프로젝트의 흐름을 조직하고 감독하며 조율하는 데 없어서는 안 될 사람이다. 학문이 넓고 마음은 더 넓은 사람에게 큰 감사의 빚을 졌다.

마찬가지로, 라이언 트로글린에게 감사하고 싶다. 그는 사실상 이 프로젝트의 관리 책임을 맡아, 설교와 강의 내용을 향후 수년 동안 교회에 도움이 될 주석으로 바꾸는 작업을 도와주었다. 그가 없었다면 이 프로젝트는 여태 끝나지 못했을 것이다.

나의 히브리서 이해를 조금이라도 더 풍성하게 해 준 모든 신실한 설교자와 학자들에게, 그리고 내가 거의 25년 동안 함께 가르치는 특권을 누리고 있는 남침례신학교 교수진에게 감사한다.

마지막으로, 늘 그렇듯이, 내가 이생에서 가장 큰 빚을 진 사람인 나의 아내 메리에게 감사한다. 메리는 좋은 일이 있을 때마다 나를 아주 다정하고 따뜻하게 격려해 주고, 나의 설교와 강의를 경청해 주고, 헤아릴 수 없을 만큼 나를 격려해 주며, 나의 삶을 그 어떤 말로도 표현할 수 없을 만큼 풍성하게 해준다.

어거스틴은 "성경이 말하는 곳에서 하나님이 말씀하신다"고 했다. '그리스도 중심 강해주석'(Christ-Centered Exposition Commentary) 시리즈 편집자들은 하나님이 말씀하시는 곳에서 목회자도 말해야 한다고 믿는다. 하나님은 그분의 기록된 말씀을 통해 말씀하신다. 우리는 그 말씀으로 말해야 한다. 우리는 성경이 하나님의 호흡으로 되었으며, 권위 있고, 무오하며, 충분하고, 이해할 수 있으며, 필요하고, 시대를 초월한다고 믿는다. 우리는 또한 성경이 그리스도 중심의 책이라고 믿는다. 다시 말해, 성경이 통일된 구속사 이야기를 담고 있으며 예수님이 그 주인공이라고 믿는다. 그리스도가 중심을 이루는 이 궤적이 창세기 1장부터 요한계시록 22장까지 이어지며, 따라서 우리는 이에 상응하는 세계 선교를 향한 원동력을 성경이 품고 있다고 믿는다. 처음부터 끝까지, 우리는 하나님의 선교란 성경에서 펼쳐지는 이 구속의 드라마를 통해 모든 족속과 방언에서 사람들이 그리스도를 예배하게 하는 것이라고 본다. 이를 위해 우리는 말씀을 전파해야 한다.

이런 뚜렷한 확신들 외에, '그리스도 중심 강해주석'(CCEC) 시리즈는 몇 가지 두드러진 특징이 있다. 첫째, 이 시리즈는 정확한 주석을 지향한다. 우리는 성경이 말하는 것을 말하려 한다. 이 시리즈의 모든 책이 한 절 한 절을 풀어내는 주석은 아닐 것이다. 그렇더라도 우리는 본문을 세밀하게 다루고 바르게 설명하려 한다. 가르치고 설교하는 사람들은 하나님이 그분의 말씀에서 말씀하신 것을 말하고 하나님이 그리스도 안에서 하신 일을 선포해야 하는 무거운 책임이 있다. 우리는 하나님의 말씀을 충실하게 다루려 한다. 우리가 이 거룩한 소명을 어떻게 수행했는지 그분께 아뢰어야 한다는 것을 알기 때문이다(약 3:1).

둘째, '그리스도 중심 강해주석' 시리즈는 목회자들을 염두에 둔다. 우리는 부모, 교사, 소그룹 리더, 학생 사역자 등이 이 시리즈를 읽길 바라지만 바쁜 목회자들이 매주 성경에 충실하고 복음에 절인 설교를 준비하며 활용할 주석을 만들고 싶다. 이 시리즈는 학문적 주석이 아니다. 우리의 목표는 쉽게 읽히고 목회를 돕는 주석을 내는 것이다. 이 목표가 주 예수 그리스도의 교회에 보탬이 되리라 믿는다.

셋째, 우리는 '그리스도 중심 강해주석' 시리즈가 유용한 예화와 신학의 적용까지 갖춘 것으로 알려지길 바란다. 많은 주석이 예화를 전혀 담고 있지 않으며 적용에 조금이라도 도움 되는 주석도 아주 드물다. 예화와 적용을 담고 있는 주석들은 안타깝게도 본문에 진지하게 주목하지 못하는 경우가 많다. 우리는 무엇보다도 설명에 집중하면서도 시대에 맞을 뿐더러 시대를 초월하는 적용을 갖춘 감동적이고 이해를 돕는 예화까지 제시해 독자들을 도우려 한다.

마지막으로, 시리즈 제목이 암시하듯, 편집자들은 성경의 모든 책에서 그리스도를 높이려 한다. 우리가 이렇게 말한다고 해서 거친 알레고리나 기괴한 모형론을 권하는 게 아니다. 우리는 신적 저자 자신, 곧 하나님의 성령께서 의도하신 의미를 벗어나서는 안 된다고 굳게 믿는다. 하지만 또한 성경이 메시아에 초점을 맞춘다고 믿으며, 각 저자가 자신이 다루는 본문에서 그리스도를 높이길 바란다. 누가복음 24:25-27, 44-47과 요한복음 5:39, 46은 우리의 해석학과 설교학이 어떠할지 알려준다. 모든 저자가 그리스도를 똑같은 방식으로 높이거나 그리스도가 중심이심을 똑같은 정도로 강조하지는 않으리라는 것이다. 괜찮다. 우리는 그리스도가 중심인 충실한 주석이 일률적이지 않으리라 믿는다. 하지만 또한 우리가 성경 전체를 기독교 성경으로 읽어야 한다고 믿는다. 그러므로 우리의 목표는 각 성경 단락의 역사적 특수성을 존중할 뿐 아니라 각 단락이 구속자와 본질적으로 연결된다는 점을 강조하는 것이다.

편집자들은 각 권 저자들에게 빚을 졌다. 독자는 각 저자의 고유한 스타일을 발견할 것이며, 우리는 각 저자의 고유한 은사와 재능을 존중한다. 저자들은 저마다 접근 방식이 다르지만 공통된 특징이 있다. 이들 모두 목회 신학자라는 것이다. 이들은 교회를 사랑하며, 정기적으로 하나님의 말씀을 하나님의 백성에게 설교하고 가르친다. 더 나아가, 이 시리즈 저자 중에 젊은 목소리가 많다. 우리는 이 새롭고 신선한 목소리들이 교회를 잘 섬길 수 있으리라고, 특히 이제 등장하는 세대, 곧 잃어버린 세상에 그리스의 말씀과 말씀의 그리스도를 선포할 책임을 맡을 세대 가운데서 그렇게 할 수 있으리라고 생각한다.

우리는 이 시리즈가 우리 구주께서 영광 중에 다시 오실 때까지 이런 다양한 방식으로 그리스도의 몸을 잘 섬기길 바라고 기도한다.

2013년 2월<br>
시리즈 편집자<br>
데이비드 플랫<br>
대니얼 애킨<br>
토니 메리다

# 1. 예수: 말씀하시는 영광의 왕

히브리서 1:1-3

[1]옛적에 선지자들을 통하여 여러 부분과 여러 모양으로 우리 조상들에게 말씀하
신 하나님이 [2]이 모든 날 마지막에는 아들을 통하여 우리에게 말씀하셨으니 이 아
들을 만유의 상속자로 세우시고 또 그로 말미암아 모든 세계를 지으셨느니라 [3]이
는 하나님의 영광의 광채시요 그 본체의 형상이시라 그의 능력의 말씀으로 만물
을 붙드시며 죄를 정결하게 하는 일을 하시고 높은 곳에 계신 지극히 크신 이의
우편에 앉으셨느니라

**핵심 개념:** 하나님은 그분의 백성에게 다양한 방식으로 말씀하셨으나, 이제 그분의 아들 예수 그리스도를 통해 우리에게 말씀하셨다. 예수 그리스도는 아버지의 영광이 정확하게 새겨진 도장이고, 창조의 주체이며, 우리의 죄를 씻는 희생제물이고, 그분에게 합당한 자리 곧 아버지의 오른편에서 우주를 다스리는 왕이다.

**I. 서문**

A. 제목

B. 원청중

C. 저작 연대

D. 저자

E. 프롤레고메나: 구약성경을 펼쳐 두라

**II. 옛적에 하나님의 계시를 들은 방식(1:1)**

**III. 마지막 때에 하나님의 계시를 듣는 법(1:2)**

IV. 하나님의 최종 계시의 지고하심을 보라(1:3)

# 서문

히브리서는 신약성경에서 가장 흥미진진한 책 가운데 하나가 분명하다. 특히 히브리서의 저자와 원청중에 관한 여러 서론적 질문에 답하려 할 때, 히브리서의 고유한 난제를 여럿 만나게 된다. 히브리서는 이런 의미에서 특별하다. 예를 들면, 바울 서신들은 바울이 각 서신의 저자라고 분명하게 말할 뿐 아니라 각 서신의 역사적 맥락, 청중, 주변 상황을 자주 분명하게 또는 암시적으로 말한다. 물론, 베드로 서신들, 사도행전, 요한계시록, 심지어 복음서들에 관해서도 비슷하게 말할 수 있다.

그러나 히브리서는 그리스도의 사역과 복음에 관한 성경신학적 탐구가 아주 풍부하지만 그 자체의 기원에 관해서는 거의 아무 정보도 주지 않는다. 사실, 우리는 누가 히브리서를 썼는지, 히브리서의 원래 청중은 누구였는지, 히브리서의 맥락은 무엇이었는지에 관해 거의 아무것도 알지 못한다. 기본적인 배경 설정을 위해, 다음과 같은 서론적 문제를 살펴보아야 한다.

- 제목
- 원청중
- 저작 연대
- 저자

### 제목

전형적으로, 이 책을 단순하게 "히브리서"(Hebrews)라 부른다. 대다수 고대 사본에는 "히브리인들에게"(to the Hebrews)라는 제목이 있으며, 이로써 이 책이 서신이라는 것을 알 수 있다. 그러나 히브리서는 바울 서신들과 달리 인사말로 시작하지 않는다는 점에서 독특하다. 이 책에는 전형적 서신의 인사말이 없지만, 성경의 다른 서신들과 비슷한 점이 (특히 끝부분에) 여럿 있다.

**원청중**

히브리서의 원래 수신자들은 누구였는가? 이미 말했듯이, 고대 사본들에서 이 서신은 "히브리인들에게"라는 제목으로 되어 있다. 히브리서의 어조에서, 히브리서 독자들이 그리스도인이었다는 것이 드러난다. 이것은 히브리서가 기독교로 회심한 유대인 공동체를 위한 서신이 틀림없다는 뜻이다. 그러나 이것으로 히브리서의 원청중에 관한 의문이 다 풀리지는 않는다. 초기 교회의 어떤 사람들은 히브리서가 구약성경과 레위 제사장 제도에 관한 풍부한 지식을 전제하고 있으므로 회심한 전직 유대교 제사장들을 위한 서신이었을 수 있다고 주장했다. 이러한 주장이 그 자체로 흥미진진하더라도, 히브리서가 이러한 특정 집단을 위한 것이었다는 증거는 없다.

히브리서의 전체 청중과 관련해 할 수 있는 가장 정밀한 서술은 이들이 회심한 유대인들이었다는 것이다. 히브리서의 다른 실마리들에서도, 원수신자들의 특징이 몇 가지 드러난다. 히브리서는 구약성경을 아주 잘 아는 사람들에게 쓴 편지가 분명하다. 그와 동시에, 히브리서 저자는 70인역(히브리어 구약성경의 헬라어 번역본)을 자주 인용하며, 따라서 70인역이 원청중에게 가장 친근한 성경 버전이었음을 보여준다. 히브리서 원청중은 70인역에 의존했으며, 따라서 헬라파 유대인(Hellenistic Jews)이었을 것이다. 이들은 팔레스타인 바깥에서 그리스-로마 제국의 한 부분을 구성했다. 이들은 주로 헬라어를 사용했으며 주로 알렉산드리아와 로마에 거주했다.

궁극적으로 우리는 역사를 재구성하면서 내키지 않더라도 얼마간 독단적일 수밖에 없다. 히브리서에 관해 우리가 아는 세 가지 사실은 다음과 같다. 첫째, 히브리서는 주 예수 그리스도의 교회에 쓴 편지였다(딤후 3:16-17). 둘째, 히브리서는 정경에서 독특한 역할을 한다. 셋째, 히브리서는 모든 그리스도인에게 구약성경을 그리스도와 올바르게 연결해서 읽는 법을 가르친다.

### 저작 연대

히브리서는 주후 70년 이전, 곧 유대교 성전이 파괴되기 전에 기록되었을 것이다. 히브리서는 마치 예루살렘의 제사 제도가 여전히 시행되는 것처럼 말하는데, 따라서 주후 70년 이전에 기록된 것이 거의 확실하다(7:27-28; 8:3-5; 10:1-3). 더 나아가, 히브리서는 디모데를 언급하는데(13:23), 성경 다른 곳을 통해 알 수 있듯이 디모데는 사도 바울과 동시대 사람이었다. 이러한 단서들을 통해 히브리서는 로마가 주후 70년에 예루살렘 성전을 파괴하기 이전 어느 시점에 기록되었다는 사실을 알 수 있다.

### 저자

누가 히브리서를 썼는가? 알 수 없다. 성경의 권위와 무오성은 성경 각 권의 저자와 관련해 우리에게 요구하는 바가 있다. 성경에 기록된 대로 각 권의 저자를 그대로 단언해야 한다는 것이다. 그러므로 우리는 베드로가 베드로전서와 베드로후서를 썼다고 단언해야 한다. 무오한 본문 자체가 그렇게 말하기 때문이다. 같은 원리가 바울 서신들에도 적용된다. 신약성경의 책들에 저자 이름을 밝히지 않는 경우라도(예를 들면, 마태복음, 마가복음, 누가복음, 사도행전), 전통적으로 제시되는 저자가 각 책의 저자라고 계속 단언할 충분한 역사적·문헌적 이유가 있다. 하지만 히브리서는 누가 저자인지 아무 힌트도 주지 않는다. 더욱이, 히브리서 저자가 누구라고 딱 집어 말하는 일치된 역사적 전통도 없다. 사실, 학자들은 히브리서의 저자일 가능성이 있는 인물을 여럿 제시했다.

교회사에서, 많은 사람이 바울이 히브리서를 썼다고 주장했다. 그러나 바울이 히브리서를 썼다는 증거는 전혀 없다. 사실, 히브리서의 문법과 구문과 어법은 바울 저작의 특징과 다르다. 바울 저작의 특징은 인사말이다. 바울은 인사말에서 자신이 저자라고 분명하게 밝힌다. 더 나아가, 바울은 자신이 사도의 권위를 가진 자로서 서신을 쓴다고 자주 말한다. 그러나 히브리서 저자는 이런 주장을 전혀 하지 않는다. 대신에, 히브리서 저자는 사도들을 통해 교회에 계시된 진리를 확증하는 자로서 서신을 쓴다.

이 외에 아볼로, 바나바, 누가가 히브리서 저자로 거론된다. 이들이 히브리서 저자로 거론되는 데는 이유가 있다. 히브리서 저자가 디모데와 가까웠던 것으로 보이며, 이로 인해 히브리서 저자가 사도 그룹(사도와 가까웠던 사람들)과 관련이 있다고 보기 때문이다. 그러나 이러한 주장들은 각각 문제가 있다. 예를 들면, 누가는 이방인이다(유대인이 아니다). 이러한 배경은 그가 자신의 복음서와 사도행전을 쓰는 방식에 분명히 영향을 미쳤다. 반대로, 히브리서는 유대교에 푹 잠긴 사람이 썼을 가능성이 높아 보인다. 바나바는 레위인이었기에 매력적인 선택이다. 히브리서가 제사장 문제에 주목한다는 사실이 바나바의 레위인 신분으로 설명될 수 있겠지만 바나바가 히브리서 저자라고 말하기에는 여전히 증거가 부족하다. 히브리서의 달변을 토대로 아볼로를 저자로 지목할 수도 있겠으나 이번에도 아볼로가 히브리서 저자라고 말하기에는 증거가 부족하다. 히브리서의 저자로 누군가를 지목하는 것은 매력적인 추측에 지나지 않는다.

결국, 우리의 상상력을 제한하고, 성령께서 우리에게 필요한 전부를 다 주셨다고 믿어야 한다. 그분의 섭리로, 하나님은 우리에게 히브리서의 인간 저자나 원수신자들을 알려주지 않으셨다. 분명하게도, 우리는 이것을 알려고 할 필요가 없을뿐더러 모르더라도 히브리서를 이해할 수 있다. 어쩌면 하나님이 이 정보를 주지 않으신 것은 정보가 있다면 히브리서를 성령의 의도와 다르게 읽을 수도 있기 때문일 것이다. 분명한 것은 성령께서 우리가 성경의 모든 책과 마찬가지로 히브리서도 “교회”에게 쓴 것으로 읽길 바라신다는 것이다. 그러므로 우리는 히브리서가 모든 그리스도인에게 주신 하나님의 말씀이라는 사실을 이해하고 히브리서에 다가가야 하며, 그리스도께서 십자가에서 이루신 희생 사역에 비추어 구약성경을 읽는 법을 히브리서에서 배워야 한다.

**프롤레고메나: 구약성경을 펼쳐 두라**

많은 그리스도인에게 히브리서는 이해하기 매우 어려운 책이다. 이는 히브리서가 구약성경에 관한 상당한 지식을 전제로 하기 때문일 가능성이 크다. 히브리서는 구약성경에 등장하는 대다수 주요 인물과 언약과 성경신학적 주제를 다룬다. 히브리서는 구약성경에 등장하는 별로 중요하지 않은 인물들을 다루는 데도 상당한 시간을 할애한다. 이를테면, 멜기세덱이 여기에 속한다. 그러므로 이 신약성경의 서신을 이해하려면 구약성경의 역사와 주제와 신학에 친숙해져야 한다. 히브리서는 이 여정에서 우리를 안내할 테지만, 우리가 이 서신을 읽는 내내 구약성경을 펼쳐놓는 게 중요하다.

## 옛적에 하나님의 계시를 들은 방식

**히브리서 1:1**

> [1]옛적에 선지자들을 통하여 여러 부분과 여러 모양으로 우리 조상들에게 말씀하신 하나님이

히브리서 1:1은 “옛적에”(long ago)로 시작한다. 창세기와 요한복음처럼, 히브리서도 첫머리에서 어떤 시간을 언급하며 독자들을 창조의 시작점

(태초)으로 이끈다. 이것은 히브리서의 두드러진 특징이며, 이러한 특징은 히브리서를 어떻게 해석해야 하는지에 관해 방향을 제시한다. 히브리서 서론 부분은 저자가 복음을 어떻게 설명할지에 관해 맥락을 제시한다. 히브리서 저자가 복음을 말할 때 예수님이 베들레헴에서 탄생하신 이야기에서 시작하지 않고 구약성경에 기록된 창조 내러티브와 언약들에서 시작하는 것은 의미가 깊다. 왜 이것이 그렇게 중요한가? 성령께서 히브리서 저자를 통해 그리스도 이야기를 하나님의 구속 계획 전체, 곧 창조부터 새 창조까지 이어지는 구속 계획의 맥락 안에 두고 계시기 때문이다. 그리스도의 위격과 사역(person and work of Christ)은 역사의 메타 내러티브(meta-narrative, 메타 서사, 거대 담론)의 중심에 제대로 위치할 때만 올바르게 이해될 수 있다. 하나님이 예수 그리스도 안에서 구원을 행하시는 이야기는 로마 제국 시대에서 시작되는 게 아니라 "옛적에" 구약성경의 내러티브들에서 시작된다. 하나님이 예수 그리스도 안에서 구원을 행하시는 이야기는 창조의 시작점(태초)에서 시작된다.

히브리서 저자는 또한 예수님과 그분의 십자가 사역 이야기를 이해한다는 말은 그리스도의 성육신이 하나님이 역사에 개입하신 첫 사건이 아니었음을 이해한다는 뜻이라는 점을 강조한다. 성육신은 하나님이 역사 속에서 하신 행위들 중에 특별한 것은 분명하다. 그러나 하나님은 구속의 드라마를 펼치고 그분의 아들의 성육신을 위한 무대를 세우면서 창조의 새벽부터 줄곧 행동하셨다. 특별히, 하나님은 말씀하시면서 줄곧 행동하셨다. 복음은 이미 하나님이 우리에게 주신 계시의 맥락에서 우리에게 온다. 복음은 하나님이 인간에게 하신 첫 말씀이 아닐뿐더러 진공 상태에서 온 것도 아니다. 오랜 세월, 야훼께서 "선지자들을 통하여…우리 조상들에게 말씀하셨다." 이 계시는 "여러 부분과 여러 모양으로"("여러 번에 걸쳐 여러 가지 방법으로"—새번역) 왔다. 때로 하나님은 꿈을 통해, 환상 중에, 성경이 그분의 영감으로 되게 함으로써, 심지어 나귀를 통해 말씀하셨다(민 22:28-30). 이 모든 것 가운데 우리를 위해 구약성경에 보존된 것은 하나님의 말씀의 무오한 기록과 이 기록이 그분의 백성에게 충실하게 대물림된 것이다.

히브리서 저자는 "선지자들을 통하여…우리 조상들에게"라는 표현을 사용해 이 서신의 신학적·구속사적 맥락을 견고하게 세울 뿐 아니라 그리스도가 옛 언약보다 뛰어나다는 자신의 변증을 절묘하게 시작한다. 조상들과 선지자들은 유대인 공동체에게 어떤 형태든 간에 신학 논증의 기준점이었다. 궁극적 권위는 이스라엘의 성경에 기록된 하나님의 계시였다. 사실, 바로 다음 절(1:2)에서, 히브리서 저자는 예수님이 구약성경에 기록된 하나님의 계시를 어떻게 성취하셨는지(폐기하신 게 아니다. 마 5:17을 보라) 증명하기 시작할 것이다.

히브리서 저자는 서론 구절을 세밀하게 다듬어 쓴 것이 분명하다. 그는 구약성경의 진실성과 권위를 단언한다. 구약성경은 지금도 하나님의 백성에게 권위 있게 기능한다. 그러나 그와 동시에, 다음 절이 보여주듯이, 이게 전부가 아니다. 구약성경은 결론, 곧 메시아적 결론이 필요한 이야기다. 조상들과 선지자들은 실제로 하나님의 말씀을 말했으나 이 말씀이 최종적 말씀은 아니었다.

## 해설: 말씀하시는 하나님

히브리서 저자가 이 첫 구절들에서 가장 중요하게 단언하는 것 중 하나는 하나님은 말씀하시는 하나님이라는 것이다. 성경은 이 사실을 자주 단언하며, 히브리서 1:1-3은 하나님이 역사를 통해 말씀하셨고 이제 그분의 최종 계시를 예수 그리스도 안에서 주셨다는 사실보다 중요한 것은 거의 없음을 우리에게 일깨운다. 성경은 하나님의 계시가 그분이 우리에게 베푸시는 놀라운 은혜의 핵심이라는 것도 자주 일깨워준다. 우리는 자주 하나님의 은혜를 구원의 맥락에서 생각하지만, 하나님의 은혜를 계시의 맥락에서도 생각해야 한다.

하나님이 그분의 말씀에서 자신을 계시하지 않으신다면 우리는 그리스도의 십자가와 부활의 의미를 전혀 알지 못할뿐더러 복음에 대한 올바른 반응도 전혀 알지 못할 것이다. 바꾸어 말하면, 계시가 없다면 하나님을 알 수 없다. 칼 헨리(Carl F. H. Henry)는 이것을 아름답게 표현하면서 계시란 하나님의 의지적 자기노출(willful disclosure)이며, 하나님은 그분의 피조물이 그분을 알 수 있도록 의지적 자기노출을 통해 자신의 개인적 프라이버시를 포기하신다고 말한다(*God Who Speaks*, 405). 우리는 하나님께 그 무엇도 요구할 수 없다. 하나님은 그분의 개인적 프라이버시를 포기하실 필요가 없다. 더 간단히 말해, 프란시스 쉐퍼(Francis Schaeffer)의 책 제목을 빌리자면, "그분은 거기 계시며 침묵하지 않으신다." 하나님이 우리에게 말씀하신다는 것은 하나님의 순전한 은혜다. 우리는 생명을 주는 그분의 말씀을 받을 자격이 없다. 하나님이 말씀하실 수 없거나 말씀하지 않으신다면 우리는 어둠과 무지에 버려져 있을 것이다.

성경은 계시에는 두 유형이 있다는 것도 분명하게 말한다. 첫째, 하나님은 자연에서 우리에게 말씀하신다. 이것을 '일반' 계시라 한다. 시편 19:1-2은 일반 계시를 분명하게 단언한다.

> 하늘이 하나님의 영광을 선포하고
> 궁창이 그의 손으로 하신 일을 나타내는도다
> 날은 날에게 말하고
> 밤은 밤에게 지식을 전하니

로마서 1장도 일반 계시의 성격과 범위와 목적을 분명하게 말한다. 일반 계시에서, 하나님의 "보이지 아니하는 것들(attributes, 속성들) 곧 그의 영원하신 능력과 신성이 그가 만드신 만물에 분명히 보여 알려졌다"(롬 1:20). 그러나 이와 동시에, 일반 계시는 우리에게 그리스도 안에서 얻을 수 있는 구원에 관해 조금도 알려주지 못한다. 성경이 말하는 계시의 둘째 유형은 '특별' 계시다. 이것이 히브리서 1:1-3이 말하는 계시의 유형이다. 이 유형의 계시는 하나님의 입에서 나오는 직접적·언어적 계시다. 특별 계시는 성경이다. 성경이 말할 때 하나님이 말씀하신다.

## 마지막 때에 하나님의 계시를 듣는 법

**히브리서 1:2**

> 2[하나님이] 이 모든 날 마지막에는 아들을 통하여 우리에게 말씀하셨으니 이 아들을 만유의 상속자로 세우시고 또 그로 말미암아 모든 세계를 지으셨느니라

이 구절에서 히브리서 저자는 두 시대를 맞세워 비교한다. 하나는 "옛적에" 조상들과 선지자들 사이에서 일어난 일이고(이전 날들에) 다른 하나는 이제 그리스도 예수 안에서 일어난 일이다("이 모든 날 마지막에, in these last days"). 이런 구절들은 우리의 성경신학을 형성하는 데 도움이 되며, 구약성경과 신약성경을 서로 연결해서 읽을 때 무엇보다 중요한 도식은 약속과 성취의 도식이라는 것을 일깨워준다. 히브리서 저자가 이어지는 여러 장에서 세세하게 증명하듯이, 신약성경은 구약성경을 성취한다. 하나님이 행하시는 구속의 절정은 오직 예수 그리스도 안에서 나타난다.

어떤 의미에서, 하나님이 말씀하셨다는 사실은 새롭지 않다. 이미 말했듯이, 복음은 하나님이 이미 주신 계시의 맥락 안에서 이해되어야 한다. 예수님은 구약성경에 이미 존재하는 이야기의 결론이다. 그러나 다른 의미에서, 하나님이 그분의 아들을 통해 주시는 계시는 새롭다. 복음 이야기는 오래 기다렸던 결론, 곧 구약성경의 모든 약속을 성취하고 구약성경의 모든 모형과 그림자를 실체로 바꾸는 결론이다.

선지자와 아들은 질적으로 분명히 다르다. 더욱이, 이 아들은 히브리서에서 독자들이 그분의 신성을 인지하도록 요구하는 방식으로 정의된다. 하나님은 이제 단순히 선지자들을 통해 말씀하지 않으신다. 그분은 이제 아들, 자신의 아들을 통해 말씀하신다. 아들은 삼위일체의 둘째 위격으로서 아버지의 신성을 공유하며, 따라서 아버지의 가장 충만하고 가장 완전한 계시다.

하나님이 이 아들을 "만유의 상속자"로 세우셨다. 히브리서 저자는 헬라 유대교의 전통적 범주들을 사용하고 있으며, 그의 청중은 이 범주들을 이해했을 것이다. "상속자"가 된다는 것은 모든 것을 물려받는다는 뜻이었다. 아들이 모든 권세를 받는다. 아들과 사업을 한다는 것은 아버지와 사업을 한다는 뜻이다. 더욱이, 이 아버지를 알려면 그분의 아들을 통하는 것이 유일한 길이다(요 14:6-7).

그다음 어구 "[하나님이] 그로 말미암아 모든 세계를 지으셨느니라"를 보면 요한복음의 프롤로그가 떠오른다.

> 태초에 말씀이 계시니라 이 말씀이 하나님과 함께 계셨으니 이 말씀은 곧 하나님이시니라 그가 태초에 하나님과 함께 계셨고 만물이 그로 말미암아 지은 바 되었으니 지은 것이 하나도 그가 없이는 된 것이 없느니라. (요 1:1-3)

이 아들은 구약성경의 성취이자 하나님이 역사에서 하시는 구원 사역의 절정일 뿐 아니라 창조의 주체(agent)이기도 하다. 따라서 예수님은 시작이요 끝이다. 예수님은 '창조자'이며 창조의 '목적인'(目的因, telos)이다. 히브리서 저자가 구속 교리와 창조를 연결하는 것은 의미가 깊다. 창조하시는 하나님이 구속하시는 하나님이기 때문이다. 예수 그리스도를 따르는 우리는 올바른 창조 교리를 갖지 않으면 올바른 구속 교리를 갖지 못하리라는 것을 알아야 한다. 창조와 복음은 떼려야 뗄 수 없게 맞물려 있다.

# 하나님의 최종 계시의 지고하심을 보라

**히브리서 1:3**

> [3]이는 하나님의 영광의 광채시요 그 본체의 형상이시라 그의 능력의 말씀으로 만물을 붙드시며 죄를 정결하게 하는 일을 하시고 높은 곳에 계신 지극히 크신 이의 우편에 앉으셨느니라

3절에서, 히브리서 저자는 아들이 우리에게 아버지를 어떻게 계시하시는지 설명한다. "광채"(radiance) 개념은 구약성경의 '쉐키나' 영광 개념까지 거슬러 올라간다. '쉐키나'는 출애굽 때(출 13:21; 40:34-35)와 솔로몬의 성전 봉헌 때처럼(왕상 8:10-11) 하나님의 위엄을 드러내는 환하게 빛나고 눈에 보이는 영광이었다. 그리스도를 보는 것이 하나님의 영광을 가장 충만하게 보는 것이다. 그뿐 아니라, 그리스도는 아버지의 본체의 형상(exact expression of the Father's nature, 아버지의 본성의 정확한 표현)이다. 그리스도는 삼위일체의 둘째 위격으로서 아버지와 신성을 공유하신다. 이 부분에서, '하나님 아들'(the divine Son)은 '인간 아들'(human son)과 다르다. 그 어떤 인간 아들도 아버지의 본체의 형상(정확한 표현)이 아니다. 가까운 관계지만 '정확한 표상'(exact representation)은 아니다. 그러나 그리스도는 "정확한 표상"이다. 그리스도와 하나님은 신적 본질이 같다.

히브리서 1장에 표현된 삼위일체 교리가 적용된 예는 거의 헤아릴 수 없을 정도로 많다. 예를 들면, 이것이 개신교인들이 지금껏 성상(icons)을 반대하는 이유 가운데 하나다. 십자가에 달리신 분을 믿는다면 성상을 벽에 걸 필요가 없다. 삼위일체 기독론은 교회의 건강에 더없이 중요하다. 히브리서 저자는 분명하게 말한다. 그리스도를 구속사의 맥락에서 하나님이 주시는 계시의 절정으로 볼 때만, 신학적 맥락에서 삼위일체의 둘째 위격으로 볼 때만, 그리스도를 바르게 이해한다.

이렇게 중요한 신적 인물로서, 아들은 창조의 능동적 주체일 뿐 아니라 창조세계를 보존하는 일에도 능동적이다. 그분은 자신의 "능력의 말씀으로 만물을 붙드신다." 아들이 우주가 존재하게 하려는 뜻을 거두신다면 우주는 존재하길 그칠 것이다. 창조하는 능력은 보존하는 능력, 통치하는 능력, 끝내는 능력이기도 하다. 히브리서는 아들에게 이런 능력이 있다고 말한다.

이것들은 깊은 물이다. 삼위일체의 내적 사역은 참으로 심오하고 영광스러운 신비다. 16세기 위대한 종교개혁가 마르틴 루터는 어느 젊은 신학생에게 질문을 받았다. 하나님의 본성에 관한 사변적 질문이었다. 루터는 이렇게 답했다. "천사라도 이런 질문을 하기가 겁날 것 같네." 삼위일체를 연구할 때도 비슷한 경외심을 가져야 한다. 하나님이 우리에게 답을 계시하지 않으셨으며, 따라서 우리가 해서는 안 되는 질문들이 있다. 그러나 계시된 사실은 아들을 통해 아버지께서 세상을 창조했으며 지금도 유지하신다는 것이다.

히브리서 저자는 다소 갑작스럽게 "죄를 정결하게 하는"(죄씻음)으로 넘어간다. 그러나 여기서 성경이 그리스도의 위격과 사역을 얼마나 긴밀하게 엮어놓았는지 보아야 한다. '정결'은 복음을 요약할 때 전형적으로 사용하는 단어다. 이 단어는 그리스도의 제사장 사역을 요약하며, 구약성경의 제사 제도를 상기시킨다. 히브리서 나머지 부분, 특히 9-10장이 정결의 의미를 더 자세히 설명할 것이다. 저자가 여기서 이 용어를 사용하는 것은 자신의 나머지 논증이 나아갈 궤적에 대해 독자들을 준비시키기 위해서다.

마지막 선언은 왕이신 그리스도의 권위를 강조한다. 누군가의 "우편"에 있다는 것은 호의와 권위의 자리에 있다는 뜻이다. 그리스도께서 하늘에 계신 "지극히 크신 이"의 우편에 있다는 것은 모든 권세 위에 계시며 온 우주를 다스리신다는 뜻이다. 하늘에서 그리스도의 자리가 하나님 우편이라는 것은 우리를 위한 그분의 중보사역도 암시한다(롬 8:34).

간단히 말해, 히브리서 1:1-3은 성경 전체에서 가장 주목할 만한 구절에 속한다. 여기에 담긴 교리들을 생각해 보라.

- 계시
- 창조
- 삼위일체
- 구약성경과 신약성경의 관계
- 기독론
- 속죄

더 나아가, 히브리서 저자가 겨우 몇 단어로 제시한 고귀하고 놀라운 기독론을 생각해 보라. 그리스도는…

- 하나님의 아들이다
- 하나님의 계시다
- 구약성경에 나타난 하나님의 계시의 성취다
- 만물의 상속자다
- 창조의 주체다
- 하나님의 영광의 광채다
- 하나님의 본체의 형상이다
- 모든 창조세계를 보존하시는 분이다
- 하나님의 백성을 정결하게 하시는 분이다
- 하나님의 백성을 위한 중보자다

히브리서는 신학적으로 여린 자들을 위한 책이 아니다. 히브리서는 인내함으로써 훌륭한 그리스도의 초상으로 풍성하게 보상받을(히브리서가 그려내는 그리스도를 깊이 알게 될) 자들을 위한 책이다. 우리의 창조자요 구속자이신 그분을 보화로 여기자. 그분은 만물 위에 뛰어나시기에 우리가 보화로 여겨 마땅하다.

## 해설: 그리스도인으로서 구약성경 읽기

그리스도인들이 자주 고민하는 질문이 있다. 구약성경을 어떻게 읽어야 바르게 읽는가? 감사하게도, 히브리서는 그리스도께서 모든 것을 성취하신 지금, 구약성경을 바르게 해석하는 방식들에 관해 중요한 방향을 제시한다. 그러나 신학의 역사와 교회에서 보듯이, 구약성경을 읽는 아주 잘못된 방식들이 있다.

구약성경에 접근할 때 범하는 큰 오류들이 있다. 첫째는 구약성경을 마치 교회의 것이 아니라는 듯이 읽는 것이다. 이러한 성경 읽기 방식은 신약성경은 교회의 것인 반면에 구약성경은 유대인들의 것이라고 상정한다. 때로 우리가 교회를 기술하는 방식이 뜻하지 않게 이러한 유형의 성경 이해로 이어질 수 있다. 예를 들면, 개신교인들은 (그리고 특히 침례교인들은) 자신들이 합법적인 "신약 교회"가 되도록 교회 생활을 정돈하는 데 매우 신경을 쓴다. 우리의 의도는 신약성경에서 주 예수의 사도들이 모델로 제시한 교회론을 따르는 것이다. 물론, 이것은 분명히 옳고 선하다. 그러나 우리 자신을 "신약 교회"라 표현할 때 우리의 성경이 창세기가 아니라 마태복음에서 시작한다는 인상을 주지 않도록 주의해야 한다. 대신에, 구약성경은 그리스도의 복음이 자리한 구속사적 맥락을 증언하고 제시하기 때문에 교회의 것이다(롬 3:21).

초기 교회 당시에 유명한 이단이었던 마르시온은 이러한 유형의 구약성경 해석 중에서 최악의 형태를 보여주었다. 그는 구약성경의 하나님과 신약성경의 하나님은 같은 하나님이 아니라고 주장했다. 그는 마침내 구약성경뿐 아니라 신약성경에서 어떤 식으로든 유대교에 호의적인 모든 부분을 도려내려 했다. 초기 교회는 마르시온의 가르침에서 이단의 냄새, 곧 치명적 오류의 악취를 금세 맡았다. 그러나 마르시온의 이단 사설 가운데 많은 부분이 현대 자유주의 신학에 침투했으며, 이는 구약성경이 그려내는 하나님의 초상이 조잡하고 미숙하다고 단언한다. 안타깝게도, 이러한 사고방식이 몇몇 부류의 복음주의 교회에도 종종 침투한다.

이 오류와 비슷하지만 덜 해로운 오류, 어쩌면 복음주의 내에서 더 흔한 오류는 단순히 구약성경을 무시하는 것이다. 적지 않은 그리스도인이 구약성경을 무시하려는 유혹을 상당히 강하게 느낀다. 구약성경이 우리의 문화에 거의 맞지 않아 보이고 이해하기도 어렵기 때문에, 많은 사람이 구약성경을 이해하지 못한다. 빌립보서로 큐티하는 것이 레위기로 큐티하는 것보다 쉽다. 그러나 히브리서 나머지 부분에서 보게 되듯이, 구약성경을 무시해서는 안 된다. 구약성경은 복음을 이해하기 위한 신학적·구속사적 맥락을 제시하기 때문이다.

구약성경을 읽을 때 범하는 두 번째 주요 오류는 첫 번째 오류와 동일하면서 정반대다. 이 잘못된 해석학은 그리스도께서 하나님의 종말론적 왕국을 여셨기에 일어난 중요한 구속사적 전환을 인정하지 않고, 기독교 신학이 주로 구약성경에 근거한다고 상정한다. 구약성경과 신약성경 사이에 연속성이 있는 것은 분명하다. 그러나 둘 사이에 의미 있는 불연속성이 있는 것도 분명하다. 우리는 신약성경의 백성이며 새 언약의 백성이다. 그러므로 구약성경을 읽을 때, 그리스도 안에서 이뤄진 성취에 비추어 읽어야 한다. 다시 말해, 분명한 기독론적 해석학을 사용해 구약성경을 읽어야 한다.

그러므로 그리스도인들은 구약성경에 분개하거나 구약성경을 무시하거나 멀리하거나 무비판적으로 높여서는 안 된다. 그리스도께서는 구약성경을 폐하러 오신 것이 아니라 성취하러 오셨다(마 5:17). 그리스도를 따르는 이들은 우리의 성경이 마태복음이 아니라 창세기에서 시작한다는 사실을 늘 기억해야 한다. 구약성경은 우리를 교훈하기 위해 기록되었으며 새 언약의 시대인 지금도 "교훈과 책망과 바르게 함과 의로 교육하기에 유익하다"(딤후 3:16). 더 나아가, 로마서 15:4에서 바울은 이렇게 말한다.

> 무엇이든지 전에 기록된 바는 우리의 교훈을 위하여 기록된 것이니 우리로 하여금 인내로 또는 성경의 위로로 소망을 가지게 함이니라.

"전에 기록된" 구약성경은 우리의 "교훈"과 "소망"과 "위로"를 위한 것이다. 하나님 앞에서 신실하게 살기 위해, 우리는 구약성경을 읽어야 할 뿐 아니라 구약성경을 그리스도와 연결해 바르게 읽는 법을 배워야 한다. 히브리서는 우리가 이렇게 하도록 도울 것이다.

1. 복음 메시지가 구약성경의 창조 내러티브와 언약들에서 시작된다는 사실을 기억하는 것이 왜 그렇게 중요한가? 복음 제시에 구약성경도 포함되어야 하는가? 왜 그렇게 생각하는가, 또는 왜 그렇게 생각하지 않는가?

2. 구약성경은 우리가 복음을 전하는 방식과 관련해 맥락을 어떻게 설정하는가? 구약성경과 복음의 관계를 생각하는 데 히브리서 첫 몇 절이 어떻게 도움이 되는가? 당신이 복음 제시에 관해 생각하는 방식이 이 구절들 때문에 달라지는가? 설명해 보라.

3. 하나님은 구약성경에서 그분의 백성에게 어떤 의미 깊은 방식들로 말씀하셨는가? 이러한 방식들이 하나님이 예수 그리스도 안에서 우리에게 말씀하신 방식과 어떻게 연결되는가?

4. 히브리서 저자는 1:1-3에서 예수 그리스도가 옛 언약보다 뛰어나다는 것을 어떤 방식으로 제시하는가? 옛 언약에 대한 그리스도의 우월성은 옛 언약에 관해 무엇을 의미하는가?

5. 하나님이 우리에게 말씀하신다는 사실이 어떻게 성경에 대한 우리의 완전한 확신을 촉진하고 우리로 하나님을 더 알게 하며 그분의 성품을 더 이해하게 하는가? 이것이 그분과 우리의 관계에 대해 무엇을 말하는가?

6. 창조 교리가 구속 교리에 어떻게 영향을 미치는가? 어떤 방식으로, 두 교리는 서로 분리될 수 없게 맞물려 있는가?

7. 삼위일체 교리가 교회의 건강에 필수적인 이유는 무엇인가? 이 구절들이 어떻게 우리가 그리스도의 아들됨(sonship)을 더 잘 이해하도록 돕는가?

8. 히브리서 1:1-3의 풍성한 신학적 내용이 당신이 그리스도를 바라 보는 방식에 어떻게 영향을 미치는가? 당신의 일상과 신학에서 그리스도의 가치가 나타나는가? 자신의 대답을 설명해 보라.

9. 우리가 구약성경 읽기에 관해 살펴본 두 가지 큰 오류 중에서 어느 쪽이 지금 우리의 교회와 문화에 가장 널리 퍼져 있다고 생각하는가? 당신의 교회에서 어떻게 이러한 오류의 확산에 맞서 싸우며 확산을 막을 수 있는가?

10. 우리가 신약성경을 공부하는 만큼이나 구약성경 공부가 필수적인 이유는 무엇인가? 신약성경만 공부하면 어떤 위험에 처하는가? 어떤 방식으로 신약성경은 구약성경을 바르게 읽는 도구를 우리에게 제공하는가?

## 2. 예수: 천지를 창조하셨고 찬양받기 합당하신 왕

### 히브리서 1:4-14

4그가 천사보다 훨씬 뛰어남은 그들보다 더욱 아름다운 이름을 기업으로 얻으심
이니 5하나님께서 어느 때에 천사 중 누구에게 너는 내 아들이라 오늘 내가 너를
낳았다 하셨으며 또 다시 나는 그에게 아버지가 되고 그는 내게 아들이 되리라 하
셨느냐 6또 그가 맏아들을 이끌어 세상에 다시 들어오게 하실 때에 하나님의 모든
천사들은 그에게 경배할지어다 말씀하시며 7또 천사들에 관하여는 그는 그의 천
사들을 바람으로, 그의 사역자들을 불꽃으로 삼으시느니라 하셨으되 8아들에 관
하여는 하나님이여 주의 보좌는 영영하며 주의 나라의 규는 공평한 규이니이다
9주께서 의를 사랑하시고 불법을 미워하셨으니 그러므로 하나님 곧 주의 하나님
이 즐거움의 기름을 주께 부어 주를 동류들보다 뛰어나게 하셨도다 하였고 10또
주여 태초에 주께서 땅의 기초를 두셨으며 하늘도 주의 손으로 지으신 바라 11그
것들은 멸망할 것이나 오직 주는 영존할 것이요 그것들은 다 옷과 같이 낡아지리
니 12의복처럼 갈아입을 것이요 그것들은 옷과 같이 변할 것이나 주는 여전하여
연대가 다함이 없으리라 하였으나 13어느 때에 천사 중 누구에게 내가 네 원수로
네 발등상이 되게 하기까지 너는 내 우편에 앉아 있으라 하셨느냐 14모든 천사들
은 섬기는 영으로서 구원 받을 상속자들을 위하여 섬기라고 보내심이 아니냐

**핵심 개념:** 아버지 하나님이 아들 예수 그리스도께 모든 이름 위에 뛰어난 이름과 끝이 없는 나라의 보좌를 주셨다. 천사들을 비롯해 만물은 아들을 예배하고 섬기도록 아들에 의해, 아들을 통해 창조되었다.

### I. 아들의 뛰어난 이름(1:4)

**II. 아들을 향한 뛰어난 예배(1:5–6)**

**III. 아들의 뛰어난 보좌(1:7–12)**

A. 아들을 야훼로 보기

B. 아들의 영원한 나라 누리기

**IV. 아들의 뛰어난 통치(1:13–14)**

A. 아들을 왕으로 예배하기

B. 천사들을 아들의 사역자로 보기

히브리서는 첫 단어들부터 예수 그리스도에 정확히 초점을 맞춘다. 신학적으로 말하면, 히브리서는 그리스도 중심이다. 이유는 분명하다. 복음은 세 질문으로 귀결된다.

- 예수 그리스도는 누구인가?
- 그분이 무엇을 하셨는가?
- 이것이 우리에게 어떤 의미인가?

바울이 골로새서를 시작하는 방식과 비슷하게(골 1:15-20), 히브리서 저자는 독자들에게 그리스도의 사역을 가르치기 '전에' 그리스도의 위격(person)을 소개하면서 시작한다. 두 범주, 곧 위격과 사역(person and work)은 성경의 기독론이란 비옥한 땅을 신학적으로 탐험하는 데 도움이 된다. 그리스도의 신분과 그분의 행위를 분리하기란 불가능하다. 하지만 그리스도의 위격과 사역을 개별적인 신학 범주로 나누면 성경이 예수님에 관해 가르치는 것을 전체적으로 더 선명하게 그려내는 데 도움이 된다.

그리스도인들이 예수님을 말할 때 겪는 문제들이 있다. 그 가운데 하나는 그리스도의 '위격'을 말하기도 전에 그리스도의 '사역'으로 곧바로 건너뛰는 경우가 많다는 것이다. 특히, 복음을 전하는 대화를 나눌 때 그렇다. 우리는 먼저 예수 그리스도가 누구인지 분명하게 증언하지 않은 채 그리스도께서 우리를 위해 하신 일부터 말하기 시작한다. 그러나 히브리서는 우리에게 먼저 할 일을 먼저 하라고 일깨운다. "이 그리스도는 누구인가?" 이것이 예수님을 말할 때 가장 먼저 다뤄야 할 질문이다.

히브리서는 우리가 내러티브 맥락에서 그리스도를 안다는 사실도 일깨운다. 그리스도의 신분은 성경에서 줄거리의 한 부분으로 계시된다. 그리스도는 구약성경의 약속에서 신약성경의 성취로 이어지는 드라마의 클라이맥스다. 이것은 먼저 그리스도를 이스라엘 이야기와 옛 언약(곧 그리스도께서 새 언약을 세우고 새 언약의 중보가 되심으로써 이제 유효하지 않은 옛 언약) 이야기의 맥락에서 보지 않으면 그분의 신분을 온전히 이해할 수 없다는 뜻이다.

## 아들의 뛰어난 이름

**히브리서 1:4**

> 4그가 천사보다 훨씬 뛰어남은 그들보다 더욱 아름다운 이름을 기업으로 얻으심이니

이미 보았듯이, 히브리서 1:1-3은 내러티브 안에 자리한 내러티브다. 이 단락의 더 크고 웅장한 내러티브는 창조, 타락, 구속, 완성이라는 핵심 줄거리의 전개로 요약된다. 그러니 이 더 큰 내러티브 줄거리 안에 창조자요 구속자이며 승천한 왕이신 그리스도 이야기가 자리한다. 히브리서 1:1-3은 복음 이야기 전체를 더할 나위 없이 잘 농축해서 표현한다.

히브리서 1:4은 그리스도가 천사들보다 뛰어남을 논증하는 확장된 단락으로 독자들의 시선을 옮긴다. 이것이 많은 독자에게 이상해 보일는지

모른다. 왜 히브리서 저자는 그리스도가 천사들보다 뛰어남을 밝히는 데 그렇게 많은 시간을 쏟으려 하는가? 그리스도가 천사들보다 뛰어남은 자명하지 않은가? 그러나 히브리서의 역사적 배경을 보면, 이 단락이 히브리서 저자의 전체 논증에 절대적으로 필요하다는 것을 알 수 있다. 왜 그런가? 구약성경과 신약성경 사이의 시간, 흔히 제2성전기 유대교라 불리는 신구약 중간기에 기록된 문헌은 천사에 집중적으로 초점을 맞춘다. 이러한 신학적 성찰은 좋은 점도 있었지만 오류와 뒤섞이기도 했다. 많은 이스라엘 사람이 천사들을 하나님의 메신저요 이스라엘의 수호자로 여겼다. 많은 유대인이 천사들을 유대 민족을 구해내고 지켜주러 올 하나님의 군대로 보았다. 제2성전기 문헌은 "개인 천사" 또는 우리가 "수호천사"라 부를 수 있을 개념이 등장했다고도 증언한다. 사람들이 이렇듯 천사에 매료되었기에, 히브리서 저자는 제2성전기 문헌을 잘 아는 유대인 청중에게 편지하면서 청중의 신학적 이해를, 특히 그리스도와 천사들의 관계에 관한 이해를 바로잡아야 했다.

그래서 히브리서 저자는 신학적 혼란을 겪을 법한 1세기 청중을 위해 중요한 몇 가지 질문에 답한다. 어떻게 그리스도가 천사들과 어울리는가? 그리스도는 천사인가? 그리스도는 천사들의 종인가? 물론, 히브리서 이 단락에서 얻는 유익 가운데 하나는 우리가 천사들에 관해 많이 배울 뿐 아니라, 더 중요한 것은 그리스도의 영광에 관해 많이 배운다는 점이다. 히브리서 1:4은 그리스도가 천사들보다 뛰어나다고 분명하게 말한다. 히브리서 저자는 그리스도께서 "그들[천사들]보다 더욱 아름다운 이름을 기업으로 얻으셨다"("천사들보다 더 빼어난 이름을 물려받으신 것입니다"—새번역)는 게 그 이유 가운데 하나라고 말한다. 그리스도께서 무슨 이름을 기업으로 얻으셨는가? 한 가지 선택은 빌립보서 2장의 논리를 따르는 것인데, 거기서 바울은 그리스도께서 이제 "주"(Lord)라는 칭호, 곧 하나님의 칭호를 받으셨다고 말한다. 예수님이 하나님이 아니셨던 때가 있었다는 뜻이 아니다. 예수님은 영원부터 늘 온전히 하나님이셨다. 사실, 히브리서는 예수님이 창조의 주체라고 이미 말했으며(히 1:2; 참조. 요 1:1), 히브리서가 나중에 말하듯이, 그리스도께서 구속의 주체로서 우리의 구원을 성취하실 수 있었던 단 하나의 이유는 그분이 하나님의 영원한 아들이었다는 것이다. "주"라는 더욱 아름다운(more excellent, 더 뛰어난) "이름"을 기업으로 얻었다는 것은 예수 그리스도께서 다스리는 주(reigning Lord)로 지명되셨다는 뜻이다.

그러나 히브리서 문맥을 보면, 예수님이 기업으로 얻으신 이름은 "아들"이다. 이번에도, 예수님이 하나님의 아들로 입양되셨다는 뜻이 아니다. 예수님은 언제나 하나님의 영원한 아들이셨다. 히브리서 1:2은 이것을 분명하게 밝힌다. 대신에, 5절이 말하듯이, 이것은 아들됨의 메시아적 요소, 곧 다윗 언약의 약속을 성취하는 요소를 가리킨다(롬 1:4).

## 아들을 향한 뛰어난 예배

### 히브리서 1:5-6

5하나님께서 어느 때에 천사 중 누구에게 너는 내 아들이라 오늘 내가 너를 낳았다 하셨으며 또 다시 나는 그에게 아버지가 되고 그는 내게 아들이 되리라 하셨느냐 6또 그가 맏아들을 이끌어 세상에 다시 들어오게 하실 때에 하나님의 모든 천사들은 그에게 경배할지어다 말씀하시며

히브리서 저자가 구약성경의 다양한 부분을 언급할 때, 우리는 단순히 그의 임의적 묵상을 읽고 있는 것이 아님을 기억하는 것이 중요하다. 히브리서 저자를 통해, 성령께서 친히 구약성경을 오류 없이 주석하신다. 바꾸어 말하면, 우리는 성경을 나머지 성경, 특히 신약성경에 비추어 읽는 게 얼마나 중요한지를 히브리서 저자에게 배운다. 히브리서는 성령의 감

동으로 된 구약성경에 대한 성령 자신의 주석이다.

히브리서 저자는 구약성경을 구성하는 큰 부분들에서 한 구절씩 인용한다. 시가서에서 시편 2:7을, 선지서에서 사무엘하 7:14을, 율법서에서 신명기 32:43을 인용한다. 수사 의문문을 통해, 히브리서 저자는 하나님이 절대로 그 어느 천사를 가리켜서도 자신의 아들이라 하지 않으신다는 사실을 분명히 한다. 천사는 하나님의 대리자와 메신저와 증인으로 섬길 수 있어도 하나님의 아들로서 섬길 수 없다. 사무엘하 7장에서 인용한 부분은 이러한 아들됨이 하나님의 영원한 아들로서의 예수뿐 아니라 메시아적 아들(메시아이신 아들)로서의 예수, 곧 하나님이 다윗에게 하신 약속의 성취이신 예수를 가리킨다는 것을 보여준다.

마지막 인용, 곧 신명기 32:43을 인용한 부분이 특히 흥미롭다. 원래 문맥에서 천사들이 엎드려 예배하는 대상은 야훼다.[1] 그런데 히브리서 저자는 그 대상을 예수님으로 규정한다! 논증은 분명하다. 천사들이 그리스도를 예배한다. 그리스도께서 천사들을 예배하시는 게 아니다. 천사들이 그리스도의 탄생을 선포한다. 그리스도께서 천사들의 사역을 선포하시는 게 아니다. 천사들이 아들이라 불리는 게 아니다. 아들은 그리스도, 다윗의 메시아(Davidic Messiah, 다윗 혈통의 메시아)께서 기업으로 얻으신 바로 그 이름이다.

---

1 신명기 32:43 첫머리("너희 민족들아 주의 백성과 즐거워하라")가 70인역(히브리어 구약성경의 헬라어 번역본)에는 이렇게 되어 있다. "너희 하늘들아, 그분과 함께 기뻐하며, 하나님의 모든 천사들아 그분을 예배하라"(Rejoice, ye heavens, with him, and let all the angels of God worship him).

# 아들의 뛰어난 보좌

**히브리서 1:7-12**

7또 천사들에 관하여는 그는 그의 천사들을 바람으로, 그의 사역자들을 불꽃으로
삼으시느니라 하셨으되 8아들에 관하여는 하나님이여 주의 보좌는 영영하며 주
의 나라의 규는 공평한 규이니이다 9주께서 의를 사랑하시고 불법을 미워하셨으
니 그러므로 하나님 곧 주의 하나님이 즐거움의 기름을 주께 부어 주를 동류들보
다 뛰어나게 하셨도다 하였고 10또 주여 태초에 주께서 땅의 기초를 두셨으며 하
늘도 주의 손으로 지으신 바라 11그것들은 멸망할 것이나 오직 주는 영존할 것이
요 그것들은 다 옷과 같이 낡아지리니 12의복처럼 갈아입을 것이요 그것들은 옷
과 같이 변할 것이나 주는 여전하여 연대가 다함이 없으리라 하였으나

저자는 7절에서 구약성경의 시편 104:4을 인용한다. 시편 기자는 고상한 언어를 사용해 천사들을 묘사한다. 천사들은 불꽃이다. 천사들은 하나님의 임재를 누리며 하나님의 목적을 수행한다. 그러나 천사들은 하나님의 궁정에서 "사역자들"(servants, "시중꾼들"—새번역)일 뿐이다. 8-11절에서 훨씬 분명하게 대비된다. 야훼께서 천사들이 사역자들일 뿐이라고 말씀하신다. 그러나 아들은 하나님이다(1:8)! 히브리서 저자는 8-9절에서 시편 45:6-7을 인용한다. 천사들은 하나님의 보좌를 두를 수 있지만 아들은 보좌에 앉으신다. 천사들은 보내심을 받을 수 있지만 그리스도는 기름부음 받은 분이다.

저자는 10-12절에서 시편 102:25-27을 인용한다. 이번에도, 구약성경의 문맥에서 이 구절들은 야훼에 관한 것이다. 그러나 성령께서 히브리서 저자를 통해 아들과 야훼를 동일시하신다. 이 논리에 대한 유일한 설명은 본문 밑바닥에 삼위일체 신학이 있다는 것이다. 아들이 땅의 기초를 놓으셨다는 개념은 하나님이 아들을 "통해" 세상을 창조하셨다는 사실을

거듭 강조한다.

이 단락은 또한 피조물과 창조자의 구분을 강조한다. 히브리서 저자는 특히 영원한 것들과 일시적인 것들을 대비시킨다. 창조세계는 멸망할("없어질"—새번역, 11절) 것이다. "옷과 같이 낡아질" 것이다. 반면에, 아들은 그러지 않을 것이다. 아들은 영존하며 영원하다. 창조세계는 변하고 썩으며 마침내 멸망한다. 반면에, 그리스도는 무한하고 변하지 않는다. 그분의 연대는 끝이 없다. 그분은 변화를 모르신다.

## 아들의 뛰어난 통치

**히브리서 1:13–14**

> [13]어느 때에 천사 중 누구에게 내가 네 원수로 네 발등상이 되게 하기까지 너는 내 우편에 앉아 있으라 하셨느냐 [14]모든 천사들은 섬기는 영으로서 구원 받을 상속자들을 위하여 섬기라고 보내심이 아니냐

히브리서 저자는 마지막으로 시편 110:1을 인용한다. 그는 논증을 시작했던 방식과 같은 방식으로 논증을 끝맺는다. 다시 말해, 수사 의문문을 사용한다. "천사 중 누구에게…[말씀] 하셨느냐?"(참조. 1:5). 시편 110편은 야훼께서 메시아에게 세상에 대한 완전한 통치권을 약속하셨다고 말한다. 그분은 하나님의 '유일한' 아들이다. 그분은 창조와 구속의 주체(the agent)다.

이번에도, 히브리서 저자는 14절에서 통치하는 그리스도와 천사 사역자들(angelic servants)을 대조적으로 묘사한다. 그러나 그는 하나님의 백성의 삶에서 천사의 역할에 대해서도 말한다. 천사들은 우리의 유익을 위해 보내심을 받은 "섬기는 영"(ministering spirits)이다. 천사들이 하나님의

백성 가운데서 하는 이 섬김, 곧 사역이 무엇인가? 특히 대중문화가 천사를 비성경적으로 그려내 미국 기독교가 혼란을 겪고 있는 상황에서, 짧은 "천사론" 강의가 여기서 도움이 될 수 있겠다. 쾌유를 비는 카드에 그려진 상업화되고 귀여우며 통통하고 큐피드를 닮은 천사들은 성경이 그려내는 천사들과 전혀 다르다. 성경에서 천사가 나타날 때 사람들이 두려움에 빠진다. 누가복음 2:9에서, 천사들이 찾아왔을 때 목자들이 보인 반응을 떠올려 보라. 성경적 천사론을 회복해야 한다.

구약성경과 신약성경 둘 다 천사들이 하나님의 피조물이라고 분명하게 말한다. 천사들은 뚜렷한 특권과 심지어 비상한 능력이 있을 수 있지만 절대로 하나님이 아니다. 천사들은 하늘 회중에 속하며 하나님의 보좌 앞에서 예배하는 무리의 일부다. 성경은 또한 천사들이 하나님의 메신저이며 그분의 목적을 실행한다고 말한다. 천사들은 그리스도의 탄생 같은 구속사의 중요한 사건들을 목격한 증인이다. 천사들은 하나님의 공의를 행하는 대리자이기도 하다. 타락 후, 하나님은 불 칼을 든 천사("그룹들과 두루 도는 불 칼"—개역개정)를 에덴동산 경계에 배치해 누구든지 생명나무의 열매를 먹으려는 자에게 정확히 되갚아주게 하셨다(창 3:24). 요한계시록은 그리스도께서 마지막 날에 천사 군대를 이끌고 세상을 그분의 공의로 심판하시라고 말한다. 히브리서 1:14은 그리스도를 믿는 우리를 위해 영광스러운 사실을 강조한다. 천사들이 교회의 유익을 위해 일하도록 하나님의 알현실에서 보냄을 받았다는 것이다. 우리는 어떻게 천사들이 교회를 대신해 영적 전투를 벌이는지 정확히 알 수 없겠지만 이 하나님의 보좌의 대리자들이 바로 이 목적을 위해 보내심을 받았다고 확신할 수 있다. 하나님은 모든 것이 합력하여 그분의 교회에 유익하게 하신다(롬 8:28). 여기에는 천사들의 사역도 포함된다.

이 단락에서, 구속과 관련된 하나님의 목적들에서 천사들이 하는 역할을 더 분명하게 이해할 수 있지만 핵심을 놓쳐서는 안 된다. 천사들은 그리스도의 몸을 섬기는 영이며, 그리스도께서 친히 보내신 존재들이다. 천사들은 참으로 놀랍다. 그러나 천사들은 구속자, 하나님의 아들, 예수 그리스도의 영광에 비하면 아무것도 아니다. 그분이 모든 천사보다, 참으로 천군 천사 전체보다 뛰어나다.

1. 그리스도의 위격과 그리스도의 사역이 어떻게 다른가?

2. 히브리서 저자는 우리가 그리스도의 위격과 사역을 이해하는 부분에서, 특히 복음을 전하는 대화와 관련해 어떻게 도움을 주는가? 그리스도의 위격과 그리스도의 사역을 한 데 엮어 복음의 대화를 나누는 방법에는 어떤 것이 있는가?

3. 그리스도의 위격과 사역을 더 깊이 이해하는 것이 성경이 예수님에 관해 가르치는 것을 전체적으로 더 선명하게 그려내는 데 어떻게 도움이 되는가?

4. 지금까지 살펴본 것을 토대로 히브리서 저자는 앞서 소개한 세 가지 질문들에 어떻게 답하는지 생각해 보라: 예수 그리스도는 누구인가? 그분이 무엇을 하셨는가? 이것이 우리에게 어떤 의미인가?

5. 예수님은 어떤 면에서 천사들보다 뛰어나신가? 예수님과 천사들은 어떤 관계인가?

6. 히브리서 저자는 구약성경을 능숙하게 사용했다. 구약성경을 그리스도와 신약성경에 비추어 읽을 때, 이것이 어떻게 도움이 되는가?

7. 이 단락이 그려내는 천사들의 초상과 대중문화가 그려내는 천사들의 초상이 어떻게 다른가? 이 단락이 제시하는 천사론으로 대중문화의 천사론을 어떻게 비판할 수 있는가?

8. 천사들이 어떻게 아들을 섬기는가? 천사들이 어떻게 교회를 섬기는가?

9. 당신의 삶에서 무엇이 최고(supreme)라고 생각하는가? 그리스도가 모든 것 위에 뛰어나다는 사실은 당신이 모든 것을 보는 방식을 어떻게 바꾸는가? 그리스도의 지고하심(supremacy)이 당신이 하루하루를 살아가는 방식에 어떻게 영향을 미치는가?

10. 교회를 위한 천사들의 섬김과 영적 전투가 그리스도를 믿는 당신의 신앙에 어떤 격려가 되는가?

# 3. 예수: 그분의 구원을 등한히 여기지 말라

히브리서 2:1–9

1그러므로 우리는 들은 것에 더욱 유념함으로 우리가 흘러 떠내려가지 않도록 함
이 마땅하니라 2천사들을 통하여 하신 말씀이 견고하게 되어 모든 범죄함과 순종
하지 아니함이 공정한 보응을 받았거든 3우리가 이같이 큰 구원을 등한히 여기면
어찌 그 보응을 피하리요 이 구원은 처음에 주로 말씀하신 바요 들은 자들이 우리
에게 확증한 바니 4하나님도 표적들과 기사들과 여러 가지 능력과 및 자기의 뜻을
따라 성령이 나누어 주신 것으로써 그들과 함께 증언하셨느니라 5하나님이 우리
가 말하는 바 장차 올 세상을 천사들에게 복종하게 하심이 아니니라 6그러나 누구
인가가 어디에서 증언하여 이르되 사람이 무엇이기에 주께서 그를 생각하시며 인
자가 무엇이기에 주께서 그를 돌보시나이까 7그를 잠시 동안 천사보다 못하게 하
시며 영광과 존귀로 관을 씌우시며 8만물을 그 발아래에 복종하게 하셨느니라 하
였으니 만물로 그에게 복종하게 하셨은즉 복종하지 않은 것이 하나도 없어야 하
겠으나 지금 우리가 만물이 아직 그에게 복종하고 있는 것을 보지 못하고 9오직
우리가 천사들보다 잠시 동안 못하게 하심을 입은 자 곧 죽음의 고난 받으심으로
말미암아 영광과 존귀로 관을 쓰신 예수를 보니 이를 행하심은 하나님의 은혜로
말미암아 모든 사람을 위하여 죽음을 맛보려 하심이라

**핵심 개념**: 하나님이 옛 언약을 어긴 자들을 정확히 보응하셨으니 우리는 마지막 아담이신 예수 그리스도께서 우리에게 주신 새 언약의 메시지에 더욱 유념해야 하지 않겠는가?

## I. 영적 표류에 관한 경고에 유념하기(2:1–3a)

A. 영적 표류의 가능성

B. 영적 표류의 위험

**II. 하나님의 증언 듣기(2:3b-4)**

**III. 마지막 아담의 대관식 축하하기(2:5-9)**

A. 성경신학자로서 읽어라

B. '이미'에서 안식하고 '아직'에 소망을 두라

C. 죽음을 맛보신 분을 의지하라

오늘날 우리는 사실상 통신과 미디어와 광고의 바다에 빠져들고 있다. 늘 누군가 어디선가 우리의 주목을 끌고 우리에게 메시지를 전하려 애쓰고 있다. 광고, 전광판, 트위터 피드, 선거 광고, 텔레비전 설교자, 연예, 대화를 비롯해 수많은 것이 우리의 눈과 귀에 홍수처럼 밀려든다. 이 위험한 물살을 헤치고 나아가는 비결은 집중할 가치가 있는 메시지를 가려내는 것이다.

이 단락은 가장 가치 있는 메시지에 최대한 집중하라고 촉구한다. 간단히 말해, 하나님이 말씀하셨다. 하나님이 그분의 아들 안에서 말씀하셨다. 우리가 들을 수 있는 가장 중요한 메시지는 주 예수 그리스도의 성육신으로 아버지로부터 아들을 통해 오는 메시지다. 아들의 위격과 사역에서 하나님이 자신을 계시하셨고 우리가 믿음을 통해 구원받는 길을 내셨다. 이것이 우리가 들을 가장 놀라운 소식이다. 하나님이 예수 그리스도 안에서 우리에게 말씀하셨다. 이보다 좋은 소식이 있겠는가?

# 영적 표류에 관한 경고에 유념하기

**히브리서 2:1–3a**

[1]그러므로 우리는 들은 것에 더욱 유념함으로 우리가 흘러 떠내려가지 않도록 함이 마땅하니라 [2]천사들을 통하여 하신 말씀이 견고하게 되어 모든 범죄함과 순종하지 아니함이 공정한 보응을 받았거든 [3a]우리가 이같이 큰 구원을 등한히 여기면 어찌 그 보응을 피하리요

## 영적 표류의 가능성

"그러므로" 같은 단어는 성경을 읽을 때 바른 결론에 이르는 데 도움이 된다. 히브리서 1장은 구약성경의 성경신학을 멋들어지게 펼침으로써 그리스도가 천사들보다 뛰어나다는 것을 분명히 한다. 그러나 이러한 펼침의 핵심이 무엇이었는가? 우리는 저자의 논증에서 무엇을 도출해야 하는가? "그러므로"라는 단어는 우리를 적절한 적용으로 이끈다. 그리스도가 천사들보다 뛰어나고 하나님의 신적 아들(divine Son of God, 하나님이신 하나님의 아들)이라면, 그분은 자신의 말씀을 들으라고 요구하시며 우리는 그분의 말씀을 들어야 마땅하다. 구약성경에서, 천사들이 전해준 메시지는(참조. 히 2:2) 아주 강한 권위와 능력을 수반했기에 메시지를 받는 사람들이 거의 죽을 만큼 두려워하는 경우가 많았다. 그런데 이제 그분이 "아들을 통하여 우리에게 말씀하셨으니" 우리가 하나님의 말씀에 귀를 더욱 기울여야 마땅하지 않겠는가(히 1:2)? 우리는 말씀하시는 하나님에게 "유념해야" 한다. 그분의 말씀을 '경청해야' 한다. 그분을 등한히 여기는(무시하는) 것은 더없이 어리석은 짓이다.

우리가 아들에게 귀를 기울이는 것은 신학적으로 으스대기 위해서가 아니다. 교리는 그리스도 안에 있는 형제자매들을 공격하기 위한 것이 아닐뿐더러 이웃에게 감동을 주기 위한 것도 아니다. 우리가 성경을 더없

이 진지하게 파고드는 것은 하나님과 소통하고 이로써 "흘러 떠내려가지" 않기 위해서다. 떠내려감(표류)에는 항해 이미지가 담겨 있다. 넓은 바다에서 엉뚱한 방향으로 노를 젓는 자들만 바라는 목적지에 닿지 못하는 것이 아니다. 노를 전혀 젓지 않는 자들도 바라는 목적지에 이르지 못한다. 그리스도인의 삶에는 두 가지 선택밖에 없다. 충실하게 앞으로 나아가거나 믿음 없이 뒤로 떠내려가거나 둘 중 하나다. 그리스도인의 삶에서 제자리에 가만히 있기란 불가능하다.

영적 표류가 시작될 때는 좀체 알아차릴 수 없다. 그러나 바다의 배처럼, 우리의 영혼은 순식간에 항로를 거의 완전히 이탈할 수 있다. 항로를 조금만 벗어나도 처음에 의도했던 목적지에서 까마득히 멀어진다. 히브리서 저자는 영적 표류의 위험에 맞서 싸울 수 있는 길은 하나뿐이라고 말한다. 하나님의 말씀에 유념하고 순종하는 것이다. 정통과 순종은 영적 표류의 물결에 맞서 싸우기 위해 사용해야 하는 노(櫓)다. 신학과 실천은 우리가 성실함으로 꾸준히 앞으로 나아가게 한다. 성화의 싸움은 세상과 육신과 마귀의 물결에 맞서는 싸움이다. 우리는 아들에게 귀 기울이고 그분의 말씀을 따라 전진하고 있거나, 우리 시대의 혼란스러운 문화에 휩쓸려 성경적 사고에서 벗어나 표류하고 있거나 둘 중 하나다.

안타깝게도, 우리는 신학적·영적 표류를 너무나 자주 본다. 이것은 숱한 교단과 교회와 가정과 개인의 이야기다. 교회사 지식이 조금만 있어도 알 수 있듯이, 이단과 자유주의 신학이 혁명의 물결로 교단과 교회를 뒤엎는 게 아니다. 대신에, 교회와 개인은 한 번에 조금씩 표류함으로써 결국 교리 방정식의 엉뚱한 쪽에 있게 된다. 정통신학을 따랐던 교회들이 신학적 확신을 서서히 축소하고 완화하다가 결국에는 정통 기독교와 복음주의 복음에 본질적인 이슈들과 관련해 경계선을 긋지 않으려 하거나 분명하게 말하려 하지 않게 된다.

그렇다면 영적 표류의 위험을 어떻게 피해야 하는가? 히브리서 2:1 첫머리에 답이 있다. "들은 것에 더욱 유념"해야 한다. 성경 전체가 하나님의 말씀을 "들음"이 중요하다고 말한다. 바울은 우리에게 일깨운다. "믿음은 들음에서 나며 들음은 그리스도의 말씀으로 말미암았느니라"(롬 10:17). 물론, 성경이 "들음"을 말할 때 단순히 귀로 듣는 것만을 의미하지는 않는다. 예를 들면, 예수님은 그분을 믿지 않는 자들에 관해 "그들이 보아도 보지 못하며 들어도 듣지 못하며"라고 말씀하셨다(마 13:13). 하나님의 말씀을 바르게 "들음"이 영적 들음이다. 여기에는 들은 것에 대한 믿음과 순종과 복종이 포함된다. 바른 들음은 귀의 기능이 아니라 마음의 문제다. 마음으로 들어야 한다.

그리스도인의 성실(신실)에 비밀 공식은 없다. 하나님은 그분의 말씀을 통해 우리를 거룩하게 하신다(요 17:17). 우리는 성경을 읽고 들으며 묵상하고 순종함으로써 영적 표류의 위험을 피한다. B. B. 워필드(Warfield)가 말했듯이, "성경이 말할 때 하나님이 말씀하신다"(*Inspiration and Authority of the Bible*, 119). 우리는 영혼의 닻을 하나님의 말씀이라는 깊은 물에 내림으로써 영적 표류를 피한다.

### 영적 표류의 위험

저자는 2절에서 이러한 핵심을 더 자세히 설명한다(연결어 "for"에 주목하라.[2] 이 연결어는 저자가 하는 논증의 근거를 제시한다). 많은 독자가 2-3절에 혼란스러워한다. 이 구절이 꽤 긴 문장으로 구성되고 조금 복잡하기 때문이다. 그러므로 전체 구절의 의미를 이해할 수 있도록 각각의 어구를 하나씩 살펴보겠다.

"천사들을 통하여 하신 말씀(message)"이란 무엇인가? 구약성경을 빠르게 훑어보면 알듯이, 천사들이 야훼를 대신해 많은 메시지("말씀")를 전했으며 각각의 메시지는 "견고하고"(legally binding, 법적 구속력이 있고, CSB)

---

2 저자가 사용하는 CSB(Christian Standard Bible)에서, 2절은 "for"로 시작한다. "For if the message spoken through angels was legally binding"(천사들을 통해 말씀하신 메시지가 법적 구속력이 있었으니)

신뢰할 수 있었다. 신약성경의 복음서에도 천사들이 메시지를 전달하는 장면이 여럿 나온다. 예를 들면, 천사들이 누가복음 2:10-11에서 그리스도의 탄생을 알리거나 사도행전 10:1-8에서 고넬료에게 나타나 말한다. 그러나 이어지는 어구가 분명히 하듯이, 히브리서 2:2의 메시지("말씀")는 성경이 "천사들을 통하여" 전달되었다고 말하는 모세 언약을 가리킬 것이다(행 7:53; 참조. 신 33:2; 갈 3:19).

그다음 어구는 어떤 의미에서 천사들을 통해 전해진 옛 언약의 요약이다: 모든 죄는 공정하게 벌을 받아 마땅하다. 이것이 토라의 논리다. 신명기 30:19은 이 원리를 요약한다.

> 내가 오늘 하늘과 땅을 불러 너희에게 증거를 삼노라 내가 생명과 사망과 복과 저주를 네 앞에 두었은즉 너와 네 자손이 살기 위하여 생명을 택하고

메시지는 단순하다. 순종하면 살고 불순종하면 죽는다. 옛 언약 아래서, 율법을 어긴 행위마다 공정한 벌이 따라야 했다.

히브리서 저자가 "우리가 이같이 큰 구원을 등한히 여기면 어찌 그 보응을 피하리요"라고 말할 때 그가 제시하는 논증의 핵심이 조금 더 분명해진다. 그는 작은 것(천사들/옛 언약)에서 큰 것(예수/새 언약)으로 옮겨간다. 하나님에게서 왔으며 단지 천사들을 통해 전해진 옛 언약이 죄에 대한 보응을 요구했다면, 이제 그분의 아들이 우리에게 전한 복음을 걷어차는 자들을 하나님이 더더욱 심판하지 않으시겠는가? 요한계시록 19장은 이 심판을 분명하게 묘사한다. 그리스도께서 다시 오셔서 "친히 하나님 곧 전능하신 이의 맹렬한 진노의 포도주 틀을 밟으신다"는 것이다(계 19:15). 영적 표류의 위험은 우리가 영적으로 번성하는 삶을 놓칠 수도 있다는 것만이 아니다. 영적 표류의 진짜 위험은 우리가 복음 자체를 버리고 하나님 심판 아래 놓이는 것이다.

복음은 좋은 소식이다. 하지만 좋은 소식은 나쁜 소식 대신 받아들여질 때만 좋은 소식이다. 나쁜 소식은 우리가 하나님의 의로운 요구를 이행하지 않았기 때문에 참으로 지옥에 가야 마땅하다는 것이다. 정말로 나쁜 소식은 우리가 그리스도를 거부하면 하나님이 우리에게 훨씬 큰 책임을 물으시리라는 것이다. 복음은 더없이 진지하다. 자신의 죄를 회개하고 그리스도를 믿는 자들에게, 복음은 좋은 소식이다. 그러지 않는 자들에게, 복음은 끔찍한 소식이다.

## 하나님의 증언 듣기

**히브리서 2:3b-4**

> 3b이 구원은 처음에 주로 말씀하신 바요 들은 자들이 우리에게 확증한 바니 4하나님도 표적들과 기사들과 여러 가지 능력과 및 자기의 뜻을 따라 성령이 나누어 주신 것으로써 그들과 함께 증언하셨느니라

2:3-4에서, 히브리서 저자는 그리스도가 천사들보다 뛰어나다는 것이 영적 표류의 위험과 어떻게 연결되는지 좀 더 자세히 보여준다. 이번에도, 그는 둘을 맞세워 확실하게 대비시킨다. 천사들이 전한 신뢰할 수 있는 메시지에 유념하지 못하면 보응과 죽음이 뒤따른다. 그러니 성육신하신 주님이 친히 선포하신 "큰 구원"을 거부하는 자들의 죄는 더욱더 크지 않겠는가? 이것은 구속사에서 새로운 단계이며, 큰 특권뿐 아니라 큰 책임도 수반한다.

히브리서 저자는 그리스도께서 시작하신 새 언약의 메시지가(이 "큰 구원"이) 천사들이 전해준 메시지보다 적어도 네 부분에서 뛰어나다고 말한다. 첫째, 새 언약의 메시지는 "주로 말씀하신"(spoken of by the Lord, 주께서

말씀하신) 것이었다. 다시 한번 히브리서 저자는 앞에서 했던 선언, 곧 하나님이 이제 "아들을 통하여"(by his Son) 우리에게 말씀하셨다는 선언에 크게 의지한다(히 1:2). 이러한 표현들은 히브리서 신학의 논리를 이해하는 데 필수다.

둘째, 새 언약의 메시지는 그분이 하시는 말씀을 "들은 자들이 우리에게 확증한 바"였다. 우리는 이것을 자주 생각하지 않을 수도 있지만, 신약성경은 사도들이 예수 그리스도의 위격과 사역에 관해서 했던 증언이 신학적으로 아주 중요하다고 일관되게 가르친다. 어쨌든 그리스도께서 사도들을 구별해 이들에게 교회의 기초 역할을 맡기셨다(엡 2:20). 우리는 그리스도에 관한 신화와 전설을 믿는 게 아니다. 복음의 메시지는 사도들의 믿을 수 있는 목격자 증언에서 시작되어 우리에게 전해 내려왔다.

셋째, 하나님이 "표적들과 기사들과 여러 가지 능력(miracles)"으로 복음의 진실성을 친히 "확증하셨다." 많은 그리스도인이 하나님이 기적적으로 행하신 일들의 역사성을 정확히 단언하면서도 그 목적을 오해한다. 히브리서 저자는 우리에게 일깨운다. 기적("능력")은 그 자체가 목적이 아니다. 기적은 궁극적으로 자신을 향하지 않는다. 대신에, 기적은 하나님이 구속사에서 행하시는 여러 큰일을 입증하고 인증한다. 신약성경에서, 기적은 그리스도의 신분과 사역에 관한 진리를 입증하고 확인해준다.

마지막으로, "성령이 나누어 주신 것"(gifts from the Holy Spirit, "성령의 선물"—새번역)은 복음이 진실하다는 것과 천사들이 전해준 메시지보다 뛰어나다는 것을 입증한다. 이번에도, 히브리서 저자는 영적 은사(성령의 선물)의 존재 이유에 대한 우리의 오해를 제거하도록 돕는다. 영적 은사는 그 자체가 목적이 아니며, 우리의 개인적·사적 즐거움을 위해 사용되어서는 안 된다. 영적 은사는 교회의 덕을 세우며(고전 14:3-5; 엡 4:11-12) 예수 그리스도가 주님이심을 증명한다. 바울이 에베소서 4:8에서 설명하듯이, 그리스도께서 높은 곳으로 올라가셨고, 이제 하늘에서 모든 권세로 그분의 교회에 은사(선물)를 쏟아부으신다. 그러므로 교회 안에서 은사는 예수 그리스도가 부활하신 주님이심을 증언하고 새 언약이 옛 언약보다 뛰어남을 증언한다.

## 마지막 아담의 대관식 축하하기

**히브리서 2:5-9**

[5]하나님이 우리가 말하는 바 장차 올 세상을 천사들에게 복종하게 하심이 아니니
라 [6]그러나 누구인가가 어디에서 증언하여 이르되 사람이 무엇이기에 주께서 그
를 생각하시며 인자가 무엇이기에 주께서 그를 돌보시나이까 [7]그를 잠시 동안 천
사보다 못하게 하시며 영광과 존귀로 관을 씌우시며 [8]만물을 그 발아래에 복종하
게 하셨느니라 하였으니 만물로 그에게 복종하게 하셨은즉 복종하지 않은 것이
하나도 없어야 하겠으나 지금 우리가 만물이 아직 그에게 복종하고 있는 것을 보
지 못하고 [9]오직 우리가 천사들보다 잠시 동안 못하게 하심을 입은 자 곧 죽음의
고난 받으심으로 말미암아 영광과 존귀로 관을 쓰신 예수를 보니 이를 행하심은
하나님의 은혜로 말미암아 모든 사람을 위하여 죽음을 맛보려 하심이라

### 성경신학자로서 읽어라

히브리서 저자는 그리스도가 천사들보다 뛰어나다는 논증을 계속한다. 그러나 이번에는 독자들에게 성경신학을 조금 공부해 보라고 요구한다. 다시 말해, 히브리서 저자는 우리가 성경을 성경 자체의 줄거리를 따라 읽은 후에 그리스도를 그 이야기의 성취와 절정으로 보길 원한다. 히브리서 2:5은 하나님이 절대로 천사들에게 창조세계에 대한 지배권을 약속하지 않으셨다고 말한다. 창세기 내러티브는 땅이 아담과 하와, 곧 인류에게 종속되었다고 말한다. "하나님이 이르시되 우리의 형상을 따라 우리의 모양대로 우리가 사람을 만들고 그들로 바다의 물고기와 하늘

의 새와 가축과 온 땅과 땅에 기는 모든 것을 다스리게 하자 하시고"(창 1:26).

뒤이은 구절들에서(6-9절), 히브리서 저자는 아담에게 주어진 지배 명령을 성경 자체가 어떻게 신학적으로 전개하는지 보여준다. 저자는 시편 8:4-6을 인용하는데, 거기서 다윗은 창세기 1-2장을 성경신학적으로 주석한다. 다윗은 사람이 "하나님보다 조금 못하게" 지음을 받았지만(시 8:5), 사람이 또한 세상을 "다스리는" 자로 지음을 받았다는 데 놀란다(시 8:6). 이 통치권을 이제 다윗 혈통의 왕이 행사한다. 히브리서 저자는 이 본문이 궁극적으로 이상적 형상 담지자요 다윗 혈통의 왕인 예수 그리스도를 가리킨다고 해석한다. 이 구절들의 신학은 바울의 신학, 곧 그리스도는 "마지막 아담"이며(고전 15:45-47) 새 창조의 첫 사람이라는 신학을 반영한다(고전 15:20). 첫 아담은 형상 담지자(하나님의 형상을 가진 자)의 의무를 수행하는 데 실패한 반면 마지막 아담은 성공했다.

### '이미'에서 안식하고 '아직'에 소망을 두라

그와 동시에, 히브리서 저자는 승천해 다스리시는 그리스도의 실재와 세상에 죄가 계속 존재하는 현실 사이의 긴장을 인식한다. 마지막 아담에게 "복종하지 않은 것이 하나도 없어야 하겠으나 지금 우리가 만물이 아직 그에게 복종하고 있는 것을 보지 못한다"(8절). 많은 신학자가 이 긴장을 가리켜 하나님 나라의 '이미와 아직'(already-not yet)이라 말한다. 하나님 나라와 그리스도의 통치가 어떤 의미에서 이미 '시작되었다.' 그러나 우리는 그 나라의 '완성'을 여전히 기다리고 있다.

주변 세상이 혼란스럽다고 해서 복음 메시지의 진실성이나 마지막 아담의 사역을 의심해서는 안 된다. 우리는 만물이 그분께 복종하는 모습을 보지 못할 수 있지만 구약성경의 모든 부분을 성취하고 영광스러운 왕좌에 앉으신 "예수를 본다." 9절에 나오는 사건들의 진행이 매우 중요하다. 예수님이 "천사들보다 잠시 동안 못하게" 보이셨다. "잠시 동안"이란 성육신 기간을 말한다. 하나님의 영원한 아들이 "예수"라는 이름의 사람이 되셨다. 여기서 히브리서는 "예수"라는 이름을 처음 언급한다. 지금까지 히브리서 저자는 그분을 가리켜 "아들"이라 했다. 이제 특별히 아들이 자신을 낮추어 성육신하시는 문맥에서, 저자는 영원한 아들이 사람, 곧 예수 그리스도가 되셨음을 청중에게 상기시킨다.

### 죽음을 맛보신 분을 의지하라

더 나아가, 마지막 아담은 이제 "영광과 존귀로 관을 쓰셨다." 그분이 단순히 '하나님이자 사람'(God-man)이며 따라서 모든 신적 특권을 누릴 자격이 있기 때문에 관을 쓰신 것이 아니다. 대신에, 히브리서 저자는 그분이 영광과 존귀로 관을 쓰신 것은 고난과 죽음이라는 자신의 메시아 과업을 성취하셨기 때문이라고 말한다. 그분이 받은 고난의 결과가 구속이다. 그리스도께서는 "모두를 위하여 죽음을 맛보셨다." 첫 아담은 인류를 죄와 죽음에 몰아넣었고, 마지막 아담은 인류를 위해 죽음에 내몰리셨다. 마지막 아담이 하신 일은 첫 아담이 한 일을 되돌린다. 예수님은 처음에 아담에게 주어진 과업을 성취하시는 분으로서, 하나님의 형상을 바르게 지니고 우주에 대한 통치권을 행사하는 이상적인 인간을 대표한다. 그분은 시편 8편의 다스리는 자리를 기업으로 받으셨다. 그분은 '천사들을 포함해' 모든 것보다(모든 것 위에) 뛰어나다.

앞으로 살펴보겠지만, 이어지는 구절들은 우리의 구속에서 그리스도께서 하시는 일을 더 자세히 설명한다. 다시 말하지만, 히브리서의 윤곽이(실제로 전체 정경의 윤곽이) 우리의 신학을 형성해야 한다. 우리는 우리를 위해 그리스도께서 하신 일을 분명하게 표현하고 기려야 하지만, 그분의 신분이란 맥락에서 그분의 사역을 이해해야 한다. 히브리서 2:9이 일깨우듯이, 그리스도의 위격과 사역은 서로 긴밀하게 맞물려 있다. 그분은 고난을 통해 영광에 이르신 영원한 아들이다. 영화로운 '하나님이자 사람'(God-man)으로서, 그분은 '천사들을 포함해' 모든 것보다 뛰어나다.

1. 무엇이 당신의 삶에서 하나님의 메시지를 듣기 어렵게 하는가? 당신이 자주 즐기는 어떤 것이 하나님의 말씀을 듣지 못하게 방해하고 표류하도록 유혹하는가?

2. 우리가 영적 표류와 싸울 때 교리는 어떤 역할을 하는가? 기도, 매일 성경 읽기, 성경 암송, 금식, 일기 쓰기, 전도 같은 영성 훈련이 어떻게 도움이 되는가?

3. 지역 교회는 영적 표류와 싸우는 우리를 어떻게 돕는가? 자신이 속한 교회의 맥락에서 이것을 생각해 보라. 당신이 속한 교회가 영적 표류에 맞서는 싸움에 참여하게 하려면 어떻게 해야 하는가?

4. 교회가 영적으로 양보하고 표류하도록 유혹하는 문화에 대해 어떻게 생각하는가?

5. 표적과 기사, 영적 은사, 기적의 목적은 무엇인가? 당신의 교회가 가진 영적 은사들이 교회의 삶에서 어떻게 그리스도를 증언하는지 보았는가? 당신의 삶에서는 보았는가?

6. 당신이 느끼기에, 당신의 삶에서 '이미와 아직'의 긴장이 어떤 식으로 표출되는가? 당신이 보기에, 이러한 긴장이 세상에서는 어떻게 표출되는가?

7. 당신의 경우, 어떤 것들이 복음의 진실성과 마지막 아담의 사역을 의심하게 하는가? 당신이 이러한 두려움과 의심을 이겨내는 데 이 구절이 어떻게 도움이 되는가?

8. 그리스도의 신분이란 맥락에서 그분의 사역을 어떻게 이해하는가? 예수님에 관해 전혀 들어본 적 없는 사람에게 그리스도의 위격과 사역을 어떻게 분명하게 말하겠는가?

9. 그리스도가 모든 것보다(모든 것 위에) 뛰어나다는 사실이 우리가 영적 표류를 피하는 데 어떻게 도움이 될 수 있는가?

10. 마지막 아담이신 그리스도를 자신의 말로 표현해 보라. 마지막 아담이신 그리스도께서 당신과 그분과의 관계를 어떻게 바꾸시는가?

# 4. 예수: 유혹과 시련을 받으신 우리의 구주요 제사장

**히브리서 2:10-18**

10그러므로 만물이 그를 위하고 또한 그로 말미암은 이가 많은 아들들을 이끌어
영광에 들어가게 하시는 일에 그들의 구원의 창시자를 고난을 통하여 온전하게
하심이 합당하도다 11거룩하게 하시는 이와 거룩하게 함을 입은 자들이 다 한 근
원에서 난지라 그러므로 형제라 부르시기를 부끄러워하지 아니하시고 12이르시
되 내가 주의 이름을 내 형제들에게 선포하고 내가 주를 교회 중에서 찬송하리라
하셨으며 13또 다시 내가 그를 의지하리라 하시고 또 다시 볼지어다 나와 및 하나
님께서 내게 주신 자녀라 하셨으니 14자녀들은 혈과 육에 속하였으매 그도 또한
같은 모양으로 혈과 육을 함께 지니심은 죽음을 통하여 죽음의 세력을 잡은 자 곧
마귀를 멸하시며 15또 죽기를 무서워하므로 한평생 매여 종 노릇 하는 모든 자들
을 놓아 주려 하심이니 16이는 확실히 천사들을 붙들어 주려 하심이 아니요 오직
아브라함의 자손을 붙들어 주려 하심이라 17그러므로 그가 범사에 형제들과 같이
되심이 마땅하도다 이는 하나님의 일에 자비하고 신실한 대제사장이 되어 백성의
죄를 속량하려 하심이라 18그가 시험을 받아 고난을 당하셨은즉 시험 받는 자들
을 능히 도우실 수 있느니라

**핵심 개념**: 우리의 신실한 대제사장 예수 그리스도께서 사람이 되어 유혹의 시련과 죽음의 고통을 겪음으로써 사탄의 권세를 멸하고, 유혹받는 자들을 도우며, 그분의 백성의 죄를 사하는 완전한 화목제물이 되신다.

**I. 우리 구원의 근원(2:10-13)**

A. 전치사 어구로 복음 선포하기

B. 적합한 아버지의 계획

C. 구약성경의 메시아 메시지

**II. 성육하신 아들의 급습(2:14–16)**

A. 우리의 원수들 알기

B. 우리의 원수들 물리치기

**III. 제사장직과 화목제물(2:17–18)**

히브리서 2장 전반부는 그리스도께서 모두를 위해 죽음을 맛보셨다는 놀라운 선언으로 끝난다. 그리스도께서 우리의 구원을 보장하실 뿐 아니라 자신이 천사들보다 뛰어남을 입증하신다. 히브리서 2장 후반부는 그리스도께서 "모든 사람을 위하여 죽음을 맛보셨다"는 것의 의미를 더 자세히 설명한다. 그리스도께서 정확히 어떻게 이 위업을 성취하시는가? 그 결과는 무엇인가? 하나님의 사람들에게 어떤 유익이 있는가? 히브리서 2:10-18은 이 질문들에 답하는 데 도움이 된다.

## 우리 구원의 근원

**히브리서 2:10–13**

10그러므로 만물이 그를 위하고 또한 그로 말미암은 이가 많은 아들들을 이끌어
영광에 들어가게 하시는 일에 그들의 구원의 창시자를 고난을 통하여 온전하게
하심이 합당하도다 11거룩하게 하시는 이와 거룩하게 함을 입은 자들이 다 한 근
원에서 난지라 그러므로 형제라 부르시기를 부끄러워하지 아니하시고 12이르시
되 내가 주의 이름을 내 형제들에게 선포하고 내가 주를 교회 중에서 찬송하리라
하셨으며 13또 다시 내가 그를 의지하리라 하시고 또 다시 볼지어다 나와 및 하나
님께서 내게 주신 자녀라 하셨으니

앞 섹션에서, 히브리서 저자는 그리스도가 천사들보다 뛰어나다는 것을 입증하면서 그리스도께서 마지막 아담으로서 죽음을 통해 영화롭게 되셨다고 했다. 더 나아가, 그리스도께서 고난을 받고 죽음에 이르신 것은 무분별하거나 무의미하지 않았다. 예수님은 "모든 사람을 위하여 죽음을 맛보셨다"(2:9). 바꾸어 말하면, 그리스도의 고난은 '대속적'(substitutionary) 이었다.

히브리서 저자는 예수님이 천사들보다 뛰어남을 계속 논증하면서 10절에서 초점을 옮겨 우리의 구원과 그리스도의 사역에 있어서 아버지께서 하시는 역할에 집중한다. 이것을 기억하는 게 중요하다. 기독교의 중심은 삼위일체다. 우리는 삼위일체 하나님을 예배하고 섬긴다. 삼위일체 하나님은 아버지와 아들과 성령으로서 우리의 구원을 위해 행동하신다. 구원하려는 아버지의 뜻과 구원하려는 아들의 뜻이 나뉘지 않는다. 아버지께서 구원하기로 결정하시는 그대로 아들과 성령께서도 구원하기로 결정하신다. 각 위격이 구원의 경륜에서 각각의 역할을 하시지만 죄악된 인류를 구원하는 삼위일체의 사역은 하나다.

### 전치사 어구로 복음 선포하기

이 구절의 핵심으로 옮겨가기 전에, 히브리서 저자가 사용하는 전치사 어구 둘을 살펴보아야 한다. 두 전치사 어구는 아버지께서 구속사에서 하시는 사역의 두 측면을 설명한다. 첫째, 아버지는 "만물이 그를 위하고 또한 그로 말미암은"(for whom and through whom all things exist) 분이다. 아버지께서 자신의 영광을 위해 창조하신다. 아버지는 창조의 시작이고 끝이다. 이 어구를 보면 이사야 43:6-7이 떠오른다.

> 내가 북쪽에게 이르기를 내놓으라 남쪽에게 이르기를 가두어 두지 말라 내 아들들을 먼 곳에서 이끌며 내 딸들을 땅 끝에서 오게 하며 내 이름으로 불려지는 모든 자 곧 내가 내 영광을 위하여 창조한 자를 오게 하

라 그를 내가 지었고 그를 내가 만들었느니라.

둘째, "많은 아들들을(자녀를—새번역) 이끌어 영광에 들어가게 하시는 일에"라는 어구는 복음을 훌륭하게 요약한다. 성경에서 복음의 요약본 가운데 히브리서 2:10의 이 전치사 어구만큼 예수님의 일과 사역을 아름답게 갈무리한 것을 찾기 어렵다. 그리스도께서는 많은 일을 하러 오셨다. 죄인들을 구속하러 오셨다. 죄악된 인류를 구원하러 오셨다. 죄를 용서하러 오셨다. 심지어 우리에게 의를 주러 오셨다. 더 나아가, 우리를 자녀로 입양해 "영광에 들어가게" 하려고 오셨다. 이것은 복음의 한 요약본으로 복음의 관계적 측면과 가족적 측면에 초점을 맞춘다. 신자들은 복음으로 하나님의 자녀가 되고 주 예수의 형제자매가 된다(참. 히 2:11).

그러므로 두 전치사 어구 모두에서, 하나님이 그분의 영광을 위해 우리를 창조하셨고 또 구속하셨다는 것을 알 수 있다. 우리의 목적은 하나님의 영광이 더 크게 드러나게 하는 것이다. 다시 말해, 하나님의 영광이 지금과 영원히 공개적으로 드러나게 하는 것이다. 그러므로 우리가 "아들들"(자녀들)이 되어 "영광에 들어가는" 것은 모두가 볼 수 있도록 하나님의 영광을 더 크게 드러내기 위해서다.

### 적합한 아버지의 계획

10절의 핵심은 적합한 아버지의 계획, 곧 완전하고 고난받는 구주를 통해 인류를 구속하려는 계획이다. 하나님의 공의는 죄 사함을 위한 대속적 속죄(substitutionary atonement, 대리 속죄, 대속)를 요구했다. 이 구절은 우리의 구속을 확보하고 우리의 죄를 속하려면 그리스도의 능동적·수동적 순종이 필요하다는 것을 암시한다("합당하도다").

그리스도께서 "고난을 통하여 온전하게" 되셨다는 것은 예수님이 십자가에 달려 죽기 전에 어떤 식으로든 죄가 있었다는 것을 암시하지 않는다. 히브리서 저자는 그리스도께서 성육신 기간에 죄가 없었다는 것을 자주 강조한다(참조. 4:15). 대신에, 이 "온전하게 하심"(made perfect)이란 어구는 예수님이 어려움이 겹겹이 쌓이는 상황에서 아버지께 변함없이 복종하셨다는 것을 가리킨다. 바울의 말을 빌리면, 예수님은 죽기까지, 십자가에 달려 죽기까지 순종하셨다(빌 2:8). 그리스도께서 아버지께 온전히 순종하셨기에, 예수님이 구원의 "근원"이 되셨다.

### 구약성경의 메시아 메시지

히브리서 저자는 2:11과 뒤이은 구약성경 인용에서(12, 13절) 아버지와 아들이 "많은 아들들을(자녀들을) 이끌어 영광에 들어가게 하시는 일"을 더 자세히 설명한다. "거룩하게 하시는 이"(예수)와 "거룩하게 함을 입은 자들"(신자들) 양쪽 다 한 근원, 곧 아버지의 주도와 계획에서 나온다. 그리스도(아버지께서 세우신 구속자)와 교회(구속에 이르도록 아버지께서 택하신 자들)가 구속사를 향한 하나님의 계획과 목적에서 연합하며, 따라서 예수님은 우리를 그분의 "형제"(형제자매)라 부르길 부끄러워하지 않으신다. 12, 13절에 인용된 구약성경 구절이 단언하듯이, 이 어구가 강조하는 점은 신자들이 그리스도의 "형제"(형제자매)이므로 우리도 하나님의 "자녀"라는 것이다.

첫째 인용은 시편 22:22에서, 뒤이은 두 인용은 이사야 8:17-18에서 나온 것이다. 시편 22편은, 시편 전체의 문맥에서 읽으면, 분명히 메시아적이고 그리스도의 죽음과 부활을 가리킨다. 메시아는 엄청난 고난을 받은 후 죽은 자 가운데서 살아남으로써 옳다고 인정을 받으신다(시22:19-24). 그러나 히브리서 저자가 강조하듯이, 다시 살아난 메시아는 완성된 구원 사역을 함께 축하하도록 자신의 형제들을(자신의 제자들을, 마 28:10) 초대하신다. 이와 비슷하게, 이사야 8장에서 인용된 부분은 주를 의지하는 자들이 하나님의 자녀라는 것이 구약성경에 이미 암시되어 있음을 보여준다.

구약성경에서 인용된 부분들은 구약성경을 읽는 뚜렷한 기독교적 방식이 있음을 독자들에게 상기시킨다. 율법과 선지자들은 그리스도를 증언한다. 그리스도는 이들의 '목적인'(telos)이다. 이것이 분명하게 드러나는 경우들이 있다. 이를테면, 메시아 시편들과 오실 메시아에 관한 선지서의 예언들이다. 다른 경우에, 구약성경은 모형론 패턴과 구속사 주제들을 통해 그리스도를 좀 더 미묘하게 가리킨다. 어느 쪽이든 간에, 히브리서 저자는 구약성경의 메시지가 근본적으로 메시아적이라는 것을 일깨운다. 구약성경은 그리스도 안에서 성취되었으며, 따라서 이 성취에 비추어 읽어야 한다.

## 성육하신 아들의 급습

**히브리서 2:14-16**

[14]자녀들은 혈과 육에 속하였으매 그도 또한 같은 모양으로 혈과 육을 함께 지니심은 죽음을 통하여 죽음의 세력을 잡은 자 곧 마귀를 멸하시며 [15]또 죽기를 무서워하므로 한평생 매여 종노릇 하는 모든 자들을 놓아 주려 하심이니 [16]이는 확실히 천사들을 붙들어 주려 하심이 아니요 오직 아브라함의 자손을 붙들어 주려 하심이라

히브리서는 새로운 단락마다 우리를 전혀 새로운 깊이로 인도한다. 앞 단락에서 히브리서 저자는 아버지의 활동, 우리 구속의 성취, 우리의 완전한 중보자이자 우리 입양의 보증인이신 그리스도의 역할을 보여주었다. 이 단락은 그리스도의 구속 사역의 논리를 설명한다. 바꾸어 말하면, 이 구절들은 '어떻게' 그리스도께서 죄인들을 창조자의 자녀라는 위치로 옮기시는지 보여준다.

기독교는 예수 그리스도의 성육신과 분리해 생각할 수 없다. "혈과 육"

인 자들을 구원하려고 그리스도께서 친히 혈과 육이 되셔야 했다. 아담의 인류를 구원하려고, 예수님이 마지막 아담이 되셨다. 성육신을 통해 하나님의 영원한 아들이 사람의 본성을 취하셨다. 그분은 우리와 똑같은 육을 가지셨고 우리와 똑같은 경험을 하셨으나 죄가 없으셨다. 그분은 만물의 창조자였으나 주리셨다. 피곤을 느끼셨다. 먹고, 마시며, 잠자고, 아프며, 모든 인간이 알고 경험하는 것들을 "함께 지니셨다"(shared). 이것이 복음 이야기의 첫째이자 가장 근본적인 진리 가운데 하나다. 하나님이 사람이 되셨다. 하나님이 우리와 같이 되셨다.

그러나 성육신 자체로는 우리의 구속을 보장하기에 부족하다. 14절 후반부와 15절이 분명히 하듯이, 예수님이 '하나님이자 사람'(God-man)으로서 구체적인 일을 성취하셔야 했다. 다시 말해, 죽음과 마귀를 멸하셔야 했다.

#### 우리의 원수들 알기

그리스도께서 두 큰 원수를 물리치러 오셨다. 죽음과 마귀다. 차례대로 살펴보자.

죽음(사망)은 냉혹한 현실이다. 그런데도 늘 놀랍게도 대다수 사람은 임박한 자신의 죽음을 거의 생각하지 않는다. 내가 북적대는 공항에 갈 때마다 깜짝 놀라는 것이 있다. 사람들이 한 게이트에서 다른 게이트로 너무나 바쁘게 이동한다는 것이다. 신문을 읽어야 하고, 커피를 사서 마셔야 하며, 통화를 해야 한다. 어떤 면에서, 공항은 우리 삶의 나머지 부분을 보여주는 은유다. 우리는 쉴 새 없이 뛰어다니고 하루하루 일에 치여 사느라 지친 나머지 잠시 멈추어 삶에서 좀 더 중요한 것들을 생각할 틈이 없다. 이를테면, 죽음을 생각할 틈이 없다. 사실, 우리 가운데 많은 사람이 바쁘다는 핑계로 자신이 언젠가 죽는다는 사실을 생각하려 하지 않는다.

그러나 우리가 엄연한 현실인 죽음을 아무리 무시하려 애써도 절대로 피할 수 없다. 실제로 한 동료에게 이런 얘기를 들었다. 그가 오랜 시간 비행기를 타고 집으로 돌아가고 있을 때, 옆에 앉은 승객이 심장마비로 사망했다. 승무원들은 시신을 둘 곳이 없어 안전벨트를 채운 채 좌석에 그대로 두었다. 자신의 죽음을 맞기 전에 이렇듯 누군가의 죽음 바로 곁에 앉아야 하는 상황에 처하든 그러지 않든 간에, 죽음을 피할 수 없다는 사실은 변하지 않는다. 복음이 거짓이라면 죽음은 우리가 두려워해야 할 끔찍한 현실이라는 것을 정직하게 인정할 수밖에 없다. 복음이 없다면, 죽음은 우리가 마주할 수 있는 가장 큰 두려움이다.

그리스도께서 우리를 위해 물리치시는 둘째 원수는 마귀다. 그리스도인들은 마귀를 어떻게 할지 잘 몰랐다. 모든 죄를 마귀 탓으로 돌려서는 안 되고, 마귀가 벽장마다 숨어 있고 모퉁이마다 웅크리고 있다고 생각해서도 안 된다. 그와 동시에, 마귀를 하찮게 여기거나 마귀를 그저 만화 속 캐릭터로 생각해서도 안 된다. 선한 하나님과 악한 신(마귀)이 대등하게 우주적 권력 다툼을 벌이고 있다고 상상하는 신학적 이원론도 거부해야 한다. 하나님의 능력이 사탄의 능력을 까마득히 능가한다.

그리스도인들은 마귀를 진지하게 여겨야 한다. 성경은 사탄이 우리의 원수라고 말한다. 사실, 베드로전서 5:8은 마귀가 우는 사자처럼 두루 다니며 삼킬 자를 찾는다고 말한다. 마귀는 복음을 왜곡하길 좋아하고 복음 전파를 막길 좋아한다. 마귀는 거짓말쟁이다(요 8:44). 마귀는 속이는 자다(고후 2:10-11; 11:14; 엡 6:11). 마귀는 죽이는 자다(요 10:10). 마귀는 유혹하는 자다(마 4:1-11; 고전 7:5). 간단히 말해, 마귀는 하나님의 존재와 하나님의 성품과 하나님의 목적과 하나님의 백성과 하나님의 영광에 악의적이고 폭넓게 대적한다.

그렇다고 우리가 전형적으로 생각하듯이, 사탄이 언제나 공공의 악을 추구한다는 뜻은 아니다. 도널드 그레이 반하우스(Donald Grey Barnhouse)가 언젠가 이렇게 물었다. "마귀가 완전히 지배하는 도시는 어떤 모습일까요?" 많은 사람이 소돔과 고모라 또는 바벨론 같은 도시를 생각할 것이다. 그러나 반하우스의 대답은 달랐다. 완전히 사탄의 지배를 받는 도시는 우리가 전혀 상상하지 못한 모습일 것이라고 말했다: 모든 잔디밭이 가지런히 깎여 있고 어느 다리에도 낙서가 없을 것이다. 그 누구도 과속 운전을 하지 않고, 자녀들은 하나같이 부모에게 순종하며, 결혼생활은 흠 잡을 데 없고, 교회마다 아름다운 예배당이 있을 것이다. 그러나 복음이 그 어디에서도, 그 어느 강단에서도 선포되지 않을 것이다. 마귀의 주된 야심은 복음 선포를 막는 것이기 때문이다. 마귀의 목적은 사람들이 복음을 믿지 못하게 하는 것이다. 마귀는 이 목적을 이루려고 도덕과 완벽한 겉모습까지 이용할 것이다(Horton, *Christless Christianity*, 15).

### 우리의 원수들 물리치기

그리스도께서 두 대적 모두에 대한 승리를 우리에게 안기셨다. 첫째, 복음은 죽음 앞에서 소망을 준다. 존 오웬(John Owen)의 유명한 책 제목이 아주 매섭게 표현하듯이, 복음은 "그리스도의 죽음에서 일어난 죽음의 죽음"(*Death of Death*) 이야기를 들려준다. 예수님이 마태복음 16장에서 말씀하셨듯이, 복음의 능력이 너무나 강해 하데스(죽음)의 문이 교회를 이기지 못한다("음부의 권세가 이기지 못하리라," 18절). 그리스도께서 죽음에서 살아나는 소망을 우리에게 주신다. 사실, 예수님은 구원과 "영생"을 하나로 보신다(요 3:16). 종말론적으로, 복음 메시지는 부활 소망에서 절정에 이른다. 15절은 그리스도께서 죽음을 이기시는 목적을 말한다. 그 목적은 "죽기를 무서워하므로 한평생 매여 종노릇 하는 모든 자들을 놓아 주려 하심"이다. 복음 밖에 있는 자들이 다가오는 죽음의 그림자에 두려움을 느끼는 것은 당연하다. 죽으면 이생의 삶이 끝날 뿐 아니라 하나님이 죄인들에게 행하시는 공의로운 보응이 시작된다. 그러나 그리스도께서 믿음과 회개로 그분께로 돌아서는 자들을 구원하고 거룩한 진노에서 건져내신다. 그리스도인들은 더는 죽음의 두려움에 사로잡힐 필요가 없다. 죽음은 부활을 향해 한 걸음 더 내딛는 것일 뿐이다. 더욱이, 우리는 죽으면 몸을 떠나 주님과 함께하리라는 복된 소망이 있다(고후 5:8).

이 구절들은 그리스도께서 "죽음의 세력을 잡은 자" 마귀를 멸하셨다는 것도 보여준다. 물론, 이 멸망은 사탄의 궁극적, 종말론적 멸망을 가리키지 않는다. 이미 보았듯이, 사탄은 교회의 원수로서 여전히 실재하며 활발하게 활동한다. 대신에, 그리스도께서 마귀를 크게 멸하셨기에 사탄이 더는 하나님의 백성에게 궁극적으로 그 어떤 영적 해악을 끼칠 수 없다. 그리스도의 형벌 대속적 속죄(penal and substitutionary atonement) 때문에, 사탄의 참소 능력이 완전히 사라졌다. 따라서 마귀가 계속 어슬렁거리더라도 절뚝대며 어슬렁거릴 뿐이다. 그는 가장 파괴적인 무기를 빼앗겼다. 사탄이 하나님의 백성을 참소하지만 더는 통하지 않는다.

14, 15절을 끝맺기 전에, 히브리서 저자는 예수님이 '어떻게' 죽음과 마귀를 이기시는지 보여준다. 그분은 자신의 "죽음을 통하여" 승리하신다. 예수님은 자신이 죽음으로써 죽음을 이기고 죽음의 세력을 잡은 자를 이기신다. 창세기 3장의 메아리와 저주는 간과할 수 없다. 그리스도께서 우리를 대신해 저주를 받음으로써 저주를 이기셨다. 그리스도께서 그분의 백성을 위해 죽고 이들이 받을 저주를 대신 받음으로써 죽음을 이기신다. 히브리서 저자가 몇 구절에서 언급하듯이, 이 죽음은 우리의 죄 때문에 마땅히 우리에게 드리운 하나님의 진노를 "속량하려"(make propitiation), 다시 말해 제거하려는 것이었다. 그러나 이게 전부가 아니다. 그리스도께서 죽은 자 가운데서 다시 살아남으로써 죽음을 이기시며, 이로써 하나님의 백성 모두에게 부활 소망을 주신다. 그리스도는 부활의 첫 열매이며(고전 15:20), 우리는 그분이 종말에 거두실 수확물이다(고전 15:22-23). 그리스도인들은 진정으로 기뻐할 수 있다. "사망을 삼키고 이기리라고 기록된 말씀이 이루어지리라 사망아 너의 승리가 어디 있느냐 사망아 네가 쏘는 것이 어디 있느냐"(고전 15:54-55).

히브리서 2:16은 그리스도의 성육신과 속죄 사역에 대한 저자의 설명을 그리스도가 천사들보다 뛰어나다는 1, 2장의 전체 논증과 다시 연결한다. 저자는 우리에게 상기시킨다. 마지막 아담이 인류를 하나님의 선한 목적, 곧 세상을 다스리고 하나님을 모든 피조물에게 드러내려는 목적에 맞게 회복시키고 계신다는 것이다. 그리스도가 천사들보다 뛰어난 것은 그분이 보이지 않는 하나님의 형상이요 하나님의 창조 행위의 절정, 곧 인류의 구속자이기 때문이다. 참으로, "아브라함의 자손"을 돕는 분으로서, 그분의 사역은 구속사라는 직물 전체에 촘촘히 짜여 있다. 그리스도는 인류를 향한 하나님의 목적과 계획의 가장 뜨거운 중심이다.

## 제사장직과 화목제물

**히브리서 2:17–18**

17그러므로 그가 범사에 형제들과 같이 되심이 마땅하도다 이는 하나님의 일에 자비하고 신실한 대제사장이 되어 백성의 죄를 속량하려 하심이라 18그가 시험을 받아 고난을 당하셨은즉 시험 받는 자들을 능히 도우실 수 있느니라

이 구절들은 중요한 신학적 단언으로 넘쳐난다. 첫째, 저자가 그리스도께서 하나님 백성의 죄를 사하기 위해 성육하고 희생제물이 되셔야 한다고 말한다는 점에 주목하라. 나는 혹시 하나님이 우리를 다른 방법으로 구원하실 수 있지 않느냐는 질문을 종종 받는다. 이 본문은 이 질문의 답이 '아니오'라는 것을 보여준다. 하나님은 오직 자신의 성품에 합당하고 자신의 영광을 가장 잘 드러내는 방식으로 행동하신다. 그래서 자신의 공의를 만족시키고 자신의 자비를 드러내기 위해 그리스도를 화목제물로 내어주셨다. 하나님은 그 어떤 외적 필요 때문에 이렇게 하실 수밖에 없는 게 아니다. 하나님은 언제나 자신의 성품과 일치되게 행동하신다.

히브리서 저자는 또한 성육신이 절대적으로 필요했다고 단언한다. 그

리스도께서 "형제들(형제자매들)과 같이 되심이 마땅했다." 죽음으로 죽음을 이기려고, 하나님의 아들이 사람이 되셨다. 그러나 히브리서 저자는 또한 예수님이 사람이 되심은 우리를 위한 "대제사장"이 되기 위해서였다고 설명한다. 제사장직에 관한 구약성경의 가르침을 정확히 이해하는 게 중요하다. 히브리서 원래 독자들은 특히 제사와 관련해 제사장이 필요함을 아는 헬라파 유대인이었을 것이다. 구약성경에서, 이스라엘 백성은 제사장이 하나님 앞에서 자신들의 중재자 역할을 한다고 보았다. 대제사장은 속죄일에 하나님 앞에서 모든 백성을 대표했으며 모든 백성을 대신해 대속의 제사를 드렸다. 히브리서 저자는 예수님과 제사장직의 관계를 나중에 몇 장에 걸쳐 자세히 설명하지만, 이 구절에서는 이 관계를 소개하는 데 그친다. 그는 사람들을 위한 화목제를 드리기 위해 예수님이 제사장이 되셔야 했고, 제사장이 되기 위해 하나님의 아들이 사람이 되셔야 했다는 개념을 제시한다.

'속죄'(atonement)는 예수님이 십자가에서 하신 일의 의미가 응축된 아주 중요한 단어다. 화목제물(propitiation)[3]—속죄제물(atoning sacrifice)—의 의미에 관해서는 논쟁이 뜨겁다. 예를 들면, 20세기 초 자유주의 신학자들의 한 가지 주요 목표는 속죄의 의미를 다시 정의하는 것이었다. 이들이 기독교 신학 용어에서 삭제하려 했던 주요 단어가 화목제물(propitiation)이었다. 사실 자유주의 학계에서 아주 유명한 신약 신학자였던 C. H. 도드(Dodd)는 화목제물(propitiation, 달램, 유화)과 보속(補贖, expiation)이 동의어라고 주장해 학문적 명성을 쌓았다. 이 용어들이 많은 그리스도인에게 여전히 혼란스럽기 때문에 하나씩 차례로 살펴보겠다.

'보속'(補贖, expiation)은 죄를 씻음을 가리킨다. 보속은 죄의 빚을 탕감

3 헬라어 '힐라스모스'는 다양하게 번역된다. 로마서 3:25의 경우, 대다수 영어성경은 propitiation으로 옮겼으나(ESV, NASB, KJV, NIV), RSV는 expiation으로, NLT는 sacrifice for sin으로, 이 책의 저자가 사용하는 CSB(Christian Standard Bible)은 atoning sacrifice로 옮겼다. 한글성경의 경우, 개역개정은 "화목제물"로 옮겼고, 새번역은 "속죄제물"로 옮겼다.

하며 죄용서(죄사함)와 밀접하게 연결된다. 그러나 보속은 하나님 자신의 변화를 요구하지 않는다. 보속은 '어떻게' 거룩하신 하나님이 죄를 용서하실(사하실) 수 있는지 답하지 못한다. '화목제물'(propitiation)은 이 질문에 답한다. 화목제물은 하나님의 공의가 충족됨을 가리킨다. 십자가에서, 하나님이 죄인들에 대한 그분의 진노를 예수님에게 쏟아부으셨고, 이로써 죄를 공의로 심판해야 한다는 하나님의 요구가 충족되었다. 이렇게 하나님의 진노가 충족되고 하나님의 의가 입증되었다. 바울은 십자가의 의미를 기술하는 또 다른 중요한 구절에서 그리스도의 화목제를 같은 말로 묘사한다. 로마서 3:21-26이다.

> 이제는 율법 외에 하나님의 한 의가 나타났으니 율법과 선지자들에게 증거를 받은 것이라 곧 예수 그리스도를 믿음으로 말미암아 모든 믿는 자에게 미치는 하나님의 의니 차별이 없느니라 모든 사람이 죄를 범하였으매 하나님의 영광에 이르지 못하더니 그리스도 예수 안에 있는 속량으로 말미암아 하나님의 은혜로 값없이 의롭다하심을 얻은 자 되었느니라 이 예수를 하나님이 그의 피로써 믿음으로 말미암는 화목제물(atoning sacrifice)로 세우셨으니 이는 하나님께서 길이 참으시는 중에 전에 지은 죄를 간과하심으로 자기의 의로우심을 나타내려 하심이니 곧 이 때에 자기의 의로우심을 나타내사 자기도 의로우시며 또한 예수 믿는 자를 의롭다 하려 하심이라.

화목제물은 하나님을 공의로우시며(just) 공의를 행하시는 분(justifier)이 되게 한다. 죄를 벌해 하나님의 의가 충족되지 않으면, 하나님은 죄인들을 의롭다고 공의롭게(justly) 선언하실 수 없다. 따라서 화목제물은 복음의 핵심에 서 있다. 화목제물의 논리는 좋은 소식을 좋은 소식이게 한다. 화목제물이 없으면 복음도 없다. 사실, 그리스도의 속죄 사역의 본질이 히브리서 논증의 핵심이며, 그래서 히브리서 저자는 9, 10장에서 전체 논의를 다시 끌어내 길게 다룬다. 그는 어떻게 예수님의 제사장직과 그분의 화목제사가 함께 작동해 우리의 구속을 성취하는지 계속해서 정확히 규명한다.

18절은 그리스도께서 받으신 유혹과 고난을 되돌아보고 우리 자신이 유혹받을 때 거기서 힘을 얻으라고 일깨운다. 이것은 히브리서 전반에 걸쳐 되풀이되는 패턴이다. 다시 말해, 그리스도인의 믿음은 되돌아보기와 내다보기 사이를 끊임없이 오간다. 우리는 부활의 소망과 우리 구원의 완성을 내다보지만, 또한 그리스도의 삶과 사역을 되돌아본다. 그러면서 우리는 구원의 근원을 돌아본다. 우리가 그리스도께 죄로부터의 구원을 구하는 기도를 할 때, 우리는 고난과 유혹을 친히 겪으신 분께 기도하는 것이다. 그분은 우리의 어려움이 낯설지 않다. 그분은 "범사에" 자신의 형제자매들과 같이 되셨다(2:17).

히브리서 서문에 해당하는 1, 2장은 참으로 놀랍다. 그리스도가 천사들보다 뛰어나다는 저자의 논증에서, 은혜의 복음이 얼마나 엄청난지 이미 엿볼 수 있었다. 이 복음은 죽음부터 마귀까지 우리가 삶에서 마주하는 가장 큰 문제들의 해결책이다. 그러나 그 본질 때문에, 복음은 우리가 하루하루 마주하는 시련과 유혹의 해결책이기도 하다. 그리스도께서 우리의 연약함을 모든 면에서 공감하신다. 우리의 성육하신 형제로서, 그리스도께서 우리와 똑같이 고난을 받고 유혹을 받으셨다. 그러므로 우리는 확신과 믿음으로 그분께 나아갈 수 있다.

## 묵상과 토론을 위한 질문

1. 삼위일체는 기독교에만 있다. 아버지와 아들과 성령께서 어떤 방식으로 우리의 구원을 위해 일하시는가?

2. 히브리서 2:10은 예수님의 일과 사역을 "많은 아들들을(자녀들을) 이끌어 영광에 들어가게 하시는 일"이라고 요약한다. 성경에서 이 외에 어떤 구절이나 어구들이 예수님의 일과 사역을 이렇게 아름답게 요약하는가?

3. 당신은 자신의 삶에서 어떤 방식으로 하나님의 영광을 크게 드러내는가? 일터에서는 어떤가? 가정에서는 어떤가? 어떤 영역에서 주님을 더 크게 드러낼 수 있는가?

4. 마귀를 과소평가하는가? 아니면 과대평가하는가? 그리스도께서 마귀에게 거두신 승리가 당신이 이 원수를 보는 방식에 어떻게 영향을 미치는가?

5. 죽음을 두려워하는가? 이 단락은 그리스도인들이 피할 수 없는 죽음을 잘 다루도록 어떻게 준비시키는가? 그리스도께서 죽음을 이기셨는데, 이것이 죽음에 대한 두려움을 어떻게 잠재울 수 있는가?

6. 예수님이 그분의 "형제들(형제자매들)과 같이 되심이 마땅했다"는 사실이 어떻게 당신에게 위로가 되는가? 그분의 성육신이 절대적으로 필요했다는 사실이 하루하루의 삶에서 어떻게 당신에게 힘이 되는가?

7. 보속(expiation)과 속죄제물(atoning sacrifice, 화목제물)의 개념을 자신의 말로 설명해보라. 왜 속죄제물이 복음의 핵심인가? 이것이 우리 죄의 심각성에 대해 무엇을 말하는가?

8. 왜 속죄제물(atoning sacrifice)이 그렇게 뜨거운 논쟁이 되는 신학 용어라고 생각하는가? 왜 그렇게도 많은 사람이 아직도 이 용어를 삭제하거나 다시 정의하려 하는가?

9. 예수님의 제사장직이 그분의 화목하게 하는 죽음(propitiatory death)과 어떻게 연결되는가?

10. 당신은 유혹에 맞서 싸울 때 도움을 얻기 위해 예수님이 받으신 유혹과 고난을 자주 되돌아보는가? 예수님이 받으신 유혹과 고난이 당신이 구체적으로 고난과 유혹을 받을 때 어떻게 도움이 되는가?

# 5. 예수님이 모세보다 위대하다

**히브리서 3:1–6**

[1]그러므로 함께 하늘의 부르심을 받은 거룩한 형제들아 우리가 믿는 도리의 사도
이시며 대제사장이신 예수를 깊이 생각하라 [2]그는 자기를 세우신 이에게 신실하
시기를 모세가 하나님의 온 집에서 한 것과 같이 하셨으니 [3]그는 모세보다 더욱
영광을 받을 만한 것이 마치 집 지은 자가 그 집보다 더욱 존귀함 같으니라 [4]집마
다 지은 이가 있으니 만물을 지으신 이는 하나님이시라 [5]또한 모세는 장래에 말할
것을 증언하기 위하여 하나님의 온 집에서 종으로서 신실하였고 [6]그리스도는 하
나님의 집을 맡은 아들로서 그와 같이 하셨으니 우리가 소망의 확신과 자랑을 끝
까지 굳게 잡고 있으면 우리는 그의 집이라

**핵심 개념**: 당신을 위해 뛰어난 제사를 드린 대제사장 예수님을 생각하고, 하나님의 집의 아들이자 건축자로서 모세보다 위대하신 예수님께 단단히 소망을 두라.

**I. 모세보다 나은 사도요 대제사장(3:1–4)**

A. 거룩한 형제애와 하늘의 부르심

B. 성경이 그리는 대로 예수님을 생각하라

C. 그리스도에 비추어 모세를 생각하라

**II. 하나님의 집을 향한 소망(3:5–6)**

A. 그 집의 종

B. 그 집의 상속자

C. 우리 믿음의 인내/견인

저자는 3장에서 히브리서 전체 논증의 새로운 섹션을 시작한다. 1, 2장에서는 서신의 주요 주제들을 소개하고 그리스도가 천사들보다 뛰어나다는 것을 논증했다. 3장에서, 그리스도가 모세보다 뛰어나다는 논증으로 옮겨간다. 이러한 전환을 통해 독자들은 히브리서 신학의 핵심에 한 발 더 다가간다. 히브리서 신학의 핵심은 예수 그리스도가 구속사의 클라이맥스이며 하나님이 구약성경에서 주신 모든 약속, 예언, 모형의 성취라는 것이다.

## 모세보다 나은 사도요 대제사장

**히브리서 3:1-4**

> [1]그러므로 함께 하늘의 부르심을 받은 거룩한 형제들아 우리가 믿는 도리의 사도이시며 대제사장이신 예수를 깊이 생각하라 [2]그는 자기를 세우신 이에게 신실하시기를 모세가 하나님의 온 집에서 한 것과 같이 하셨으니 [3]그는 모세보다 더욱 영광을 받을 만한 것이 마치 집 지은 자가 그 집보다 더욱 존귀함 같으니라 [4]집마다 지은 이가 있으니 만물을 지으신 이는 하나님이시라

히브리서 2장을 시작할 때처럼, 3:1의 "그러므로"는 이전 논증과 교회에 대한 저자의 도덕적 권면을 연결한다. 논리는 단순하다. 제시된 큰 구원에 비추어 그리스도를 생각하라! 예수님이 모든 사람을 위해 죽음을 맛보신 자비롭고 신실한 대제사장이고 우리 구원의 근원이며, 따라서 우리는 그분을 깊이 생각해야 한다.

### 거룩한 형제애와 하늘의 부르심

권면을 하기 전에, 히브리서 저자는 독자들을 "거룩한 형제들(형제자매

들)"이자 "함께 하늘의 부르심을 받은" 자들로 규정한다. 이러한 작은 묘사를 지나치기 쉽다. 그러나 성경 저자들은 교회를 묘사하는 단어에 자신의 신학 전체를 새겨 넣을 때가 잦음을 기억해야 한다. 히브리서 저자는 "형제들"(형제자매들)이란 표현을 사용해 앞서 했던 주장, 곧 그리스도께서 우리를 "형제"(형제자매)라 부르길 부끄러워하지 않으셨다는 주장을(2:10) 간추린다. 그리스도의 형제자매가 됨으로써, 우리는 교회, 곧 하나님의 가정에서 서로 형제자매가 된다. 그리스도 안에서 우리는 서로 형제자매이며, 따라서 새로운 가족 관계와 궁극적 연합이 생겨난다.

'거룩한'(holy)이란 단어도 중요하다. 다른 성경 저자들은 하나님의 백성을 가리켜 "거룩한" 백성이라고 한다(참조. 고전 3:17; 엡 2:21; 벧전 2:5, 9). 이 단어는 그리스도의 피가 교회를 거룩하고 깨끗하게 했음을 강조한다. 히브리서 문맥은 이 단어에 훨씬 풍성한 의미를 부여한다. 거룩은 레위 시스템의 중요한 특징이었다. 옛 언약 아래서 하나님을 바르게 예배하려면 옛 언약 백성의 삶이 모든 면에서 거룩해야 했다. 레위기에 제사 제도와 정결 의식이 아주 세세하게 나오는 것도 이 때문이다. 오직 제사를 통해 거룩해질 수 있었다. 다시 말해, 거룩은 인간의 성취가 아니었다. 따라서 히브리서 저자는 자신의 독자들을 거룩한 형제자매라고 부를 때 기독론적 주장을 하고 있다. 그는 거룩한 신분이 된 것을 축하하는 게 아니다. 그리스도께서 제사장으로서 이들을 위해 드리신 제사에 근거해 이들을 거룩하게 하신다.

신자들이 함께 받은 "하늘의 부르심"은 우리를 구원하고 영화롭게 하시는 하나님의 목적을 가리킨다. 이번에도, 이 표현은 하나님이 교회를 구하러 행동하셨다는 사실을 강조한다. 하나님이 우리를 우리 되게 하신다. 우리가 스스로 변화되어 하나님의 백성이 되는 게 아니다. 하나님이 우리를 변화시켜 그분의 백성이 되게 하신다. 이 표현들은 또한 신자들이 교회를 구성한다는 사실을 일깨운다. "거룩한" 불신자는 존재하지 않는다. 회개하지 않은 채 하나님이 주시는 하늘의 부르심을 받는 것은 불

가능하다. 그리스도의 교회를 이루는 한 부분이 되려면 회개와 믿음이 있어야 한다. 이것은 그리스도의 피가 우리를 깨끗하게 했으며 이제 우리가 반드시 성취될 하나님의 목적에 따라 하늘의 영광을 누리게 되었다는 뜻이다.

### 성경이 그리는 대로 예수님을 생각하라

이미 말했듯이, 히브리서 저자는 "예수를 깊이 생각하라"고 교회에 권면한다. '깊이 생각하다'(consider)라는 단어는 묵상의 의미를 담고 있다. 예수님은 기독교의 심장이며, 이것은 그분의 위격과 사역이 그리스도인이 묵상해야 할 최고 주제라는 뜻이다. 모든 사람에게 세계관이 있음을 기억해야 한다. 이것은 우리가 접하는 모든 자료를 특정한 틀을 통해, 세상에 관한 우리의 선입견을 통해 해석한다는 뜻이다. 히브리서 저자는 우리에게 일깨운다. 신자들의 지적 사고 생활의 궁극적 잣대는 예수 그리스도라는 것이다. 그분은 단지 우리 믿음의 창시자요 완성자가 아니다. 그분은 우리 생각의 창시자요 완성자이기도 하다. 예수님을 깊이 생각함으로써, 모든 신자의 지적 사고가 활기를 띠고 이들의 성경적 세계관이 재조정되어야 한다.

그러나 절대로 예수님이 제시된 성경적·신학적 맥락 밖에서 "예수를 깊이 생각"해서는 안 된다. 예수님을 생각한다면 그분을 바르게 생각해야 한다. 이 때문에, 히브리서 저자는 분명히 한다. 성경이 그리스도의 성품을 어떻게 계시하느냐에 따라 그리스도를 생각해야 한다는 것이다. 히브리서 저자는 그리스도 사역의 두 면을 특별히 강조한다. 첫째, 그리스도는 우리의 "사도"다. 둘째, 그리스도는 우리의 "대제사장"이다. 우리는 그리스도를 가리킬 때 사도(apostle)라는 용어를 거의 사용하지 않는다. 사도라는 용어의 의미를 전혀 생각하지 않기 때문이다. '사도'는 "보냄을 받은 자"를 뜻할 뿐이다. 따라서 열두 사도는 예수 그리스도께 특별히 지명을 받아 그분 대신 "보냄을 받은" 자들이다. 마찬가지로, 그리스도는 아버지의 사도, 특별한 메시지와 성취해야 할 사명을 받아 하늘로부터 보냄을 받은 분이다. 예수님은 "대제사장"이기고 하며, 히브리서 저자는 히브리서 나머지 부분 전체에서 이 용어를 계속 사용한다.

**그리스도에 비추어 모세를 생각하라**

히브리서 저자는 무엇보다도 우리가 그리스도의 신실하심을 깊이 생각하길 원한다. 그는 모세와 비교해 그리스도의 신실하심을 드러낸다. 예수님은 "자기를 세우신 이에게 신실하시기를 모세가 하나님의 온 집에서 한 것'과 같이'(just as) 하셨다." 이 시점에서 모세를 논증에 넣은 것이 언뜻 이상해 보일는지 모른다. 그러나 히브리서 전체의 논증을 보면, 이것이 절대적으로 필요하다는 것을 알 수 있다.

히브리서는 헬라파 유대인 신자들에게 쓴 편지다. 따라서 구약성경이 히브리서의 주된 신학적 배경이다. 유대인들은 구약성경에 푹 빠져 있었고 모세처럼 자신들의 역사에서 중요한 인물들을 더없이 공경했다. 히브리서 저자는 그리스도께서 유대교를 대체하셨음을 자신의 청중에게 확신시키려고 그리스도가 옛 언약보다 뛰어나다는 것을 여러 논증을 통해 보여준다. 1, 2장에서, 저자는 그리스도가 천사들보다 뛰어나다는 것을 이미 보여주었다. 이제 그는 예수님과 모세를 대비시킨다.

모세를 빼놓고는 옛 언약과 유대교를 생각할 수 없다. 하나님은 모세를 사용해 그분의 백성을 애굽의 종살이에서 해방하셨으며, 구약성경은 이 사건을 하나님이 그분의 백성을 위해 어떻게 행동하시는지 보여주는 최고의 본보기로 삼는다. 더욱이, 하나님은 모세를 사용해 이스라엘에게 율법을 주셨다. 옛 언약은 본질적으로 모세가 이스라엘 백성에게 했던 사역의 유산이다.

히브리서가 아니더라도, 오경과 복음서를 주의 깊게 읽으면 그리스도가 모세보다 위대하다는 것을 충분히 알 수 있다. 모세는 사람이었다. 그리스도는 '하나님이자 사람'(God-man)이다. 모세는 자신의 죄 때문에 심판받은 죄인이었다. 죄 없는 그리스도는 자기 백성의 죄 때문에 심판을 받으신다. 모세는 나일강물이 피가 되게 했다. 그리스도는 물이 포도주가 되게 하신다. 모세는 이스라엘 자녀들을 애굽의 속박에서 이끌어 냈으나 이들을 약속의 땅에 이끌어 들이지는 못했다. 둘째 모세이신 그리스도는 그분의 백성을 죄의 속박에서 이끌어 내어 종말론적 약속의 땅에 이끌어 들이신다.

이것들은 사실이다. 그렇더라도 이 때문에 히브리서 저자가 이어지는 구절들에서 제시하는 구체적 논증에서 눈을 돌려서는 안 된다. 그의 논증은 모세의 잘못과 실패를 주님의 성공과 성취에 대비시키지 않는다. 대신에, 모세가 신실했으며(3:2) 하나님 집의 종으로서 직무를 성실히 수행했다는 것을 강조한다. 모세가 종으로서 영광을 받을 자격이 있다면 그 집을 세우신 그리스도는 더더욱 자격이 있지 않겠는가?

언뜻 보면, 4절의 논리가 이해하기 어려울 수 있다. 그러나 근본적으로, 히브리서 저자는 간단하게 요점을 말한다. "집"—나중에 하나님의 백성으로 규정된다—은 짓는 사람이 있어야 했다. 모든 집은 건축자가 필요하다. 그리스도께서 하나님의 집, 곧 하나님의 백성을 세우는 건축자 역할을 하셨다. 따라서 그리스도가 모세보다 크다. 이유는 간단하다. 그리스도께서 모세를 지으셨기 때문이다.

## 하나님의 집을 향한 소망

**히브리서 3:5-6**

5또한 모세는 장래에 말할 것을 증언하기 위하여 하나님의 온 집에서 종으로서 신실하였고 6그리스도는 하나님의 집을 맡은 아들로서 그와 같이 하셨으니 우리가 소망의 확신과 자랑을 끝까지 굳게 잡고 있으면 우리는 그의 집이라.

히브리서 저자는 5, 6절에서도 그리스도가 모세보다 뛰어다는 것을 입증한다. 모세는 종으로서 하나님의 집에서 신실했고, 반면에 예수 그리스도는 아들로서 하나님의 집에서 신실했다. 아들이 종보다 크다.

### 그 집의 종

신약성경에서 "종"(servant)으로 번역되는 대표적인 헬라어 단어는 '둘로스'(*doulos*)다. "종"은 수용 가능한 번역이 분명하지만 '둘로스'가 내포하는 의미를 모두 담아내지는 못할 수도 있다. 예를 들면, 어떤 학자들은 이 단어를 "노예"(slave)로 번역한다. 많은 현대 번역이 미국 독자에게 주는 부정적 의미 때문에 "노예"라는 번역을 피한다. "노예"라고 하면 미국 남부에 널리 퍼졌던 잔혹하고 인종차별적인 노예제의 이미지가 자주 떠오른다. 그렇더라도 "노예"라는 번역이 '둘로스'의 비천한 신분을 잘 포착한다.

그러나 이 단락에서 "종"으로 번역된 단어는 '둘로스'가 아니다. 헬라어 '테라폰'(*therapōn*)이다. '테라폰'은 자신을 지명한 사람의 권위 아래서 고상한 지위를 누렸다. 따라서 5절은 모세가 누렸던 지위와 영예를 강조한다. 사실, 히브리서 3:5은 하나님이 민수기 12:7에서 모세에 관해 친히 하신 말씀을 되울린다. 모세는 하나님의 집에서 신실한 종이자 유능한 사람이었다.

그러나 모세가 신실한 종이었다는 것은 무슨 뜻이었는가? 히브리서 저자는 분명하게 말한다. 모세는 자신의 사역을 신실하게(성실하게) 수행함으로써 "장래에 말할 것"("하나님께서 장차 말씀하시려는 것"—새번역)을 증언했다는 것이다. 바꾸어 말하면, 모세의 삶과 사역은 그리스도의 뛰어나심을 드러냈다. 모세의 삶과 사역은 모세가 아니라 메시아를 가리키려 했다. 모세의 사역은 장래의 일을 증언하는 데 목적이 있었다. 신명기 18:15 같은 구절이 이것을 뒷받침한다. 히브리서 저자가 나중에 보여주듯이, 제사장직과 제사 제도와 옛 언약 체계 전체가 같은 목적에 기여한다.

바울은 로마서 3:21에서 비슷한 주장을 한다. 율법과 선지자는 죄인들이 예수 그리스도 안에서, 예수 그리스도를 통해 얻을 수 있는 하나님의 의를 증언했다. 구약성경 전체가 오실 메시아를 가리키는 큰 화살표다. 모형 패턴이나 약속이나 예언을 통해, 모세는 자신보다 크신 예수 그리스도를 가리킴으로써 하나님의 집에서 자신의 직무를 신실하게 수행했다. 그리스도께서 모세가 말한 전부를 모세의 이해를 초월하는 방식으로 성취하셨다. 따라서 그리스도가 모세보다 뛰어나며, 모세 자신도 이것을 인정할 것이다.

**그 집의 상속자**

3:6에서 히브리서 저자는 예수님과 모세를 분명하게 대비시킨다. 모세는 종이었다. 모세는 신실한 종이었으나 종일 뿐이었다. 반면에 예수님은 아들이다. 예수님은 그 집의 종이 아니다. 그 집의 상속자이며 주인이다. 히브리서 저자가 설명하듯이, 그 집은 하나님의 백성, 곧 자신의 확신을 "굳게 잡고" 자신의 소망을 "자랑"하는 자들이다. 예수님이 신실하게 돌보시는 집이 죄인들을 위해 그분이 자신의 피를 흘려 세우신 집이라는 뜻이다.

신약성경의 다른 구절들도 집이라는 단어를 사용해(헬라어 '오이코스'는 "집" 또는 "가솔"을 뜻한다) 교회를 설명하고 그리스도께서 그 집의 기초이심을 보여준다(행 4:11; 엡 2:19-20; 벧전 2:5). 따라서 모세가 하나님의 집의 신실한 종이었다는 말은 그가 하나님의 백성 가운데서 종이었다는 말이다. 그러나 그리스도는 하나님의 백성의 구주다. 히브리서 저자는 "우리는 그의 집이라"고 말할 때, 그리스도의 신성을 미묘하게 단언한다. 5절은 "하나님의 집"이라고 말한다. 그러나 6절에서 "그의"는 그리스도를 가리킨다. 따라서 히브리서 저자는 그리스도의 신적 아들됨(divine sonship, 하나님이신 아들이심)을 단언한다. 그분은 영원한 창조자이자(3:4) 하나님 백성의 구속자다(3:5-6).

### 우리 믿음의 인내

3:6의 마지막 어구는 우리의 구원이 조건적이라고 암시하는 것처럼 보이기에 그리스도인들을 괴롭힌다. 하나님의 백성은 자신의 확신을 "굳게 잡고" 자신의 소망을 "자랑"하는 자들이 분명하다. 그런데 왜 히브리서 저자는 조건을 나타내는 "~면"(if)을 포함시키는가? 그는 그리스도 안에서 얻는 영원한 구원이 확실하다는 데 의문을 던지는 것인가?

히브리서는 그리스도와 그분의 사역이 우리의 구원에 충분하다고, 아마도 신약성경의 다른 어느 책보다 더 강하게 단언한다. 그런데도 믿음의 인내(preserve in the faith, 믿음을 지키는 데)에 실패하지 말라는 경고가 히브리서 전체에 나타난다. 이 구절은 이러한 히브리서의 주요 주제를 소개한다. 히브리서와 나머지 성경은 오직 믿음의 인내를 이루는(믿음을 지키는) 자들만 구원받을 것이며 참믿음을 가진 자들만 인내하리라고 가르친다. 신자들이 하나님의 집을 구성하며, 이것은 교회가 참믿음을 가진 인내하는 신자들로 구성된다는 것을 말한다.

우리의 행위가 우리를 구원하지 않을뿐더러 우리의 구원을 유지하지도 않는다. 우리는 우리의 "확신"을 굳게 잡고 복음과 주님을 계속 "자랑"해야 한다. 우리는 자신과 자신의 영적 성취를 자랑하지 않는다. 우리는 십자가를 자랑하고 부활의 소망을 자랑한다. 성도의 견인(perseverance of the saints) 교리는 우리가 믿음으로 하나님 나라에 들어가고 행위로 하나님 나라에 머문다는 뜻이 아니다. 대신에, 우리가 인내(견인)하며 절대 실패하지 않을 믿음으로 하나님 나라에 들어간다는 뜻이다. 믿음으로, 우리는 그리스도의 의가 우리의 의라고 확신한다. 그리스도는 우리의 유일한 자랑이다. 그리스도는 우리의 확실한 소망이다.

1. "거룩한 형제들(형제자매들)"이란 표현이 우리가 교회와 세상에서 어떻게 살아야 하는지 어떻게 알려주는가? 당신은 자신의 교회를 가족의 관점에서 생각하는가? 당신이 자신의 교회에서 더 나은 "형제"나 "자매"가 되는 방법에는 어떤 것들이 있는가?

2. 예수님이 우리 신앙고백의 대제사장이라는 것은 무슨 뜻인가? 이것을 우리의 삶에 적용하는 방식에는 어떤 것들이 있는가?

3. 신약 시대 신자의 삶에서 거룩은 어떤 모습이겠는가?

4. 히브리서 저자는 우리에게 예수를 깊이 생각하라며 촉구한다. 세상은 우리에게 무엇이든 예수 말고 다른 것을 생각하라고 촉구한다. 세상이 우리에게 그리스도 대신 생각하라고 촉구하는 가장 두드러진 것에는 어떤 것들이 있는가? 당신이 지금 처한 상황에서 예수님을 더 자주 더 바르게 생각하는 법을 배우는 데 도움이 될 만한 방법에는 어떤 것들이 있는가?

5. 본문은 그리스도가 모세보다 뛰어나다는 어떤 증거를 제시하는가? 이곳 외에 신약성경 어느 곳이 그리스도가 모세보다 뛰어나다고 말하는가?

6. 히브리서 저자는 예수님과 모세의 삶이 신실했다는 것을 강조한다. 지금 우리가 처한 문화 상황에서, 그리스도인의 신실함은 어떤 모습이어야 하

겠는가?

7. 예수님을 깊이 생각하고 그분이 하신 일을 묵상하는 것이 신실함에 어떻게 도움이 되고 활력을 불어 넣는가?

8. 그리스도가 집의 건축자라는 것이 무슨 뜻인가? 그리스도께서 하나님의 집에서 하시는 역할이 모세가 하나님의 집에서 했던 역할과 어떻게 다른가? 우리가 하나님의 집에서 하는 역할은 무엇인가?

9. 모세가 신실한 종으로 묘사되는 방식에 비춰볼 때, 우리는 구체적으로 어떻게 그리스도를 섬겨야 하는가?

10. 하루하루 우리의 확신을 굳게 잡고 우리의 소망을 자랑한다는 것은 어떤 모습이겠는가? 히브리서 저자는 "~면"(if)라는 조건을 어떻게 사용해 우리를 격려하고 우리가 우리의 구원을 위해 그리스도와 그분이 하신 일에 단단히 소망을 두게 하는가?

# 6. 믿음을 위해 권면하고 독려하라

**히브리서 3:7–19**

7그러므로 성령이 이르신 바와 같이 오늘 너희가 그의 음성을 듣거든 8광야에서
시험하던 날에 거역하던 것 같이 너희 마음을 완고하게 하지 말라 9거기서 너희
열조가 나를 시험하여 증험하고 사십 년 동안 나의 행사를 보았느니라 10그러므
로 내가 이 세대에게 노하여 이르기를 그들이 항상 마음이 미혹되어 내 길을 알지
못하는도다 하였고 11내가 노하여 맹세한 바와 같이 그들은 내 안식에 들어오지
못하리라 하였다 하였느니라 12형제들아 너희는 삼가 혹 너희 중에 누가 믿지 아
니하는 악한 마음을 품고 살아계신 하나님에게서 떨어질까 조심할 것이요 13오직
오늘이라 일컫는 동안에 매일 피차 권면하여 너희 중에 누구든지 죄의 유혹으로
완고하게 되지 않도록 하라 14우리가 시작할 때에 확신한 것을 끝까지 견고히 잡
고 있으면 그리스도와 함께 참여한 자가 되리라 15성경에 일렀으되 오늘 너희가
그의 음성을 듣거든 격노하시게 하던 것 같이 너희 마음을 완고하게 하지 말라 하
였으니 16듣고 격노하시게 하던 자가 누구냐 모세를 따라 애굽에서 나온 모든 사
람이 아니냐 17또 하나님이 사십 년 동안 누구에게 노하셨느냐 그들의 시체가 광
야에 엎드러진 범죄한 자들에게가 아니냐 18또 하나님이 누구에게 맹세하사 그의
안식에 들어오지 못하리라 하셨느냐 곧 순종하지 아니하던 자들에게가 아니냐
19이로 보건대 그들이 믿지 아니하므로 능히 들어가지 못한 것이라.

**핵심 개념**: 이스라엘이 하나님의 안식에 들어가지 못한 것은 하나님의 인자하심을 당연하게 여겨 죄를 짓고 마음이 완고해졌기 때문이다. 그러므로 악하고 믿지 않는 마음에 끌려 살아계신 하나님을 믿는 믿음에서 멀어지지 않도록, 자신의 신앙고백을 마지막까지 굳게 붙잡으라고 서로 권

면하고 독려하라.

**I. 타산지석(3:7–11)**

A. 성령께서 말씀하신다: 히브리서와 영감

B. 오늘 믿는 것이 시급하다

C. 거역과 안식: 이스라엘이 실패한 이유

**II. 인내하라는 권면(3:12–19)**

A. 믿지 아니하는 악한 마음

B. 믿음을 굳게 잡음

아주 오래전, 어느 강의에서 깊은 감동을 받았다. 강의자는 애리조나 대학에서 역사를 가르치는 저명한 교수이자 종교개혁 분야의 세계적인 석학인 헤이코 오버만(Heiko Oberman, 1930-2001)이었다. 당시, 나는 20대 초반이었다.

강의 중간에, 오버만은 학생들에게 크게 좌절했다. 학생들이 잘못된 행동을 하거나 산만해서가 아니었다. 그가 크게 좌절했던 것은 단지 우리가 어렸기 때문이었다. 그는 이렇게 말했다. "젊은이들은 절대로 루터를 이해하지 못할 겁니다. 여러분은 밤마다 잠자리에 들면서 아침에 건강하게 깨어나리라고 확신하기 때문입니다. 루터가 살던 시대에, 사람들은 하루하루가 자신의 마지막 날일 수 있다고 생각했습니다. 그때는 항생제가 없었습니다. 지금과 같은 의료 시설도 없었습니다. 질병과 죽음이 눈 깜짝할 사이에 찾아왔습니다." 오버만이 옳았다. 루터를 온전히 이해하려면, 그가 하루하루 영원의 실재를 마주했음을, 우리도 그러하다는 것을 알아야 한다.

루터는 밤에 눈을 감을 때마다 두려움에 휩싸였다. 깨어나면 지옥이 아닐까 무서웠기 때문이다. 그가 불안에 떨었던 것은 하나님의 거룩하심과 인간의 죄악됨을 알았기 때문이다. 복음에 나타난 그리스도의 의가 자신에게 전가된 것을 알았을 때야 이러한 두려움에서 벗어날 수 있었다.

하나님의 심판을 생각하면 참으로 두렵다. 오직 복음만이 우리에게 필요한 확신, 거룩하신 하나님 앞에 의롭게 설 수 있다는 확신을 준다. 그러나 히브리서 저자가 일깨우듯이, 복음은 우리를 죄에 대한 형벌에서 건져낼 뿐 아니라 죄의 권세에서도 건져낸다. 그리스도인들은 약속의 땅에 이르기 위해 믿음을 지켜야 한다. 우리는 복음을 늘 굳게 붙잡아야 한다. 그러지 않으면 하나님의 거룩하심에 막혀 그분의 안식에 들어가지 못하며, 루터의 악몽이 끝없는 현실이 된다. 이것이 히브리서 3장 나머지 부분의 메시지다. 히브리서 저자는 하나님의 백성에게 인내하라고 권면한다.

## 타산지석

**히브리서 3:7-11**

> [7]그러므로 성령이 이르신 바와 같이 오늘 너희가 그의 음성을 듣거든 [8]광야에서 시험하던 날에 거역하던 것 같이 너희 마음을 완고하게 하지 말라 [9]거기서 너희 열조가 나를 시험하여 증험하고 사십 년 동안 나의 행사를 보았느니라 [10]그러므로 내가 이 세대에게 노하여 이르기를 그들이 항상 마음이 미혹되어 내 길을 알지 못하는도다 하였고 [11]내가 노하여 맹세한 바와 같이 그들은 내 안식에 들어오지 못하리라 하였다 하였느니라

7-11절에서 저자는 1세대 이스라엘과 이들이 광야에서 하나님을 거역한 사실에 주목한다. 하나님이 이스라엘에게 믿음을 지키라고 경고하셨다. 그러나 이들은 자신들을 종살이에서 구해내신 분을 신뢰하는 대신 하나님을 노하시게 해 약속의 땅에 들어가지 못했다. 히브리서 3:7-11은 믿음 없는 이스라엘처럼 되지 말라고 경고한다.

### 성령께서 말씀하신다: 히브리서와 영감

히브리서 저자는 도입부인 7절에서 깜짝 놀랄 일을 한다. 그는 "성령이 이르신 바와 같이"(as the Holy Spirit says)라는 말로 시편을 인용한다. 이렇게 함으로써, 저자는 성경이 하나님의 감동(영감)으로 되었다는 것을 극적으로 단언한다. 그는 책 뒷부분에서도 성경의 형성에 성령께서 하신 역할을 강조한다(히 10:15).

"성령이 이르신 바와 같이"는 두 가지 기능을 한다. 첫째, 하나님이 성경의 저자라는 것을 가르친다. 성경이 "오직 성령의 감동하심을 받은 사람들이 하나님께 받아 말한 것임"을 가르친다(벧후 1:21). 성경이 말할 때 하나님이 말씀하신다(Warfield, *Inspiration and Authority of the Bible*, 119). 성경을 듣거나 읽거나 공부하거나 어떤 식으로든 성경을 마주할 때, 우리는 하나님이 우리에게 말씀하고 계신다고 확신할 수 있다.

둘째, 성경이 살아있다고 단언한다. 히브리서 저자는 과거 시제를 사용하지 않는다. 그는 "성령께서 말씀하셨다"(the Holy Sprit said)라고 말하지 않는다. 현재 시제를 사용한다.[4] 우리가 성경을 펼 때마다 성령께서 말씀하신다. 성경 저자들이 이 말씀을 오래전에 기록했더라도 이것은 여전히 살아있는 말씀이다. 히브리서 저자는 다음 장에서 이것을 분명하게 말한다. "하나님의 말씀은 살아있고 활력이 있어 좌우에 날 선 어떤 검보다도 예리하여"(히 4:12).

### 오늘 믿는 것이 시급하다

본문의 핵심 논증에서, 히브리서 저자는 시편으로 돌아가 구약성경을 그리스도에 비추어 읽어야 한다는 것을 뒷받침하고 이렇게 읽는 모델을 제시한다. 그는 여기서 시편 95:7-11을 인용한다. 모세와 완전히 대조적

---

4 헬라어 본문의 *legei*는 *legō*(to say)의 현재 직설법 능동태다. 공동번역개정판은 이에 맞춰 "성령께서는 이렇게 말씀하십니다"라고 현재형으로 옮겼다.

으로, 당시 이스라엘 백성은 하나님께 신실하지 못했다. 따라서 히브리서 저자는 이 시편 구절들을 이용해 신실하지 못했던 이스라엘을 답습하지 말라고 권면한다. 시편 95편은 하나님의 백성에게 마음이 완악해져 그들을 구원하신 하나님께 등을 돌리지 말라고 경고한다. 이것이 바로 이스라엘에게 일어났던 일이다. 이들은 하나님을 향해 투덜댔고 그분의 구속에 불만을 품었으며 애굽의 즐거움을 그리워했다(시 106:6-43).

히브리서 저자는 '오늘'이란 단어로 상황의 긴급함을 청중에게 알린다. 이러한 긴급함은 히브리서 원청중만큼이나 지금 우리가 처한 상황에도 적용된다. 오늘이 결단의 날이다. 오늘, 우리는 하나님과 동행하거나 하나님에게서 돌아서거나 둘 중 하나다. 루터가 인식했듯이, 오늘이 구원의 날인 것은 오늘이 우리의 마지막 날일 수 있기 때문이다. 히브리서 원청중은 당연히 내일이 있으리라고 생각할 수 없었다. 우리도 마찬가지다.

"너희가 그의 음성을 듣거든"이란 어구가 매우 중요하다. 하나님의 마지막 안식에 들어가느냐는 하나님의 음성을 듣고 거기에 주목하느냐에 달렸다. 누구라도 하나님의 음성을 듣는 것은 자비와 구원 행위의 결과다. 하나님은 그분의 백성을 구원하려고 말씀하신다. 저자는 청중에게 그들이 구원받도록 하나님이 은혜로 말씀하셨다고 가르친다. 이제 이들은 하나님의 음성에 순종하고 그 음성을 영원히 신실하게 따라야 한다.

### 거역과 안식: 이스라엘이 실패한 이유

히브리서 저자는 또한 자신의 청중에게 왜 이스라엘이 약속의 땅에 들어가지 못했는지 보여준다. 이들이 자신의 마음을 완고하게 했기 때문이다. 하나님이 광야에서 이들을 시험하셨는데(8절), 이들은 시험을 통과하지 못했다. 이 민족의 조상들은 그들의 마음을 하나님 중심적으로 유지하는 데 실패했다. 이들은 하나님의 "행사"(works)를 "사십 년 동안" 보았는데도(9절) 하나님을 시험하고 거역했다.

이스라엘은 하나님의 인자를 당연하게 여겼다. 하나님은 은혜로 이들을 40년간 지켜주셨다. 이들을 건져내셨다. 이들의 생명을 줄곧 지켜주셨다. 이들에게 만나를 주셨다. 광야에서 밤에는 불기둥으로 낮에는 구름기둥으로 이들을 인도하셨다. 그러나 이들은 이 은혜를 당연하게 여기고 하나님을 향해 투덜댔다.

이스라엘이 들어가지 못한 "안식"이란 무엇인가? 11절의 '안식'(rest)이란 단어는 요단강 건너편 땅을 가리킨다. 하나님이 진노하셔서 이스라엘 백성이 가나안, 곧 그분이 아브라함과 그의 후손들에게 처음 약속하신 땅에(창 15:18-21) 들어가지 못하리라고 맹세하셨다. 그러나 히브리서 저자의 논증 문맥을 보면, 가나안은 에덴의 안식까지 거슬러 올라갈 뿐 아니라 새로운 창조 때 누릴 종말론적 안식을 모형으로 미리 보여준다. 이런 이유로 히브리서 저자는 시편 95편과 이스라엘의 광야 이야기를 사용해 독자들에게 늘 신실하라(믿음을 지키라)고 권면한다. 그는 독자들이 참 안식의 땅에 들어가길 바란다.

성경에서 '안식'은 은유로 사용되어 안전과 안심과 구원이라는 하나님의 복을 가리킨다. 히브리서는 안식의 신학에 특별한 기독론적 요소를 추가해 이러한 그림을 전개한다. 히브리서 4장은 예수 그리스도가 우리의 안식처(Sabbath rest)라고 가르친다. 장소가 아니라 인물, 곧 예수 그리스도께서 가장 근본적으로 우리에게 안식을 주신다.

히브리서 저자는 이 구절들에서 진지하고 심각하게 경고한다. 이스라엘에게 그렇게 하셨듯이, 하나님은 거역하고 신실하지 못하게(믿음 없이) 행하며 하나님의 은혜를 당연하게 여기는 자들이 그분의 안식에 들어오지 못하게 하실 것이다. 신실하지 못했던 이스라엘처럼, 하나님의 은혜를 당연하게 여기는 자들은 요단강을 건너지 못하고 죽을 것이다. 오늘 우리는 굳게 붙잡아야 한다. 그러지 않으면 깨어났을 때 하나님의 영원한 안식 밖에 있을 것이다.

# 인내하라는 권면

**히브리서 3:12-19**

12형제들아 너희는 삼가 혹 너희 중에 누가 믿지 아니하는 악한 마음을 품고 살아
계신 하나님에게서 떨어질까 조심할 것이요 13오직 오늘이라 일컫는 동안에 매
일 피차 권면하여 너희 중에 누구든지 죄의 유혹으로 완고하게 되지 않도록 하
라 14우리가 시작할 때에 확신한 것을 끝까지 견고히 잡고 있으면 그리스도와 함
께 참여한 자가 되리라 15성경에 일렀으되 오늘 너희가 그의 음성을 듣거든 격노
하시게 하던 것 같이 너희 마음을 완고하게 하지 말라 하였으니 16듣고 격노하시
게 하던 자가 누구냐 모세를 따라 애굽에서 나온 모든 사람이 아니냐 17또 하나님
이 사십 년 동안 누구에게 노하셨느냐 그들의 시체가 광야에 엎드러진 범죄한 자
들에게가 아니냐 18또 하나님이 누구에게 맹세하사 그의 안식에 들어오지 못하리
라 하셨느냐 곧 순종하지 아니하던 자들에게가 아니냐 19이로 보건대 그들이 믿
지 아니하므로 능히 들어가지 못한 것이라.

12-19절에서 저자는 청중에게 이스라엘의 불신앙을 보여주며 불신앙에 빠지지 말라는 권면으로 주제를 전환한다. 그는 청중에게 신실하지 못했던 1세대 이스라엘의 발자취를 따르지 말라고 권면한다. 대신에, 하나님의 종말론적 안식에 들어갈 수 있도록 믿음의 인내를 이루라고(믿음을 지키라고) 독려한다.

**믿지 아니하는 악한 마음**

히브리서 저자는 12절을 시작하면서 시편 95편을 청중에게 적용한다. 이스라엘이 범죄한 것은 하나님을 믿지 않았기 때문이다. 이들은 "믿지 아니하는 악한 마음"을 품었다. 이러한 마음을 품으면 결국 살아계신 하나님을 떠나는 길에 들어서게 된다. 따라서 저자는 자신의 형제자매들에

게 마음을 살펴 이스라엘처럼 완고해지지 않게 하라고 권면한다.

믿지 아니하는 악한 마음과 어떻게 싸워야 하는가? 13절은 해법을 제시한다. 그리스도인들은 "오직 오늘이라 일컫는 동안에 매일 피차 권면해야" 한다. 바울은 골로새 신자들에게 "모든 지혜로 피차 가르치며 권면하고 시와 찬송과 신령한 노래를 부르며 감사하는 마음으로 하나님을 찬양하라"고 격려할 때 똑같이 명령한다(골 3:16). 성도들의 공동체, 지역 교회의 보살핌과 돌아봄, 하나님의 말씀 전파, 동료 신자들의 권면에 푹 잠기면 믿지 아니하는 악한 마음이 치료된다. 이것들이 우리가 떨어져 나가지 않도록 막아준다. 히브리서 저자는 이렇게 푹 잠기는 일이 긴급하다는 것을 다시 한번 강조한다. 우리는 "오늘" 이것들에 몰입해야 한다. 내일이 있으리라는 보장이 없다.

히브리서 저자는 "믿지 아니하는 악한 마음"을 죄에 속아 완고해진 마음이라고도 말한다. 구약성경은 마음의 완고함(완악함)을 치명적 질병으로 진단한다. 완고한 마음은 영원한 죽음으로 이어진다. 우리들 각자는 어느 시점에 마음이 완고했으나 하나님이 우리를 사랑하셔서 우리의 돌같이 굳은 마음을 제거하고 살 같이 부드러운 마음을 주셨다(겔 36:26). 우리가 우리의 죄로 죽었고 하나님을 대적했을 때, 하나님이 그분의 은혜로 우리를 살리셨다(엡 2:1-7). 하나님이 우리의 돌같이 굳은 마음에 행하신 놀라운 일 때문에, 우리는 인내를 배울 뿐 아니라 믿지 아니하는 악한 마음과 싸울 수 있다.

완고한 마음이 위험한 것은 단지 우리가 넘어질 수도 있기 때문만은 아니다. 완고한 마음이 위험한 것은 마침내 하나님을 부인하고 예수 그리스도 안에 있는 그분의 은혜를 거부하게 되기 때문이다. 완고한 마음이 위험한 것은 불신앙으로 이어지기 때문이다. 완고한 마음은 구주가 필요하다는 것을 인식하지 못하거나 받아들이지 않는다. 그러므로 히브리서 저자가 그의 형제자매들에게 하는 사역은 절대로 작은 사역이 아니다. 그리스도 안에 있는 형제자매들에게 믿지 아니하는 악한 마음을 조심하라고 권면하는 것은 복음에 충실하며 영원히 의미 있는 긴급한 일이다.

### 믿음을 굳게 잡음

히브리서 저자가 14절에서 말하는 "우리가 시작할 때에 확신한 것"이란 회심이다. 다시 말해, 하나님이 복음의 능력으로 우리의 마음을 거듭나게 하셨을 때 우리가 처음으로 그리스도를 고백한 것이다. 저자는 하나님이 주권적으로 우리의 회심을 일으키시지만 (하나님의 은혜를 힘 입어) 믿음의 인내(믿음을 지킴)를 이루는 것은 우리의 책임이라고 상기시킨다. 궁극적으로, 우리는 자신을 지킬 수 없다. 하나님이 우리 안에 선한 일을 시작했고 마지막에 그 일을 이루실 것이다(빌 1:6). 하나님이 믿음을 통해 그분의 능력으로 우리를 붙들고 지키실 것이다(벧전 1:5).

15-18절에서, 히브리서 저자는 믿음의 인내를 논증하면서 한 걸음 더 나아간다. 15절에서 그는 시편 95:7-8을 인용해 하나님의 음성을 듣고 순종하는 것이 중요하며 긴급하다고 다시 한번 말한다. 16-18절에서 저자는 질문을 통해 중요한 신학 문제, 곧 불신앙의 치명적 오류를 강조한다. 이스라엘은 광야에서 숱한 죄를 지었으나 이들이 약속의 땅에 들어가지 못했던 이유는 단 하나 불신앙의 죄였다. 19절에서 히브리서 저자는 '믿음의' 인내(persevere 'in faith')가 필요하다는 것을 강하게 드러낸다. 믿음이 없으면 약속의 땅에 들어가지 못한다. 믿음이 없는 자들은 하나님의 종말론적 안식에 들어가지 못한다. 믿는 자들은 마지막까지 굳게 붙잡는다.

1. 히브리서 저자는 이스라엘이 실패한 한 가지 이유가 죄에 속아 마음이 완고해진 것이라고 말한다. 당신이 삶에서 즐기며 죽이려 하지 않는 죄가 있는가? 당신은 자신의 죄와 전면전을 벌이는가, 아니면 선택적 전투를 벌이는가? 설명해 보라.

2. 당신의 마음이 완고해지지 않도록 당신의 죄를 교회의 형제나 자매들에게 정기적으로 고백하는가? 어떤 관계들이 당신에게 믿음의 인내를 이루라고(믿음을 지키라고) 권면하는가? 당신은 다른 사람들에게 믿음의 인내를 이루라고 어떻게 권면하는가?

3. 당신은 이스라엘처럼 어떤 식으로 하나님의 인자하심을 당연하게 여기는가? 하나님이 당신에게 내일을 허락하시리라고 생각하는가? 오늘이 당신의 마지막 날이라는 것을 알면 오늘 당신과 주님의 관계가 어떻게 달라지겠는가?

4. 이 단락에서, 저자는 어떻게 하나님의 진노를 활용해 마지막까지 굳게 붙잡도록 청중에게 동기를 부여하는가? 당신은 대개 하나님의 진노를 믿음의 인내를 위한 동기로 생각하는가? 왜 그렇게 생각하거나 생각하지 않는가?

5. 당신은 어떤 실제적 방법으로 교회의 형제자매들이 믿음의 인내를 이루

도록 독려할 수 있는가? 성경에서 이곳 외에 그리스도인들이 서로 권면할 수 있는 방법을 보여주는 곳을 찾아보라.

6. 거듭남의 기적이 우리가 믿음의 인내를 이루는 데 어떻게 도움이 되는가? 이 기적이 지금도 그리스도를 향한 당신의 사랑이 불타게 하는가, 아니면 당신은 이제 이 이적에 익숙해졌는가?

7. 당신은 어떤 활동이나 일에서 안식(쉼)을 추구하는가? 예수 그리스도가 우리의 궁극적 안식이라면, 이것이 우리가 천국의 이편에서 경험하는 "안식"에 관해 무엇을 말하는가?

8. 성도의 견인(perseverance of the saints)은 기독교 신학에서 가장 큰 위로를 주는 교리 가운데 하나다. 이것이 당신을 비롯한 사람들이 믿음의 인내를 이루는 데 어떻게 도움이 되는가?

9. 성경은 하나님의 영감으로 된 살아있는 말씀이다. 이것이 믿음의 인내와 어떻게 연결되는가? 히브리서 저자는 청중을 하나님의 종말론적 안식을 향해 나아가도록 격려하기 위해 성경을 어떻게 활용하는가?

10. 히브리서 저자가 14절에서 말하는 "[당신이] 시작할 때에 확신한 것"을 생각하는 시간을 가져라. 이 구절에서 "~면"(if)에는 어떤 의미가 담겨 있는가?

# 7. 하나님의 안식에 들어가자!

**히브리서 4:1-13**

1그러므로 우리는 두려워할지니 그의 안식에 들어갈 약속이 남아 있을지라도 너
희 중에는 혹 이르지 못할 자가 있을까 함이라 2그들과 같이 우리도 복음 전함을
받은 자이나 들은 바 그 말씀이 그들에게 유익하지 못한 것은 듣는 자가 믿음과
결부시키지 아니함이라 3이미 믿는 우리들은 저 안식에 들어가는도다 그가 말씀
하신 바와 같으니 내가 노하여 맹세한 바와 같이 그들이 내 안식에 들어오지 못하
리라 하셨다 하였으나 세상을 창조할 때부터 그 일이 이루어졌느니라 4제칠 일에
관하여는 어딘가에 이렇게 일렀으되 하나님은 제칠 일에 그의 모든 일을 쉬셨다
하였으며 5또 다시 거기에 그들이 내 안식에 들어오지 못하리라 하였으니 6그러
면 거기에 들어갈 자들이 남아 있거니와 복음 전함을 먼저 받은 자들은 순종하지
아니함으로 말미암아 들어가지 못하였으므로 7오랜 후에 다윗의 글에 다시 어느
날을 정하여 오늘이라고 미리 이같이 일렀으되 오늘 너희가 그의 음성을 듣거든
너희 마음을 완고하게 하지 말라 하였나니 8만일 여호수아가 그들에게 안식을 주
었더라면 그 후에 다른 날을 말씀하지 아니하셨으리라 9그런즉 안식할 때가 하나
님의 백성에게 남아 있도다 10이미 그의 안식에 들어간 자는 하나님이 자기의 일
을 쉬심과 같이 그도 자기의 일을 쉬느니라 11그러므로 우리가 저 안식에 들어가
기를 힘쓸지니 이는 누구든지 저 순종하지 아니하는 본에 빠지지 않게 하려 함이
라 12하나님의 말씀은 살아 있고 활력이 있어 좌우에 날선 어떤 검보다도 예리하
여 혼과 영과 및 관절과 골수를 찔러 쪼개기까지 하며 또 마음의 생각과 뜻을 판
단하나니 13지으신 것이 하나도 그 앞에 나타나지 않음이 없고 우리의 결산을 받
으실 이의 눈 앞에 만물이 벌거벗은 것 같이 드러나느니라

**핵심 개념**: 하나님은 오늘 그분의 안식에 들어오도록 우리를 초대하신다. 그러므로 그리스도에 대한 우리의 믿음을 굳게 붙잡고, 믿음의 긴박감을 유지하며, 우리를 붙드는 하나님의 말씀으로 서로 격려하자.

**I. 믿음으로 들어간다(4:1-2)**
**II. 긴급하게 들어간다(4:3-10)**
**III. 말씀으로 들어간다(4:11-13)**

모든 세대의 그리스도인들은 신학적 위기를 맞는다. 그러므로 모든 세대의 그리스도인들은 신학적 정결을 지키고 복음을 선포하기 위해 싸워야 한다. 복음을 잘못 전한 결과는 영적 죽음이다. 복음의 좋은 소식은 죄인들이 구원받는 유일한 길이다. 그러므로 모든 세대의 그리스도인들은 어떤 희생이 따르더라도 복음을 보존하고 보호해야 한다.

히브리서 저자는 이것이 얼마나 중요한지 알았다. 그래서 신학적 위기에 처한 백성을 위해 복음을 강하게 변호하고 정의한다. 히브리서 다른 곳에서 보듯이, 히브리서 저자가 그리스도의 사역에 관한 오해와 싸우는 여러 방법 중 하나는 그리스도인들이 구약성경을 어떻게 읽어야 하는지 본보기를 제시하는 것이다. 그리스도가 천사들보다 뛰어나고 모세보다 뛰어나다는 것을 보여준 후, 저자는 안식이란 주제로 눈을 돌려 어떻게 그리스도가 진정한 영적 안식의 유일한 기초인지에 주목한다.

성경에서 '안식'(rest, 쉼)이란 단어를 찾아 간략하게 살펴보면 알듯이, 성경의 안식 개념은 낮잠을 자거나 휴가를 떠나는 것보다 훨씬 큰 의미를 내포한다. 히브리서 3장에서 이미 보았듯이, 성경에서 "안식"은 깊은 신학적 개념이며, 성경 저자들은 안식을 성경의 메타 내러티브(메타 서사, 거대 담론)와 무관하게 사용하지 않는다. 히브리서 4장에서도 다르지 않다.

# 믿음으로 들어간다

**히브리서 4:1-2**

[1]그러므로 우리는 두려워할지니 그의 안식에 들어갈 약속이 남아 있을지라도 너희 중에는 혹 이르지 못할 자가 있을까 함이라 [2]그들과 같이 우리도 복음 전함을 받은 자이나 들은 바 그 말씀이 그들에게 유익하지 못한 것은 듣는 자가 믿음과 결부시키지 아니함이라

히브리서 3장에서 우리는 구약성경에서 "안식"에 들어감이 이스라엘 백성이 약속의 땅에 들어감을 가리키는 것을 보았다. 약속의 땅은 단순히 영토가 아니었다. 약속의 땅은 하나님이 아브라함에게 하신 약속을 가리켰으며, 인간의 타락으로 더럽혀진 창조세계를 회복하려는 하나님의 계획을 상징했다. 그러므로 약속의 땅에 들어간다는 것은 실재하는 땅에 들어간다는 것 이상을 의미했다. 이것은 하나님의 구원 계획을 누리고 그 계획에 참여하며 하나님이 그분의 거처로 삼으신 바로 그곳에 거주한다는 뜻이었다.

구약성경 대부분에서, 이스라엘은 하나님께 불순종했고 하나님의 안식에 들어가지 못했다. 이들은 "이르지 못할 자"로 드러났다. 옛 언약의 백성은 대체로 마음의 할례를 받지 않았고, 따라서 하나님의 은혜에 믿음으로 반응하지 않았다. 이들은 육체적으로 가나안 땅에 들어갔을는지 몰라도 그 땅이 상징했던 영적 안식에는 결코 진정으로 들어가지 못했다.

히브리서 저자는 독자들에게 옛 언약 아래 있던 자들이 하나님의 안식에 들어가지 못했음을 상기시킬 뿐 아니라 이 정보를 활용해 이들에게 경고한다. 이런 이유로 저자는 '그러므로'라는 접속사로 1절을 시작한다. 저자가 독자들에게 이스라엘이 하나님의 안식에 들어가지 못한 사실을 상기시키는 목적은 이들도 하나님의 안식 밖에 있지 않도록 계속 믿

음을 지키라고 권면하기 위해서다. 그는 2절에서 훨씬 강하게 권면한다. "복음"(good new)이 히브리서 저자의 청중에게 선포되었듯이 옛 이스라엘에게도 선포되었다. 그러나 이스라엘은 이 복음에 믿음으로 반응하지 못했다.

1-2절에 몇 가지 중요한 핵심이 나타난다. 첫째, 이 구절은 단지 복음의 메시지를 듣는 것으로는 구원을 얻기에 부족하다는 것을 우리에게 일깨운다. 예수님이 그분의 제자들에게 복음의 메시지를 듣고도 믿지 않는 자들이 있음을 일깨우실 때 (이사야 6장을 인용하면서) 이것을 친히 말씀하셨다(마 13:10-15). 둘째, 이 구절은 믿음만이 복음에 대한 적절한 반응이라는 것을 우리에게 일깨운다. 이스라엘은 하나님의 약속과 경고를 들었으나 믿음으로 반응하지 않았다. 그 결과, 이들은 광야에서 죽었다.

셋째, 이 구절은 믿음이란 단지 복음의 메시지를 머리로 이해하는 것이 아님을 우리에게 일깨운다. 이스라엘은 자신들이 받은 하나님의 약속과 경고를 분명히 이해했으나 그 약속을 의지하지 않았다. 이들은 하나님의 말씀을 무시했고 그 말씀에 순종하지 않았다. 하나님의 말씀을 '믿지' 않았기 때문이다.

마지막으로, 이 구절은 선포된 구원의 메시지가 구약시대 사람들에게도 다르지 않았음을 우리에게 일깨운다. 안타깝게도 숱한 거짓 선생이 구약성경의 숱한 명령을 가리키면서, 옛 언약의 성도들은 행위로 구원받았으나, 이제 그리스도의 행위 덕분에 새 언약의 성도들은 은혜로 구원받는다고 주장했다. 그러나 이 본문은 새 언약에서 선포된 바로 그 "복음"이 옛 언약에서도 선포되었음을 보여준다. 물론, 그리스도께서 오셔서 아버지를 온전히 계시하셨기 때문에(요 14:8-9), 하나님이 구원을 위해 어떻게 행하셨는지를 새 언약의 신자들이 더 잘 알고 더 잘 이해한다. 그렇더라도 옛 언약의 성도들도 오늘 우리처럼 하나님의 약속을 '믿음으로' 구원받았다. 바울은 로마서 4:1-25에서 아브라함이 믿음으로 의롭다하심을 얻었다고 논증하면서 이것을 분명히 한다.

## 긴급하게 들어간다

**히브리서 4:3–10**

3이미 믿는 우리들은 저 안식에 들어가는도다 그가 말씀하신 바와 같으니 내가 노
하여 맹세한 바와 같이 그들이 내 안식에 들어오지 못하리라 하셨다 하였으나 세
상을 창조할 때부터 그 일이 이루어졌느니라 4제칠 일에 관하여는 어딘가에 이렇
게 일렀으되 하나님은 제칠 일에 그의 모든 일을 쉬셨다 하였으며 5또 다시 거기
에 그들이 내 안식에 들어오지 못하리라 하였으니 6그러면 거기에 들어갈 자들이
남아 있거니와 복음 전함을 먼저 받은 자들은 순종하지 아니함으로 말미암아 들
어가지 못하였으므로 7오랜 후에 다윗의 글에 다시 어느 날을 정하여 오늘이라고
미리 이같이 일렀으되 오늘 너희가 그의 음성을 듣거든 너희 마음을 완고하게 하
지 말라 하였나니 8만일 여호수아가 그들에게 안식을 주었더라면 그 후에 다른 날
을 말씀하지 아니하셨으리라 9그런즉 안식할 때가 하나님의 백성에게 남아 있도
다 10이미 그의 안식에 들어간 자는 하나님이 자기의 일을 쉬심과 같이 그도 자기
의 일을 쉬느니라

히브리서 저자는 3:7부터 시편 95:11에 근거해 자신의 논증을 펼쳐오고 있는데, 4:3절에서 시편의 이 구절을 한 번 더 인용한다. "그들이 내 안식에 들어오지 못하리라"는 말씀은 하나님의 약속을 믿지 못해 그분의 안식에 들어가지 못한 광야 세대를 강하게 정죄하는 것이다. 시편 95:11은 광야 세대의 신실하지 못함(불신앙)을 정죄하지만, 히브리서 저자는 이 구절을 활용해 이 단락의 큰 주제를 반복한다. '믿는' 자들이 하나님의 안식에 들어간다는 것이다. 사실, 3절 끝부분은 하나님의 안식이 세상의 기초가 놓일 때 시작되었기에 모든 세대가, 광야 세대까지도, 이 안식에 들어갈 수 있다고 단언하는데, 히브리서 저자는 4절에서 그 개념을 창조 내러티브에서 도출한다. 창조의 일곱째 날 이후, 하나님의 안식에서 그분과

함께할 기회가 지금껏 계속된다.

히브리서 저자는 5절에서 시편 95:11을 반복하면서 하나님의 안식에 들어가는 일이 긴급하다는 것을 강조한다. 성경 저자가 거듭 같은 이슈로 돌아가는 것은 마음이 완악해 쉽게 죄를 짓는 사람들에게는 이러한 반복이 필요하기 때문일 것이다. 안식하지 못하는 영혼을 만족시킬 수 있는 것은 오직 하나, 하나님의 "안식"뿐이다. 우리가 하나님의 안식에 이를 수 있는 길은 단 하나뿐이며, 그 길은 자신의 죽음과 부활을 통해 신자들에게 하나님의 안식을 확보해 주시는 예수 그리스도를 믿는 것이다. 우리가 복음의 약속을 거부하면 광야에서 죽을 것이다. 그러나 복음의 약속과 그 약속을 하시는 하나님을 믿으면 하나님의 안식에 들어갈 것이다. 이것이 완고한 죄인들이 듣고 또 들어야 하는 메시지다.

6절과 7절에서, "그러면…하였으므로"(therefore, since, 그러므로…이기에)에서 보듯이, 히브리서 저자는 자신이 앞서 말한 것을 멋들어지게 적용한다.[5] 6절과 7절은 또한 신학적·해석학적 보화가 풍성하다. 히브리서 저자는 시편 95편이 다윗의 저작일 뿐 아니라 광야 세대를 둘러싼 사건들이 실제 역사였다고 단언한다. 더욱이, 다윗이 자신의 원청중에게 했듯이, 히브리서 저자는 광야 사건들의 의미를 자신의 회중이 처한 현재 상황에 적용한다. 바꾸어 말하면, 시편 95편은 불순종한 광야 세대를 정죄하는 동시에 하나님의 약속에 믿음으로 반응하라며 원청중을 초대하는데, 히브리서 저자는 이러한 초대를 자신의 청중에게 적용한다.

더 나아가, 다윗이 자신의 원청중에게 "오늘" 믿음으로 하나님께 반응하라고 촉구했듯이, 히브리서 저자도 "오늘" 믿음으로 하나님께 반응하라며 자신의 청중에게 촉구한다. 다윗이 그 시대의 이스라엘에게 했던 말은 지금도 똑같이 유효하고 긴급하다. 하나님이 우리를 위해 오늘을 정하신

---

5 저자가 사용하는 CSB에서 4:6은 "Therefore, since it remains for some to enter it"(그러므로 거기 들어갈 사람들이 남아 있기에)로 시작한다.

것은 우리가 그분의 부르심에 믿음으로 반응하고 마음을 완고하게 하지 않게 하기 위해서다. 우리는 당연히 내일이 있을 거라고 생각할 수 없다. 오늘이 우리에게 남은 마지막 날일 수 있다. 그러나 당신에게 오늘이 있는 한 당신은 믿음의 초대에 응할 수 있다.

8절에 여호수아가 등장하는 것은 상당히 뜻밖으로 보일 수 있다. 그러나 시편 95편의 문맥과 히브리서 저자의 신학적 논거를 이해하면 이 시점에서 저자의 논증에 여호수아가 등장하는 것은 전혀 이상해 보이지 않는다.

이 구절까지, 히브리서 저자는 본질적으로 독자들에게 이스라엘의 불순종에 관한 성경신학을 제시했다. 저자의 성경신학은 시편 95편에 닻을 내리고 있다. 시편 95편이 이스라엘의 불순종 이야기를 들려줄 뿐 아니라 이 사건에 관한 하나님의 해석을 제시하기 때문이다. 앞서 보았듯이, 시편 95편은 특별히 이스라엘이 광야에서 하나님과 모세를 거역한 사실에 초점을 맞추는데, 이스라엘은 이러한 거역 때문에 약속의 땅에 들어가지 못했다.

하지만 모세는 이스라엘을 약속의 땅에 인도해 들이지 못했다. 그의 후계자 여호수아가 이스라엘을 약속의 땅에 인도해 들였으며, 그래서 히브리서 저자는 8절에서 그를 소개한다. 히브리서 저자는 그리스도가 천사들보다 뛰어나고 모세보다 뛰어나다는 것을 이미 입증했다. 이제 그는 그리스도가 여호수아보다 뛰어나다는 것을 입증해야 한다.

히브리서 저자가 말하듯이, 여호수아는 이스라엘 백성을 가나안으로 인도해 들였더라도 이들을 하나님의 "안식"에 인도해 들이지는 못했다. 심지어 가나안에서도 이스라엘 백성은 계속해 하나님을 거역했다. 이스라엘 백성은 요단강을 건너 가나안 땅에 들어갔을 때 안식에 들어가지 못했다. 이들은 한 곳에서 다른 곳으로 이주했을 뿐이다. 그래서 다윗이 가나안 정복 사건들이 있은 지 오랜 후에 썼는데도, 시편 95편은 하나님의 백성에게 안식할 때(a Sabbath rest)가 남아 있다고 말한다.

우리는 이 안식에 어떻게 들어가는가? 히브리서 전체가 우리에게 말한다. 예수 그리스도, 안식일의 주인을 믿음으로써 들어간다. 여호수아는 이스라엘을 가나안 땅으로 인도해 들였다. 그러나 예수님은 그분의 백성을 하나님의 진정한 종말론적 안식에 인도해 들이신다. 10절은 이것을 자세히 설명한다. 우리는 그리스도를 믿을 때 우리의 일을 쉬고 하나님의 안식에 들어간다. 더는 하나님 앞에서 우리의 의를 "증명하려" 애쓰며 살 필요가 없다. 대신에, 그리스도께서 우리를 대신해 이 의를 이미 증명하셨기에 우리는 이러한 수고를 그치고 "안식한다."

요한복음 3:16처럼, 히브리서 4:10은 복음의 메시지를 한 절로 강력하게 표현한다. 복음은 도덕이 아니다. 복음은 외적인 종교가 아니다. 복음은 더 나은 삶에 이르는 일곱 단계 프로그램도 아니다. 복음은 우리가 그리스도께서 하신 일을 의지함으로써 우리의 일을 그치고 "안식할" 수 있도록 그리스도께서 우리를 위해 무엇을 성취하셨는지 들려주는 메시지다. 우리는 그리스도께서 하신 일을 의지할 때 우리 자신이 한 일을 의지하길 그치고 안식한다.

## 해설: 히브리서와 성경의 영감

이 주석에서 여러 번 언급했듯이, 히브리서 저자는 자신의 고등 성경관을 부끄러워하지 않고 아주 분명하게 말한다. 히브리서 3:7에서 보듯이, 저자는 성경을 인용할 때 흔히 "성령께서 말씀하신다"로 시작하며(예를 들면, 1:7에서 "성령이 이르신 바와 같이"), 자신이 인용한 성경이 실존 인물(이 경우, 다윗)의 저작일 때라도 다르지 않다. 이러한 예는 히브리서 저자가 성경의 궁극적 근원이 하나님이심을 전심으로 믿는다는 것을 보여준다.

히브리서 4:7은 저자의 성경신학을 보여주는 중요한 예를 하나 더 제시한다. 히브리서 저자는 시편 95:11 말씀이 궁극적으로 하나님에게서 왔다고 믿지만 이 말씀이 "다윗을 통해"(through David, CSB) 왔다는 사실도 무시하지 않는다. 따라서 히브리서 저자는 성경이 하나님의 저작인 동시에 사람의 저작이라고 단언한다. 하나님이 성경에서 말씀하신다. 그러나 하나님은 특정 개개인을 통해 말씀하신다. B. B. 워필드는 이것을 "동류"(同類, concursive) 영감론이라 불렀다(*Inspiration and Authority of the Bible*, 95).

베드로 사도는 베드로후서 1:21에서 성경이 하나님과 사람의 저작이라고 말한다. "예언은 언제든지 사람의 뜻으로 낸 것이 아니요 오직 성령의 감동하심을 받은 사람들이 하나님께 받아 말한 것임이라." 하나님이 저마다 말투가 다르고 성격이 다른 역사의 실존 인물들을 사용해 성경을 쓰셨으나 섭리로 이들을 감동시켜 그분이 의도하신 것을 이들이 정확히 쓰게 하셨다. 성경무오에 대한 시카고 선언(성경론에 관한 일련의 단언과 거부 조항이 담겨 있다) 제8조는 이 교리를 이렇게 말한다. "우리는 하나님이 영감을 주실 때 그분이 선택하고 준비한 저자들마다 다른 성격과 문체를 활용하셨다고 단언한다. 우리는 하나님이 성경 저자들로 그분이 선택한 단어들을 사용하게 하고 이들의 개성을 무시하셨다는 주장을 거부한다."

놀랍게도, 하나님은 "기록된" 본문을 얻기 위해 인간 저자들의 개성과 문체와 경험과 상황을 사용하셨다. 다시 말해, 성령에 감동된 사람들이 하나님의 말씀을 썼다. 이것은 저자들이 성경을 쓸 때 수동적으로 무아지경에 빠졌다는 뜻이 아니다. 하나님이 말씀하셨고 이들은 받아 썼을 뿐이라는 뜻도 아니다. 저자들은 성경을 쓰는 과정에 능동적으로 참여했으나 하나님이 이들을 감동시켜 이들이 쓰는 모든 것이 그분의 의도와 정확히 일치하게 하셨다. 다시 말해, 성경은 실제로 하나님의 말씀이다.

## 말씀으로 들어간다

**히브리서 4:11-13**

11그러므로 우리가 저 안식에 들어가기를 힘쓸지니 이는 누구든지 저 순종하지 아니하는 본에 빠지지 않게 하려 함이라 12하나님의 말씀은 살아 있고 활력이 있어 좌우에 날선 어떤 검보다도 예리하여 혼과 영과 및 관절과 골수를 찔러 쪼개기까지 하며 또 마음의 생각과 뜻을 판단하나니 13지으신 것이 하나도 그 앞에 나타나지 않음이 없고 우리의 결산을 받으실 이의 눈 앞에 만물이 벌거벗은 것 같이 드러나느니라

히브리서 저자는 11절에서 앞 단락과 연결해 "그러면 어떻게 할 것인가"(so what)를 소개한다. 앞 단락에 비춰볼 때, "'그러므로' 우리가 저 안식에 들어가기를 힘쓸지니"라고 말한다. 히브리서 저자는 이 구절에서 힘주어 권면한다. 광야 세대가 불순종해 광야에서 죽었던 과거가 이 시대의 신자들에게 되풀이되지 않도록 하나님의 안식에 들어가길 힘쓰라는 것이다. 우리는 광야의 이스라엘처럼 되어서는 안 된다. 하나님의 안식에 들어가길 힘써야 한다. 바꾸어 말하면, 안식을 위해 노력해야 한다. 이것은 우리가 우리의 의를 증명하려는 모든 노력에 '맞서' 일해야 한다는 뜻이다. 우리는 스스로를 의롭게 하려는 모든 노력에 '맞서' 싸워야 한다.

우리가 그리스도인으로 살면서 해야 할 중요한 책임 가운데 하나는 신실하도록 서로 권면하는 것이다. 이것은 우리가 일요일마다 함께 예배하며 선포되는 하나님의 말씀을 들을 때 하는 일 가운데 하나다. 이것은 우리가 함께 찬양할 때 하는 일이다. 이것은 우리가 함께 기도할 때 하는 일이다. 이것은 우리가 서로 교제할 때 하는 일이다. 우리는 함께 모여 예배할 때 서로 격려한다. 그리스도의 안식에 들어가지 못하는 일이 없도록 그리스도 안에서, 오직 그리스도 안에서 온전히 만족하도록 서로

격려한다.

저자는 12절과 13절에서 우리의 인내에서 하나님의 말씀이 하는 역할을 강조한다. "하나님의 말씀"이란 표현은 약간의 정의가 필요하다. 히브리서 저자는 이 표현을 사용해 기록된 계시와 성육신한 계시를 모두 가리킨다. 안타깝게도, 많은 그리스도인이 성경과 예수를 분리한다. 어떤 사람들은 이렇게 말한다. "나는 신학이나 성경이 필요 없어요. 나는 예수님만 원해요." 잘못된 판단이다. 그리스도와 성경을 분리할 수 없다. 오로지 성경을 '통해' 우리는 예수님이 '하나님이신 하나님의 아들'(divine Son of God)이심을 알고 그분이 우리를 위해 어떤 것들을 성취하셨는지 안다. 성경의 증언이 없으면 예수 그리스도를 알 수 없다. 둘은 분리될 수 없다.

히브리서 저자는 12절에서 하나님의 말씀이 갖는 특징 둘을 제시한다. 첫째, 하나님의 말씀은 "살아있고 활력이 있다"(living and effective, 살아있고 유효하다). 히브리서 저자는 여기서 성경의 지속적 생명력을 강조한다. 하나님이 성경의 저자이며, 따라서 성경은 죽은 책이 아니다. 하나님이 살아계시듯 성경도 살아있다. 더 나아가, 성경 전체에서 보듯이, 하나님은 말씀하실 때 행동하신다. '활력이 있다'(effective)라는 형용사가 바로 이런 뜻이다. 예를 들면, 하나님은 그분의 말씀으로 하늘과 땅을 창조하셨다. 따라서 성경은 하나님의 말씀이기 때문에 살아있으며 생명을 준다. 성경은 죽어 생명이 없는 말뭉치가 아니다. 성경은 살아있는 하나님의 말씀이다. 성경은 하나님이 뜻하시는 모든 것을 성취한다. 하나님은 이사야 선지자를 통해 이렇게 말씀하셨다. "내 입에서 나가는 말도 이와 같이 헛되이 내게로 되돌아오지 아니하고 나의 기뻐하는 뜻을 이루며 내가 보낸 일에 형통함이니라"(사 55:11).

둘째, 히브리서 저자는 성경을 "좌우에 날선 검"으로 표현한다. 검으로서, 성경은 "혼과 영과 및 관절과 골수를 찔러 쪼개기까지 하며 또 마음의 생각과 뜻을 판단한다." 성경이 혼과 영을 찔러 쪼개는 검으로 묘사된 데서 말씀의 침투력이 잘 드러난다. 우리가 거만한 의심의 해석이 아니라 겸손한 복종의 해석학으로 성경에 다가갈 때, 우리가 성경을 읽는 게 아니라 성경이 우리를 읽는다. 성경은 사람의 마음을 열어젖히고 죄를 드러낸다. 다른 어떤 책도 이렇게 하지 못한다. 다른 어떤 책도 우리 마음의 생각과 의도를 드러내지 못한다. 오직 하나님의 말씀만 이렇게 할 수 있다.

성경은 하나님이 영적 수술을 하려고 잡으신 메스 같다. 성령과 연합해, 하나님의 말씀은 사람의 마음에서 죄와 어둠을 도려내 영적 건강과 그리스도를 향한 생명력을 회복시킨다. 하나님의 말씀이 없으면 우리는 죽은 것이나 다름없다. 그러나 하나님의 말씀은 사람의 마음에서 질병을 도려내고 죽음이 있는 곳에 생명을 불어넣는다.

13절에서 저자는 하나님의 말씀에서 하나님으로 옮겨가며, 이로써 하나님과 성경이 본래 서로 연결되어 있음을 보여준다. 하나님의 말씀은 은혜로 하나님을 사람에게 계시하듯이 사람이 심판자 하나님 앞에서 책임을 지게 한다. 하나님이 자신을 우리에게 계시하실 때, 우리는 "우리의 결산을 받으실 이의 눈앞에…벌거벗은 것 같이 드러난다." 성경은 우리를 발가벗겨 우리의 눈앞과 하나님의 눈앞에 세운다. 이는 성경이 말로 표현할 수 없는 하나님의 성품을 드러내기 때문이다. 칼뱅의 유명한 말처럼 "인간은 먼저 하나님의 얼굴을 보고 하나님을 숙고하는 데서 내려와 자신을 찬찬히 살피지 않고서는 절대로 자신을 분명하게 알 수 없다"(*Institutes*, I.I.2).

하나님이 우리에게 성경을 선물로 주신 것은 우리가 이스라엘의 불순종을 답습하지 않게 하기 위해서다. 성경은 하나님을 신뢰하고 그분 안에서 온전히 만족하도록 우리를 인도하는 길라잡이다. 더 나아가, 하나님은 그리스도에 관한 진리를 그분의 말씀에서 우리에게 계시하셨다. 그러므로 우리는 하나님의 말씀을 연구하고 그 가르침을 중심에 두어야 한다. 성경은 그리스도를 닮도록 우리를 인도한다. 우리가 성육하신 말씀처럼 되려면 기록된 말씀을 연구해야 한다.

## 묵상과 토론을 위한 질문

1. 오늘의 복음주의 교회들은 어떤 신학적 위기들을 마주하는가? 이러한 위기들이 순수한 복음 선포를 어떻게 위협하는가? 이러한 문제들에 비추어, 우리는 어떻게 복음을 더 잘 변호하고 정의할 수 있는가?

2. 믿지 않은 많은 이스라엘 백성이 물리적 가나안 땅에 들어갔으나 하나님의 안식에 들어가지 못했다. 이런 사실이 이들의 마음에 관해 우리에게 무엇을 말해 주는가? 구원과 관련해 마음의 중요성에 대해서는 무엇을 암시하는가?

3. 창조 내러티브와 하나님이 창조의 일곱째 날에 취하신 안식이 이 단락의 논증에 어떻게 기여하는가?

4. 히브리서 저자가 이 단락에서 성경을, 특히 구약성경을 다루는 방식이 성경이 무오하며 하나님의 영감으로 되었다는 당신의 확신을 어떻게 강화해 주는가? "동류"(同類, concursive) 영감론과 성경 작성에서 인간 저자의 역할을 자신의 말로 설명해 보라.

5. 왜 우리가 자신의 의를 얻으려는 노력을 그치고 안식하는 것이 그렇게 어려운가? 왜 안식하기(resting)가 그리스도인들에게 그렇게도 부단한 싸움인가? 우리와 그리스도의 연합과 그분의 의가 이 문제와 관련해 우리에게 어떻게 도움이 되는가?

6. 우리가 하나님의 안식에 들어가길 힘쓰도록 성경이 어떻게 우리를 돕는가? 이 단락에 기술된 성경의 특징들이 어떻게 당신이 더욱 인내하게 하는가?

7. 누군가 "나는 신학이나 성경이 필요 없어요. 나는 예수님만 원해요"라고 말한다면 당신은 어떻게 답하겠는가? 이 단락을 어떻게 활용해 당신의 주장을 뒷받침할 수 있겠는가?

8. 히브리서 저자는 여호수아를 어떻게 활용해 자신의 핵심을 설명하는가? 이 단락의 문맥에서, 왜 예수님이 여호수아보다 뛰어난가?

9. 옛 언약 아래 전파된 "복음"은 무엇이었는가? 왜 이것이 우리가 새 언약 아래서 들은 메시지와 같았는가? 믿음이 있다는 것은 무엇을 의미하는가?

10. 시편 95편이 히브리서 저자의 논증에서 기능하는 여러 방식을 설명해 보라.

# 8. 예수: 유혹받았으나 죄 없는 우리의 대제사장

**히브리서 4:14-16**

[14]그러므로 우리에게 큰 대제사장이 계시니 승천하신 이 곧 하나님의 아들 예수
시라 우리가 믿는 도리를 굳게 잡을지어다 [15]우리에게 있는 대제사장은 우리의
연약함을 동정하지 못하실 이가 아니요 모든 일에 우리와 똑같이 시험을 받으신
이로되 죄는 없으시니라 [16]그러므로 우리는 긍휼하심을 받고 때를 따라 돕는 은
혜를 얻기 위하여 은혜의 보좌 앞에 담대히 나아갈 것이니라

**핵심 개념**: 우리의 맏형이며 큰 대제사장이신 예수님은 우리처럼 유혹을 받았으나 죄를 짓지 않으셨다. 그 결과, 우리는 이제 하나님께 나아갈 수 있으며, 필요할 때 담대하게 나아갈 수 있다.

- **I. 우리의 고백 굳게 잡기(4:14)**
  - A. 우리가 고백하는 역사 속 예수
  - B. 우리가 고백하는 기독교 신앙
- **II. 우리의 죄 없는 대제사장 기억하기(4:15)**
- **III. 은혜의 보좌 앞에 담대히 나아가기(4:16)**

히브리서 저자가 2장에서 제시하는 진리와 교리는 그가 이곳 4장 마지막 단락에서 제시하는 주장과 결론을 뒷받침한다. 따라서 저자는 2장과 4장에서 예수님의 인성이 하는 역할에 관해 동일한 논증을 전개한다. 두 장 모두 예수님이 하나님을 섬기는 일에서 자비롭고 신실한 대제사장이 되기 위해, 그리고 사람들의 죄를 사하는 화목제물이 되기 위해 모든 면

에서 그분의 형제자매들과 같이 되셔야 했다고 설명한다.

## 우리의 고백 굳게 잡기

**히브리서 4:14**

> 14그러므로 우리에게 큰 대제사장이 계시니 승천하신 이 곧 하나님의 아들 예수시라 우리가 믿는 도리를 굳게 잡을지어다

히브리서 4:14의 "그러므로…이니"(therefore, since)[6]는 이 단락을 히브리서 2장의 논증들과 연결한다. 히브리서 저자는 이제 예수님의 제사장 사역을 좀 더 자세하게 살펴본다. 4:14에서 저자는 예수님을 가리켜 단지 대제사장이 아니라 "'큰' 대제사장"이라고 말한다. 대제사장들은 성경 전체에 많이 등장한다. 그러나 '큰' 대제사장은 오직 한 분, 하나님의 아들뿐이다. 큰 대제사장으로서 예수님은 직무를 재정의하신다. 그분은 모든 면에서 우리처럼 유혹을 받았으나 전혀 죄를 짓지 않았고, 하늘에 올라 하나님의 궁정에 들어가 우리의 중보자가 되셨기 때문이다. 히브리서 뒷부분도 이러한 공간 언어가 우리를 위한 예수님의 제사장 사역이 땅의 장막이 아니라 하늘의 장막에서 이루어졌다는 것을 보여준다(히 9장). 예수님은 큰 대제사장이며 그분의 제사는 뛰어나다. 그래서 예수님은 우리를 대신해 실제로 하나님 앞에 나아가셨고 이제 우리를 하나님께 가까이 이끄신다. 히브리서 저자는 이러한 그리스도의 제사장 사역을 근거로 자신의 청중에게 "우리의 고백(our confession, 개역개정은 '우리가 믿는 도리')을 굳게 잡으라"고 권면한다. 이 고백은 둘로 구성된다. 하나는 역사 속 예수

---

6 CSB에서, 4:14절도 4:1처럼 "therefore, since…"로 시작한다.

에 대한 고백이고 하나는 기독교 신앙고백이다.

### 우리가 고백하는 역사 속 예수

히브리서에서 처음으로 저자는 4:14에서 예수라는 이름을 언급한다. 이로써 히브리서 저자는 역사 속 예수가 신자들이 가진 믿음의 근거라는 점을 분명히 한다. 히브리서 저자는 "큰 대제사장"과 "하나님의 아들"이란 칭호를 가진 분이 바로 나사렛 예수라고, 우리가 우리의 고백을 굳게 잡을 수 있게 하시는 분이라고 선언한다. 그는 우리의 믿음이 시간과 공간과 역사 속에서 일어난 성육신에 근거한다는 것을 일깨운다. 14절은 그리스도의 사역이 우리 자신의 경험과 동떨어져 있지 않음을 강조한다. 예수님은 우리의 큰 대제사장으로서 하늘에 오르셨으나 인성으로는 사람들과 다르지 않다.

### 우리가 고백하는 기독교 신앙

고백은 역사 속 예수에 대한 우리의 고백뿐 아니라 복음에 대한 모든 그리스도인의 고백을 가리킨다. 로마서 10:9에서 바울은 이렇게 말한다. "네가 만일 네 입으로 예수를 주로 시인하며(confess) 또 하나님께서 그를 죽은 자 가운데서 살리신 것을 네 마음에 믿으면 구원을 받으리라." 이것이 기독교 신앙의 핵심 메시지이자 그리스도인들이 역사 내내 자신의 신앙고백으로 내세운 것이다. 바울의 고백에서 둘째 부분, "또 하나님께서 그를 죽은 자 가운데서 살리신 것을 네 마음에 믿으면[믿는다]"는 것은 신성한 주문(呪文)이나 말로 된 일종의 비밀 열쇠가 아니다. 이것은 우리가 따르는 그리스도의 신분이며 우리가 하는 신앙고백의 핵심이다. 그리스도인들은 예수 그리스도를 부활하신 주님으로 믿고 고백한다.

히브리서 4:14은 그리스도인들에게 이러한 신앙고백을 특히 유혹과 시련 앞에서 버리지 말라고 촉구한다. 이미 보았듯이, 이스라엘이 유혹에 반응했던 방식은 히브리서 저자가 자신의 독자들에게 본받으라고 독려하는 방식이 아니다. 이스라엘은 유혹과 시련이 야훼에 대한 자신들의 신앙고백을 좀먹게 두었다. 이들은 불 가운데서 말씀하시는 것을 들었고, 애굽에 내린 재앙들과 갈라지는 홍해를 보았으며, 조상들이 물려준 언약을 물려받았고, 선지자들의 메시지를 들었다. 그런데도 이들은 실패했다. 이들은 굳게 잡지 못했다. 반대로, 히브리서 저자는 자신의 독자들에게 그들의 신앙고백을 늘 붙잡으리라고, 자신들의 힘으로나 선지자나 제사장의 중재를 통해서가 아니라 큰 대제사장이신 하나님의 아들 예수님을 믿음으로써 붙잡으라고 권면한다.

## 우리의 죄 없는 대제사장 기억하기

**히브리서 4:15**

> 15우리에게 있는 대제사장은 우리의 연약함을 동정하지 못하실 이가 아니요 모든 일에 우리와 똑같이 시험을 받으신 이로되 죄는 없으시니라

히브리서 4:15은 대제사장 그리스도는 본래 죄가 없다고 말하며, 히브리서 2:17-18에서 시작된 그리스도의 인성에 대한 설명을 계속한다. 저자는 여기서 신학 이론을 다루는 대신 독자들이 삶의 닻을 내릴 수 있는 실제적이고 눈에 보이는 신학을 전개한다. 왜 우리는 우리의 연약함(약점들)을 동정(공감)할 수 있는 대제사장이 필요한가? 히브리서 4:15은 이 질문에 답하면서 예수님은 우리처럼 유혹을 받았으나 죄가 없었는데, 그러지 않았다면 우리와 온전히 하나 되고 우리를 위한 화목제물이 되실 수 없었으리라고 설명한다.

이것은 자연스레 중요한 신학 탐구로 이어진다. 유혹과 죄는 어떻게 다른가? 예수님이 모든 면에서 우리처럼 유혹을 받았으나 죄를 짓지 않

으셨다면, 이것은 유혹을 받고도 죄를 짓지 않는 게 논리적으로 가능하다고 가정하는 게 아닌가? 결국, 유혹 자체가 죄라면 우리에게는 죄 없는 구주가 없을 것이다.

일반적으로, '유혹'(temptation, 시험)은 매일 마주하는 악행을 저지르도록 꾀는 것으로 이해된다. 일반적으로, 우리는 유혹을 가장 노골적인 형태로 생각한다. 성적 죄를 지으라는 유혹, 자신을 다른 사람들보다 높이라는 유혹, 훔치고 속이라는 유혹, 분노를 폭발하라는 유혹 등이다. 그러나 마태복음 4장에서 예수님이 받으신 유혹을 살펴보면 유혹이 얼마나 기본적일 수 있는지 알 수 있다. 이 내러티브는 육신의 배고픔을 채우는 결과가 하나님께 대한 불순종이라면 먹는 것조차 유혹일 수 있음을 보여준다. 따라서 성경은 유혹이 가장 노골적인 형태와 가장 기본적인 형태를 띨 수 있다는 것을 보여준다. 그렇더라도 성경은 유혹받을 때 그리스도께 나아가라고 가르치는데, 그분만이 사람이 받는 모든 방식으로 유혹을 받았으나 죄를 짓지 않으셨기 때문이다.

예수님이 산상설교에서 하신 말씀을 깊이 생각해 보라. 예수님은 음욕을 품고 여자를 보는 자는 이미 마음으로 간음했다고 말씀하신다(마 5:28). 이것은 남자가 매력적이라고 생각하는 여자를 볼 때마다 마음으로 간음한다는 뜻인가? '그렇다'가 대답일 수 없다. 예수님은 남자들에게 여자들을 보지 말라고 말씀하시는 것이 아니기 때문이다. 예수님은 남자들에게 '음욕을 품고' 여자들을 보지 말라고 말씀하신다. 예수님은 남자들에게 매력을 죄로 바꾸라는 유혹과 싸우라고 말씀하신다. 모든 남자는 처음에 매력을 느끼는 데서 더 나아가 그 매력에 사로잡혀 음욕을 품을 때 선을 넘는다는 것을 안다. 이런 남자는 육체적으로 간음하지 않더라도 이미 간음하고 있다.

예수님은 절대로 이 선을 넘지 않으셨다. 그분은 우리가 유혹받는 모든 면에서 유혹을 받으셨으나 단 한 번도 유혹이 자신의 마음이나 생각이나 행동에서 죄가 되게 허용하지 않으셨다. 그러므로 죄에 저항하거나 죄를 거부하는 유혹은 죄에 미치지 못하지만, 죄에 굴복하는 유혹은 죄다. 바꾸어 말하면, 육신으로 전혀 간음하지 않은 수많은 사람이 마음으로 이미 간음했다. 더욱이, 모든 사람은 어떤 면에서 유혹이 죄가 되게 허용했다. 그래서 히브리서 저자는 자신의 독자들에게 유혹에서 벗어날 피난처를 그리스도 안에서, 우리를 유혹에서 건져낼 수 있는 유일한 대제사장 안에서 찾으라고 권면한다. 유혹이 이 땅에서 언제나 우리를 방해할 수 있을 테지만 예수님의 제사장 사역은 약속한다. 유혹이 그리스도를 자신의 대제사장으로 삼는 자들에게 절대로 끝내 승리할 수 없으리라.

놀랍게도, 히브리서 저자는 독자들에게 예수님이 그들처럼 모든 면에서 유혹을 받았으나 그 유혹이 절대로 죄로 넘어가게 두지 않으셨다고 말한다. 그분은 '언제나' 저항하셨다. 그리스도께서 우리의 대제사장 사역을 하려면 이렇게 전혀 죄가 없어야 했다. 예수님이 죄를 지으셨다면 죄에 대한 하나님의 진노를 가라앉힐(propitiated) 수 없었을 것이므로 그분의 속죄는 충분하지 않았을 것이다. 로마서 3장에서, 바울은 예수 그리스도의 십자가에서 완전한 속죄가 이루어지도록 하나님이 길이 참으시는 중에 과거의 죄를 간과하셨다고 설명한다. 바꾸어 말하면, 이스라엘은 날마다 언제 쏟아질지 모르는 하나님의 진노 아래 살았다. 구약의 제사장들은 죄에 대한 하나님의 심판을 늦추는 제사를 드릴 수 있을 뿐이었다. 이들의 제사는 시간을 벌 수 있을 뿐이었다. 그러나 예수님의 제사는 단번에(once and for all) 완전한 속죄를 이루었다. 이것이 가능했던 이유는 단 하나였다. 다른 모든 대제사장과 전혀 다르게, 다른 모든 인간과 전혀 다르게, 예수님은 죄가 없었기 때문이다.

## 은혜의 보좌 앞에 담대히 나아가기

**히브리서 4:16**

[16]그러므로 우리는 긍휼하심을 받고 때를 따라 돕는 은혜를 얻기 위하여 은혜의 보좌 앞에 담대히 나아갈 것이니라

히브리서 저자는 그리스도인들에게 권면한다. 그리스도인들은 그들의 큰 대제사장이 있으며, 그분은 그들을 중보하며 그들의 연약함을 동정(공감)하신다. 그러므로 그리스도인들은 확신을 갖고 은혜의 보좌에 나아가라는 것이다. 이 보좌는 하나님의 보좌다. 그리스도 안에 있는 자들에게 하나님의 보좌는 무한한 은혜의 보좌다. 하나님의 보좌 앞에서, 그리스도인들은 도움이 필요할 때 도우시는 은혜를 찾을 수 있다. 우리는 연약하더라도 확신을 갖고 은혜의 보좌 앞에 나아갈 수 있다. 하나님이 우리의 큰 대제사장이신 예수 그리스도 안에서 우리의 모든 죄를 온전히, 최종적으로 제거하셨다는 것을 알기 때문이다. 반면에, 그리스도 안에 있지 않은 자들에게 하나님의 보좌는 무서운 심판의 보좌다. 하나님의 보좌 앞에서, 그리스도를 거부하는 자들은 자신의 죄에 대한 형벌을 온전히 받는다. 그리스도를 거부하는 자들에게 "은혜의 보좌"는 진노의 보좌다.

더 나아가, 히브리서 저자는 이 은혜의 보좌가 그리스도인들이 삶에서 마주하는 모든 상황에 대처하고 자신이 지은 죄를 덮는 데 필요한 긍휼을 얻기 위해 담대히 "나아갈" 수 있는 곳이라고 말한다. 우리는 그리스도께서 하신 일 때문에 확신을 갖고 하나님께 가까이 나아갈 수 있다. 만약 그럴 수 없다면 그리스도인의 삶은 헛되고 소망이 없을 것이다. 우리는 예수님이 신실하고 의로우사 우리의 죄를 사하고 우리를 모든 불의에서 깨끗하게 하시리라는 것을 안다(요일 1:9). 이것을 모른다면 하나님 앞에 감히 나아가지 못할 것이다.

그리스도인들에게는 큰 대제사장이 있다. 그분은 승천하셔서, 죄를 속하고, 아버지 앞에서 우리를 위해 중보하신다. 우리의 중보자 예수님은 우리를 속속들이 아신다. 모든 면에서 우리와 똑같이 유혹을 받으셨기 때문이다. 그러므로 우리는 마지막 날뿐 아니라 매일 확신을 갖고 하나님의 보좌 앞에 나아갈 수 있다. 그리스도께서 아버지 앞에서 우리를 중보하신다는 것을 알기 때문이다.

그리스도가 우리의 큰 대제사장이 아니라면, 우리는 하나님 앞에 설 수 없을 것이다. 우리는 하나님 앞에서 영원히 쫓겨날 것이다. 그러나 어느 그리스도인도 이러한 위협 아래 살지 않는다. 의로운 심판이 무한한 긍휼로 대체되었다. 그러므로 하나님 앞에 나아가길 겁내지 말자. 오히려 하나님이 우리에게 필요할 때 긍휼과 은혜를 베푸시리라는 것을 알고 담대하게, 자신 있게 하나님께 가까이 나아가자.

1. 히브리서 2장에서 저자가 예수님에 관해 내세우는 진리와 주장들을 되돌아보라. 이것들이 그가 히브리서 4:14-16에서 내세우는 진리와 주장들을 어떻게 보충하거나 강화하는지 설명해 보라. 두 단락이 어떻게 연결되는가?

2. 히브리서 4:14이 언급하는 예수님의 세 가지 특성은 무엇인가? 이러한 예수님의 속성과 신분이 우리의 고백을 굳게 지키는 데 어떻게 도움이 되는가? 이것들이 우리의 고백을 분명하게 알리고 표현하는 데 어떻게 도움이 되는가?

3. 우리가 역사 속 예수에 관해 고백하고 기독교 신앙을 고백하는 데서 절대로 타협하지 말아야 하는 이유는 무엇인가? 시련과 유혹을 받을 때 우리의 고백을 굳게 잡으면, 우리의 믿음이 진짜라는 것이 어떻게 드러나는가? 누군가 그리스도의 이름을 내세우면서도 이러한 우리의 두 가지 고백에서 타협하는 모습을 보았다면, 그 상황을 말해 보라.

4. 예수님이 죄인들을 동정(공감)하실 수 있다는 것을 아는 것이 왜 그렇게 중요한가? 이 사실이 그리스도인의 삶에 대한 당신의 관점에 어떻게 영향을 미치는가? 이 사실이 죄에 맞선 싸움에서 어떻게 당신을 무장시키는가?

5. 예수님이 유혹을 받았으나 죄를 짓지 않으셨다는 것이 하나님의 아들이요 우리의 큰 대제사장이라는 그분의 신분에 왜 절대 필수인가? 왜 우리는 모든 면에서 우리처럼 유혹을 받았으나 죄가 없으신 예수님이 필요한가?

6. 유혹과 죄의 차이를 설명해 보라. 어떻게 예수님은 유혹을 받았으나 죄가 없으실 수 있었는가?

7. 히브리서 저자가 4:15에서 예수님에 관해서 하는 단언들이 그가 4:14에서 하는 권면과 어떻게 연결되는가? 15절의 내용이 우리의 고백을 굳게 잡는 데 어떻게 도움이 되는가?

8. 왜 오직 그리스도인들만 은혜의 보좌에 담대히 나아갈 수 있는가? 왜 당신은 은혜의 보좌에 나아갈 때 불안해하는가? 당신의 삶에서 당신이 담대히 주님께 나아가지 못하게 막는 것은 무엇인가?

9. 긍휼하심을 받는다는 것과 은혜를 얻는다는 것은 동의어인가, 아니면 서로 다른 의미를 내포하는가?

10. 히브리서 4:15에 나오는 그리스도의 동정(공감)과 죄 없음이 어떻게 4:16에 나오는 명령, 곧 하나님의 보좌 앞에 담대하게 나아가라는 명령의 근거가 되는가?

# 9. 선택된 대제사장

**히브리서 5:1–10**

1대제사장마다 사람 가운데서 택한 자이므로 하나님께 속한 일에 사람을 위하여
예물과 속죄하는 제사를 드리게 하나니 2그가 무식하고 미혹된 자를 능히 용납할
수 있는 것은 자기도 연약에 휩싸여 있음이라 3그러므로 백성을 위하여 속죄제를
드림과 같이 또한 자신을 위하여도 드리는 것이 마땅하니라 4이 존귀는 아무도 스
스로 취하지 못하고 오직 아론과 같이 하나님의 부르심을 받은 자라야 할 것이니
라 5또한 이와 같이 그리스도께서 대제사장 되심도 스스로 영광을 취하심이 아니
요 오직 말씀하신 이가 그에게 이르시되 너는 내 아들이니 내가 오늘 너를 낳았다
하셨고 6또한 이와 같이 다른 데서 말씀하시되 네가 영원히 멜기세덱의 반차를 따
르는 제사장이라 하셨으니 7그는 육체에 계실 때에 자기를 죽음에서 능히 구원하
실 이에게 심한 통곡과 눈물로 간구와 소원을 올렸고 그의 경건하심으로 말미암
아 들으심을 얻었느니라 8그가 아들이시면서도 받으신 고난으로 순종함을 배워
서 9온전하게 되셨은즉 자기에게 순종하는 모든 자에게 영원한 구원의 근원이 되
시고 10하나님께 멜기세덱의 반차를 따른 대제사장이라 칭하심을 받으셨느니라

**핵심 개념**: 그리스도께서 대제사장으로 지명되심은 다른 모든 대제사장의 지명보다 위대한 것이었다. 그러므로 그리스도께서 그분께 순종하는 모두에게 영원한 구원을 주실 수 있다.

**I. 전형적인 대제사장(5:1–4)**

A. 온유하고 연대하는 대제사장

B. 의무를 띠고 부르심을 받은 대제사장

**II. 우리의 지명된 대제사장(5:5–6)**

**III. 우리의 완전한 대제사장(5:7–10)**

히브리서 저자가 4:14에서 시작한 사고의 흐름이 5장에서도 이어진다. 히브리서 4장은 그리스도가 대제사장으로서 죄가 없다는 면에서 위대하며 우리의 연약함을 공감하는 능력에서도 위대하다는 것을 보여주었다. 반면에, 히브리서 5장은 그리스도가 대제사장으로 지명되는 부분에서(지명하시는 분은 오직 하나님이다) 위대하다는 데 초점을 맞춘다. 히브리서 4장 마지막 구절들처럼, 히브리서 5장도 그리스도인들이 자신들의 고백을 굳게 잡을 수 있는 이유를 설명한다. 그리스도인들에게는 더 나은 대제사장이 있기 때문이다.

## 전형적인 대제사장

**히브리서 5:1–4**

> [1]대제사장마다 사람 가운데서 택한 자이므로 하나님께 속한 일에 사람을 위하여 예물과 속죄하는 제사를 드리게 하나니 [2]그가 무식하고 미혹된 자를 능히 용납할 수 있는 것은 자기도 연약에 휩싸여 있음이라 [3]그러므로 백성을 위하여 속죄제를 드림과 같이 또한 자신을 위하여도 드리는 것이 마땅하니라 [4]이 존귀는 아무도 스스로 취하지 못하고 오직 아론과 같이 하나님의 부르심을 받은 자라야 할 것이니라

히브리서 5:1은 유대교의 특징 중 하나를 확인시켜 준다. 이스라엘의 대제사장직은 아론까지 거슬러 올라갈 수 있다. 모세의 형 아론은 첫 대제사장이었고 백성의 대표자였으며 "사람 가운데서 택한 자"였다. 그러면

누가 그를 선택했는가? 백성이 일종의 민주적 절차를 통해 그를 선택했는가? 아니다. 하나님이 홀로 대제사장을 지명하셨다. 이 과정은 예수님의 경우에도 다르지 않았다. 하나님은 이전에 모든 대제사장을 지명하실 때처럼 홀로 예수님을 지명하셨다. 아버지께서 예수님을 선택해 제사장 직무를 맡기셨다.

이스라엘은 대제사장 지명을 하나님의 주권이 표현된 것으로 보았다. 하나님은 천사들을 비롯해 대리자들을 사용해 그리스도의 대제사장 지명을 선언하셨다. 그렇더라도 하나님은 궁극적으로 홀로 그리스도를 지명하셨다. 하나님이 대제사장을 지명하신 목적은 대제사장이 "사람을 위하여"(for the people) 일할 수 있게 하기 위해서였다. 따라서 대제사장은 사람 중에서 선택되어야 했다. 대제사장은 지성소에 들어가 하나님 앞에서 사역할 때 사람들을 대표했다. 대제사장은 제사를 드리고 분향하며 예물을 드리고 그 외에 제사장 직무를 수행할 때 이스라엘을 대신해 이런 일들을 했다. 그는 사람들을(백성을) 대신해 이런 일들을 했다.

### 온유하고 연대하는 대제사장

"무식하고 미혹된 자"(새번역은 "그릇된 길을 가는 무지한 사람들," 공동번역개정판은 "무지하거나 유혹에 빠진 사람들")는 신실하지 못한 사람들의 모습을 보여주며 대제사장과 죄악된 인간의 연대성을 강조한다. 이 구절에서 "무식한" 자들은 하나님을 알지 못해 무지한 자들을 가리킬 것이다. 이스라엘 백성이라면 그 누구도 언약, 율법, 하나님의 요구 사항에 대해 모르는 사람이 없어야 했다. 하나님은 이스라엘에게 율법을 알고, 자녀들을 율법으로 훈련하며, 율법을 밤낮으로 묵상하고, 율법을 마음에 새기라고 명하셨다(수 1:7-8; 신 6:4-9; 잠 7:1-3). 더 나아가, 하나님은 이스라엘을 위해 절기들도 제정하셨는데, 어느 절기에는 사람들을 모아놓고 율법을 낭독할 뿐 아니라 하나님이 하신 일을 들려주어야 했다. 목적은 분명했다. 이스라엘이 하나님을 더 잘 알고 경외하게 하기 위해서였다(신 31:9-13). 따라서 이스라엘 백성이면서 하나님에 관해 무식하다는 말은 하나님의 율법을 대놓고 무시하고 버린다는 뜻이었다.

그러나 하나님을 아는 지식이 있다고 해서 신실한 것은 아니다. 신실하게 하나님을 따르는 자라면 하나님을 아는 지식을 매일의 삶에 적용해야 한다. 지식을 적용하지 않는 것은 미혹되는(새번역은 "그릇된 길을 가는") 것이었다. '미혹되다'(astray)라는 단어는 반드시 하나님을 노골적으로 거역하는 행위를 의미하지는 않는다. 이것은 단순히 생각이나 습관이 미혹되어(그릇된 길로 벗어나) 하나님의 일에서 벗어나는 것을 가리킬 수 있다. 대제사장은 백성의 무식과 미혹됨에 공감한다. 자신도 연약함에 에워싸인 유한한 인간이기 때문이다. 대제사장은 백성의 무식과 미혹됨을 온유하게, 불쌍히 여기는 마음으로 대할 수 있다. 그 자신이 이것을 알기 때문이다.

### 의무를 띠고 부르심을 받은 대제사장

대제사장과 백성의 폭넓은 연대가 이전 구절들에서는 그다지 분명하게 드러나지 않았다. 그런데 히브리서 저자는 3절에서 이러한 연대를 더없이 분명하게 드러낸다. 대제사장도 자신의 죄에 있어서 자신이 대표하는 사람들과 다를 게 없다. 백성이 죄에 에워싸였듯이, 대제사장도 죄에 에워싸였다. 그러므로 대제사장은 자신의 죄를 위해 제사를 드려야 했으며, 그런 후에야 백성의 죄를 위해 제사를 드릴 수 있었다. 대제사장의 죄가 먼저 속함을 받아야 했다. 그런 후에야, 그는 지성소에 들어갈 수 있었다. 대제사장이라도 자신의 죄에 심히 더러워졌기에 먼저 제사를 드려 자신을 정결하게 하지 않고는 백성을 위해 하나님 앞에 나아가 백성을 중보할 수 없었다.

저자는 4절에서 제사장직이 스스로 나서서 취하는 자리가 아니라는 사실을 되풀이한다. 제사장은 자신의 영예를 위해 제사장직을 취한 게 아니었다. 하나님이 아론을 부르셨을 때처럼, 제사장은 하나님이 그를 "부르신" 후에 그 자리에 오를 뿐이었다. 아론은 대제사장직에 지원하지 않았다. 그는 백성을 위해, 백성에 의해 선출된 게 아니었다. 하나님이 그를 불러 대제사장이 되게 하셨다(출 28:1). 하나님의 부르심은 대제사장의 역할이 종으로 섬기는 것임을 강조한다. 대제사장이 고귀한 직무를 수행했더라도, 그의 직무는 섬김에서 비롯되고 겸손이 특징이었다.

## 우리의 지명된 대제사장

**히브리서 5:5-6**

> 5또한 이와 같이 그리스도께서 대제사장 되심도 스스로 영광을 취하심이 아니요 오직 말씀하신 이가 그에게 이르시되 너는 내 아들이니 내가 오늘 너를 낳았다 하셨고 6또한 이와 같이 다른 데서 말씀하시되 네가 영원히 멜기세덱의 반차를 따르는 제사장이라 하셨으니

여기서 히브리서 저자는 초점을 인간 대제사장에서 '하나님이자 사람이신' 대제사장(God-man high priest) 예수 그리스도로 옮긴다. 예수님은 다른 모든 대제사장과 같은 방식으로 지명되신다. 히브리서 저자는 시편 2:7을 인용하며 바로 이것을 강조한다. 예수님은 스스로 대제사장이 되거나 어떤 식으로든 자신의 영광을 추구하지 않으셨다. 아버지께서 주권적으로 아들을 지명하셨고, 아들은 순종해 그 역할을 맡으셨다.

그렇다면 누군가 이렇게 물을지 모른다. 멜기세덱과 예수님의 대제사장직이 무슨 상관이 있는가? 도대체 멜기세덱이 누구인가? 멜기세덱은 구약성경에서 진귀한 인물이다. 그는 구약성경 본문에 단 두 번 등장한다. 첫 번째는 창세기 14:17-24이다.

아브람이 그돌라오멜과 그와 함께한 왕들을 쳐부수고 돌아올 때에 소돔 왕이 사웨 골짜기 곧 왕의 골짜기로 나와 그를 영접하였고 살렘 왕 멜기세덱이 떡과 포도주를 가지고 나왔으니 그는 지극히 높으신 하나님의 제사장이었더라 그가 아브람에게 축복하여 이르되

천지의 주재이시요 지극히 높으신 하나님이여
아브람에게 복을 주옵소서
너희 대적을 네 손에 붙이신
지극히 높으신 하나님을 찬송할지로다 하매

아브람이 그 얻은 것에서 십분의 일을 멜기세덱에게 주었더라
소돔 왕이 아브람에게 이르되 사람은 내게 보내고 물품은 네가 가지라
아브람이 소돔 왕에게 이르되 천지의 주재이시요 지극히 높으신 하나님 여호와께 내가 손을 들어 맹세하노니 네 말이 내가 아브람으로 치부하게 하였다 할까 하여 네게 속한 것은 실 한 오라기나 들메끈 한 가닥도 내가 가지지 아니하리라 오직 젊은이들이 먹은 것과 나와 동행한 아넬과 에스골과 마므레의 분깃을 제할지니 그들이 그 분깃을 가질 것이니라.

멜기세덱은 나타나기가 무섭게 사라진다. 창세기는 먼저 그를 살렘 왕, 곧 이교도 땅을 다스리는 이방인이라고 말한다. 멜기세덱은 왕이지만 왕들이 흔히 하지 않는 행동을 한다. 떡과 포도주를 준다. 창세기는 뒤이어 멜기세덱이 지극히 높으신 하나님의 제사장이라고 말한다. 이처럼 하나님은 신비로운 방식으로 이방인 중에서 그분의 제사장을 지명하셨다. 그 후에, 하나님은 이제 제사장인 외국인 왕을 아브라함, 곧 하나님이 앞서 언약을 맺으신 대상에게 데려오셨다. 멜기세덱이 먼저 아브라함을 축복하고, 아브라함은 이에 답해 그에게 모든 것의 십분의 일을 주었다. 그 후에 멜기세덱은 갑자기 사라진다.

그는 시편 110편에서 다시 나타난다.

여호와께서 내 주에게 말씀하시기를
내가 네 원수들로 네 발판이 되게 하기까지
너는 내 오른쪽에 앉아 있으라 하셨도다
여호와께서 시온에서부터 주의 권능의 규를 내보내시리니
주는 원수들 중에서 다스리소서
주의 권능의 날에
주의 백성이 거룩한 옷을 입고 즐거이 헌신하니
새벽이슬 같은 주의 청년들이 주께 나오는도다
여호와는 맹세하고 변하지 아니하시리라
이르시기를
너는 멜기세덱의 서열을 따라
영원한 제사장이라 하셨도다
주의 오른쪽에 계신 주께서
그의 노하시는 날에 왕들을 쳐서 깨뜨리실 것이라
뭇 나라를 심판하여 시체로 가득하게 하시고
여러 나라의 머리를 쳐서 깨뜨리시며
길 가의 시냇물을 마시므로
그의 머리를 드시리로다

이 시편은 다윗 자신의 왕권에서 즉각 성취되었으나 나중에 다윗 가문에서, 아버지의 오른편에 앉으신 예수 그리스도 안에서 최종적으로 성취되었다. 멜기세덱은 이 시편의 메시아적 성격과 거의 아무런 관련이 없어 보인다. 그러므로 이 시편의 원청중은 멜기세덱이란 이름이 여기에 등장해서 놀랐을 것이다.

"영원한 제사장"은 이 예언을 성취하는 메시아 인물을 가리키며, 멜기세덱의 제사장 반차를 다른 제사장들의 반차와 차별화한다. 다른 제사장들은 모두 죽었으며, 따라서 다른 제사장직은 끝나는 날이 있었다. 이들은 죽음 때문에 영원히 제사장일 수는 없었다. 그러나 예수 그리스도는 죽은 자 가운데서 부활하셨기 때문에 영원히 제사장이다. 그분의 제사장직은 끝이 없다.

예수님이 "멜기세덱의 반차를 따르는 제사장"이라는 것은 무슨 뜻인가? "반차를 따르는"이란 말이 멜기세덱 계열의 제사장 계승을 가리키거나 멜기세덱처럼 예수님이 이스라엘 외부 출신이었다고 생각하고 싶을지 모른다. 그러나 이는 사실이 아니다. 멜기세덱 계열의 제사장 계승은 없었으며, 이스라엘 내부 출신만 다윗 왕조를 이을 수 있었다. 그러므로 "반차를 따르는"이란 말은 멜기세덱의 제사장직처럼 예수님의 제사장직도 하나님의 주권적 목적에서 비롯되었다는 뜻이 틀림없다. 예수님의 제사장직 반차, 곧 본질은 주권적 반차, 곧 주권적 본질이다. 예수님은 멜기세덱처럼 제사장의 영예를 스스로 취하지 않으셨다. 그분은 주권적으로 지명되셨다. 그분은 제사장으로 지명되고 섬길 때, 다른 모든 제사장 위에 높아지셨다.

## 우리의 완전한 대제사장

**히브리서 5:7–10**

> [7]그는 육체에 계실 때에 자기를 죽음에서 능히 구원하실 이에게 심한 통곡과 눈물로 간구와 소원을 올렸고 그의 경건하심으로 말미암아 들으심을 얻었느니라 [8]그가 아들이시면서도 받으신 고난으로 순종함을 배워서 [9]온전하게 되셨은즉 자기에게 순종하는 모든 자에게 영원한 구원의 근원이 되시고 [10]하나님께 멜기세덱의 반차를 따른 대제사장이라 칭하심을 받으셨느니라

히브리서 저자는 지금까지 신학적 기초를 다져왔으며, 이제 초점을 옮겨 성육하신 예수님의 삶을 들여다본다. 그는 "육체에 계실 때"(during his earthly life)라는 말로 독자들의 시선을 예수님의 사역에 맞춘다. 예수님은 전혀 죄가 없었는데도 인간의 연약함을 경험하셨다. 예수님은 심지어 인간이 겪는 비판과 슬픔에 에워싸이셨다. 예수님의 기도와 간구에서 이것을 알 수 있다. 이는 예수님이 자신의 필요를 채우고 자신을 붙들어주시도록 늘 하나님을 의지했다는 것을 보여준다. 예수님은 이 부분에서 여느 사람과 다르지 않았다.

"심한 통곡과 눈물로"라는 표현은 예수님의 겟세마네 경험을 떠올리게 한다. "자기를 죽음에서 능히 구원하실 이에게"라는 표현은 이러한 생각과 분명히 일치한다. 그러나 예수님의 심한 통곡과 눈물은 그분의 겟세마네 경험에만 국한되지 않는다. 예수님은 자신을 믿는 자들을 위해 죄가 되는 고통을 겪었을 뿐 아니라 육신으로 계시는 내내 인간의 짐을 지셨기 때문이다. 예수님은 십자가에 달리기 몇 시간 전에도 기도하고 간구하신다. 요한복음 17장에 나오는 대제사장 기도가 그 예다. 심한 통곡과 눈물은 예수님의 기도 생활에서 자주 나타나는 특징이었다.

그리스도께서 "자기를 죽음에서 능히 구원하실 이에게" 드리신 기도는 십자가와 죽음을 면하게 해달라는 기도가 아니었다. 예수님은 복음서 내내 자신의 죽음을 여러 번 예견하셨고, 이 죽음이 자신이 세상에 보냄을 받은 목적이라고 하셨다(요 12:27). 예수님은 죽지 않으려고 기도하신 것이 아니다. 부활을 통해 죽음에서 구원받으려고 기도하셨다. 죽음에서 구원받길 구하는 예수님의 기도는 무덤에서 일으킴을 받길 구하는 기도였다. 예수님을 죽음에서 구원하실 수 있는 분이 그분의 기도에 응답해 부활을 통해 그분을 죽음에서 건져내셨다.

아버지께서 아들의 심한 통곡과 눈물에 귀를 막지 않으셨다. 아버지께서 아들의 기도를 듣고 그 기도에 응답하셨다. "그의 경건하심"(예수의 경외심, 새번역) 때문이었다. 이 경건하심(reverence)을 생각하는 한 가지 좋은 방법은 이것을 경외나 헌신이나 복종의 견지에서 생각하는 것이다. 아버지께서 아들의 기도를 들으신 것은 예수님이 하나님을 경외하셨기(feared) 때문이며 자신의 뜻을 아버지의 뜻에 온전히 복종시키셨기 때문이다.

8절에서 저자는 예수님이 하나님의 아들인데도 받은 고난을 통해 하나님께 순종하는 법을 배우셨다고 설명한다. 예수님이 순종을 배우셨다고 해서 순종을 배우셔야 했다고 생각해서는 안 된다. 예수님은 한순간도 불순종하지 않으셨기 때문이다. 히브리서는 예수님이 한 번도 불순종하지 않으셨다고 분명하게 말한다. 오히려, 이 구절은 그분의 인성을 강조한다. 예수님은 사람이 겪는 시련을 겪으면서 그 가운데서 아버지께 순종하는 법을 배우셨다. 예수님은 고난을 통해 자신의 뜻을 아버지의 뜻에 복종시키는 법을 배우셨다. 겟세마네 동산과 갈보리에서 이 교훈이 가장 분명하게 나타난다. 십자가는 그리스도께 끔찍한 마음과 몸의 고통을 의미했다. 그러나 예수님은 단호하게 순종하셨으며, 죽기까지 순종하셨다(빌 2:8). 예수님은 자신의 피로 죄인들을 구속하려는 아버지의 계획이 규정한 고난을 충실히 견딤으로써 순종을 배우셨다.

히브리서 저자는 9절에서 예수님이 고난을 통해 "온전하게 되셨다"(was perfected)고, 더없이 온전하게 되어 "자기에게 순종하는 모든 자에게 영원한 구원의 근원이 되셨다"고 말한다. 예수님이 온전하게 되셨다는 게 무슨 뜻인가? 예수님은 이미 온전하지(perfect, 완벽하지) 않으신가? 더 나아가, 예수님이 영원한 구원의 근원이 되셨다는 게 무슨 뜻인가? 히브리서 2:10에서, 예수님이 온전하게 되시는 데 고난이 어떤 역할을 했는지 이미 보았다. 히브리서 저자는 같은 내용을 이 구절에서 되풀이한다. 예수님이 온전하게 되셨다는 말은 그분의 본성이 한때 온전하지 못해 개선이 필요했다는 의미가 아니다. 오히려 예수님이 온전하게 되셨다는 말은 고난을 통해 순종을 배우는 것이 자격 있고 부족함이 없는 대제사장이 되는 전제조건이었다는 뜻이다. 고난과 죽음을 통해 온전해짐으로써,

예수님은 "구원의 근원"이 되셨다. 이것은 예수님의 고난이 우리 구원의 기초라는 뜻이다. 그리스도가 우리 구원의 근원이라는 말은 그리스도가 우리 구원의 창시자(founder)라는 말과 같다(참조. 2:10).

예수님이 개척하시는 영원한 구원은 "자기에게[그분께] 순종하는 모든 자에게" 주어진다. 고난을 통해 순종을 배우신 분이 그분께 순종하는 모두에게 구원의 근원이 되시는 것은 당연하다. 히브리서의 주요 주제 가운데 하나에 맞춰, 히브리서 저자는 예수님께 순종하고 믿음을 버리지 말라고 사람들을 다시 한번 독려하고 있다.

히브리서 저자는 예수님의 제사장직에 관한 논의를 마치면서 하나님이 예수님을 멜기세덱의 반차를 따르는 제사장으로 지명하셨다는 사실로 돌아간다. 우리 믿음의 확신은 그리스도가 이 반차를 따르는 영원한 제사장이라는 사실에 있다. 따라서 우리가 구원의 확신을 가질 뿐 아니라 하나님 앞에 설 수 있는 것은 예수님의 제사장직, 곧 아버지의 지명에서 주권적으로 비롯된 제사장직 때문이다. 이것은 고난과 십자가 죽음을 통해 온전해진 제사장직이다.

1. 구약성경에서 제사장들은 어떤 의무를 수행했는가? 예수님은 사람들의 대제사장 역할을 하면서 이러한 의무를 어떻게 수행하셨는가? 이 단락은 예수님의 제사장직과 전형적인 제사장직 사이의 어떤 유사점을 보여주는가?

2. 대제사장을 하나님이 지명하신다는 것이 왜 중요했는가? 이 부분에서, 예수님의 제사장직이 멜기세덱의 제사장직과 어떻게 연결되며, 하나님의 목적에 관해 무엇을 말해주는가?

3. 왜 히브리서 저자는 예수님과 멜기세덱을 비교하는가? 예수님이 멜기세덱의 반차를 따른다는 게 무슨 뜻인가?

4. 예수님의 제사장직에서 그분의 인성은 어떤 역할을 하는가? 예수님이 우리를 위한 최고의 대제사장이 되시는 데 그분의 인성이 어떻게 도움이 되는가?

5. 예수님이 육신으로 계실 때 연약하고 의존적이면서도 어떻게 죄가 없을 수 있었는지 설명해 보라.

6. 사람들의 무식과 미혹됨이 대제사장과 어떻게 연결되는가? 당신의 삶에서 어떻게 무식과 미혹에 대비할 수 있겠는가? 예수님의 제사장직이 무

식하고 미혹된(그릇된 길을 가는 무지한) 우리에게 어떻게 도움이 되는가?

7. 예수님이 이 땅에 계실 때 드린 기도와 간구가 그분이 인간과 연대하신 것을 어떻게 보여주는가?

8. 예수님이 영원한 대제사장이 되신다는 게 무슨 뜻인가? 예수님이 영원한 대제사장이라는 사실이 어떻게 우리의 믿음을 보장하고 우리의 인내에 어떻게 도움이 되는가?

9. 예수님이 고난을 통해 온전해지셨다는 것의 의미를 자신의 말로 설명해 보라.

10. 왜 예수님이 고난을 통해 순종을 배우셔야 했는가? 고난과 죽음이 예수님의 온전하심에서 어떤 역할을 하는가? 그분의 아들됨(sonship)에서는 어떤 역할을 하는가? 그분이 영원한 구원의 근원이 되시는 데는 어떤 역할을 하는가?

# 10. 침체하지 말라는 경고

### 히브리서 5:11–14

[11]멜기세덱에 관하여는 우리가 할 말이 많으나 너희가 듣는 것이 둔하므로 설명하기 어려우니라 [12]때가 오래 되었으므로 너희가 마땅히 선생이 되었을 터인데 너희가 다시 하나님의 말씀의 초보에 대하여 누구에게서 가르침을 받아야 할 처지이니 단단한 음식은 못 먹고 젖이나 먹어야 할 자가 되었도다 [13]이는 젖을 먹는 자마다 어린 아이니 의의 말씀을 경험하지 못한 자요 [14]단단한 음식은 장성한 자의 것이니 그들은 지각을 사용함으로 연단을 받아 선악을 분별하는 자들이니라

**핵심 개념**: 우리는 하나님 말씀의 깊은 진리를 소화해 믿음이 성숙하도록 꾸준히 노력해야 한다.

**I. 진단: 듣기가 둔하다(5:11)**

**II. 증상: 이해력이 어린아이 같다(5:12–13)**

- A. 알지 못하고 자라지 못한다
- B. 기초로 돌아간다
- C. 여전히 젖을 먹고 도덕적으로 미숙하다
- D. 의의 말씀

**III. 처방: 분별력을 길러라(5:14)**

**IV. 우리의 책임**

생생하게 기억나는 순간들이 있다. 겨우 열 살 때 일이 지금도 생생하게 기억난다. 나는 몸이 아프다고 아버지에게 말했다. 아버지가 어디가

아프냐고 물었을 때, 나는 "터미가 아파요"라고 했다.

그때 아버지가 하셨던 말을 절대 잊지 못할 것 같다. "넌 이제 열 살이란다. 너는 이제 터미(tummy, 어린아이들이 배를 가리켜 사용하는 용어)가 없단다. 스토마크(stomach, 배를 가리키는 일반적 용어)가 있는 거지." 아버지의 말은 조금 까칠했으나 꼭 필요했다. 아버지가 보시기에, '터미'라는 단어는 소년이 되어가는 내게 어울리지 않았다. 40년이 지났다. 아버지는 내가 그때 일을 여태 기억할 거라 예상하지 못하셨을 테지만 내가 어휘력이 늘어나고 나이에 맞게 행동하는 법을 배우면서 조금씩 성장하리라는 것은 예상하셨을 것이다.

이와 비슷하게, 히브리서 저자는 자녀를 사랑하는 영성 깊은 아버지만이 할 수 있는 방식으로 독자들을 꾸짖고 권면한다. 그는 독자들의 고의적인 무지와 성숙하지 못한 믿음에 대해 훈계한다. 이들은 단단한 음식을 먹어야 할 때인데도 여전히 젖이 필요했다. 히브리서 저자는 이들에게 하나님 말씀의 단단한 음식에 대한 입맛을 길러 영적 유아에 머물지 말고 영적 성인이 되라고 촉구한다. 아버지가 40년 전에 내게 하셨듯이, 히브리서 저자는 그의 사람들에게 "이제 어른이 될 때"라고 말한다.

## 진단: 듣기가 둔하다

**히브리서 5:11**

> 11멜기세덱에 관하여는 우리가 할 말이 많으나 너희가 듣는 것이 둔하므로 설명하기 어려우니라

"멜기세덱에 관하여"는 히브리서 저자가 앞서 그리스도의 제사장직과 아론의 제사장직의 차이에 관해서 했던 논의를 가리킨다(4:14-5:10). 그 논의

에서, 히브리서 저자는 그리스도는 멜기세덱의 반차를 따르는 제사장이기 때문에 그분의 제사장직이 옛 언약의 제사장직보다 무한히 뛰어나다고 가르쳤다. 히브리서 저자는 서신 뒷부분에서 예수님의 제사장직으로 돌아오지만 여기서는 논의를 멈춘다. 그의 독자들이 영적으로 둔하고 믿음이 성숙하지 못했기에 이들을 꾸짖고 권면하기 위해서다.

히브리서 저자는 그리스도의 제사장직을 계속 말하고 싶지만 여기서 멈춘다. 왜 멈추는가? 그리스도의 제사장직이 본래 이해하기 어렵기 때문인가? 저자는 그리스도의 제사장직이 "설명하기 어렵다"고 말한다. 그리스도의 제사장직 자체가 너무 복잡하기 때문인가? 아니다. 그것을 설명하기 어려운 것은 사람들이 "듣는 것이 둔하게"(too lazy to understand, 너무 게을러 이해할 수 없게) 되었기 때문이다. 이들은 귀와 머리와 마음이 성숙하지 못해 이 개념을 파악하지 못한다. 성경을 읽고 이해하는 훈련을 받고 믿음이 자라가는 사람들은 그리스도의 제사장직을 이해할 준비가 잘 되어 있다. 그러나 하나님의 말씀에 귀를 막는 자들은 믿음이 뒷걸음질 치고 이해력이 바닥이다. 그리스도의 제사장직 같은 영적 개념들은 영적으로 미숙한 자들, "둔하게"(too lazy, 너무 게으르게) 된 자들에게만 어렵다. 반대로, 영적으로 성숙한 자들은 활력이 넘쳐 설명하기 어려운 영적 개념들을 탐구하고 이해한다.

신자들은 성경을 알고 이해해야 할 도덕적 책임이 있다. 우리가 성경에 무지한 것이 하나님이 우리에게 성경을 아는 지식을 숨기거나 보류하시기 때문인가? 우리는 마치 그런 것처럼 행동하기 일쑤다. 그러나 성경은 분명하게 가르친다. 우리가 하나님의 말씀에 무지한 것은 지적 문제가 아니라 도덕적 문제다. 무슨 이유로든 하나님의 말씀에 고의적으로 무지하다면(무시한다면) 하나님께 죄를 짓는 것이다. 히브리서의 경우, 회중이 게을러 지적으로 둔해졌다. 이들의 영적 미성숙은 자신들 탓이었다. 이들이 지적으로 둔해진 것은 마음이 나태해졌기 때문이었다. 그래서 히브리서 저자는 그리스도의 제사장직을 설명하다가 멈추고, 독자들을 훈계하고 무기력에서 벗어나도록 이들을 독려한다.

## 증상: 이해력이 어린아이 같다

**히브리서 5:12–13**

> 12때가 오래 되었으므로 너희가 마땅히 선생이 되었을 터인데 너희가 다시 하나님의 말씀의 초보에 대하여 누구에게서 가르침을 받아야 할 처지이니 단단한 음식은 못 먹고 젖이나 먹어야 할 자가 되었도다 13이는 젖을 먹는 자마다 어린 아이이니 의의 말씀을 경험하지 못한 자요

12절에서 저자는 이 회중이 영적으로 성숙하지 못한 근본 원인을 더 정확하게 진단한다. 이들은 그리스도의 제사장직 같은 영적 개념들을 이해하지 못할 뿐 아니라 믿음의 기본적인 것들을 잊어버렸다. 이들은 그동안 선생이 되기에 시간이 충분했는데도 아직도 자신들에게 기독교의 기본 교리를 다시 가르쳐줄 선생이 필요하다.

### 알지 못하고 자라지 못한다

여기서 "선생"은 목사나 장로처럼 특별히 가르치는 직무를 맡은 사람들이 아니다. 오히려 '선생'이란 용어를 사용해, 히브리서 저자는 다른 신자들을 제자로 훈련해야 하는 이들의 책임을 말하고 있다. 모든 그리스도인이 목사나 장로가 되어야 하는 것은 아니다. 그러나 모든 그리스도인은 새신자들에게 신앙의 기본을 가르칠 준비를 갖춰야 한다는 의미에서 선생이 되어야 한다. 회중은 더 새내기이고 덜 성숙한 제자들을 자원해서 훈련하는 성숙한 제자들로 구성되어야 한다. 이들이 다른 사람들을 가르쳐야 한다. 그런데 오히려 이들이 영적으로 뒷걸음질 치고 있으며 자신들

에게 신앙의 기본을 다시 가르쳐줄 사람들이 필요하다.

여기서 '다시'라는 단어가 매우 중요하다. 회중이 이미 받은 가르침을 내면화하지 못했다는 사실이 이 단어에서 드러나기 때문이다. 이들에게 필요한 것은 첫 가르침이 아니다. 이들은 "하나님의 말씀의 초보(basic principles, 새번역은 '초보적 원리')"를 이미 배웠다. '다시'는 회중이 지금쯤 숙지하고 있어야 하는 가르침을 잊어버렸다는 것을 암시한다. 이들에게 복습이 필요할 뿐이라는 뜻이 아니다. 신앙이 얼마나 성숙했든 간에, 그리스도인들은 신앙의 기본을 늘 되짚어보아야 한다. 그런데 이 회중은 다시 훑어보기만 하면 되는 게 아니다. 다시 배워야 한다. 그러기에 우리는 받은 가르침을 자기 것으로 만들고 신앙의 기본을 마음에 새김으로써 믿음에 굳게 서서 "선생," 곧 제자로서 우리의 책임을 수행할 수 있어야 한다.

히브리서 저자는 여기서 그리스도인의 지적 책임을 다룬다. 그러나 그의 경고를 그리스도인의 지성에만 적용해서는 안 된다. 그의 경고는 궁극적으로 그리스도인의 영적 삶 전체에 적용된다. 우리의 영적 삶은 자신의 성장을 책임지는 법을 배우는 삶이어야 한다. 우리는 은혜와 지식과 이해를 점점 더 갈망해야 한다. 알 수록 더 알려고 해야 한다. 우리는 우리 자신을 위해서뿐만 아니라 영적으로 덜 성숙한 자들을 가르치기 위해 이렇게 하도록 부름을 받았다. 우리의 영적 성장은 내면과 외면에서 이뤄진다. 우리가 믿음이 자라는 것은 자신을 위해서일 뿐 아니라 다른 사람들을 위해서이기도 하다.

### 기본으로 돌아간다

본문이 그리스도인의 삶에 관해 가르치는 중요한 진리가 하나 더 있다. 어떤 근본 원리와 기본 교리는 더 깊고 복잡한 진리를 이해하는 데 필수다. 고급 과정을 밟으려면 입문 과정을 먼저 마스터해야 한다. 기본 진리를 기본적으로 파악해야 다음 단계로 넘어갈 수 있다. 기본 원리란 무엇인가? 히브리서 저자는 6장을 시작하면서 몇 가지 기본 원리를 제시하는데 이 부분은 6장을 다룰 때 깊이 살펴보겠다. 지금은 기본 원리란 성경의 기본 줄거리를 구성하는 진리라고 말하는 것으로 충분하다.

히브리서 저자는 이 원리를 "하나님의 말씀"(God's revelation, 하나님의 계시)이라 부르는데, 성경이 하나님의 선포된 말씀(spoken word)이라는 뜻이다. 이 원리는 또한 구속사에서 하나님이 자신을 드러내시는 결정적 행위를 가리킨다. 히브리서 저자는 이러한 하나님의 행위를 서신 뒷부분에서 더 자세히 제시하는데, 이러한 하나님의 행위는 이스라엘과 교회의 역사에서 중대한 순간이었다. 이러한 행위에서, 하나님은 자신에 관한 진리를 계시하시며, 이 계시를 통해 우리는 하나님이 누구인지 알고 우리 신앙의 근본 교리를 세운다. 히브리서 저자는 이 계시를 실행에 옮기지 못했다며 독자들을 꾸짖는다. 이들은 영적으로 게으르며, 그래서 믿음이 유아기 단계에 머물러 있다. 이들의 소화 기관은 영적 젖만 소화할 뿐 단단한 음식은 소화하지 못한다.

**여전히 젖을 먹고 도덕적으로 미숙하다**

히브리서 저자는 이 구절들에서 목회자로서 말한다. 그가 아버지로서 말한다고까지 할 수 있겠다. 회중의 영적 삶에서 일어나야 하는 일이 일어나지 않고 있다. 이들은 영적 유아기의 젖을 줄곧 먹을 게 아니라 이제 믿음과 관련해 단단한 음식을 먹고 있어야 한다. 이런 이유로, 히브리서 저자는 이들을 꾸짖는다. 내가 아버지에게 터미가 아프다고 했을 때 아버지가 나를 꾸짖으셨던 방식으로, 히브리서 저자는 이들을 꾸짖는다.

아기에게 젖을 주는 것은 '전혀' 잘못이 아니다. 아기가 젖을 먹고 사는 것은 당연하다. 사실, 과학과 기술이 엄청나게 발전했는데도 모유만큼 아기에게 영양분을 공급할 수 있는 식품을 전혀 개발하지 못했다. 아기 앞에 스테이크를 내놔봐야 아무 의미가 없다. 아기는 스테이크를 먹을 준비가 되어 있지 않다. 그러나 아이가 스테이크를 먹을 준비가 되어 있는데도 모유를 먹이는 것은 '완전히' 잘못이다. 이런 이유로, 본문의 그림 언어가 아주 강력하다. 이 회중은 이제 영적 스테이크를 먹고 있어야 한다. 그런데도 여전히 젖을 먹고 있다.

바울은 고린도전서 3:1-2에서 젖의 은유를 비슷하게 사용한다.

> 형제들아 내가 신령한 자들을 대함과 같이 너희에게 말할 수 없어서 육신에 속한 자 곧 그리스도 안에서 어린 아이들을 대함과 같이 하노라 내가 너희를 젖으로 먹이고 밥으로 아니하였노니 이는 너희가 감당하지 못하였음이거니와 지금도 못하리라.

바울의 말과 히브리서 5:13이 아주 비슷하다. 바울이 신령한 자들과 육신에 속한 자들을 맞세워 비교하듯이, 히브리서 저자는 의에 관한 메시지에 능숙한 자들과 미숙한 자들을 맞세워 비교한다. 두 본문을 나란히 두고 살피면, 영적 미성숙이 도덕적 미성숙으로 이어진다는 것을 알 수 있다. 영적으로 미성숙한 신자들은 영이 아니라 육을 따라 산다. 그리스도 안에서 유아기를 도무지 벗어나지 않으려 하면 육신에 속하고 의에 적합하지 못한 사람이 된다.

### 의의 말씀

"의의 말씀"은 본질적으로 "구원에 이르게 하는 말씀"을 뜻한다. 의의 말씀에는 도덕적 요소가 있지만, 문맥은 우리의 시선을 복음과 하나님의 구원 목적으로 이끈다. 어린아이 같은 신자들은 성경을 펴서 하나님의 구원 계획이 어떻게 그리스도의 제사장 사역에서 절정에 이르는지 보는 능력이 없기 때문에 복음에 미숙하다. 이들은 성숙하지 못해 복음에 합당하게 살지 못한다. 그리스도인들은 복음에 무지해서는 안 된다. 성경에 무지해서도 안 된다. 우리는 의의 말씀에 능숙해 가르침을 받은 대로 살아야 한다.

히브리서 저자가 단순히 진단만 내리고 있다면, 영적으로 미숙한 자들은 자신의 상황을 치료할 희망이 거의 없을 것이다. 그러나 저자는 영적으로 성숙하는 것은 신자의 책임이라고 말한다. 그는 독자들에게 영적 어린아이에게 어울리는 젖을 떼고 영적으로 성숙한 자들에게 어울리는 단단한 음식을 먹음으로써 하나님께 가까이 나아가라고 촉구한다. 이러한 도덕적 명령은 영적 성숙이 신자의 삶에서 얼마든지 가능하다는 것을 암시하며, 따라서 좋은 소식으로 작용한다. 하나님이 우리에게 단단한 음식을 주실 때 우리는 젖을 먹겠다고 고집할 수 없다.

## 처방: 분별력을 길러라

**히브리서 5:14**

> [14]단단한 음식은 장성한 자의 것이니 그들은 지각을 사용함으로 연단을 받아 선악을 분별하는 자들이니라

히브리서 저자는 이제 성숙한 신자와 미성숙한 신자를 맞세워 대비한다. 고린도전서 3장에서 보았듯이, 바울은 믿음의 고기를 단단한 음식이라 말한다. 이 음식은 씹어 소화하는 힘든 과정이 필요하다. 우리의 영적 분별력을 바르게 훈련하고 사용하는 길은 하나뿐이다. 성경을 성실하고 부지런히 연구하는 것이다. 따라서 성숙한 사람만이 선과 악을 분별할 수 있다. 미성숙한 사람은 아주 약하며 훈련이 부족하다.

분별력은 우리의 삶에서 매우 중요하다. 분별력은 흔히 겉보기에 지적이지 않은 방식으로 나타난다. 생각해 보라. 우리는 직관적 분별력을 토대로 하루하루 숱한 결정을 내린다. 바꾸어 말하면, 분별력은 우리의 환경에 관해 도덕적 판단과 신학적 판단을 곧바로 내리도록 돕는 신학적 틀이나 세계관과 같다. 우리가 순전히 지적 재구성을 토대로 모든 결정을

내린다면 절대 아무것도 하지 못할 것이다. 심장을 수술하는 의사가 수술을 하다가 멈추어 심장학을 다시 생각해 보아야 한다고 상상해 보라. 그가 수술실에 들어갈 때마다 교과서를 참고해야 한다면 이 얼마나 끔찍한 재앙일지 상상해 보라. 그 누구도 이런 의사를 원하지 않는다. 우리는 여러 해 실전을 통해 형성된 직관을 사용할 줄 아는 의사를 원한다. 이러한 분별력은 의사들뿐 아니라 그리스도인들에게도 필요하다.

분별력은 고도의 사고력이며 성실한 훈련과 경험을 통해서만 얻을 수 있다. 우리는 끊임없는 실전을 통해 훈련된 분별력을 가진 의사를 원한다. 이와 비슷하게, 성숙한 그리스도인이 되려면 끊임없는 연습을 통해 분별력을 훈련해야 한다. 우리는 신앙의 기본을 깊이 생각하고 완전히 자기 것으로 만들어 다른 사람들에게 가르칠 수 있어야 하고 선악을 분별할 수 있어야 한다. 히브리서 저자는 우리가 분별력을 연습하는 법을 배울 때 "단단한 음식"을 먹을 준비, 하나님 말씀의 더 무거운 문제들을 다룰 준비가 된다고 말한다.

이것은 그리스도인들이 마침내 더는 성경을 연구할 필요가 없는 지점에 이른다는 뜻이 아니다. 모든 그리스도인은, 성숙한 그리스도인이라도, 늘 성경이 필요하다. 분별력이란 우리가 하나님의 말씀을 펼 때 자신이 익숙한 땅에 있음을 발견한다는 뜻이다. 분별력이란 우리가 성경에서 길을 잃지 않는다는 뜻이다. 우리는 성경을 어떻게 읽고 연구하며 이해하고 성경에서 어떻게 추론해야 하는지 안다. 그리스도인들은 분별력이 있고 선악을 분별할 수 있을 때 영적 추론 능력이 있다. 이들은 하나의 교리가 또 하나의 교리와 어떻게 연결되는지 알며, 이 교리들을 논리적으로 적용해 그리스도인의 삶의 모든 영역에서 결정을 내리는 데 도움을 얻는다.

## 우리의 책임

앞서 보았듯이, 이 단락은 영적으로 성장해야 할 때 뒷걸음질 치고 있는 그리스도인들을 꾸짖는다. 영적 유아기에는 크고 영원한 위험이 있다. 영적 유아기에 하나님을 떠날 위험이 있기 때문이다. 그러므로 히브리서 저자는 믿음이 성숙해야 하는 책임과 관련해 그리스도인들에게 두 가지 중요한 가르침을 준다. 첫째, 교회 전체가 도움이 필요한 사람들에게 복음을 충실하게 전할 준비를 더 잘 갖추도록 신자 개개인이 영적 이해력을 기를 책임이 있다. 둘째, 교회는 신자 개개인을 가르칠 책임이 있다. 안타깝게도, 목회자들이 젖만 먹이기 때문에 많은 회중이 젖만 먹는다. 그런가 하면, 목회자들이 주는 단단한 음식을 회중이 고집스럽게 거부하는 경우도 있다. 그리스도인들은 두 장애물을 모두 넘어서야 하며, 그러지 못하면 히브리서 저자가 꿈꾸는 것을 이루지 못한다. 건강한 그리스도인들이 건강한 교회를 섬기는 것은 영적 성숙에 필수다.

영적 성숙의 과정은 길고 험하다. 그러나 영적 성숙의 목적은 점차 젖을 떼고 단단한 음식을 먹는 것이다. 우리에게는 한동안 어린아이의 모습이 남아 있을 수 있다. 그러나 우리는 이러한 모습을 조금씩 벗어버려야 한다. 믿음이 성숙해야 한다. 그러려면 선악을 분별하는 무단한 훈련을 통해 분별력을 길러야 한다. 이를 위해, 하나님 말씀의 단단한 음식을 먹는 일을 절대 멈추지 말아야 한다.

1. 자신의 삶을 평가해 보라. 당신의 삶에서 영적으로 미숙하며 믿음이 여전히 유아기 단계에 머물러 있는 부분들이 있다면 어떤 것이 있는지 말해 보라. 당신은 영적으로 성숙해 가고 있는가? 그렇다면 어떤 방식으로 성숙해 가고 있는가?

2. 성경을 알지 못하고 영적 이해력이 없는 사람들이 이에 대해 흔히 어떻게 변명하는가? 당신은 어떻게 변명하는가? 이 단락은 우리가 성경적 지식과 영적 성숙에서 더 성장해 가지 못할 때 흔히 하는 변명을 어떻게 다루는가?

3. 히브리서 저자는 다른 사람들을 가르쳐야 마땅한 때인데도 오히려 선생이 필요하다며 자신의 독자들을 꾸짖는다. 다른 사람들을 가르쳐야 하는 당신의 책임을 달리 생각하는 데 이러한 꾸짖음이 도움이 되는가? 도움이 된다면, 어떻게 도움이 되는가? 다른 사람들을 가르쳐야 하는 그리스도인 개개인의 책임이 교회를 가르쳐야 하는 장로의 책임이나 목사의 책임과 어떻게 다른가?

4. 기독교 신앙의 기본은 무엇인가? 왜 그리스도인들이 이미 배운 영적 진리를 그렇게 쉽게 잊어버린다고 생각하는가? 우리가 영적 진리를 잊지 않기 위해 할 수 있는 일에는 어떤 것들이 있는가?

5. 제자 훈련의 목적은 무엇인가? 제자 훈련 과정은 어떠해야 하는가? 당신이 제자로 훈련하고 있는 신자가 있는가? 왜 그렇게 하고 있는가? 또는 왜 그렇게 하고 있지 않는가? 당신의 삶에서 제자로 훈련할 수 있을 미숙한 신자를 생각해 보라.

6. 유치함과 어린아이 같음의 차이는 무엇인가? 어린아이 같으면서 성숙하다는 것은 어떤 모습이겠는가?

7. 의의 말씀에 미숙하다는 것은 무슨 뜻인지 자신의 말로 설명해 보라. 이것이 우리의 영적 성숙과 어떻게 연결되는가?

8. 당신은 어떤 방법으로 날마다 영적 직관을 훈련하는가? 영적 직관을 어떻게 예리하게 만들 수 있는가? 우리가 영적 직관을 기르는 것을 지교회가 어떻게 돕는가?

9. 성경을 펼 때, 자신이 익숙한 땅에 있다고 느끼는가, 아니면 낯선 땅에 있다고 느끼는가? 성경이 우리의 분별력 및 영적 성숙과 어떤 관련이 있는가? 성경을 알면 선악을 분별하는 데 어떻게 도움이 되는가?

10. 그리스도인의 영적 성숙은 궁극적으로 누구 책임인가? 개개인인가, 아니면 교회인가?

# 11. 배교하지 말라는 경고

## 히브리서 6:1-8

[1]그러므로 우리가 그리스도의 도의 초보를 버리고 죽은 행실을 회개함과 하나님
께 대한 신앙과 [2]세례들과 안수와 죽은 자의 부활과 영원한 심판에 관한 교훈의
터를 다시 닦지 말고 완전한 데로 나아갈지니라 [3]하나님께서 허락하시면 우리가
이것을 하리라 [4]한 번 빛을 받고 하늘의 은사를 맛보고 성령에 참여한 바 되고 [5]하
나님의 선한 말씀과 내세의 능력을 맛보고도 [6]타락한 자들은 다시 새롭게 하여 회
개하게 할 수 없나니 이는 그들이 하나님의 아들을 다시 십자가에 못 박아 드러내
놓고 욕되게 함이라 [7]땅이 그 위에 자주 내리는 비를 흡수하여 밭 가는 자들이 쓰
기에 합당한 채소를 내면 하나님께 복을 받고 [8]만일 가시와 엉겅퀴를 내면 버림을
당하고 저주함에 가까워 그 마지막은 불사름이 되리라

**핵심 개념**: 궁극적으로, 교회 내 불신자들은 그리스도를 버리고 세상으로 돌아갈 것이다. 그러나 참 신자들은 죽을 때까지 믿음이 자라고 그리스도를 왕으로 고백할 것이다.

**I. 초보 버리기(6:1–3)**

A. 첫째 대구: 죽은 행실을 회개함과 하나님께 대한 신앙

B. 둘째 대구: 세례들과 안수

C. 셋째 대구: 죽은 자의 부활과 영원한 심판

D. "하나님이 허락하시면"

**II. 돌이킬 수 없는 배교의 위험(6:4–8)**

A. 배교하지 말라는 경고

B. 배교의 예

내가 신학 공부를 하는 동안 아주 결정적인 순간이 있었다. 어느 유대인 학자의 글을 읽었을 때였다. 그는 그리스도 부활의 역사성을 변호했다. 안타깝게도, 그 사람은 그리스도인이 아니었다. 그때 나는 많은 사람이 그리스도의 진정한 제자가 아니면서도 복음에 대해 정확히 말할 수 있다는 것을 알게 되었다.

다행스럽게도, 성경은 이런 상황에 대처하도록 우리를 준비시켜 준다. 교회사 내내, 히브리서 6:1-8은 가장 해석하기 어려운 단락 중 하나였다. 이 경고는 누구를 향하는가? 그리스도인들인가? 비그리스도인들인가? 둘 다인가? 우리는 이 단락이 더 큰 논증의 맥락에서 나온 사실을 알아야 한다. 더 큰 논증이란 '우리는 큰 구원을 등한히 여기지 말아야 한다'는 것이다. 이 교회(히브리서 수신자)의 대다수가 하나님의 더 큰 진리를 이해하는 부분에서 성숙해 가는 게 아니라 오히려 그리스도 안에서 주신 큰 구원을 등한히 여기고 있었다. 그 결과, 이들은 영적 성장이 멈췄다. 믿음을 버리고 있었다.

## 초보 버리기

**히브리서 6:1-3**

1그러므로 우리가 그리스도의 도의 초보를 버리고 죽은 행실을 회개함과 하나님께 대한 신앙과 2세례들과 안수와 죽은 자의 부활과 영원한 심판에 관한 교훈의 터를 다시 닦지 말고 완전한 데로 나아갈지니라 3하나님께서 허락하시면 우리가 이것을 하리라 그리스도의 초보적 가르침을 버린다는 말은 그리스도를 버린다는 뜻이 아니다. 초보적인 것을 알았다면, 그리스도인들은 유아기에 머무는 게 아니라 이러한 지식을 토대로 성장해야 한다. 이 그리스도인들은 기본적인 것들과 자신들이 몸담았던 유대교의 옛 언약을 넘어서야 했다. 기초는 집 짓기에 유익하며 필수다. 그러나 일단 기초가 놓이면 기초를 다시 놓을 필요가 없다. 히브리서 저자는 자신의 회중에게 같은 기초를 되풀이해서 놓는 일을 그만두라고 권면한다. 그리고 기초 위에 집을 지으라고 격려한다. 히브리서 저자는 그리스도에 관한 기본 진리를 세 가지 대구로 제시한다.

- 죽은 행실을 회개함과 하나님께 대한 신앙
- 세례들과 안수
- 죽은 자의 부활과 영원한 심판

**첫째 대구: 죽은 행실을 회개함과 하나님께 대한 신앙**

첫째 대구는 회개를 강조한다. 일부 형태의 현대 복음주의 사상은 회개의 필요성을 깎아내린다. 그러나 성경은 죄를 회개하지 않으면 참믿음이 아니라고 가르친다. 이 본문에서 저자는 죽은 행실에 대한 회개를 말한다. 그는 그리스도인들에게 참 안식이신 그리스도를 의지하라고 권면하는데, 그러려면 스스로 의롭게 되려는 시도를 중단해야 한다. 그리스도인들은 자신의 의가 아니라 그리스도의 의가 구원한다고 믿는다. 히브리서 저자가 가장 걱정하는 것은 스스로 노력해 자신의 구원을 얻고 싶은 유혹이다. 그는 교회의 많은 사람이 행위를 강조하는 유대교로 돌아가는 것을 두려워했다.

여기서 이신칭의가 복음의 본질이라는 게 더욱 확고해진다. 이 초보적 진리는 죽은 행실을 버려야 하고 하나님 앞에서 스스로 의로워지려는 헛된 시도를 회개해야 한다는 것을 암시한다. 큰 대제사장이신 예수 그리스도께서 자신의 속죄를 통해 우리를 위해 우리의 의를 세우신다. 히브리서 저자는 사람들에게 하나님이 예수 그리스도 안에서 그들에게 공급하신 속죄와 의를 의지함으로써 그들의 죽은 행실을 버리라고 촉구한다.

### 둘째 대구: 세례들과 안수

의식적 씻음(washing, "세례들")[7]과 안수 둘 다 유대교에서 아주 중요했다. 성숙하기 위해, 이 유대인 신자들은 의식에 대한 믿음을 버려야 했다. 씻음("세례들")은 이스라엘이 과거에 행했던 씻음(정결 의식)과 세례의 단회적(once-for-all, 한 번 받음으로써 그 효과가 언제까지나 지속되는) 성격 둘 다 가리킨다. 이스라엘이 율법에 따라 행했던 씻음은 하나님의 백성의 정결함을 상징했던 반면에 그리스도인의 세례는 그리스도의 삶과 죽음과 부활에서 그분과 연합해 하나 되었음을 상징한다. 이 교회의 일부 구성원들은 죽은 행실을 믿고 있었던 것처럼, 그리스도의 행위가 아니라 의식적 씻음(정결 의식)을 믿고 있었다.

안수는 아주 다양하게 사용되었으며, 따라서 히브리서 저자가 어느 경우를 말하는지 알기 어렵다. 구약성경에서는 누군가를 축복할 때, 짐승을 성별(聖別)할 때, 누군가를 어떤 자리에 앉힐 때, 범죄자에게 사형을 집행할 때 안수했다. 신약성경에서는 축복, 치유, 위임을 위해, 그리고 성령을 받고, 영적 은사를 받도록 사람들에게 안수했다. 어떤 경우든, 이 그리스도인들은 그리스도 안에서 얻은 의가 아니라 안수와 관련된 문제들에 집중했다.

### 셋째 대구: 죽은 자의 부활과 영원한 심판

셋째 대구는 영원한(최후의) 심판 및 그 결과에 관한 것이다. 둘은 사실

---

7 개역개정에서 "세례들"로 번역된 부분을 많은 영어 번역이 정결 의식의 의미로 옮겼다. washing(CSB), washings(ESV, NASB), cleansing rites(NIV, 2011),

상 하나다. 죽은 자의 부활은 영원한 심판을 위한 것이다. 예수 그리스도께서 우리의 대언자요 대리자로 서 계시지 않다면, 우리는 다가오는 심판 때 하나님 앞에 서지 못한다. 죽은 자의 부활은 무시할 수 있는 게 아니다. 죽은 자의 부활이 우리 사고의 지평에서 절대로 멀리 떨어져 있어서는 안 된다. 그러나 성숙한 그리스도인이 알아야 할 다른 가르침도 있다.

**"하나님이 허락하시면"**

마지막 문장 "하나님이 허락하시면 우리가 이것을 하리라"는 영적 기회가 늘 있을 것을 생각하지 말고 믿음의 성숙을 위해 하나님께 기도하라고 가르친다. 미래를 당연하게 여겨서는 안 된다. 하나님이 허락하셔야만 무엇이라도 할 수 있다. 이것을 알면 하나님을 더 의지하고 기도하며 인내하게 된다. 그렇더라도 이 구절은 히브리서 저자가 수신자들이 어려움에 잘 대처하리라 믿는다는 것을 보여준다. 이들은 하나님이 허락하시면 기초 위에 집을 지을 것이다. 히브리서 저자는 이것을 확신한다.

## 돌이킬 수 없는 배교의 위험

**히브리서 6:4-8**

4한 번 빛을 받고 하늘의 은사를 맛보고 성령에 참여한 바 되고 5하나님의 선한 말씀과 내세의 능력을 맛보고도 6타락한 자들은 다시 새롭게 하여 회개하게 할 수 없나니 이는 그들이 하나님의 아들을 다시 십자가에 못 박아 드러내 놓고 욕되게 함이라 7땅이 그 위에 자주 내리는 비를 흡수하여 밭 가는 자들이 쓰기에 합당한 채소를 내면 하나님께 복을 받고 8만일 가시와 엉겅퀴를 내면 버림을 당하고 저주함에 가까워 그 마지막은 불사름이 되리라

## 배교하지 말라는 경고

이 단락은 신약성경 전체에서 가장 어려운 단락에 속한다. "할 수 없다"(it is impossible)라는 표현이 히브리서에서 중요한 순간에 네 차례 사용된다.

> "한 번 빛을 받고 하늘의 은사를 맛보고 성령에 참여한 바 되고 하나님의 선한 말씀과 내세의 능력을 맛보고도 타락한 자들은 다시 새롭게 하여 회개하게 할 수 없나니." (6:4-6)

> "하나님이 거짓말을 하실 수 없는(it is impossible)…" (6:18)

> "황소와 염소의 피가 능히 죄를 없이 하지 못함이라(it is impossible)" (10:4)

> "믿음이 없이는 하나님을 기쁘시게 하지 못하나니(it is impossible)" (11:6)

이 단락은 한 번 빛을 받고 오직 하나님만 주실 수 있는 좋은 것에 참여했던 자들을 회복시켜 회개하게 하는 게 불가능하다는 데 초점을 맞춘다. "한 번 빛을 받고 하늘의 은사를 맛본" 사람들은 누구인가?

첫째 해석은 이들이 예수 그리스도를 진정으로 따르는 자들이라는 것이다. 이들은 참으로 자신의 죄를 회개하고 그리스도와 연합하며 신자들의 공동체에 적극 참여했다. 그런데 이들이 타락했다(fell away, 떨어져 나갔다). 이렇게 이해하면, 이 단락은 많은 참 그리스도인이 믿음을 버릴 거라는 엄중한 경고다. 그러나 성경은 이러한 해석을 배제한다. 성경은 하나님이 우리를 지키신다고 거듭거듭 말한다(요 5:24; 롬 8:39; 11:29; 고전 1:6-8; 빌 1:6; 살후 3:3). 요한일서 2:19 이하에서, 요한은 교회를 떠난 배교자들에 대해 말한다. 이들은 믿음을 버림으로써 자신들이 애초에 진정으로 믿은 게 아니었음을 보여주었다.

어려운 본문을 해석할 때는 더 명확한 본문을 살펴야 한다. 성경은 통일되며 모순되지 않는다. 그러므로 이 경고는 믿음을 잃은 그리스도인들을 가리키는 게 아니다. 성경의 다른 구절들이 참믿음은 잃을 수 없다고 말하기 때문이다. 오히려, 믿음을 버리고 배교하는 자들은 애초에 참믿음을 가진 적이 없다.

둘째 해석은 이 구절을 가정에 기초한 경고로 읽은 것이다(참조. 마 24:24). 이것은 히브리서 저자가 실제로 일어날 수 없는 일을 무섭게 경고하려고 사용한 수사법이다. 그렇더라도, 이 경고는 무서운 결과 때문에 신자들이 그리스도를 붙잡고 은혜 안에서 자라도록 자극한다. 이 해석의 문제는 이 구절이 가정된 내용을 말하고 있지 않다는 것이다.

셋째 해석은, 본문을 해석하는 가장 충실한 방법으로, 이 구절을 실제 경고로 읽는 것이다. 그러나 이것은 진정으로 거듭난 자들을 향한 경고가 아니다. 오히려 그리스도의 것들을 맛보았으나 참 그리스도인이 되지 못한 자들을 향한 경고다. 히브리서 저자는 여기서 이들을 "한 번 빛을 받은" 자들이라고 말한다. 많은 사람이 복음을 듣고 긍정적으로 반응하지만 진정으로 믿지는 않는다. 이들은 복음에 관해 많은 것을 알겠지만 참 그리스도인은 아니다. 이들은 "하늘의 은사를 맛보았다." 이는 매우 강한 표현이다. 복이 그리스도인들에게 임하며, 이들은 그러한 복 중 일부를 받았다. 이들은 심지어 성령의 은사 중 일부를 보여주었을 수도 있다.

세 번째 설명 문구는 이들이 "성령에 참여한 바 되었다"는 것이다. 이들이 성령의 역사로 비롯된 새로운 삶을 얼마간 보여주었다는 뜻이다. 이들은 거듭난 자들의 모습을 보일 뿐 아니라 그리스도와 하나 되고 그분의 백성과 하나 되려는 열정까지 보여준다. 바꾸어 말하면, 이들은 신자처럼 보인다. 마지막 표현, 곧 "하나님의 선한 말씀과 내세의 능력을 맛보았다"는 표현은 이들이 복음을 이해한다는 것을 보여준다. 그러나 이들은 복음을 이해한다고 해도 진정한 영적 생명이 없다. 그래서 타락한다.

이 경고를 어떻게 이해해야 하는가? 첫째, 히브리서 저자는 이들이 타락했다고 말한다. 타락함으로써, 이들은 자신들의 이전 유대교 상태로 돌아갔다. 그렇다면 의문이 생긴다. 기독교로 회심했다가 그리스도를 버리고 유대교로 되돌아간 유대인이 다시 회개할 수 있는가? 대답은 '아니오'다. 문제는 단지 유대교로 되돌아갔다는 것만이 아니다. 그리스도를 믿는다고 공개적으로 고백하고 교회에 참여하며 성장하고 성숙하는 그리스도인의 모습을 보여주었으나 결국 타락한 사람들을 우리 모두 알고 있다. 이들은 무지하지 않다. 이들은 그리스도가 누구이며 무엇을 주시는지 알면서도 여전히 그리스도를 거부한다. 믿음을 버림으로써, 이들은 "하나님의 아들을 다시 십자가에 못 박아 드러내 놓고 욕되게" 했다. 그리스도를 떠난다는 것은 그분을 욕되게 하는 것이며, 이것은 그분을 다시 십자가에 못 박는 것과 같다.

**배교의 예**

이 단락 끝에 농업과 관련된 예화가 나오는데, 이 단락을 설명하는 데 도움이 된다. 7절 맨 앞에 나오는 'for'(왜냐하면)는 설명이 이어지리라는 신호다.[8] 비를 흡수하는 농경지 예화는 구약성경에 자주 나온다. 예를 들면, 이사야 5장은 밭의 작물이 자라게 하는 비를 은유로 사용한다. 이사야는 밭은 이스라엘이고 비는 하나님의 말씀이라고 분명히 말한다. 이사야 5장은 비가 내렸는데도 수확을 내지 못하는 밭은 쓸모없다고 경고한다. 히브리서 6장의 예화는 긍정적으로 시작한다. "땅이 그 위에 자주 내리는 비를 흡수하여…채소를 내면." 이것이 땅의 목적이다. 땅은 "밭 가는(경작하는) 자들이 쓰기에 합당한 채소"를 낸다. 그 결과 "하나님께 복을 받는다." "가시와 엉겅퀴"는 아담이 받은 저주를 떠올리게 한다(창 3장). 사람의 죄 때문에, 이제 힘들게 땅을 갈고 농사를 지어야 수확물을 얻을

---

8 CSB에서, 7절은 for로 시작된다. *For* the ground that drinks the rain that often falls on it…

수 있다. 가만히 두면 땅은 가시와 엉겅퀴를 낸다. 히브리서 6장에서는 비를 흡수하지만 유익한 수확물이 아니라 잡초만 내는 땅은 결국 불살라질 것이라고 말한다.

예수님이 씨뿌리는 비유를 들려주신 마태복음 13장도 이 단락을 읽는 데 도움이 된다. 농부가 네 가지 유형의 땅에 씨를 뿌렸다. 각 유형의 땅은 서로 다른 유형의 반응을 상징한다. 첫째는 완고한 마음을 상징한다. 둘째는 얕은 마음을 상징한다. 생명의 신호가 즉시 나타나지만 뿌리가 없다. 오후에 햇살이 강해지면 작물이 시들어 죽는다. 셋째 땅은 말씀을 듣지만 "세상의 염려와 재물의 유혹에 말씀이 막혀 결실하지 못하는 자"를 상징한다(마 13:22). 둘째와 셋째 유형의 땅은 히브리서 6장에서 경고를 받은 사람들이다. 이들은 하나님의 말씀을 받지만 결국 가시와 엉겅퀴를 낼 뿐이다.

히브리서 저자가 이 경고의 끝에 이러한 농업 비유를 포함한 데서 이 단락과 마태복음 13장의 연관성이 분명해진다. 더 중요한 것은 히브리서 저자의 경고는 예수님이 가라지 비유에서 주시는 냉혹한 경고를 한층 강화한다는 점이다. 그리스도인을 자처했던 많은 사람이 억압이나 박해를 못 이겨서 또는 단순히 세상 유혹에 넘어가 세상으로 돌아갈 것이다. 예수님은 이들이 애초에 전혀 구원을 받지 못했다고 분명하게 밝히신다. 요한도 이렇게 단언한다. "그들이 우리에게서 나갔으나 우리에게 속하지 아니하였나니"(요일 2:19). 이런 까닭에, 베드로는 "너희 부르심과 택하심을 굳게 하라"고 명령한다(벧후 1:10). 더 나아가, 성령 모독은 그리스도에 대한 최종적 거부이며, 회개할 수 없는 죄다. 복음을 거부하는 자들은 이에 대해 공의로운 심판을 영원히 받을 것이다.

신자들에게 히브리서 6장은 겸손하게 하는 말씀이며 거듭남의 열매를 맺기 위해 늘 자신의 삶을 돌아보라고 일깨운다. 많은 사람이 한동안 그리스도께 끌린다. 그러나 이들은 세상으로 돌아감으로써 자신의 본래 마음 상태가 어떠했는지 드러낸다. 목회자로서 히브리서 저자는 자신이 섬기는 교회에서 일어나는 이 문제를 다룬다. 안타깝게도, 이것은 오늘의 교회에서도 흔히 일어나는 문제다.

다행스럽게도, 히브리서는 이 경고로 끝나지 않는다. 저자는 신자들에게 분명하게 말한다. 그가 이 경고를 해야 했던 것은 교회 내 불신자들이 이 경고를 들어야 하기 때문이다. 목회적으로, 그는 그리스도인들의 마음을 불안하게 하려는 게 아니다. 그리스도의 명령을 신실하게 따르는 신자들은 자신의 구원을 확신할 수 있다. 우리가 믿음의 확신을 구한다면, 신실한 그리스도인들이 하는 일을 함으로써 그 확신을 찾을 수 있을 것이다. 우리는 점차 성장해 초보적인 것에서 벗어나 성숙에 이를 것이다.

1. 왜 행위를 통해 우리의 구원을 얻으려는(to earn) 유혹이 그렇게 강한가? 왜 우리는 그럴 수 없다는 것을 알면서도 하나님의 호의를 획득(to win)하려는 열매 없는 시도로 이따금 되돌아가는가?

2. 히브리서 저자는 자신의 사람들에게 그리스도의 의만 신뢰하고 그들을 구원하지 못하는 것들은 신뢰하지 말라고 했다. 때때로 그리스도 안에서 당신에게 보장된 의를 신뢰하기보다 어떤 초보적 신앙 교리를 신뢰하는가?

3. 하나님의 아들을 다시 십자가에 못 박는다는 게 무슨 뜻인가?

4. 왜 이 경고가 참 신자들이 구원을 잃는 것을 의미할 수 없는가? 왜 이 경고가 단지 가정적일 수 없는가?

5. 신자들은 자신의 구원이 안전함을 어떻게 확신할 수 있는가? 진정한 회심과 진정한 구원의 표식은 무엇인가? 천국의 이편에서 어떤 사람이 참 신자인지 실제로 확신할 수 있는가? 왜 확신할 수 있는가? 또는 왜 확신할 수 없는가?

6. 하나님의 주권과 인간의 책임 간의 긴장이 이 단락에서 어떻게 작용하는가? 성경에서 이곳 외에 이러한 긴장이 나타나는 곳이 있는가? 있다면

열거해 보라.

7. 히브리서 저자는 3절에서 하나님의 주권과 "하나님께서 허락하시면"을 어떻게 사용해 기도하며 순종하도록 회중에게 동기를 부여하는가?

8. 이 단락의 경고를 읽는 데 농경과 관련된 성경의 다른 예화들이 어떻게 도움이 되는가? 히브리서 저자가 이 예화를 사용해 강조하려는 것은 무엇인가?

9. 히브리서 저자가 이 경고를 6:9-10에서 소망의 말씀으로 끝맺는 것이 왜 중요한가? 이것이 당신에게 어떻게 힘이 되는가?

# 12. 하나님의 확실한 약속

### 히브리서 6:9–20

[9]사랑하는 자들아 우리가 이같이 말하나 너희에게는 이보다 더 좋은 것 곧 구원에
속한 것이 있음을 확신하노라 [10]하나님은 불의하지 아니하사 너희 행위와 그의
이름을 위하여 나타낸 사랑으로 이미 성도를 섬긴 것과 이제도 섬기고 있는 것을
잊어버리지 아니하시느니라 [11]우리가 간절히 원하는 것은 너희 각 사람이 동일한
부지런함을 나타내어 끝까지 소망의 풍성함에 이르러 [12]게으르지 아니하고 믿음
과 오래 참음으로 말미암아 약속들을 기업으로 받는 자들을 본받는 자 되게 하려
는 것이니라 [13]하나님이 아브라함에게 약속하실 때에 가리켜 맹세할 자가 자기보
다 더 큰 이가 없으므로 자기를 가리켜 맹세하여 [14]이르시되 내가 반드시 너에게
복주고 복주며 너를 번성하게 하고 번성하게 하리라 하셨더니 [15]그가 이같이 오
래 참아 약속을 받았느니라 [16]사람들은 자기보다 더 큰 자를 가리켜 맹세하나니
맹세는 그들이 다투는 모든 일의 최후 확정이니라 [17]하나님은 약속을 기업으로
받는 자들에게 그 뜻이 변하지 아니함을 충분히 나타내시려고 그 일을 맹세로 보
증하셨나니 [18]이는 하나님이 거짓말을 하실 수 없는 이 두 가지 변하지 못할 사실
로 말미암아 앞에 있는 소망을 얻으려고 피난처를 찾은 우리에게 큰 안위를 받게
하려 하심이라 [19]우리가 이 소망을 가지고 있는 것은 영혼의 닻 같아서 튼튼하고
견고하여 휘장 안에 들어가나니 [20]그리로 앞서 가신 예수께서 멜기세덱의 반차를
따라 영원히 대제사장이 되어 우리를 위하여 들어 가셨느니라

**핵심 개념**: 많은 사람이 복음을 거부할지라도, 마지막까지 믿음과 인내로 반응하는 자들은 하나님이 예수 그리스도 안에서 그들에게 하신 약속을 기업으로 받을 것이다. 신자들은 확실한 하나님의 말씀에 흔들리지 않는

소망을 두고 자기 영혼의 견고한 닻을 그리스도 안에 내린다. 우리는 언제 어떤 환경에서도 이것들을 붙잡을 수 있다.

**I. 기대되는 더 좋은 것들(6:9–12)**

**II. 맹세하며 약속을 지키시는 하나님(6:13–18)**

**III. 휘장 안에 들어가는 소망(6:19–20)**

사람들은 복음에 아주 다양하게 반응한다. 예수님이 마태복음 13장에서 들려주시는 비유의 핵심은 제자들의 마음에 의심을 심으려는 게 아니었다. 오히려, 예수님은 제자들에게 사람의 마음이 좋은 소식에 얼마나 다양하게 반응하는지 보여주고 계셨다. 히브리서 저자는 히브리서 6:1-8에서 비슷한 일을 한다. 저자는 자신의 회중에게 교회 안의 숱한 불신자가 어떻게 복음을 거부하는지 보여주고 있다. 그러면서 교회 안 신자들이 신실하게 순종하고 그리스도 안에서 성숙하도록 목회자로서 권면한다.

히브리서 저자는 6:9-20에서 자신의 확신을 표현한다. 남아 있는 신자들이 마지막까지 인내하고 그들에게 속한 약속을 기업으로 받으리라는 것이다. 이들이 이 일을 어떻게 성취하겠는가? 아브라함이 했듯이, 믿음과 인내로 성취할 것이다. 마지막까지 하나님을 신뢰하고 인내함으로써, 그리스도인들은 자신들 앞에 있는 소망을 붙잡을 것이다. 히브리서 6장 후반부는 바로 이것을 말한다.

## 기대되는 더 좋은 것들

**히브리서 6:9–12**

9사랑하는 자들아 우리가 이같이 말하나 너희에게는 이보다 더 좋은 것 곧 구원에 속한 것이 있음을 확신하노라 [10]하나님은 불의하지 아니하사 너희 행위와 그의 이름을 위하여 나타낸 사랑으로 이미 성도를 섬긴 것과 이제도 섬기고 있는 것을 잊어버리지 아니하시느니라 [11]우리가 간절히 원하는 것은 너희 각 사람이 동일한 부지런함을 나타내어 끝까지 소망의 풍성함에 이르러 [12]게으르지 아니하고 믿음과 오래 참음으로 말미암아 약속들을 기업으로 받는 자들을 본받는 자 되게 하려는 것이니라

히브리서 저자가 5:11에서 시작한 경고는 이 단락에서 끝난다. 정신이 번쩍 들게 하는 호된 훈계가 이제 확신과 위로로 끝난다. 저자는 타락한(떨어져 나간) 자들과 달리 자신의 편지를 받는 자들은 타락하지 않으리라고 온전히 확신한다. 이들에게 "더 좋은 것…이 있음을 확신한다." 좋은 땅인 이들의 마음이 좋은 열매를 맺으리라고 확신한다.

우리가 신약성경에서 마주하는 "것"들이 있다. 그 가운데 하나는 초기 교회가 서로 돕고 섬기는 모습이다. "성도를 섬긴 것"은 이것을 가리킨다. 사도 바울 자신이 선교 사역을 하면서 여러 교회의 후원에 의지했다. 히브리서 저자도 비슷한 상황이었을 수 있다. 어떤 상황이었든 간에, 이 그리스도인들은 형제자매들을 실제로 섬김으로써 하나님을 향한 사랑을 보여주었다. 다른 그리스도인들을 향한 이러한 사랑은 이들에 대한 히브리서 저자의 확신을 견고히 했다.

영적 확신을 촉발하는 가장 중요한 촉매제 가운데 하나는 영적 열매다. 우리가 그리스도인으로 하는 신실한 행동은 우리의 확신에 기름을 붓는다. 이런 이유로, 히브리서 저자는 이 그리스도인들이 처음 믿을 때 보였던 믿음을 향한 열심을 다시 보여주길 간절히 바란다. 열심과 부지런함 가운데 이들의 믿음이 자랄 때, 이들의 소망도 마지막 날까지 나날이 충만해질 것이다.

12절의 '게으르다'(lazy)는 저자가 5:11에서 말했던 둔함을 가리킨다.

거기서 히브리서 저자는 이해력이 게을러지고 둔해진 자들을 훈계했다. 이제 그는 둔해지지 말고 확신을 주는 것들을 추구하라며 신자들을 독려한다. 자신이 5:11에서 훈계하기 시작했던 자들처럼 되지 말라며 자신의 사람들을 몰아붙인다.

저자는 믿음과 인내로 약속을 기업으로 받은 자들을 본받으라고 독려한다. 히브리서 전체에서 그는 구약성경의 성도들을 본받으라고 신자들을 독려한다. 6:12은 11장을 예고하는데, 거기서 저자는 우리가 본받을 만한 믿음과 인내를 가졌던 구약 성도들의 인상적인 명단을 제시한다. 저자는 독자들에게 앞서간 성도들이 믿음과 인내로 그들의 어려움을 이겨냈듯이 이들도 그렇게 하라고 명한다. 오직 열심 있는 믿음을 마지막까지 잃지 않아야 하나님의 약속을 기업으로 받는다.

## 맹세하며 약속을 지키시는 하나님

**히브리서 6:13-18**

13하나님이 아브라함에게 약속하실 때에 가리켜 맹세할 자가 자기보다 더 큰 이가 없으므로 자기를 가리켜 맹세하여 14이르시되 내가 반드시 너에게 복주고 복주며 너를 번성하게 하고 번성하게 하리라 하셨더니 15그가 이같이 오래 참아 약속을 받았느니라 16사람들은 자기보다 더 큰 자를 가리켜 맹세하나니 맹세는 그들이 다투는 모든 일의 최후 확정이니라 17하나님은 약속을 기업으로 받는 자들에게 그 뜻이 변하지 아니함을 충분히 나타내시려고 그 일을 맹세로 보증하셨나니 18이는 하나님이 거짓말을 하실 수 없는 이 두 가지 변하지 못할 사실로 말미암아 앞에 있는 소망을 얻으려고 피난처를 찾은 우리에게 큰 안위를 받게 하려 하심이라

고대 이스라엘의 맹세는 오늘의 맹세와 사뭇 달랐다. 고대 이스라엘의 맹세는 지금과 달리 계약서가 아니었다. 서명으로 도장을 찍는 게 아니었다. 고대 이스라엘 사람들은 맹세하는 사람의 말로 봉인했다. 하나님이 아브라함에게 하신 맹세가 이러했는데, 히브리서 이 단락은 여기에 초점을 맞춘다. 하나님은 맹세하시는 하나님, 자신의 맹세를 자신의 말씀과 이름으로 완성하시는 분이다.

13절의 문맥은 창세기 22:16-17을 가리키는데, 거기서 하나님은 아브라함에게 "내가 나를 가리켜 맹세하노니"라고 하시면서 그에게 큰 복을 주고 그의 후손이 번성하게 하겠다고 약속하신다. 하나님이 자신을 가리켜 맹세하시는 것은 맹세의 대상으로 삼을 더 큰 존재가 없기 때문이다. 사실, 이런 이유로 사람들은 하나님의 이름으로 법정 선서나 취임 선서를 한다. 아브라함이 약속을 믿은 것은 그 약속을 하는 분이 하나님이었기 때문이다. 자신의 이름으로 맹세함으로써, 하나님은 자신의 약속이 성취되리라는 것을 보장하셨고, 그래서 아브라함은 인내하며 기다린 끝에 약속받은 것을 마침내 얻었다. 하나님은 자신이 아브라함과의 이 약속을 지키리라는 것을 모든 창조세계를 향해 공개적으로 선언하려고 자신의 이름으로 맹세하셨다.

하나님의 약속을 처음 "기업으로 받은 자들"은 아브라함과 그 후손들이었다. 하나님은 자신의 약속이 확실하고 믿을 수 있는 것임을 보여주시려고 맹세로 자신의 약속에 도장을 찍으셨다. 그런데 아브라함의 약속이 히브리서 저자의 청중과 무슨 상관이 있는가? 이들에게 있어서, 약속을 기업으로 받은 자들은 그리스도를 믿음으로 하나님의 자녀로 입양된 자들이다. 히브리서 2:5-18에서 이미 보았듯이, 예수님의 형제자매들은 아브라함의 약속을 공유한다.

히브리서 저자가 18절에서 말하는 "두 가지 변하지 못할 사실"은 하나님의 목적 및 말씀의 변할 수 없는 본질과 하나님이 공개적으로 선언하신 맹세를 가리킨다. 하나님은 거짓말을 할 수 없기 때문에 변하지 못할 두 사실에서 절대 벗어나지 않으신다. 하나님이 거짓말을 하실 수 있다면 하나님이 아닐 것이다.

히브리서 저자가 하나님의 불변성을 강조하는 것은 다시 한번 굳게 서도록 교회를 격려하기 위해서다. 교회는 피난처를 찾아 하나님께 달려가야 하고 자신 앞에 놓인 소망을 붙잡으라는 강한 격려가 필요한 난민이다. 하나님의 말씀은 참되며 하나님은 거짓말을 하실 수 없다. 그러므로 우리는 아브라함처럼 세상에서 온전히 확신을 갖고 담대하며 하나님의 약속을 신뢰한다. 하나님은 신실하며 그분의 약속은 확실하다. 이것은 이론적 명제가 아니다. 변할 수 없는 사실이다. 아브라함처럼, 우리는 하나님의 약속에 우리의 삶을 걸 수 있다. 약속하신 분이 하나님이기 때문이다. 우리의 하나님은 약속을 지키시는 하나님이다.

## 휘장 안에 들어가는 소망

**히브리서 6:19-20**

> [19]우리가 이 소망을 가지고 있는 것은 영혼의 닻 같아서 튼튼하고 견고하여 휘장 안에 들어가나니 [20]그리로 앞서 가신 예수께서 멜기세덱의 반차를 따라 영원히 대제사장이 되어 우리를 위하여 들어 가셨느니라

히브리서 저자는 자신의 사람들에게 따끔하게 일깨워준다. 이들에게 "영혼의 닻"이 필요하다는 것이다. 이 세상의 고난과 유혹에 우리의 영혼이 멀리까지 표류할 때가 아주 많다. 그러나 이 세상의 파도 속에서 우리의 영혼을 단단히 잡아줄 확실하고 견고한 닻이 있다. 하나님의 약속은 아주 견고하고 확실해 폭풍 가운데서 우리의 영혼을 단단히 잡아줄 수 있다. 하나님의 약속과 맹세는 "휘장 안에 들어가는" 소망, 곧 지성소에 들어가

는 소망을 단단히 고정하는 닻이다.

매년 한 차례 속죄일에, 하나님의 진노가 이스라엘에서 떠나도록 대제사장이 지성소에 들어가 짐승의 피를 드렸다. 우리의 대제사장이신 예수님이 우리를 위해 휘장 안에 들어가 자신의 피를 드렸다. 우리의 닻이신 예수님이 우리의 선구자로서 우리보다 앞에 가서 하나님의 공의가 요구하는 모든 것을 성취하셨다. 우리의 큰 대제사장으로서, 예수님은 우리의 구원을 사셨고 하나님의 약속을 우리에게 보증해 주셨다. 그러므로 예수님의 십자가 속죄 사역은 그리스도인이 품는 소망의 기초이며, 그리스도인의 영혼을 단단히 고정하는 닻이다.

## 묵상과 토론을 위한 질문

1. 히브리서 저자는 6:9-20에서 신자들에 대한 확신을 표현한다. 이러한 확신이 그가 앞서 제시한 엄중한 경고를 어떻게 보완하는가? 바꾸어 말하면, 히브리서 저자는 자신의 훈계를 어떻게 활용해 구원의 확신을 갖도록 신자들을 격려하는가?

2. 히브리서 저자는 복음에 끝까지 믿음으로 반응하는 자들에 대한 확신을 표현한다. 이러한 확신은 어디에 근거하는가? 왜 히브리서 저자는 이 교회 신자들에게 "더 좋은…것이 있음을 확신"하는가?

3. 당신과 당신의 교회가 생각이 같은 복음주의 교회들을 실제로 어떻게 섬기고 도울 수 있는가? 당신과 당신의 교회는 지금 다른 교회들을 어떻게 섬기고 어떻게 그 교회들과 협력하고 있는가? 그리스도인 개개인들과는 어떻게 그렇게 하고 있는가?

4. 복음을 거부하는 마음과 달리 복음을 받아들이는 마음에서 찾을 수 있는 증거는 무엇인가? 당신의 부르심과 택하심을 굳게 하고 믿음에 열심을 낸다는 게 무슨 뜻인가? 복음을 향한 당신의 열심은 어떻게 나타나는가?

5. 구약의 성도 중에, 아브라함 외에 하나님의 약속을 믿고 그 약속이 이루어지길 인내하며 기다린 사람들을 들어보라. 이들을 어떻게 본받을 수 있는가?

6. 하나님은 자신을 가리켜 맹세하셨다. 아브라함이 인내하며 약속을 기다릴 수 있도록 이 사실이 어떻게 그에게 힘을 주고 그를 준비시켰는가? 우리를 향한 하나님의 약속이 이루어지길 우리가 기다릴 수 있도록 이 사실이 어떻게 우리에게 힘을 주고 우리를 준비시켜야 하는가?

7. 하나님이 아브라함에게 하신 약속이 오늘의 신자들에게 어떻게 적용되는가? 아브라함과 함께 상속자가 된다는 게 무슨 뜻인가? 당신이 하나님의 약속을 기업으로 받는 자(상속자)라는 사실 때문에, 이 세상의 약속을 보는 당신의 시각이 어떻게 달라지는가?

8. 이 단락의 종말론적 성격과 하나님 약속을 생각해 보라. 하나님이 신자들에게 하신 약속은 반드시 이루어진다. 이러한 확실성이 어떻게 우리를 준비시키고 우리에게 힘이 되어 우리로 복음에 열심을 내고 우리의 소망을 굳게 잡게 하는가?

9. 하나님의 불변하심이 어떻게 당신에게 힘이 되어 고난과 유혹을 받을 때 그분께로 피하게 하는가? 자신이 그리스도인으로서 했던 경험을 되돌아보라. 하나님 말씀의 진리가 당신의 영혼을 단단하게 고정하는 닻이 되고 당신에게 힘이 되어 당신 앞에 있는 소망을 붙잡게 했던 예를 구체적으로 들어보라.

10. 히브리서에서 저자가 우리의 대제사장이신 예수님에 관해 말하는 다른 단락들을 생각해 보라. 그리스도께서 우리를 위해 지성소에 들어가셨다는 것이 우리에게 어떤 의미인가? 그리스도가 우리의 선구자("앞서 가신 예수")라는 것이 무슨 뜻인가?

# 13. 멜기세덱, 왕이요 제사장

히브리서 7:1–10

1이 멜기세덱은 살렘 왕이요 지극히 높으신 하나님의 제사장이라 여러 왕을 쳐서
죽이고 돌아오는 아브라함을 만나 복을 빈 자라 2아브라함이 모든 것의 십분의 일
을 그에게 나누어 주니라 그 이름을 해석하면 먼저는 의의 왕이요 그 다음은 살렘
왕이니 곧 평강의 왕이요 3아버지도 없고 어머니도 없고 족보도 없고 시작한 날
도 없고 생명의 끝도 없어 하나님의 아들과 닮아서 항상 제사장으로 있느니라 4이
사람이 얼마나 높은가를 생각해 보라 조상 아브라함도 노략물 중 십분의 일을 그
에게 주었느니라 5레위의 아들들 가운데 제사장의 직분을 받은 자들은 율법을 따
라 아브라함의 허리에서 난 자라도 자기 형제인 백성에게서 십분의 일을 취하라
는 명령을 받았으나 6레위 족보에 들지 아니한 멜기세덱은 아브라함에게서 십분
의 일을 취하고 약속을 받은 그를 위하여 복을 빌었나니 7논란의 여지 없이 낮은
자가 높은 자에게서 축복을 받느니라 8또 여기는 죽을 자들이 십분의 일을 받으나
저기는 산다고 증거를 얻은 자가 받았느니라 9또한 십분의 일을 받는 레위도 아브
라함으로 말미암아 십분의 일을 바쳤다고 할 수 있나니 10이는 멜기세덱이 아브
라함을 만날 때에 레위는 이미 자기 조상의 허리에 있었음이라

**핵심 개념**: 큰 왕이요 대제사장인 멜기세덱은 아브라함보다 크고, 유대 족장 중에 가장 크며, 따라서 레위 지파 출신의 제사장보다 크다.

I. **멜기세덱과 아브라함(7:1–4)**

A. 멜기세덱, 지극히 높으신 하나님의 왕이요 제사장

B. 멜기세덱, 축복하는 왕이요 제사장

C. 멜기세덱, 인내하는 왕이요 제사장

D. 멜기세덱, 받는 왕이요 제사장

**II. 멜기세덱과 레위(7:5–10)**

성경에는 이름이 정말 많이 나온다. 마태, 마가, 누가, 요한, 다윗, 다니엘 같은 이름은 성경 줄거리에 중요하기 때문에 대다수 그리스도인이 안다. 사실, 이런 이름 중에 비그리스도인들도 아는 이름이 적지 않다. 사라, 라헬, 마리아, 마르다 같은 이름은 이들이 구원사에서 했던 역할 때문에 지금도 우리에게 친숙하다. 성경 역사에는 우리에게 덜 친숙한 인물이 등장하기도 한다. 예를 들면, 비느하스는 성경에서 우리 눈에 띄는 이름이 아니다. 구약성경을 공부하는 사람들조차 민수기 25장에 기록된 작지만 중요한 그의 이야기를 잊기 쉽다.

이름을 생각할 때, 성경에서 지나쳐서는 안 되는 인물들이 있다. 성경에 등장하는 어떤 인물들은 구속사에서 중요한 역할을 한다. 성경이 어떻게 구원을 전개하고 우리를 복음으로 이끄는지 알려면 이들이 누구인지 알아야 한다. 예를 들면, 아브라함, 모세, 다윗을 말하지 않을 수 없고 이들이 새 언약의 도래에 어떤 역할을 했는지 말하지 않을 수 없다. 복음에 관한 진실을 좀 더 잘 이해하기 위해서 다른 이름들보다 더 잘 알아야 할 이름들이 있다.

히브리서가 없다면, 멜기세덱이란 이름은 우리가 알아야 할 이름에서 빠지지 않을까 싶다. 히브리서 5장에서 보았듯이, 히브리서 저자는 예수님을 멜기세덱의 반차를 따르는 큰 대제사장으로 묘사함으로써 제사장이신 예수님에 대해 말한다. 히브리서 7장은 예수님이 멜기세덱의 반차를 따르는 큰 대제사장이라는 말의 의미 이면에 숨겨진 큰 의미를 풀어낸다. 멜기세덱은 창세기 14장에서 처음 언급되는데, 거기서 모세는 아브람과 멜기세덱의 만남을 기술한다. 히브리서는 단순히 이 만남을 언급하는 데 그치지 않는다. 멜기세덱과 예수님을 신학적으로 깊이 비교해 그리스도가 우리의 큰 대제사장이심을 어떻게 이해해야 하는지 알려준다. 바꾸어 말하면, 예수님을 더 깊이 알려면 멜기세덱이 누구인지 알아야 한다. 멜기세덱은 우리가 반드시 알아야 하는 이름이다.

## 멜기세덱과 아브라함

**히브리서 7:1-4**

[1]이 멜기세덱은 살렘 왕이요 지극히 높으신 하나님의 제사장이라 여러 왕을 쳐서
죽이고 돌아오는 아브라함을 만나 복을 빈 자라 [2]아브라함이 모든 것의 십분의 일
을 그에게 나누어 주니라 그 이름을 해석하면 먼저는 의의 왕이요 그 다음은 살렘
왕이니 곧 평강의 왕이요 [3]아버지도 없고 어머니도 없고 족보도 없고 시작한 날도
없고 생명의 끝도 없어 하나님의 아들과 닮아서 항상 제사장으로 있느니라 [4]이 사
람이 얼마나 높은가를 생각해 보라 조상 아브라함도 노략물 중 십분의 일을 그에
게 주었느니라

7장의 첫 몇 절에서, 히브리서 저자는 멜기세덱이 누구이며 그리스도인들에게 어떤 의미가 있는지에 관해 중요한 정보를 제공한다.

### 멜기세덱, 지극히 높으신 하나님의 왕이요 제사장(King-Priest)

이 단락에서, 히브리서 저자는 먼저 창세기 14장에 나오는 역사적 멜기세덱에 관해 말한다. 히브리서 저자는 멜기세덱을 가리켜 살렘을 다스리는 왕이요 "지극히 높으신 하나님"의 제사장이라 말한다. 놀랍게도, 이스라엘의 여느 제사장이나 왕과 달리, 멜기세덱은 왕과 제사장을 겸한다. 멜기세덱의 왕권도 중요하지만, 히브리서 저자는 주로 멜기세덱의 제사장직의 중요성과 그것이 어떻게 예수님과 연결되는지에 대해 말한다.

예수님과 멜기세덱 외에 성경에서 왕이요 제사장이었던 인물은 없다. 사실, 이스라엘에서 왕의 역할과 제사장의 역할을 뚜렷이 분리되었다. 구약성경에서 그 어느 제사장도 합법적으로 왕의 역할을 할 수 없었고, 그 어느 왕도 합법적으로 제사장 역할을 할 수 없었다. 이사야 6장 첫 부분이 이러한 분리를 암시한다. "웃시야 왕이 죽던 해에 내가 본즉 주께서 높이 들린 보좌에 앉으셨는데 그의 옷자락은 성전에 가득하였고"(사 6:1). 웃시야 왕은 제사장 역할을 함으로써 하나님의 율법을 무시했기 때문에 비참하게 죽었다. 하나님이 그분의 율법을 무시한 웃시야 왕을 나병으로 쳐서 그의 백성에게서 끊어지게 하셨다(대하 26:16-21). 따라서 웃시야 왕의 죽음은 하나님이 이스라엘에서 왕의 역할과 제사장의 역할을 나눠놓으셨다는 것을 보여준다. 그러나 히브리서 7:1은 멜기세덱이 살렘 왕이자 지극히 높으신 하나님의 제사장이라고 말한다. 충격적이게도, 멜기세덱은 이스라엘 사람도 아니다. 참으로 흥미로운 인물이다.

고대 이교도 세계에는 신이 엄청나게 많았다. 고대 중동이 이렇듯 무수히 많은 신을 어떻게 보았는지를 가리키는 전문 용어는 '다신론'(polytheism)이 아니라 '단일신교'(henotheism)다. 단일신교는 신들 사이에 계층이 있다고 가르쳤다. 어떤 신들은 중간 계층이었고 어떤 신들은 상위 계층이었다. 이집트인들과 페르시아인들과 수메르인들은 이러한 계층 패턴에 따라 자신의 신들에 등급을 매겼다. 멜기세덱은 지극히 높으신 하나님(God Most High)—하나님이 자신에게 사용하시는 이름—의 제사장으로 그분을 섬겼는데, 이것은 이러한 고대 중동의 신들을 섬기는 전형적 제사장 및 이러한 신들을 따르는 자들의 예배와 강하게 대비된다. 변증적으로, 멜기세덱이 지극히 높으신 하나님의 제사장이라는 말은 특히 유대인 독자들에게 하나님의 우월성을 뚜렷이 드러내는 선언이다.

### 멜기세덱, 축복하는 왕이요 제사장

히브리서 7:1은 아브람과 멜기세덱의 만남에 관해서도 말한다. 전투가 끝난 상황에서, 멜기세덱과 아브람(나중에 아브라함이라 불린다)이 마주친다.

> 아브람이 그돌라오멜과 그와 함께 한 왕들을 쳐부수고 돌아올 때에 소돔 왕이 사웨 골짜기 곧 왕의 골짜기로 나와 그를 영접하였고 살렘 왕 멜기세덱이 떡과 포도주를 가지고 나왔으니 그는 지극히 높으신 하나님의 제사장이었더라 그가 아브람에게 축복하여 이르되
>
> 천지의 주재이시요 지극히 높으신 하나님이여
> 아브람에게 복을 주옵소서
> 너희 대적을 네 손에 붙이신
> 지극히 높으신 하나님을 찬송할지로다
>
> 하매 아브람이 그 얻은 것에서 십분의 일을 멜기세덱에게 주었더라. (창 14:17-20)

이 왕들에게 승리한 후, 아브람은 조카 롯을 비롯해 자신의 사병들과 함께 돌아오는 길에 멜기세덱을 만난다. 창세기는 소돔 왕은 아브람과 협상하러 나왔지만 살렘 왕 멜기세덱은 떡과 포도주를 가지고 나와 아브람을 축복했다고 말한다.

히브리서 저자는 멜기세덱이 족장을 축복했다는 데서 멜기세덱과 그리스도 간의 중요한 연결점을 찾는다. 이어지는 구절들은 언제나 큰 자가 작은 자를 축복한다고 가르친다. 따라서 멜기세덱이 아브라함, 곧 옛 언약의 머리를 축복한다는 사실이 놀랍다. 구약성경에서 이스라엘의 위대한 족장 아브라함보다 뛰어난 이름이 있는가? 분명히 없다! 그러나 창세기 14장과 히브리서 저자는 멜기세덱, 곧 이스라엘 사람도 아닌 왕이 높은 자로서 "낮은 자"를 축복한다는 것을 보여준다. 아브람이 롯에게 기업 무를 자(kinsman redeemer) 역할을 하며 군사적 승리를 거두어 의기양양한

순간에 살렘 왕이 그를 축복한다. 상황을 볼 때, 축복하는 멜기세덱이 축복을 받는 아브람보다 크다.

이 축복에 답해, 아브람은 멜기세덱에게 "얻은 것에서 십분의 일"(a tenth of everything, 모든 것의 십분의 일)을 준다. 이러한 아브람의 반응은 깊은 의미를 내포한다. 그러나 히브리서 저자는 그 의미를 나중에야 온전히 풀어낸다. 히브리서 저자는 멜기세덱이라는 이름의 의미를 우리에게 들려준다. 그는 "의의 왕"(king of righteousness)이다. 이름들은 우리 시대보다 멜기세덱 당시에 훨씬 많은 것을 의미했다. '멜기세덱'은 우리에게 낯선 이름으로 보일 테지만, 셈어에 친숙한 사람들이라면 멜기세덱이라는 이름이 왕(*mlk*, 말라크)이라는 단어와 의(*zdk*, 체다카)라는 단어로 구성된다는 것을 알 것이다. 따라서 멜기세덱이란 이름은 그가 의로운 왕이라는 사실을 가리킨다. 히브리서 저자는 또한 멜기세덱이 살렘의 왕이라는 말은 멜기세덱이 평강(평화)의 왕이라는 말이었다고 말한다. 바꾸어 말하면, 멜기세덱의 나라는 평화의 나라다.

### 멜기세덱, 인내하는 왕이요 제사장

3절을 토대로, 멜기세덱이 여하튼 불멸의 존재였다는 결론을 내리는 게 가능하다. 그러나 본문을 좀 더 들여다보면 알듯이, 이 구절의 주제는 인간 멜기세덱의 불멸성이 아니다. 핵심은 멜기세덱의 제사장직이다. 멜기세덱이 제사장이었던 것은 아버지가 제사장이었기 때문이 아니다. 그뿐 아니라, 그는 제사장이었지만 후계자들이 있지도 않았다. 이런 혈통적 배경을 제시함으로써, 히브리서 저자는 멜기세덱의 제사장직이 전례가 없다는 사실을 전달하려 한다. 멜기세덱은 하나님이 세우신 지극히 높으신 하나님의 제사장이다. 멜기세덱은 어머니도 없고 아버지도 없으며 아들도 없는 것처럼 창세기 이야기에 등장한다. 이러한 제사장직은 레위지파의 후손에게만 허용되었던 이스라엘의 제사장직과 극명하게 대비된다. 이러한 대비는 다음 구절에서 강조될 테지만, 히브리서 저자는 이 절을 이용해 멜기세덱의 제사장직이 조상이나 후손과 전혀 무관하다는 점을 강조한다. 하나님이 그를 제사장으로 세우셨다. 그러므로 그의 제사장직은 영원히 계속된다.

### 멜기세덱, 받는 왕이요 제사장

4절에서 히브리서 저자는 독자의 시선을 멜기세덱의 축복에 보인 아브람의 반응으로 되돌리며, 대 족장이 멜기세덱에게 준 십분의 일을 좀 더 자세하게 설명한다. 아브람은 멜기세덱에게 "노략물 중 십분의 일"을 주었다. 절대로 작은 선물이 아니다. 아브람은 방금 여러 왕을 물리치고 이들의 모든 소유를 취했다. 의무가 아니라면, 십분의 일을 다른 사람에게 주지 않는다. 아브람은, 지극히 높으신 하나님에 대한 의무로서, 자신이 획득한 모든 것의 십분의 일을 이 제사장에게 주어야 한다고 생각했다. 이 십분의 일은 절대로 작은 게 아니었으며, 이스라엘의 가장 중요한 인물 가운데 한 사람이 준 큰 규모였을 것이다. 아브람의 십일조는 구약성경 전체에서 가장 뜻밖이며 가장 흥미로운 부분이다.

더 나아가, 히브리서 저자가 4절에서 아브라함을 가리켜 "족장"(patriarch, 개역개정은 "조상")이라고 한 것도 중요하다. 신약성경에는 '족장'이란 단어가 자주 나타나지 않는다. 그러나 이 단어는 이스라엘 역사에서 아주 중요하다. '족장'은 유대인의 삶에서 가장 높은 영예를 의미한다. 아브라함, 이삭, 야곱 같은 사람들은 이스라엘에서 가장 중요한 족장으로 여겨진다. 이들은 이스라엘 정체성의 기초였다. 이 족장들은 매우 중요한 인물로 여겨진다. 다시 말해, 하나님이 그리스도 안에서 성취하실 일을 위한 무대를 세우려고 구원사에서 이들을 통해 행동하셨다는 것이다. 히브리서 저자가 아브라함을 족장으로 언급하는 경우는 거의 없지만 이 구절에서는 자신의 핵심을 강조하려고 그렇게 언급한다. 이 존경의 칭호를 아브라함에게 붙임으로써, 저자는 멜기세덱이 위대한 족장 아브라함과 비교하더라도 뛰어나다는 것을 보여준다. 바꾸어 말하면, 위대한 족장 아브라함이라도 멜기세덱에 비하면 아무것도 아니다. 아브라함은 이 제사장에게 축복을 받는 사람이자 자신의 전리품 전체에서 십분의 일을 이 제사장에게 바치는 사람이기 때문이다.

## 멜기세덱과 레위

**히브리서 7:5–10**

5레위의 아들들 가운데 제사장의 직분을 받은 자들은 율법을 따라 아브라함의 허
리에서 난 자라도 자기 형제인 백성에게서 십분의 일을 취하라는 명령을 받았으
나 6레위 족보에 들지 아니한 멜기세덱은 아브라함에게서 십분의 일을 취하고 약
속을 받은 그를 위하여 복을 빌었나니 7논란의 여지 없이 낮은 자가 높은 자에게
서 축복을 받느니라 8또 여기는 죽을 자들이 십분의 일을 받으나 저기는 산다고
증거를 얻은 자가 받았느니라 9또한 십분의 일을 받는 레위도 아브라함으로 말미
암아 십분의 일을 바쳤다고 할 수 있나니 10이는 멜기세덱이 아브라함을 만날 때
에 레위는 이미 자기 조상의 허리에 있었음이라

5절에서 저자는 아브라함의 후손인 레위 지파가 제사장직을 수행하기 때문에 아브라함의 나머지 후손들에게서 십분의 일을 받았다는 것을 청중에게 일깨운다. 레위와 그의 후손들이 십분의 일을 받아야 했다면, 아브라함이 십분의 일을 멜기세덱에게 주는 이유는 무엇일까? 이것은 멜기세덱의 제사장 반차가 레위의 제사장 반차보다 뛰어나다는 것을 말한다. 레위 지파의 조상 아브라함이 십분의 일을 멜기세덱에게 주었기 때문이다. 레위 지파 제사장들이 아브라함의 후손이고 멜기세덱이 아브라함보다 뛰어나다. 그러므로 멜기세덱의 제사장직이 레위 지파의 제사장직보다 뛰어난 것이 분명하다.

6절에서 저자는 중요한 두 번째 사실을 강조한다. 아브라함이 "약속을 받았다"는 것이다. 이 약속은 하나님이 창세기 12:1-3에서 그에게 하신 약속을 가리킬 것이다. 그러나 히브리서는 멜기세덱이 심지어 약속을 받은 자를 축복했다는 사실을 강조한다. 이것도 멜기세덱의 위대함을 증언한다. 멜기세덱은 아브라함이 지구상에서 가장 복된 사람으로 보이는 때에도 그를 축복할 수 있을 만큼 아주 중요한 존재이다. 누가 아브라함을 축복할 수 있겠는가? 아브라함은 복의 근원이다. 그러나 창세기 14장에서, 아브라함은 십분의 일을 멜기세덱에게 주었고 그에게 축복을 받으며, 이로써 자신이 멜기세덱보다 낮다는 것을 보여준다.

독자는 멜기세덱의 위대함에 관해 이해할 수 있는 질문과 마주한다. 왜 히브리서 저자는 이것을 그렇게 세밀하게 강조하는가? 그는 히브리인들이 알기를 원한다. 레위 지파의 제사장직이 더 큰 무엇에 언제라도 자리를 내주어야 함을 구약성경 자체가 보여주었다는 것이다. 그래서 성령의 감동과 권위 아래, 히브리서 저자는 성경을 토대로 이 사실을 청중에게 확인시켜 주려고 성경적·신학적 논증을 펼친다.

지금 우리는 이 논증의 일부, 특히 레위가 그의 조상 아브라함을 통해 멜기세덱에게 십분의 일을 바쳤다는 부분이, 이상하다고 생각할는지 모른다. 그러나 이러한 종류의 논증은(주로 8-9절에서 펼쳐진다) 유대인의 논리나 구약성경에서 전례가 없지 않다. 신명기 4장에서, 모세는 이스라엘 자녀들에게 사실상 이렇게 말한다. "하나님이 호렙산에서 내게 말씀하실 때, 내가 그 산에 올라갔을 때, 그리고 내가 두 돌판을 가지고 내려왔을 때, 너희가 호렙산에 있었다." 그러나 모세가 신명기 4장에서 말하는 이스라엘은 호렙산에 있었던 그 이스라엘이 아니었다. 그러면 이들이 어떻게 거기 있었는가? 이들은 생물학적으로 조상들의 허리에서 거기 있었다. 이러한 종류의 집단 정체성이 우리의 사고에는 자연스럽지 않지만 구약성경에는 필수적이다. 그래서 히브리서 저자는 집단 정체성 개념을 활용해 아브라함이 멜기세덱을 만났을 때 레위가 생물학적으로 거기 있었다고 설명하며 자신의 논증을 마무리한다. 정확히 이런 이유로, 십분의 일을 받는 레위가 아브라함을 통해 십분의 일을 주었다고까지 말할 수 있을 것이다. 멜기세덱이 아브라함을 만날 때, 레위가 그의 조상 아브라함의 허리에 있었기 때문이다.

히브리서 이 단락은 성경적·신학적으로 난해해 보일 수 있다. 그렇다고 낙담하지 말라. 히브리서를 계속 살펴보노라면 멜기세덱의 반차를 따르는 제사장이신 예수님이 어떻게 레위 지파가 전혀 할 수 없었던 일을 하셨는지 알게 될 것이다. 다시 말해, 예수님은 우리의 구원을 성취하셨다. 멜기세덱은 우리에게 모호해 보일 수 있다. 그러나 창세기 14장, 시편 110편, 히브리서 7장 같은 단락들을 깊이 살펴보면, 그리스도께서 우리의 큰 대제사장으로서 우리를 위해 행하신 일을 훨씬 깊이 알게 될 것이다.

1. 왜 우리는 성경의 어떤 인물들이 다른 인물들보다 친숙한가? 왜 어떤 이름들은 다른 이름들보다 더 알아야 할 필요가 있는가? 성경의 메타 내러티브(거대 담론, 거대 서사)에 빼놓을 수 없는 이름과 인물은 누구인가?

2. 아브라함, 모세, 다윗, 마리아 같은 개개인이 기독교 역사에서 어떤 역할을 하는가? 이들의 삶이 서로 어떻게 연결되고 그리스도와 어떻게 연결되는가?

3. 당신은 히브리서 7장을 읽기 전에 멜기세덱에 관해 무엇을 알고 있었는가? 창세기 14장과 시편 110편을 읽은 후 두 단락이 멜기세덱에 관해 무엇을 보여주는지 말해 보라. 두 단락에 나오는 멜기세덱에 관한 언급들이 예수 그리스도의 제사장직 및 왕권과 어떻게 연결되며 이에 관해 무엇을 알려주는가?

4. 구약성경에서 왕들의 역할은 무엇이었는가? 신명기 17:14-20을 읽어 보라. 구약성경에서 제사장들의 역할은 무엇이었는가? 출애굽기 28장과 레위기 4장을 읽어 보라.

5. 성경에 나오는 몇몇 중요한 축복을 떠올릴 수 있는가? 그리스도와 연합함으로써 모든 그리스도인이 받은 복(축복)은 무엇인가(엡 1:3)?

6. 히브리서 저자는 멜기세덱에게 아버지나 어머니나 족보가 없다고 말하는데, 그 의미는 무엇인가? 이것은 멜기세덱이 다른 제사장들보다 뛰어나다(크다)는 것을 어떻게 드러내는가?

7. 히브리서 저자는 아브라함이 십분의 일을 멜기세덱에게 주었다는 사실에서 어떤 결론을 도출하는가? 저자는 멜기세덱의 뛰어남을 드러내기 위해 아브라함과 관련해 '족장'(patriarch)이란 용어를 어떻게 사용하는가?

8. 히브리서 저자는 멜기세덱이 레위보다 크다는 주장을 어떻게 펼치는가?

9. 히브리서 저자가 상정하는 집단 정체성을 설명해 보라.

10. 히브리서 저자는 왜 멜기세덱과 아브라함을 비교하는가? 당신이 생각하기에, 히브리서 저자는 왜 멜기세덱과 레위도 비교하는가?

# 14. 제사장이요 왕이신 예수

**히브리서 7:11–22**

11레위 계통의 제사 직분으로 말미암아 온전함을 얻을 수 있었으면 (백성이 그 아
래에서 율법을 받았으니) 어찌하여 아론의 반차를 따르지 않고 멜기세덱의 반차
를 따르는 다른 한 제사장을 세울 필요가 있느냐 12제사 직분이 바꾸어졌은즉 율
법도 반드시 바꾸어지리니 13이것은 한 사람도 제단 일을 받들지 않는 다른 지파
에 속한 자를 가리켜 말한 것이라 14우리 주께서는 유다로부터 나신 것이 분명하
도다 이 지파에는 모세가 제사장들에 관하여 말한 것이 하나도 없고 15멜기세덱
과 같은 별다른 한 제사장이 일어난 것을 보니 더욱 분명하도다 16그는 육신에 속
한 한 계명의 법을 따르지 아니하고 오직 불멸의 생명의 능력을 따라 되었으니
17증언하기를 네가 영원히 멜기세덱의 반차를 따르는 제사장이라 하였도다 18전
에 있던 계명은 연약하고 무익하므로 폐하고 19(율법은 아무 것도 온전하게 못할
지라) 이에 더 좋은 소망이 생기니 이것으로 우리가 하나님께 가까이 가느니라
20또 예수께서 제사장이 되신 것은 맹세 없이 된 것이 아니니 21(그들은 맹세 없이
제사장이 되었으되 오직 예수는 자기에게 말씀하신 이로 말미암아 맹세로 되신
것이라 주께서 맹세하시고 뉘우치지 아니하시리니 네가 영원히 제사장이라 하셨
도다) 22이와 같이 예수는 더 좋은 언약의 보증이 되셨느니라

**핵심 개념**: 예수 그리스도는 그분의 백성을 위해 최종적이고 유효한 속죄를 이루신 완벽하게 충분한 제사장이요 왕(Priest-King)이다.

## I. 아들은 완벽한 제사장이다(7:11–12)

A. 이스라엘의 제사장직

B. 더 큰 대제사장이 필요하다

**II. 아들은 왕이신 제사장이다(7:13-14)**

**III. 아들은 영원한 제사장이다(7:15-18)**

A. 완벽한 제사장은 영원하다

B. 율법이 하지 못하는 것

**IV. 완벽한 제사장 안에 더 좋은 소망이 있다(7:19)**

**V. 더 좋은 언약에는 더 좋은 제사장이 필요하다(7:20-22)**

상상해 보라. 어느 대학생이 교수에게 리포트를 제출한다. 교수는 학생의 리포트를 읽은 후 A+를 주기로 한다. 이 학생의 리포트는 점수가 암시하는 만큼 실제로 완벽한가? 실수를 하나도 찾아낼 수 없더라도, 리포트는 여전히 완벽하지 않다. 사람은 본질적으로 완벽할 수 없기 때문이다. 인간의 타락으로 모든 것이 더러워졌다. 가장 훌륭한 건축물이나 가장 놀랍고 경이로운 기술이라도 예외가 아니다. 그 무엇도 완전하지 않다. 그 무엇도 완벽하지 않다.

'완벽하다'(perfect)라는 단어가 이 단락의 핵심 의미다(개역개정은 11절에서 "온전함"으로 옮겼다). 그러나 분명히 해야 할 게 있다. 이 단어를 히브리서 저자가 사용하는 방식으로 이해해야 한다. 우리는 '완벽하다'라는 단어를 종종 엉성하게 사용하고, 때때로 영원의 이편에서 완벽한 수준에 이를 수 있다고 말하기까지 한다. 우리는 어떤 사람들을 가리켜 완벽하다고 말한다. 어떤 성취를 가리켜 완벽하다고 말한다. 우리는 '완벽하다'라는 단어를 '더 낫다'(better) 또는 '가장 좋다'(best)만큼이나 자주 사용한다. 다시 말해, 우리는 객관적 사실을 말하는 대신 '완벽하다'를 비교급이나 최상급으로 사용한다.

그러나 히브리서 저자는 '완벽하다'("온전함")를 이 단어의 진짜 의미에 맞게 사용한다. 예수님은 단지 다른 대제사장들에 비해 뛰어난 대제사장이 아니다. 예수님은 완벽한 대제사장이다. 히브리서 저자가 예수님의 완벽(온전함)을 말할 때(2:10; 5:9; 7:28), 이것은 예수님이 단순히 이전 대제사장들보다 낫다는 뜻이 아니다. 그리스도의 완벽은 단순히 최상급이 아니다. 그분의 고유한 속성이다. 이것은 완벽한 대제사장이신 예수 그리스도께서 완전히 하나님이요 완전히 사람인 존재만이 구현할 수 있는 방식으로 진정 완벽하다는 뜻이다. 더 나아가, 그리스도의 고유한 완벽은 그분의 제사장 사역을 규정하는 특징이다. A+ 리포트는 예수님의 제사장직이 완벽하다는 의미에서 완벽하지 않다. 그리스도의 제사장직이 완벽한 것은 '하나님이자 사람'(God-man)이신 그분이 실제로, 객관적으로 완벽하기 때문이다.

## 아들은 완벽한 제사장이다

**히브리서 7:11-12**

> [11]레위 계통의 제사 직분으로 말미암아 온전함을 얻을 수 있었으면 (백성이 그 아래에서 율법을 받았으니) 어찌하여 아론의 반차를 따르지 않고 멜기세덱의 반차를 따르는 다른 한 제사장을 세울 필요가 있느냐 [12]제사 직분이 바꾸어졌은즉 율법도 반드시 바꾸어지리니

### 이스라엘의 제사장직

이 구절은 우리에게 큰 충격을 주지 못한다. 우리가 이 구절의 정황에서 너무 멀리 떨어져 있기 때문이다. 우리는 히브리서 저자가 이 구절에서 무엇을 선포하는지 알아야 한다. 히브리서 저자는 우리의 대제사장으로서 그리스도가 레위 지파 제사장 전체보다 뛰어나다고 말한다. 레위 지파 제사장직은 유대 사회의 중추이자 하나님이 이스라엘과 맺으신 언약의 주요 특징이었다. 그런데 히브리서 저자는 그리스도께서 이러한 레위

지파 제사장직에 마침표를 찍으셨다고 선포한다.

제사장직이 유대 민족을 정의했다. 하나님이 레위 지파의 남성 상속자들을 통해 제사장직을 확립하셨다. 이들 야곱의 후손들이 수행해야 할 제사장 직무가 있었다. 레위 지파에게 맡겨진 책임이 매우 무거웠기에 나머지 지파들이 실제로 이들을 먹이고 돌봐야 했다.

레위 지파의 특수성과 보존은 이스라엘 사회에 더없이 중요했다. 이스라엘과 하나님 사이의 중재자로서, 레위 지파 제사장들은 야훼 앞에서 백성을 대표했다. 이들은 백성의 대리자였다. 이들은 또한 제사장 직무를 수행함으로써 백성 앞에서 하나님을 대변했다. 히브리서 저자는 레위 지파를 통해 확립된 제사장직보다 더 큰 제사장직이 있다고 선언한다. 예수 그리스도의 제사장직은 레위 지파의 제사장직보다 참으로 뛰어나다. 레위 지파의 제사장직은 완벽함에 이르지 못했기 때문이다. 레위 지파 제사장직은 바르고 의로웠지만 완벽하지 못했다. 따라서 레위 지파 제사장직은 하나님의 백성을 구원할 수 없었다.

### 더 큰 대제사장이 필요하다

모세 율법의 아주 많은 부분이 레위 지파와 관련이 있으며, 이러한 사실에서 레위 지파 제사장직의 중요성이 드러난다. 그러나 레위 지파 제사장들은 모세가 세운 체계의 중심에 자리했으나 하나님과 사람 사이에서 중재자 역할을 진정으로 수행할 수는 없었다. 레위 지파 제사장직이 충분했다면 이스라엘은 큰 대제사장을 기다리지 않았을 것이다. 그러나 죄를 속하는 최종 행위를 수행할 큰 제사장이 줄곧 필요했다. 레위 지파 제사장들의 제사장직이 충분하지 못했던 것은 이들 탓이 아니었다. 레위 지파 제사장직 개념 자체에서 이들의 제사장직이 충분하지 못한 원인이 드러난다. 레위 지파 제사장직 자체가 완벽에 이를 수 있었다면 다른 제사장직이 등장할 필요가 없었을 것이다. 멜기세덱이 창세기 14장에서 등장할 필요가 없었을 것이다. 더 나아가, 시편 110편에서 멜기세덱이 언급된 의미가 사라질 것이다. 더 중요한 것은 메시아가 와서 하나님과 그분의 백성 사이에서 중보자가 되실 필요가 없었을 것이다. 레위 지파 제사장직이 하나의 전체적 체계로서 충분하지 못했다는 사실은 완전히 충분한 큰 대제사장이신 예수 그리스도를 가리키는 그림자다.

이스라엘 백성은 이 제사장을 찾아 나서지 않았다. 완벽한 제사장을 찾아 고속도로와 울타리를 뒤지지도 않았다. 이스라엘이 지적으로 성장해서 레위 지파 제사장직이 불완전하다는 것을 발견하고, 이로써 완벽한 제사장이나 제사장직을 찾아야 한다는 것을 알았던 것도 아니다. 오히려, 하나님이 백성의 죄를 속하기 위해 큰 대제사장을 보내는 과정을 주권적으로, 은혜로 시작하셨다. 이 큰 대제사장은 승리의 부활에서 멜기세덱의 반차에 따라 일어나셨다. 따라서 예수 그리스도는 전례가 없으며 영원하다. 그분의 제사장직은 아론의 반차를 따르는 제사장직과 달리 어떤 패턴을 따르지 않을뿐더러 소멸하지도 않는다.

## 아들은 왕이신 제사장이다

**히브리서 7:13-14**

13이것은 한 사람도 제단 일을 받들지 않는 다른 지파에 속한 자를 가리켜 말한 것이라 14우리 주께서는 유다로부터 나신 것이 분명하도다 이 지파에는 모세가 제사장들에 관하여 말한 것이 하나도 없고

"이것은" 예수님을 "가리켜 말한 것이다." 그러나 예수님은 레위 지파가 아니다. 유다 지파다. 유다 지파의 후손 중에 하나님의 "제단"에서 제사장으로 일한 사람은 하나도 없다. 이스라엘에서 지파와 지파가 구분되었고 이들의 사회적 역할이 구분되었다는 것을 알아야 한다. 이스라엘에서

제사장의 역할과 왕의 역할이 분명하고 엄격하게 구분되었다. 제사장이 왕이 될 수 없었고 왕이 제사장이 될 수 없었다. 레위 지파는 대대로 제사장을 배출했고, 무엇보다도 다윗 왕의 지파로 기억되는 유다 지파는 대대로 왕을 배출했다. 하지만 예수 그리스도는 단순히 유다 지파 출신이 아니다. 그분은 평범한 유다 지파의 일원이 아니다. 그분은 다윗의 보좌를 다시 세울 메시아다. 그렇더라도 구분은 여전하다. 그 어떤 왕도 제사장 역할을 할 수 없었고 그 어떤 제사장도 왕의 역할을 할 수 없었다.

그리스도께서 선지자, 제사장, 왕이라는 세 가지 직무를 수행하며 하신 일에는 옛 언약에는 전혀 없었던 매우 다른 종류의 완벽함이 나타난다. 옛 언약에는 이런 범주가 없다. 옛 언약에서, 각기 다른 지파가 각기 다른 사회적 책임을 수행했으며, 그 어떤 지파도 그 책임을 영원히 수행하지는 않았다. 반대로, 그리스도는 이 모든 역할을 단독으로, 지속적으로, 영원히 수행하신다. 히브리서 저자는 심지어 모세도 하나님의 제단에서 섬기는 유다 지파 출신의 제사장에 관해 전혀 알지 못했다는 것을 보여줌으로써 그리스도의 사역이 새롭다는 것을 드러낸다. 히브리서 저자는 모세를 의도적으로 언급한다. 이러한 형태의 논의에서 모세가 최종 권위였기 때문이다. 모세는 유대인의 논쟁에서 이를테면 비장의 카드였다. 그러나 하나님이 그리스도 안에서 하신 놀랍고 새로운 일을 드러내면서, 히브리서 저자는 새로운 비장의 카드를 내놓는다. 곧, 예수 그리스도의 위격과 사역 안에서 제사장과 왕이 맞물리는 것이다.

## 아들은 영원한 제사장이다

**히브리서 7:15-18**

15멜기세덱과 같은 별다른 한 제사장이 일어난 것을 보니 더욱 분명하도다 16그는 육신에 속한 한 계명의 법을 따르지 아니하고 오직 불멸의 생명의 능력을 따라 되었으니 [17]증언하기를 네가 영원히 멜기세덱의 반차를 따르는 제사장이라 하였도다 [18]전에 있던 계명은 연약하고 무익하므로 폐하고

히브리서 저자는 법정 공방 같은 자신의 논증을 중심으로 추론의 끈을 계속해서 조인다. 예수 그리스도께서 멜기세덱의 반차를 따르는 대제사장으로 등장하시며, 이로써 레위 지파 제사장직의 한계와 부족이 곧바로 드러난다. 하나님은 아론의 반차를 따르는 제사장들을 사용해 최종적이고 완전한 속죄를 이룰 메시아의 도래에 대해 그분의 백성을 준비시키셨다. 그리스도를 보내실 때, 하나님은 그분의 아들을 마지막 제사장으로 세우신다.

### 완벽한 제사장은 영원하다

이미 말했듯이, 그리스도는 레위 지파의 후손이 아니다. 그리스도의 제사장직은 혈통에 근거하지 않는다. 그분의 제사장직은 훨씬 깊이 들어간다. 그리스도의 제사장직은 "불멸의 생명의 능력"(새번역은 "썩지 않는 생명의 능력")에 근거한다. 이것이 그리스도의 제사장직과 아론의 제사장직 간의 근본적 차이 가운데 하나다. 레위 지파 제사장들은 죽었다. 이들 가운데 단 한 사람도 제사장으로서 중보 사역을 영원히 계속할 수 없었다. 그러나 멜기세덱의 반차를 따라 일어나는 제사장은 영원하다. 이 제사장은 단순히 혈통 때문에 제사장인 것이 아니라, 그의 제사장직이 절대 끝나지 않기 때문이다. 다시 말해, 그의 제사장직이 불멸의 생명의 능력에 근거하기 때문이다.

법적 요건과 불멸의 생명의 능력이 극명하게 대비된다. 예수님이 큰 대제사장인 것은 혈통이라는 법적 요건을 충족하기 때문이 아니다. 무한히 더 크고 영원히 뛰어난 그 무엇 때문이다. 다시 말해, 불멸의 생명 때

문이다. 여기서 불멸의 생명이란 예수 그리스도의 부활을 가리킨다. 히브리서 저자는 이렇게 말한다. "네가 영원히 멜기세덱의 반차를 따르는 제사장이라"(시 110:4). '영원히'는 어려운 단어다. 유한한 인간의 지식은 영원을 이해할 수 없다. 우리는 어떤 것이 절대 끝나지 않는다는 것의 의미를 가늠하지 못한다. 영원을 노래할 수 있고 말할 수 있으며 읽을 수 있지만 온전히 이해할 수는 없다. 그러나 그리스도가 레위 지파와 땅의 모든 제사장과 영원히 구별되고 이들 위에 계심을 알 수 있다. 그리스도는 '영원히' 멜기세덱의 반차를 따르는 제사장이다.

### 율법이 하지 못하는 것

히브리서 저자는 그리스도의 영원하심을 단언한 후, 청중에게 그들이 떠받들었던 이전 계명들과 율법의 단점에 대해 말한다. 이러한 단점들을 지적하는 것은 히브리서 저자만이 아니다. 바울도 이러한 단점들을 지적한다. 바울은 로마서에서 교회에 일깨운다. 그리스도께서 우리를 위해 하신 일을 율법은 할 능력이 없었다는 것이다. 예수님은 우리의 구원을 성취하고 유효하게 하셨으나 율법은 이 놀라운 일을 할 수 없었다. 율법은 율법이 하도록 하나님이 계획하신 모든 것을 한다는 의미에서 완전하다. 그러나 율법은 우리를 구원하지 못한다. 오직 그리스도만 우리를 구원하실 수 있다.

저자는 18절에서 엄청나게 강력한 두 단어를 결합한다. '연약하다'(weak)와 '무익하다'(unprofitable)이다. 율법은 유용하다는 점에서 무익하지 않다. 율법은 맡은 책임을 여전히 잘 수행했다. 바울은 우리에게 구원자가 절실히 필요하다는 것을 율법이 가르쳐주기 때문에 율법에 대해 감사해야 한다고 말한다. 로마서 7:7에서, 바울은 율법이 없었다면 자신이 탐하는 사람이라는 것을 알지 못했으리라고 설명한다. 그러므로 율법은 전혀 쓸모없다는 의미에서 무익한 게 아니라, 율법에 순종한다고 해서 그 어떤 궁극적이고 영원한 보상이 따르는 게 아니라는 의미에서 무익하다.

율법은 정죄하는 데 사용되지만 절대로 구원하는 데 사용될 수 없다. 구원을 성취하는 부분에서, 율법은 무익하다.

이것이 율법의 연약함의 핵심이기도 하다. 한편으로, 율법은 아주 강력하다. 그래서 율법은 모든 사람의 마음에 새겨져 그 누구도 율법에서 벗어날 수 없다(롬 2:15). 하나님의 율법은 이처럼 강력하다. 그러나 다른 한편으로, 율법은 구원하지 못한다. 율법은 이런 점에서 연약하다. 구원이 필요한 곳에서 율법은 연약하고 무익하다. 하나님은 율법이 죄인들을 구원하도록 계획하지 않으셨기 때문이다.

## 완벽한 제사장 안에 있는 더 좋은 소망이 있다

**히브리서 7:19**

> 19(율법은 아무 것도 온전하게 못할지라) 이에 더 좋은 소망이 생기니 이것으로 우리가 하나님께 가까이 가느니라

히브리서 저자는 또다시 완벽(완전함, 온전함)에 대해 말한다. 이번에는 율법이 아무것도 완벽하게 할 능력이 없음을 강조한다. 이것은 큰 대제사장이신 그리스도와 대비된다. 성령의 역사로 그리스도와 연합할 때, 극악한 반역자라도 하나님 앞에서 점 하나 없이 깨끗해진다. 율법은 절대로 그 누구도 완벽하게 하지 못한다. 율법은 백성을 참으로 거룩하고 완벽하게 만들지 못했으며, 개개인을 완벽하게 만들지도 못했다. 율법은 죄를 드러낸다. 율법은 죽인다. 율법은 절대로 구원하지 못한다. 율법은 절대로 이렇게 하도록 계획되지 않았기 때문이다. 이전 계명은 그리스도 안에서 우리가 더 좋은 소망으로 나아가기 위해 폐기되었다. 옛 언약에서 율법은 이스라엘에게 절실히 필요한 여러 가지 기능을 수행했으나, 그들을 하나

님께 더 가까이 인도할 수 없었다. 율법은 모든 사람이 죄인임을 드러냈고, 이로써 큰 구원자가 절실히 필요함을 드러냈다. 그러나 율법이 절대로 할 수 없었던 바로 그 일을 그리스도께서 하셨다. 그리스도께서 구원하신다. 예수님은 우리의 구원을 성취하셨고 우리에게 새 소망을 주셨다. 그 소망을 통해, 이제 우리는 하나님께 가까이 나아간다.

## 더 좋은 언약에는 더 좋은 제사장이 필요하다

**히브리서 7:20–22**

> [20]또 예수께서 제사장이 되신 것은 맹세 없이 된 것이 아니니 [21](그들은 맹세 없이 제사장이 되었으되 오직 예수는 자기에게 말씀하신 이로 말미암아 맹세로 되신 것이라 주께서 맹세하시고 뉘우치지 아니하시리니 네가 영원히 제사장이라 하셨도다) [22]이와 같이 예수는 더 좋은 언약의 보증이 되셨느니라

히브리서 저자는 마지막 단락에서 한 가지 사실을 거듭 강조한다. 참되고 큰 대제사장이신 예수님이 레위 지파 제사장들보다 비교할 수 없을 만큼 뛰어나다는 것이다. 하나님이 레위 지파 제사장직을 세우셨다. 그러나 하나님은 이들의 제사장직이 영원히 계속되리라고 절대로 맹세하지 않으셨다. 사실, 이들이 제사장으로서 수행했던 직무에서 이들의 부족함이 드러난다.

그러나 히브리서 저자는 시편 110:4에서 하나님이 실제로 그리스도의 제사장직과 그 영원성을 변할 수 없는 맹세 위에 세우셨다는 것을 보여준다. 저자는 그리스도가 옛 언약보다 뛰어나다는 자신의 주장을 차근차근 뒷받침한다. 그리스도의 제사장직은 흔들릴 수 없는 하나님의 약속에 뿌리를 둔다.

22절에서 저자는 제사장직을 언약과도 연결한다. 그는 이 부분을 8장에서 좀 더 자세히 설명한다. 그러나 여기서는 예수님이 더 좋은 제사장일 뿐 아니라 그분의 제사장직이 실제로 더 좋은 언약, 곧 예레미야 31장이 말하는 "새 언약"의 한 부분이라는 사실을 암시한다. 그리스도는 이 언약의 "보증"이다. 그러므로 그리스도인들은 새 언약의 모든 복이 틀림없이 자신들에게 적용되리라고 확신할 수 있다. 하나님의 언약적 약속은 실패할 수 없다. 하나님의 제사장이신 그리스도께서 실패하실 수 없기 때문이다.

1. '완벽하다'(perfect)의 현대적 개념과 쓰임새가 이 단락에서 이 단어의 의미를 어떻게 흐리는가? 그리스도의 완벽함과 피조물의 완벽함이 혼동되는 상황을 설명해 보라.

2. 왜 그리스도의 제사장직이 다른 제사장직보다 완벽한가? 그리스도의 신성이 그분의 완벽함에서 어떤 역할을 하는가?

3. 그리스도께서 그분의 완벽한 사역을 통해 하나님과 사람을 중보하기에 충분한 제사장이 되셨다는 것이 무슨 뜻인가? 그리스도의 최종 속죄 행위가 어떻게 모세 율법보다 뛰어난가?

4. 율법주의와 행위로 의롭게 된다는 개념이 왜 그렇게 매혹적인가? 당신은 그리스도의 충분하고 속죄하는 죽음을 부정하는 종교성에 여전히 빠져 있지는 않은가? 그리스도의 죽음과 부활로 시작된 새로운 법을 신실하게 따르기보다 도덕적으로 행동하고 선을 행함으로써 스스로 의롭게 되려고 애쓰고 있지는 않은가? 앞선 두 질문 가운데 하나 또는 둘 다에 "예"라고 답했다면 그 이유를 설명해 보라.

5. 구약 율법이 어떻게 유익하고 강했는가? 구약 율법이 어떻게 무익하고 연약했는가?

6. 왜 그리스도의 불멸의 생명이 그분이 큰 대제사장으로서 하시는 일에 그렇게 중요한가? 그분의 영원한 사역이 우리 그리스도인들에게 어떻게 힘이 되겠는가?

7. 하나님이 그분의 아들을 완벽한 중보자로 보내셨다는 데서 하나님의 어떤 본성과 성품이 드러나는가?

8. 충분한 제사장이신 그리스도 안에서 당신을 향한 하나님의 주권적 은혜와 구속하는 사랑이 나타난다. 그렇다면 이러한 은혜와 사랑을 어떻게 자신에게 적극적으로 상기시킬 수 있는가? 우리가 그리스도 안에서 얻는 구원과 새로운 소망이 어떻게 우리로 하나님께 가까이 나아갈 수 있게 하는가?

9. 그리스도께서 선지자의 직무와 제사장의 직무와 왕의 직무를 성취하신다. 그렇다면 우리는 왜 그러한 그리스도가 필요한가? 그리스도는 어떤 방식으로 이것들을 성취하는가? 이러한 삼중 직무가 그리스도의 완벽함을 어떻게 드러내는가?

# 15. 예수, 뛰어난 제사장

### 히브리서 7:23–28

23제사장 된 그들의 수효가 많은 것은 죽음으로 말미암아 항상 있지 못함이로되
24예수는 영원히 계시므로 그 제사장 직분도 갈리지 아니하느니라 25그러므로 자
기를 힘입어 하나님께 나아가는 자들을 온전히 구원하실 수 있으니 이는 그가 항
상 살아 계셔서 그들을 위하여 간구하심이라 26이러한 대제사장은 우리에게 합당
하니 거룩하고 악이 없고 더러움이 없고 죄인에게서 떠나 계시고 하늘보다 높이
되신 이라 27그는 저 대제사장들이 먼저 자기 죄를 위하고 다음에 백성의 죄를 위
하여 날마다 제사 드리는 것과 같이 할 필요가 없으니 이는 그가 단번에 자기를
드려 이루셨음이라 28율법은 약점을 가진 사람들을 제사장으로 세웠거니와 율법
후에 하신 맹세의 말씀은 영원히 온전하게 되신 아들을 세우셨느니라

**핵심 개념**: 예수 그리스도는 레위 지파 제사장들보다 뛰어나다. 그분의 제사장직은 영원하고 완벽하기 때문이다. 그분은 하나님께 가까이 나오는 자들을 중보하시며, 자신을 하나님께 제물로 드림으로써 구원에 필요한 모든 것을 성취하신다.

**I. 영구적 제사장(7:23–25)**

- A. 그리스도의 제사장직은 지속적이다
- B. 그리스도의 제사장직은 중보적이다

**II. 완벽한 제사장(7:26–28)**

- A. 그리스도의 완벽한 본성
- B. 단번에 드린 제사

## C. 하나님의 영원한 계획

히브리서 7-10장에서, 저자는 예수 그리스도가 우리의 큰 대제사장이심을 장엄하게 설명한다. 그러나 히브리서 원래 독자들에게 아주 중요한 문제를 현대 독자들이 놓치고 있다. 히브리서 첫 청중의 경험에서 중심에 자리했던 제사 제도가 오늘의 청중에게는 낯설기만 하다. 성육신 이전, 하나님은 성전에서 그리고 제사장들이 수행하는 제사 제도를 통해 사람들을 만나셨다. 제사장들은 날마다 그리고 매년 제사를 드렸으나 이러한 제사가 죄를 사하지는 못했다. 이 제사들이 죄를 사했다면 그리스도가 필요 없었을 것이다. 대신에, 이러한 제사들은 실제 죄사함을 내다보거나 예표했다. 더욱이, 대제사장은 속죄일에 지성소에 들어갈 때, 이러한 행위가 죄에 대한 하나님의 진노를 만족시키는 것을 상징했지만 실제로 이러한 만족을 성취하지 못한다는 것을 알았다.

히브리서 전체에서, 저자는 예수님이 그분 전에 왔던 모든 이들, 곧 천사들과 모세와 아론과 여호수아와 제사장 전체보다 뛰어남을 논증한다. 그의 논증은 7:22에서 이렇게 끝난다. "예수는 더 좋은 언약의 보증이 되셨느니라." 이 말이 오늘의 그리스도인에게는 충격적이지 않을 것이다. 현대 신자들은 하나님이 그리스도 안에서 세우신 언약이 더 좋은 언약이라는 것을 안다.

그러나 이 편지를 처음 받았던 유대인 신자들에게는 이 말이 사뭇 다르게 들렸을 것이다. 유대인들에게 더 좋은 언약은 거의 불가능해 보였을 것이다. 어떤 언약이 하나님이 아브라함과 맺으신 언약보다 더 좋을 수 있겠는가? 대답은 단순하다. 구원하는 언약이다. 아브라함 언약은 수많은 복을 주었지만 구원하지는 못했다. 아브라함 언약은 하나님의 섭리적 돌보심을 통해 살아남은 언약 백성을 낳았다. 이들은 제사 제도의 복을 누렸고, 죄를 참아주심을 경험했으며, 죄사함을 맛보았다. 그렇더라도 아브라함 언약은 구원할 수 없었다. 예수님은 새 언약에 대한 하나님의 절대적 보증이며, 새 언약에서 우리의 큰 대제사장 역할을 하신다.

## 영구적 제사장

**히브리서 7:23–25**

[23]제사장 된 그들의 수효가 많은 것은 죽음으로 말미암아 항상 있지 못함이로되 [24]예수는 영원히 계시므로 그 제사장 직분도 갈리지 아니하느니라 [25]그러므로 자기를 힘입어 하나님께 나아가는 자들을 온전히 구원하실 수 있으니 이는 그가 항상 살아 계셔서 그들을 위하여 간구하심이라

히브리서 7:23-25에서, 저자는 그리스도의 제사장직의 영구성("갈리지 아니하니라")과 구원하는 그분의 능력에서 제사장직이 차지하는 역할을 살펴본다. 이전 제사장들과 달리, 그리스도는 영원한 제사장이다. 그리스도의 제사장직은 절대로 끝나지 않으며 구원한다. 그 결과, 그분을 통해 하나님께 가까이 나오는 자들을 위한 그리스도의 중보 사역도 절대로 끝나지 않는다. 그러므로 히브리서 저자가 주장하듯이, 그리스도는 뛰어난 제사장(superior priest)이다.

### 그리스도의 제사장직은 지속적이다

히브리서 7:1-22에서, 저자는 제사장직을 완전히 재정의한다. 그러나 이게 끝이 아니다. 그는 예수님이 큰 대제사장으로서 어떤 면에서 이전 제사장들보다 뛰어난지 콕 집어서 제시하며 논증을 이어간다. 이스라엘 역사에서 아론의 반차를 따르는 레위 지파 제사장은 수없이 많았다. 제사장 사역이 계속되어야 했으나 제사장들은 모두 죽었다. 그래서 세대마다 새로운 제사장들을 세워야 했다. 반대로, 그리스도는 영원한 제사장이다.

이제 다른 제사장을 세울 필요가 없다. 이 큰 대제사장은 유일하다. 그분이 제사장직을 계속 수행하기 때문이다. 이전에는 숱한 제사장이 제사장직을 대대로 이어나갔다. 이제 한 제사장이 제사장직을 계속해서 수행한다. 큰 대제사장이신 예수 그리스도다.

그렇기에, 그리스도께서 "온전히 구원하실 수 있다." 25절을 읽을 때 지평선을 떠올리는 것이 도움이 된다. 우리가 보는 모든 영역에서, 그리스도께서 구원에 필요한 모든 것을 성취하셨다. 이 지평선은 적어도 두 차원을 갖는다.

- 포괄적이다
- 현재적이다

첫째, 그리스도께서 죄인에게 필요한 전부를 성취함으로써 포괄적 의미로 구원하신다. 구원의 근거는 그리스도다. 예수님은 그분의 백성이 구속받는 데 필요한 모든 기준을 채우셨다. 구원을 구하는 죄인은 그리스도 외에 그 어떤 권위나 사람에게도 호소할 필요가 없다. 그리스도의 제사장직이 하나도 남김없이 다 이루었다.

둘째, 그리스도께서 현재적 의미로 구원하신다. 그리스도의 제사장직이 영원하듯이, 그분이 성취하시는 구원도 영원히 유효하다. 죄인은 그리스도를 따르기 위해 그 누구도 찾을 필요가 없다. 그리스도께서 지금 영원한 제사장직을 수행하고 계시며, 그리스도의 영원한 제사장직이 우리가 받은 영원한 구원의 근거다.

이스라엘은 제사장직이 계속 이어져야 한다는 것을 알았다. 여기에 한 지파 전체가 투입되었다. 지금도 신자들은 제사장, 곧 우리와 하나님을 이어주는 중보자, 연결자, 중재자가 절실히 필요하다. 제사장이 없으면, 아무도 구원받지 못한다. 교회를 구원하는 제사장은 큰 대제사장이며, 그분은 영원하다. 그러므로 그분은 그분을 통해 하나님께 가까이 오는 자들을 끝까지 구원하실 수 있다. 이것이 그분의 제사장 사역이다. 예수 그리스도께서 자신을 통해 죄인들을 하나님께로 이끄신다.

### 그리스도의 제사장직은 중보적이다

히브리서 7:25 후반부에서, 저자는 초점을 예수님이 과거에 십자가와 부활을 통해 하신 일에서 지금 제사장 사역을 통해 하시는 중보 사역으로 옮긴다. 그리스도인들은 바로 지금 그리스도의 뛰어난 제사장직을 의지한다. 그리스도께서 과거에 죽어 부활하셨기 때문만이 아니라 바로 지금 하나님 우편에서 중보 사역을 하고 계시기 때문이기도 하다. 그리스도인들은 중보자와 중재자가 필요하다. 예수님은 기존의 중재자, 이를테면 노동 분쟁의 해결을 돕는 중재자가 내는 결과와는 엄청나게 다른 결과를 내신다. 노동 분쟁을 조정하는 연방 중재자는 양측의 합의를 유도한다. 이러한 합의를 도출하려고, 그는 의심할 여지 없이 기존의 바람이나 요구를 얼마간 철회하도록 양쪽을 설득할 것이다. 바꾸어 말하면, 양쪽은 진정한 합의에 이르기 위해 자신의 요구를 어느 정도 내려놓아야 한다. 그러나 신적 중재자는 완벽한 평화를 성취하신다. 그분은 절대로 하나님의 거룩을 타협하지 않으신다. 대신에, 하나님의 공의를 완전히 만족시키신다.

그리스도인들은 죄를 위해 중보하고 필요할 때 도와주는 제사장이 필요하다. 예수님이 우리와 공감하실 수 있는 것은 모든 면에서 우리와 같이 유혹을 받았으나 죄를 짓지 않으셨기 때문이다(히 4:15). 그분은 아버지 앞에서 우리를 대리하고, 우리를 위해 중보하며, 우리를 대신해 말씀하신다. 그분을 통해 아버지께 나온 우리가 이제 그분과 연합했기 때문이다. 다른 어떤 중보자도 필요하지 않다. 그리스도께서 살아계셔 그리스도인들을 중보하시며, 그리스도인들은 그분께 직접 나아간다. 그리스도는 새롭고 더 좋은 언약의 보증이며, 지금도 그분의 백성을 위해 중보하시는 영원히 대제사장이다.

## 완벽한 제사장

**히브리서 7:26-28**

[26]이러한 대제사장은 우리에게 합당하니 거룩하고 악이 없고 더러움이 없고 죄인에게서 떠나 계시고 하늘보다 높이 되신 이라 [27]그는 저 대제사장들이 먼저 자기 죄를 위하고 다음에 백성의 죄를 위하여 날마다 제사 드리는 것과 같이 할 필요가 없으니 이는 그가 단번에 자기를 드려 이루셨음이라 [28]율법은 약점을 가진 사람들을 제사장으로 세웠거니와 율법 후에 하신 맹세의 말씀은 영원히 온전하게 되신 아들을 세우셨느니라

그리스도의 제사장직은 영구적이라는 점에서만 이전 제사장직과 다른 게 아니다. 그리스도의 제사장직은 모든 면에서 완벽하기도 하다. 이 단락에서 저자는 그리스도의 죄 없음과 그분이 사람들을 대신해 하나님께 드리는 제사 양쪽 모두에서 그리스도의 완벽에 주목한다. 예수 그리스도가 뛰어난 제사장인 것은 완벽한 제사장이기 때문이다.

### 그리스도의 완벽한 본성

"합당하다"(need)는 말은 우리가 이런 대제사장을 가질 자격이 있다는 뜻이 아니다. 대신에, 저자가 하려는 말은 우리에게 이런 대제사장이 있어야 한다는 것이다. 그리스도는 우리에게 필요한 특별한 종류의 제사장이다. 그분의 제사장직이 우리의 필요에 완벽한 해답을 제시하기 때문이다. 그분은 율법의 모든 요구를 충족하신다. 그분의 제사장직이 완벽한 것은 그분 자신이 완벽하기 때문이다. 옛 언약은 그 무엇도 완벽하게 만들지 못했으나 그리스도는 완벽하다.

그리스도의 거룩은 그분의 완벽을 증언한다. 오직 거룩한 제사만이 율법의 공의로운 요구를 충족할 수 있었다. 그리스도는 또한 "악이 없

다"(innocent, 새번역은 "순진하시고"). 그분은 모든 면에서 우리처럼 유혹을 받았으나 죄를 짓지 않으셨기 때문이다(히 4:15). 그리스도는 "더러움이 없다"(undefiled, 새번역은 "순결하시고"). 이 단어는 세상에 오염된다고 말할 때 가장 자주 사용된다. 하나님은 그리스도인들에게 세상의 때를 묻히지 말라고 요구하신다. 그런데도 모든 사람은 세상의 때를 묻힌다. 어떤 의미에서, 그리스도께서 우리의 인성에서 우리와 하나가 되신다. 또 다른 의미에서, 그리스도께서 "죄인에게서 떠나 계신다." 그분은 죄를 짓지 않으셨기 때문이다. 아버지께서 그리스도를 "하늘보다 높이" 올리셨다. 다른 어떤 인간에게도 적용될 수 없는 말이다. 그러나 그리스도는 단순히 사람이 아니다. 그리스도는 완전히 사람이며 완전히 하나님이다. 그리스도는 '하나님이요 사람'(God-man)이다.

### 단번에 드린 제사

레위 지파 제사장들은 "매일" 제사를 드렸다. 이들의 제사장직이 일시적이었기 때문이다. 이들의 제사는 장차 올 것을 내다보았으나 그 자체로 불완전했다. 제사장들은 날마다 드리는 제사뿐 아니라 해마다 드리는 제사도 되풀이해야 했다. 그러나 그리스도는 제사를 되풀이해서 드리실 필요가 없었다. 그분은 자신을 십자가에서 제물로 드릴 때 단 한 번의 제사로 죄를 완전히 사하셨다.

이전 모든 제사장은 먼저 자신의 죄에 대해 제사를 드려야 했다. 자신의 죄를 해결한 후에야 백성의 죄를 위해 합당하게 제사를 드릴 수 있었다. 반대로, 그리스도께서는 자신의 죄를 위한 그 어떤 제사도 드리실 필요가 없었다. 그분은 그 어떤 죄도 없었기 때문이다. 그분은 죄가 없고, 완벽하며, 거룩하고, 더러움이 없으며, 악이 없고(innocent), 죄인에게서 떠나 계신다. 예수님은 되풀이해서 제사를 드릴 필요가 없으셨다. 십자가와 부활은 되풀이되는 사건이 아니기 때문이다. 십자가와 부활은 "한 번으로 영원히 유효하다"(once for all time). 그리스도의 제사는 되풀이되는

게 아니라 역사적이다. 단 한 번으로 끝났다. 여기에 그 무엇도 더할 수 없고 여기서 그 무엇도 뺄 수 없다. 완벽한 제사였고, 단번에 완결되었다.

예수님은 다른 누군가의 피로 이 완벽한 제사를 드리신 게 아니다. 대신에, 그분은 자신을 드렸다. 레위 지파 제사장은 지성소에 들어갈 때 피를 가지고 들어갔다. 그는 적절한 동물의 피를 취했다. 그는 이 피를 가지고 들어갈 때, 자신이 아니라 짐승이 흘린 피를 가지고 들어갔다. 제사장들은 죄와 용서가 얼마나 값비싼 것인지 분명하게 보여주는 상징으로 희생제물의 사체를 옮겨야 했다. 피가 없으면 죄사함도 없다. 그리스도께서 제물을 드리실 때, 그분은 생각할 수 없는 것을 드리셨다. 자신을 드렸고, 자신의 피로 죗값을 지불하셨다. 그리스도께서 자신을 제물로 드리셨다는 데서 왜 그분의 제사장직만 결정적이고 영구적이며 완벽하고 지속적이며 되풀이될 수 없는지 드러난다.

### 하나님의 영원한 계획

히브리서 7:28에서, 저자는 작은 자와 큰 자의 차이를 강조하는데, 이것은 히브리서의 일반적인 주제다. 그리스도는 뛰어난 큰 대제사장이다. 그분의 제사장직이 맹세에서 비롯되었기 때문이다. 이 맹세는 율법보다 나중에 나왔고, 그래서 율법보다 뛰어나다. 새 언약에서, 하나님은 "영원히 온전하게 되신(perfected forever) 아들을 세우셨다." 동물 제사는 설령 완벽해 보였을지라도 완벽하지 않았다. 동물 제사는 필요한 것을 채우지 못했기에 적합하지 못했다.

설령 레위 지파 대제사장이 성전에 들어가 자신의 피를 쏟았더라도 그의 피가 우리의 구원을 여전히 성취하지 못했을 것이다. 제사장이 완벽하지 못했으므로 그의 피가 우리의 죄를 속하지 못했을 것이다. 죄가 없는 존재만이 죄를 완벽하게 속한다. 바로 이런 까닭에, 예수 그리스도가 우리에게 새롭고 더 좋은 언약의 보증이다.

성경에서 보듯이, 이스라엘 역사에서 제사장은 대대로 수없이 이어졌다. 이러한 계승은 중요하고 필수였으며, 자신의 부족함을 충실하게 지적하는 언약 아래서 이루어졌다. 현대 그리스도인들은 하나님의 계획 안에서 이 단락과 제사장 제도 전체를 오해하기 쉽다. 그리스도인들은 하나님에게 첫 계획이 있었으나 그 계획이 실패했다고 믿고 싶은 유혹을 느낀다. 첫 계획은 하나님이 아브라함과 맺으신 언약이었다. 인간은 옛 계획의 의로운 요구를 충족할 수 없었고, 그래서 하나님이 그리스도 안에서 새로운 계획을 세우셔야 했다. 그러나 성경은 이것이 바른 이해가 아니라고 가르친다. 하나님의 계획은 처음부터 그리스도였다. 그리스도는 땅의 기초가 놓이기 전에 죽임당한 하나님의 어린양이다(계 13:8). 옛 언약은 실패한 첫 계획이 아니었다. 옛 언약은 영광스럽게 성공했다. 옛 언약의 목적은 절대로 구원하는 데 있지 않았다. 인간에게 구주가 필요함을 드러내는 것이었다.

옛 언약 아래서, 제사장들은 날마다 제사를 드렸으며 자신들이 이 일을 하고 또 해야 한다는 것을 알았다. 하나님이 완벽한 제사를 실행하실 때, 예수님이 이렇게 말씀하셨다. "다 이루었다." 옛 언약은 하나님이 그리스도가 오실 때까지 참으셨다는 것을 충실하게 보여주었다. 옛 언약은 죄를 깨닫게 했고 구주가 필요함을 보여주었다. 율법이 없다면 인간은 자신에게 구주가 필요함을 알지 못할 것이다. 그러나 이제 구주께서 오셨다. 우리는 이 구주가 옛 언약이 증언한 분이라는 것을 안다. 그리스도는 제사장이다. 큰 대제사장이며 완벽한 대제사장이다. 우리는 그리스도께서 우리를 위해 새롭고 더 좋은 언약의 큰 대제사장이 됨으로써 옛 언약의 기대를 어떻게 충족하시는지 볼 때야 이 말의 의미를 온전히 알 수 있다.

1. 그리스도께서 성취하신 구원의 포괄적 측면과 현재적 측면은 어떻게 다른가? 왜 두 측면이 필수인가?

2. 고대 이스라엘에서 제사장은 어떤 역할을 했으며, 그리스도께서 이 역할을 어떻게 성취하셨는가?

3. 그리스도의 제사장직이 어떤 면에서 아론과 레위 지파 제사장직보다 뛰어난가? 이러한 이전 제사장직이 하지 못했던 것은 무엇인가?

4. 그리스도의 제사장직에서 핵심이 되는 두 특징은 무엇이며, 이러한 특징이 우리와 하나님의 관계와 관련해 어떤 의미를 내포하는가?

5. 예수 그리스도께서 어떻게 우리의 중보자 역할을 하시는가? 그리스도의 중보 역할을 알면 우리가 기도하는 방식이 어떤 영향을 받는가? 그리스도의 중보 역할을 아는 것이 어떻게 당신에게 위로가 되는가?

6. 예수님이 완벽한 제사장이신 것이 왜 중요한가? 그분의 완벽한 제사장직이 그분의 신성 및 인성과 어떻게 연결되는가?

7. 그리스도의 제사가 레위 지파 제사장들의 제사보다 어떤 부분에서 뛰어난가? 어떤 근거에서 그리스도의 제사가 뛰어난가? 그리스도의 제사가

유효하기 위해 왜 그분이 사람이면서 하나님이어야 하는가?

8. 제사 제도는 죄의 값비싼 대가를 어떻게 보여주는가? 그리스도의 제사는 이것을 어떻게 보여주는가? 죄의 형벌에 대한 성경의 이해와 죄의 결과에 대한 세상의 이해가 어떻게 비교되는가?

9. 그리스도께서 다른 존재의 피가 아니라 자신의 피를 흘리셨다는 게 무슨 뜻인가? 이를 토대로, 그리스도의 십자가 죽음을 어떻게 우리와 연결해 이해해야 하는가?

10. 예수 그리스도가 아버지의 플랜 B가 아니었다는 것을 어떻게 아는가? 예수님은 누가복음 24:13-49에서 구약성경과 태초부터 있었던 하나님의 주권적 계획에 관해 무엇을 가르치시는가? 그리스도가 하나님의 첫 계획이 아니었다는 생각에 어떤 문제가 있는가?

# 16. 새 언약의 큰 대제사장

## 히브리서 8:1-13

1지금 우리가 하는 말의 요점은 이러한 대제사장이 우리에게 있다는 것이라 그는
하늘에서 지극히 크신 이의 보좌 우편에 앉으셨으니 2성소와 참 장막에서 섬기는
이시라 이 장막은 주께서 세우신 것이요 사람이 세운 것이 아니니라 3대제사장마
다 예물과 제사 드림을 위하여 세운 자니 그러므로 그도 무엇인가 드릴 것이 있어
야 할지니라 4예수께서 만일 땅에 계셨더라면 제사장이 되지 아니하셨을 것이니
이는 율법을 따라 예물을 드리는 제사장이 있음이라 5그들이 섬기는 것은 하늘에
있는 것의 모형과 그림자라 모세가 장막을 지으려 할 때에 지시하심을 얻음과
같으니 이르시되 삼가 모든 것을 산에서 네게 보이던 본을 따라 지으라 하셨느
니라 6그러나 이제 그는 더 아름다운 직분을 얻으셨으니 그는 더 좋은 약속으로
세우신 더 좋은 언약의 중보자시라 7저 첫 언약이 무흠하였더라면 둘째 것을 요
구할 일이 없었으려니와 8그들의 잘못을 지적하여 말씀하시되 주께서 이르시되
볼지어다 날이 이르리니 내가 이스라엘 집과 유다 집과 더불어 새 언약을 맺으
리라 9또 주께서 이르시기를 이 언약은 내가 그들의 열조의 손을 잡고 애굽 땅에
서 인도하여 내던 날에 그들과 맺은 언약과 같지 아니하도다 그들은 내 언약 안에
머물러 있지 아니하므로 내가 그들을 돌보지 아니하였노라 10또 주께서 이르시되
그 날 후에 내가 이스라엘 집과 맺을 언약은 이것이니 내 법을 그들의 생각에 두
고 그들의 마음에 이것을 기록하리라 나는 그들에게 하나님이 되고 그들은 내게
백성이 되리라 11또 각각 자기 나라 사람과 각각 자기 형제를 가르쳐 이르기를 주
를 알라 하지 아니할 것은 그들이 작은 자로부터 큰 자까지 다 나를 앎이라 12내
가 그들의 불의를 긍휼히 여기고 그들의 죄를 다시 기억하지 아니하리라 하셨느
니라 13새 언약이라 말씀하셨으매 첫 것은 낡아지게 하신 것이니 낡아지고 쇠하

는 것은 없어져 가는 것이니라

**핵심 개념**: 예수 그리스도께서 뛰어난 제사장직과 뛰어난 언약을 시작하시는데, 이것은 옛 언약과 그 언약의 지상 제사장들이 고대했던 것이다.

**I. 큰 대제사장의 뛰어남(8:1–5)**
- A. 대제사장의 자리
- B. 대제사장의 성소

**II. 새 언약의 뛰어남(8:6–13)**
- A. 중보된 더 좋은 언약
- B. 성취된 더 좋은 언약

하나님은 아담, 노아, 아브라함, 다윗과 일련의 언약들을 맺으셨다. 헬라어를 사용하는 유대인 회중(히브리서 수신자)에게 이 언약들은 더없이 중요했다. 그러나 히브리서 저자는 그의 청중에게 말한다. 이스라엘의 위대한 언약 역사는 뛰어난 언약(더 좋은 언약)의 보증이신 그리스도에서 절정에 이른다는 것이다. 저자의 청중에게는 하나님이 족장들과 맺으신 언약보다 좋은 언약은 사실상 불가능해 보였을 것이다. 그러나 저자는 더 큰 대제사장이 필요함을 지적함으로써 더 큰 언약이 필요함 보여준다.

## 큰 대제사장의 뛰어남

**히브리서 8:1–5**

1지금 우리가 하는 말의 요점은 이러한 대제사장이 우리에게 있다는 것이라 그는 하늘에서 지극히 크신 이의 보좌 우편에 앉으셨으니 2성소와 참 장막에서 섬기는 이시라 이 장막은 주께서 세우신 것이요 사람이 세운 것이 아니니라 3대제사장마다 예물과 제사 드림을 위하여 세운 자니 그러므로 그도 무엇인가 드릴 것이 있어야 할지니라 4예수께서 만일 땅에 계셨더라면 제사장이 되지 아니하셨을 것이니 이는 율법을 따라 예물을 드리는 제사장이 있음이라 5그들이 섬기는 것은 하늘에 있는 것의 모형과 그림자라 모세가 장막을 지으려 할 때에 지시하심을 얻음과 같으니 이르시되 삼가 모든 것을 산에서 네게 보이던 본을 따라 지으라 하셨느니라

문서를 다른 언어로 번역해 본 사람이라면 누구라도 번역이 얼마나 어려운지 안다. 어떤 의미에서, 현대 그리스도인들이 히브리서를 이해하기 어렵다고 생각하는 한 가지 이유는 논증을 더 잘 따라갈 수 있도록 히브리서 저자와 청중의 생각을 우리 시대에 맞게 끊임없이 "번역해야" 하기 때문이다. 히브리서 8장을 시작하면서, 저자는 자신이 펼치는 논쟁의 핵심을 제시함으로써 우리를 크게 돕는다: "지금 우리가 하는 말의 요점은…." 바꾸어 말하면, 우리는 1-7장의 논증들과 사고의 흐름을 따라가기가 어려웠을 수 있다. 그러나 저자는 이 모두를 단순화해서 "이러한 대제사장이 우리에게 있다는 것"을 보여준다. 히브리서 1-7장에서, 저자는 우리에게 필요한 것을 말했다. 이제 그는 우리에게 필요한 바로 그것을 우리가 가졌다고 말한다. 우리는 새롭고 더 좋은 언약을 중보하는 큰 대제사장이신 예수님이 필요하다.

### 대제사장의 자리

1절에서, 저자는 그리스도께서 "하늘에서 지극히 크신 이의 보좌 우편에" 앉아계신다고 말한다. 따라서 그리스도의 제사장직은 완전히 다르다. 옛 제사장직은 땅에서 수행하는 제사장직이었으며, 제사장들이 땅에서 받은 부르심에 초점을 맞추었다. 이들이 제사장이 된 것은 레위 지파에

태어났기 때문이다. 레위 지파 제사장들은 대대로 제사장직을 수행했다.

그러나 큰 대제사장이신 그리스도는 이러한 땅의 제사장들이 절대로 점하지 못했던 높은 자리에서 제사장직을 수행하신다. 그래서 그분은 높은 곳에서 하나님 우편에 앉아계신다. 바울은 빌립보서 2장에서 높아지신 그리스도의 위치를 묘사한다. 그는 그리스도께서 십자가에서 죽기까지 사람의 형상을 취하심으로써 스스로를 낮추셨고 말한다(8절). 이러한 순종 때문에, 하나님이 예수님을 지극히 높여 모든 이름 위에 뛰어난 이름을 그분에게 주셨다(9절). 그리스도의 자리가 지극히 크신 이—하나님을 가리키는 칭호—의 우편이라는 데서 높아진 그분의 위치가 드러난다. "우편에 앉는다"는 이미지는 고대 세계에서 왕들이 강력한 귀족들에게 둘러싸이는 장면에서 왔다. 왕궁에서 가장 강력하고 가장 신망이 높은 귀족이 왕의 오른쪽에 자리했다. 따라서 그리스도의 자리가 하나님의 오른편이라는 것은 그분의 위치가 더없이 높다는 뜻이다.

하나님 오른편에 있는 그분의 자리에서, 그리스도께서 구속자로서 계속 일하신다. 너무나 많은 그리스도인이 예수님은 우리를 위해 하실 일을 이미 다 하셨다고 생각한다. 우리는 십자가와 부활을 되돌아보며 그분의 일이 거기서 끝난다고 생각한다. 그러나 그리스도의 일 가운데 매우 중요한 두 부분이 아직 끝나지 않았다. 첫째, 그리스도께서는 메시아가 성취하리라 예언된 모든 것을 그분의 지상 사역에서 다 성취하지 않으셨다. 그렇다고 그분의 사역이 실패였다는 게 아니다. 오히려, 요한계시록은 장엄한 성취가 다가오고 있다고 말한다. 우리는 여전히 그리스도께서 그분의 교회를 옳다고 인정하며 민족들을 심판하시길 기다리고 있으며, 따라서 그리스도의 사역 가운데 이 부분은 아직 끝나지 않았다.

더 나아가, 그리스도께서 그분의 백성을 위해 중보하시는 일도 끝나지 않았다. 그리스도의 속죄 사역은 끝났으나 그분의 변호 사역은 아직 끝나지 않았다. 이 중보 사역은 그리스도께서 하늘에서 하시는 주된 일이다. 예수님은 하나님의 오른편에 앉아 우리를 위해 중보하신다. 그리스도께서 그분의 백성을 위해 적극적이고도 지속적으로 일하신다는 것을 생각하면 엄청난 힘이 된다.

### 대제사장의 성소

히브리서 저자는 2절에서 대제사장의 "성소"를 언급한다. "참 장막… 이 장막은 주께서 세우신 것이요 사람이 세운 것이 아니니라"는 단순히 시적 표현이 아니다. 이 구절은 매우 구체적이며 더없이 중요하다. '장막'(tabernacle)은 현대 미국 영어에서 거의 사용되지 않는 단어이며, 흔히 일종의 영적 전문 용어처럼 들린다. 가장 기본적으로, 장막은 텐트와 같다. 더 구체적으로 말하면, '장막'은 하나님의 백성이 애굽을 떠난 후 하나님이 이들을 만나신 텐트를 가리킨다. 이스라엘은 여러 이유에서 만남의 장소로 텐트가 필요했다. 가장 중요한 이유는 당시에 이들이 광야를 떠돌고 있었다는 것이다. 하나님은 아직 이들에게 성전을 지으라 명하지 않으셨다. 이들이 아직 예루살렘에 있지 않았기 때문이다. 따라서 장막은 하나님을 만나는 이동식 장소였다.

히브리서는 그리스도께서 하나님이 세우신 장막에서 그분의 사역을 수행하신다고 말한다. 이것은 땅에 있는 장막이 아니다. 하늘에 있는 뛰어난 장막이다. 땅에 있는 장막은 실재였으나 완전한 구원을 얻는 자리가 아니었다. 완전한 구원은 하늘에 있는 참 장막에서 이뤄진다. 이 장막은 사람이 세우지 않는다. 오직 하나님이 세우신다.

3-5절에서, 저자는 제사장이 장막에서 수행하는 직무에 대해 자세히 말한다. 여기서 저자의 논증이 아주 흥미로워진다. 제사장은 장막에 들어갈 때 빈손으로 들어가지 않았다. 제물을 가지고 들어갔다. 제사장은 "무엇인가 드릴 것이 있어야" 했다. 그러나 그리스도는 전형적 레위 지파 제사장 모델에 맞지 않으셨다. 율법의 규정에 따르면, 대제사장은 레위 지파 아론의 후손이어야 했다. 그러나 예수님은 레위 지파가 아니라 유다 지파 출신이다. 그분은 레위 지파에 속하여 땅의 장막에 제물을 드리는

땅의 제사장이 아니다. 예수님은 하늘의 장막에서 사역하신다. 그러므로 그분은 뛰어난 제물을 드린다. 4, 5절이 이것을 말한다. 땅의 제사장들, 곧 레위 지파 제사장들이 "섬기는 것은 하늘에 있는 것의 모형과 그림자"다(8:5).

히브리서 저자는 헬라 문화에 젖은 유대인 그리스도인들에게 편지를 썼다. 그러므로 '그림자'라는 말에 주목해야 한다. 그의 청중은 플라톤의 동굴 비유를 잘 알았을 것이다. 플라톤(주전 429-347년 경)은 우리의 지식이 빛이 비치는 동굴에 갇힌 채 벽에 비친 실재 사물의 그림자밖에 보지 못하는 사람의 지식과 같다고 했다. 플라톤은 우리가 실물을 그 그림자, 곧 불빛에 투영된 그림자로밖에 알지 못한다고 믿었다.

구약성경은 결코 장막을 더 실재적인 것의 그림자로 제시하지 않는다. 그러나 신약성경은 장막이 그림자라는 것을 강조한다. 거듭해서, 히브리서 저자는 구약성경을 어떻게 읽어야 하는지 보여준다. 이 경우, 그는 구약성경의 장막을 어떻게 이해해야 하는지 보여준다. 레위 지파 제사장직처럼, 옛 장막은 부족했다. 그것은 더 큰 뭔가를 가리키며 하나님의 영광을 흐릿하게 드러냈다.

5b절에서, 저자는 출애굽기를 세밀하게 읽어보면 어떤 "본"(pattern)을 따라 장막을 지어야 하는지 알 수 있다고 말한다. 이 본은 땅의 장막이 다른 무엇, 곧 하늘의 장막을 본떴다는 것을 이해하는 데 도움이 된다. 하나님이 자신의 백성 가운데 자신이 거할 장막을 지으라고 명하셨다. 모세는 하나님이 자신에게 보여주신 그대로 장막을 지어야 했다(출 25:9, 40). 출애굽기 26장에서, 하나님은 장막을 아주 세세하게 설계하셨다. 그림자와 복제의 언어를 사용해, 히브리서 저자는 이 세세한 설계도와 사양이 더 깊은 실재를 투영하기 위한 것이었음을 보여준다. 출애굽기 26장에 나오는 설계도는 실물, 곧 하늘에 있는 성전을 복제하기 위한 설계도 같았다. 그러므로 땅의 장막은 동굴 벽에서 춤추는 그림자 같았다. 그러나 우리에게는 그림자로 제물을 드리지 않으시는 큰 대제사장이 있다. 예수님은 하

나님이 세우신 참 텐트에서 사역하신다. 하늘 성전이 그분의 성소다.

## 새 언약의 뛰어남

**히브리서 8:6-13**

6그러나 이제 그는 더 아름다운 직분을 얻으셨으니 그는 더 좋은 약속으로 세우신
더 좋은 언약의 중보자시라 7저 첫 언약이 무흠하였더라면 둘째 것을 요구할 일
이 없었으려니와 8그들의 잘못을 지적하여 말씀하시되 주께서 이르시되 볼지어다
날이 이르리니 내가 이스라엘 집과 유다 집과 더불어 새 언약을 맺으리라 9또 주
께서 이르시기를 이 언약은 내가 그들의 열조의 손을 잡고 애굽 땅에서 인도하여
내던 날에 그들과 맺은 언약과 같지 아니하도다 그들은 내 언약 안에 머물러 있
지 아니하므로 내가 그들을 돌보지 아니하였노라 10또 주께서 이르시되 그 날 후
에 내가 이스라엘 집과 맺을 언약은 이것이니 내 법을 그들의 생각에 두고 그들
의 마음에 이것을 기록하리라 나는 그들에게 하나님이 되고 그들은 내게 백성이
되리라 11또 각각 자기 나라 사람과 각각 자기 형제를 가르쳐 이르기를 주를 알라
하지 아니할 것은 그들이 작은 자로부터 큰 자까지 다 나를 앎이라 12내가 그들의
불의를 긍휼히 여기고 그들의 죄를 다시 기억하지 아니하리라 하셨느니라 13새
언약이라 말씀하셨으매 첫 것은 낡아지게 하신 것이니 낡아지고 쇠하는 것은 없
어져 가는 것이니라

히브리서 저자가 곧 보여주듯이, 그리스도의 사역 덕분에 우리는 하나님의 임재를 직접, 당당하게 누릴 수 있다. 우리는 이제 사람의 손으로 지은 장막을 찾아가 하나님 앞에 나올 필요가 없다. 그리스도께서 장막의 목적을 성취하셨기 때문에, 우리는 하나님의 보좌에 가까이 나아갈 수 있다. 이 큰 진리가 구약성경 페이지마다 스며 있다. 자신의 백성을 그들의

죄에서 속량하고 이들을 하나님과 평화하게 하는 왕께서 자신의 피로 새 언약을 여셨다. 이 언약은 첫 언약보다 훨씬 뛰어나다.

### 중보된 더 좋은 언약

옛 언약은 흠이 없지 않았다. 하지만 옛 언약의 흠은 수리가 필요한 기계 같은 게 아니었다. 옛 언약의 흠은 그 불완전함에 뿌리가 있었다. 옛 언약이 흠이 있었던 것은 최종 언약이 아니었기 때문이다. 옛 언약이 최종 언약이었다면 더 좋은 언약이 필요 없었을 것이다.

더 나아가, 옛 언약이 부족했던 것은 하나님 백성의 죄를 궁극적이고 최종적으로 사할 제사장을 세울 수 없었기 때문이다. 옛 언약은 흠이 있었고 최종 속죄 제물을 낼 수 없었던 것이 분명하다. 어쨌든, 옛 언약 아래서는 제사를 끊임없이 드려야 했다. 이렇듯 제사가 무한히 되풀이되었다는 데서 옛 언약이 불완전하고 죄를 단번에 해결할 수 없다는 게 드러났다. 이 때문에 그리스도께서 십자가에서 하신 말씀이 더욱더 놀랍다. "다 이루었다"고 외칠 때(요 19:30), 그리스도께서는 자기 백성의 죄를 향한 하나님의 진노가 마침내 완전히 만족되었다고 선언하고 계셨다. 다시는 동물 제사가 필요 없게 되었다. 예수님이 죗값을 다 치르셨기 때문이다.

더욱이, 옛 언약의 대제사장이라도 자신의 죄를 위해 끊임없이 제사를 드려야 했고, 그런 후에야 동족의 죄를 위한 제사를 드릴 수 있었다. 새 언약에 비춰볼 때, 이것은 복음이 아니다. 그러나 히브리서 저자는 이제 마지막 제사장이 자신의 죄를 속하기 위해서가 아니라 자신의 백성을 구원하기 위해 오셨다고 선언하고 있다. 참으로 더 좋은 사역을 하는 더 좋은 제사장이 더 좋은 약속에 근거한 더 좋은 언약을 중보하러 오셨다. 새 언약을 개시하는 예수님의 사역이 "뛰어난" 것은 정확히 이러한 "더 좋은 약속"들 때문이다. 새 언약에서 하나님은 그분의 법을 (돌판이 아니라) 그분의 백성의 마음에 새기실 것이다. 그 결과, 모든 언약 구성원이 주님을 알게 되고 죄가 완전히 처리될 것이다.

### 성취된 더 좋은 언약

새 언약의 약속은 예레미야 31:31-34에 나온다. 히브리서 저자는 8-12절에서 자신의 독자들을 이 본문으로 인도한다. 예레미야가 이 본문을 기록한 것은 하나님이 그분의 마지막 제사장이 올 날을 오래전에 말씀하셨다는 것을 보여주기 위해서였다. 언약 공동체는 옛 제사를 통해 되풀이해서 제사를 드릴 필요가 없는 마지막 제사와 마지막 제사장이 오리라는 것을 추론했어야 했다. 그래서 히브리서 저자는 예레미야 31:31-34을 이용해 자신의 독자들에게 묻는다. "우리가 듣지 않았습니까? 왜 여러분은 보지 못했습니까? " 그는 비슷한 방식으로 창세기 14장과 시편 110편을 이용해 이들이 멜기세덱의 반차를 따르는 제사장을 고대했어야 했음을 보여주었다. 새롭고 더 좋은 언약이 필요하고 그런 언약이 있으리라는 것을 하나님이 예레미야를 통해 알리셨다.

예레미야는 종말론적 평화를 그린다. 이 평화는 새롭고 더 좋은 언약의 중보자를 통해 올 것이다. 새롭고 더 좋은 언약이 옛 언약이 가져올 수 있었던 것보다 무한히 큰 평화를 가져올 것이다. 새 언약의 특별한 약속은 하나님이 옛 언약을 무시하시리라는 게 아니라, 우리의 악행을 사하고 우리의 죄를 더는 기억하지 않으시리라는 것이었다(렘 31:34).

우리의 가장 큰 문제는 죄다. 죄가 우리와 하나님을 갈라놓기 때문이다. 우리의 죄와 하나님의 거룩은 양립할 수 없다. 그러나 하나님은 새 언약을 시작할 중보자를 통해 죄악된 백성이 자신과 화목하게 하겠다고 약속하셨다. 하나님은 그분의 아들 예수 그리스도, 자신의 피로 새 언약을 세우신 중보자를 통해 이렇게 하기로 선택하셨다(눅 22:20). 그분 안에서, 특별한 약속과 더 좋은 언약이 성취되었다. 주께서 그분의 백성에게 긍휼을 베푸시는 것은 그리스도께서 이들을 대신해 고난을 받고 죽으셨으며 이들이 그리스도를 믿고 회개함으로써 영원히 그분 안에 감춰졌기 때문이다. 예수님 안에서, 새 언약의 모든 약속이 하나님의 백성의 것이다.

1. 히브리서 저자가 지금까지 제시한 핵심은 무엇인가? 히브리서 8장, 특히 1절이 앞 장들과 어떻게 연결되고 저자의 핵심을 어떻게 요약하는가?

2. 옛 언약과 땅의 제사장직이 새 언약과 뛰어난 제사장을 어떻게 내다보는가? 왜 우리는 뛰어난 언약과 제사장이 필요한가?

3. 우리의 큰 대제사장은 지금 어디 계시는가? 그 자리가 왜 그렇게 중요한가? 그리스도의 위치가 특히 시련과 고난의 때에 당신이 인내하며 믿음을 지키는 데 어떻게 도움이 되는가?

4. 그리스도께서 우리를 위해 하시는 일이 그분의 죽음과 부활에서 끝났는가? 아니라면, 그리스도께서 어떤 방식으로 여전히 일하시는가? 그리스도께서 지금 하시는 일이 당신의 삶에 어떤 의미가 있는가?

5. 히브리서 저자는 "복제와 그림자" 언어를 어떻게 사용하는가? 왜 이 언어가 중요한가? 이것이 하늘 장막과 어떻게 연결되는가? 땅의 장막과 출애굽기 26장의 내용이 어떤 더 깊은 실재를 전달하는가?

6. 땅의 장막과 하늘 장막의 차이를 설명해 보라. 땅의 장막은 사람의 손이 세웠고 하늘 장막은 하나님이 세우셨다는 것이 왜 중요한가? 왜 예수님이 하늘 장막에서 하시는 일이 제사장들이 땅의 장막에서 했던 일보다

뛰어난가?

7. 옛 언약이 "무흠하지" 않다는 것은 무슨 뜻인가? 히브리서 저자가 옛 언약에 흠이 있다고 지적하는 것을 어디에서 보았는가?

8. 예수 그리스도의 제사장직이 어떤 점에서 땅의 제사장직보다 나은가? 그분의 제사장직이 낫다는 게 왜 중요한가? 왜 새 언약이 "훨씬 뛰어난가"?

9. 예레미야 31:31-34의 약속들을 보라. 어떤 면에서 새 언약이 옛 언약보다 좋은지 열거해 보라. 그리스도께서 이 약속들 하나하나를 어떻게 성취하셨는가? 새 언약은 우리의 가장 큰 문제를 어떻게 단번에 해결하는가?

# 17. 장막과 새 언약

히브리서 9:1–10

1첫 언약에도 섬기는 예법과 세상에 속한 성소가 있더라 2예비한 첫 장막이 있고 그 안에 등잔대와 상과 진설병이 있으니 이는 성소라 일컫고 3또 둘째 휘장 뒤에 있는 장막을 지성소라 일컫나니 4금 향로와 사면을 금으로 싼 언약궤가 있고 그 안에 만나를 담은 금 항아리와 아론의 싹난 지팡이와 언약의 돌판들이 있고 5그 위에 속죄소를 덮는 영광의 그룹들이 있으니 이것들에 관하여는 이제 낱낱이 말할 수 없노라 6이 모든 것을 이같이 예비하였으니 제사장들이 항상 첫 장막에 들어가 섬기는 예식을 행하고 7오직 둘째 장막은 대제사장이 홀로 일 년에 한 번 들어가되 자기와 백성의 허물을 위하여 드리는 피 없이는 아니하나니 8성령이 이로써 보이신 것은 첫 장막이 서 있을 동안에는 성소에 들어가는 길이 아직 나타나지 아니한 것이라 9이 장막은 현재까지의 비유니 이에 따라 드리는 예물과 제사는 섬기는 자를 그 양심상 온전하게 할 수 없나니 10이런 것은 먹고 마시는 것과 여러 가지 씻는 것과 함께 육체의 예법일 뿐이며 개혁할 때까지 맡겨 둔 것이니라

**핵심 개념**: 옛 언약은 예수 그리스도의 위격과 사역으로 시작된 새 언약의 기초를 놓았다. 장막 예배의 외적 행위들은 그리스도께서 그분의 백성의 양심을 정결하게 하고 그들 가운데 거하실 날을 예표했다.

**I. 하나님을 향한 새 언약의 예배가 예표되었다(9:1–5)**

A. 예배에 관한 옛 규정들

B. 장막

**II. 중재자를 통해 하나님께 나아가는 것은 끝났다(9:6–10)**

A. 제사장들의 사역

B. 성령께서 보이신 것

C. 불완전한 제물

사람은 눈으로 보고 손으로 만질 수 있는 것을 더 신뢰하는 경향이 있다. 이것이 이스라엘이 옛 언약을 그렇게도 존중했던 한 가지 이유였다. 하나님은 그분의 백성을 구속하는 계획을 옛 언약을 통해 시작하셨을 뿐 아니라 뒤이어 그 언약이 내적으로 어떻게 작동하는지 이들이 자신들의 손을 더럽혀 직접 볼 기회까지 주셨다. 이스라엘은 제사를 드리는 물리적 과정에 참여할 수 있었고, 이로써 제사가 속죄를 일시적으로 이룰 뿐임을 더 확실하게 알았다. 제물로 바칠 짐승을 잡을 때, 외적 행위는 눈에 보이고 손에 만져지는 무엇을 수행했다. 죄를 위해 피를 흘리는 것이었다.

피흘림은 속죄일에 땅의 장막에서 가장 생생하게 일어났다. 그러나 그리스도께서 하늘 성전에 들어가 죄를 속하는 제사를 드리셨다. 저자는 히브리서 전체에서 예수님이 하늘 성전에서 하시는 일이 제사장들이 땅의 성전에서 했던 일보다 근본적으로 뛰어나다는 것을 보여주기로 작정했다. 예수님의 영적 사역은 하나님의 진노를 온전히 최종적으로 만족시키며, 따라서 땅의 장막에서 성취된 일보다 훨씬 크다. 이러한 대비를 계속하기 위해, 히브리서 저자는 예배를 비롯해 땅의 장막에 관한 규정에 주목한다. 땅의 장막의 불완전함과 보고 만질 수 있는 것을 신뢰하는 우리의 경향이 히브리서 9:1-10의 배경이 된다. 이 단락에서 저자는 이스라엘이 제사 참여에 둔 소망을 제거하고, 이들이 그리스도에 비추어 옛 언약의 관습을 어떻게 생각해야 하는지 보여준다.

# 하나님을 향한 새 언약의 예배가 예표되었다

**히브리서 9:1-5**

[1]첫 언약에도 섬기는 예법과 세상에 속한 성소가 있더라 [2]예비한 첫 장막이 있고 그 안에 등잔대와 상과 진설병이 있으니 이는 성소라 일컫고 [3]또 둘째 휘장 뒤에 있는 장막을 지성소라 일컫나니 [4]금 향로와 사면을 금으로 싼 언약궤가 있고 그 안에 만나를 담은 금 항아리와 아론의 싹난 지팡이와 언약의 돌판들이 있고 [5]그 위에 속죄소를 덮는 영광의 그룹들이 있으니 이것들에 관하여는 이제 낱낱이 말할 수 없노라

히브리서 저자는 독자들에게 장막(성막)을 상기시키는데, 이곳은 이스라엘이 애굽을 떠난 후 하나님이 이들 가운데 거하시는 임시 거처였다. 출애굽기 25-30장에 나오는 세세한 명령은 이스라엘이 이교도처럼 예배해서는 안 되었음을 보여준다. 이스라엘의 이교도 이웃들은 그들이 섬기는 어떤 거짓 신이라도 형상화하는 새로운 방식을 고안했다(렘 10장에서 보듯이). 그러나 이스라엘은 하나님이 예배를 위해 어떤 종류의 집이나 물건을 선호하시는지 추측하거나 도입하거나 실험해서는 안 되었다.

### 예배에 관한 옛 규정들

1절에서 저자는 옛 언약에 예배에 관한 구체적 규정들("예법")이 있다는 사실을 독자들에게 상기시킨다. 하나님은 모세를 통해 구체적인 언약 의무와 이것을 수행할 구체적 장소를 규정하셨다. 이교도와 달리, 이스라엘은 자신들이 원하는 방식으로 예배해서는 안 되었다. 한 분이며 살아계신 하나님이 어디서 어떻게 자신을 예배해야 하는지 이스라엘에게 구체적으로 말씀해 주셨다. 하나님의 예배 규정은 그분의 말씀으로 분명하게 공인되었다. 이 규정을 지키지 않으면 심각한 결과가 따랐다(레 10:1).

장막(성막)은 옛 언약 예배의 중심이었다. 이런 까닭에, 히브리서 저자는 장막을 가리켜 "세상에 속한 성소"(earthy sanctuary)라고 말한다. 장막은 이스라엘이 제물을 드린 곳이었고 제사장들이 백성을 위해 중보한 곳이었다. 장막은 옛 언약의 중심이었다. 그래서 이스라엘은 장막에서 일어나는 일에 초점을 집중했다. 새 언약 아래서는 하나님이 요구하시는 예배의 중심 장소는 더 이상 존재하지 않는다. 성령께서 믿음으로 우리를 그리스도와 연합시키시며, 따라서 그리스도인들은 이제 아버지를 장막에서 예배하는 게 아니라 "영과 진리로" 예배한다(요 4:24). 더 나아가, 그리스도께서 이제 그분의 백성 가운데 거하신다(마 18:20). 요한은 심지어 그리스도의 성육신을 장막에 적용되었던 것과 비슷한 언어로 묘사한다. "말씀이 육신이 되어 '우리 가운데 거하셨다'"(요 1:14). 새 언약 예배의 중심은 장소가 아니라 인격체, 곧 예수 그리스도다.

### 장막

2-5절에서, 히브리서 저자는 이스라엘 장인들이 장막을 어떻게 지어야 하는지에 관한 하나님의 구체적 명령을(출 25-31, 35-40) 요약한다. 장막은 하나님의 거룩을 반영했다. 장막은 하나님의 초월성과 완벽함과 의로움을 전달했다. 장막은 하나님이 시내산에서 이스라엘과 맺으신 언약을 생생하게 일깨워주는 것이기도 했다. 장막 안에 성소와 지성소가 있었다. 성소와 관련해, 히브리서 저자는 등잔대(출 25:31-40; 37:17-24), 상(출 25:23-29; 37:10-16), 진설병을 언급한다(출25:30). 저자는 성소에서 지성소 안으로 들어간다. 거기에 금향로(분향단)가 있고, 언약궤가 있으며, 언약궤 안에 만나를 담은 금 항아리와 아론의 싹 난 지팡이와 언약의 돌판들이 있다. 이 모든 것들은 하나님의 큰 구속의 행위들과 언약에 대한 신실하심과 거룩하심을 폭넓게 드러냈다. 그 각각은 구체적인 사항도 전달했다.

아론의 지팡이는 어떻게 하나님이 광야에서 그분의 백성이 살아 있게 하셨고 어떻게 하나님이 아론을 제사장으로 택하셨는지 일깨우는 역할을 했다(민 17:1-13). 돌판들은 백성에게 하나님이 이들과 맺으신 언약을 일깨웠고, 율법에 순종함으로써 이 언약을 지켜야 하는 이들의 책임을 일깨웠다. 만나를 담은 금 항아리는 이스라엘의 광야 생활 40년 동안 하나님이 이들을 쉼 없이 보살피셨다는 부단한 증거 역할을 했다(출 16:31-34). 언약궤는 이스라엘을 향한 하나님의 언약적 사랑과 변함없는 신실하심을 증언했다.

그런데 왜 히브리서 저자는 분향단을 언급하는가? 출애굽기 30:6은 분향단이 성소에, 휘장 밖에 있다고 말하지 않는가? 히브리서 저자는 자신이 유대교 전통에 아주 정통하다는 것을 서신 전체에서 거듭 보여준다. 이러한 사실을 고려할 때, 저자가 뭔가 혼동하고 있다고 오해해서는 안 된다. 대신 저자는 의도적으로 분향단을 지성소에 있는 하나님의 임재와 연결한다. 그가 이렇게 하는 이유는 분향이 속죄일의 핵심적 특징이었기 때문일 것이다(레 16:12-13).

히브리서 저자는 지성소에 그룹들(케루빔)이 있고 지성소가 온통 금이라는 것도 언급한다. 그룹들은 하나님이 구체적 임무를 맡기신 천상의 생명체였다(창 3:24). 5절에서, 히브리서 저자는 영광의 그룹들이 속죄소(mercy seat, 시은좌)를 덮었으며 하나님의 임재를 지키는 임무를 맡았다고 가르친다. 고대 세계에서, 금은 사실상 값을 매길 수 없었다. 금은 알려진 가장 값진 상품이었다. 이것들이 금으로 만들어졌다는 데서 하늘과 하늘 예배의 무한한 가치가 드러난다.

히브리서 저자는 유대인 그리스도인들에게 편지를 쓰고 있었으며, 이들은 성소와 지성소가 하나님이 그분의 백성을 만나는 방법과 떼려야 뗄 수 없이 연결되어 있다고 이해했을 것이다. 이들은 장막의 모습과 소리와 냄새를 상상하고 이것들을 "실재"(진짜)라고 생각하고 싶은 유혹을 받았을 것이다. 물론, 문제는 새 언약이 옛 언약을 쓸모없게 만든다는 것이다(히 8:13). 그런데도 히브리서 저자는 이러한 옛 언약의 상징물을 비하하지 않는다. 그는 이것들을 고귀하게 여기고 이것들이 성막에서 차지했던 자리가 더 깊은 실재를 어떻게 드러냈는지 보여준다.

## 중재자를 통해 하나님께 나아가는 것은 끝났다

**히브리서 9:6-10**

> 6이 모든 것을 이같이 예비하였으니 제사장들이 항상 첫 장막에 들어가 섬기는 예
> 식을 행하고 7오직 둘째 장막은 대제사장이 홀로 일 년에 한 번 들어가되 자기와
> 백성의 허물을 위하여 드리는 피 없이는 아니하나니 8성령이 이로써 보이신 것은
> 첫 장막이 서 있을 동안에는 성소에 들어가는 길이 아직 나타나지 아니한 것이라
> 9이 장막은 현재까지의 비유니 이에 따라 드리는 예물과 제사는 섬기는 자를 그
> 양심상 온전하게 할 수 없나니 10이런 것은 먹고 마시는 것과 여러 가지 씻는 것
> 과 함께 육체의 예법일 뿐이며 개혁할 때까지 맡겨 둔 것이니라

이 단락에서 히브리서 저자는 초점을 장막의 기구 배치에서 장막 안에서의 제사장들의 사역으로 옮긴다. 그러면서 성소에서 섬기는 제사장들에 관한 규정과 이들의 사역에서 부족한 점들을 설명한다.

### 제사장들의 사역

제사장들은 첫째 구역("첫 장막"), 곧 성소에서 제사 의식과 관련된 직무를 정기적으로 수행했다. 그러나 대제사장만이 둘째 구역("둘째 장막"), 곧 지성소에 들어가 백성을 위해 중보할 수 있었다. 그럴 때라도, 지성소는 일 년에 한 번 속죄일에만 들어갈 수 있었다. 대제사장은 피를 가지고 지성소에 들어갔다. 대제사장 자신의 죄를 속하고 백성의 죄를 속하는 데 피가 필수였기 때문이다(레 16장). 그러나 성소에서 섬기는 제사장들은 자신들의 직무를 수행했다. 이들은 매일 성소에서 사역했다.

히브리서 저자는 무슨 뜻으로 "백성이 모르고 범한 죄"(the sins the people had committed in ignorance, 개역개정은 "백성의 허물")라고 말하는가? 그리스도인들은 죄를 두 범주로 생각하는 경향이 있다. 첫째, 우리는 죄를 고의적 악행이라고 생각한다. 우리는 이것을 "작위의 죄"(sins of commission)라고 한다. 성경은 불순종 행위—하지 말아야 하는 것을 하는 행위—가 죄라고 분명하게 가르친다. 둘째, 우리는 죄를 해야 하는 것을 하지 않는 것이라고 생각한다. 우리는 이것을 "부작위의 죄"(sins of omission)라고 한다. 하나님이 우리에게 하라고 명하신 일을 하지 않는 것은 그분이 우리에게 하지 말라고 명하신 일을 하는 것과 마찬가지로 죄다.

그러나 히브리서 저자는 그리스도인들이 자주 놓치는 죄의 셋째 범주를 말한다. 모르고 짓거나 무심코 지은 죄다. 무심코 지은 죄란 우리가 죄를 짓고 있음을 깨닫지 못한 채 짓는 죄다. 죄는 우리의 존재 전체에 넓고 깊게 영향을 미치며, 따라서 우리는 자신도 모르게 죄를 지을 때가 있다. 백성이 무심코 지은 죄 때문에 대제사장의 사역이 필요했고 그가 피를 제물로 드려야 했다.

### 성령께서 보이신 것

주목하라. 대제사장은 백성이 무심코 지은 죄를 위해 일 년에 한 번씩 지성소에 들어가 제물을 드렸다. 그러나 히브리서 저자는 성령께서 이러한 반복을 통해 말씀하고 계셨다고 말한다. 그는 "성령이 이로써 보이신 것은 첫 장막(첫째 칸 장막-새번역)이 서 있을 동안에는 성소(most holy place, 지성소-새번역)에 들어가는 길이 아직 나타나지 아니한 것이라"[9]고 말한다.

9 새번역: 이것은 첫째 칸 장막이 서 있는 동안에는 아직 지성소로 들어가는 길이 드러나지 않았음을 성령께서 보여 주시는 것입니다.
공동번역 개정판: 이러한 제도를 통해서 성령이 보여 주시는 것은 천막 성전의 앞 칸이 그대로 있는 한 지성소로 들어가는 길은 아직 열려 있지 않다는 것입니다.

이 부분을 읽을 때, 성소와 지성소의 차이를 기억하라. 성소에서는 제사 제도에 규정된 정기 제물을 드렸다. 대제사장은 속죄일에만 지성소에 들어가 언약궤의 속죄소에 피를 뿌렸다.

대제사장이 이렇듯 드물게 제물을 드렸다는 사실과 장막의 구조는 죄악된 인간이 거룩하신 하나님께 다가갈 수 없음을 보여주었다. 제사를 드림으로써 거룩하신 하나님께 다가갈 준비가 되었다 하더라도, 그것은 일 년에 한 번만 허락되었다. 더욱이, 속죄일이 되풀이된다(매년 돌아온다)는 사실은 아론의 후손들이 하는 제사장 사역은 최종적인 무언가가 도래해야만 끝나리라는 것을 강조했다. 이런 이유로, 히브리서 저자는 성령께서 장막이란 건축물을 통해 무엇인가 보이고 계셨다고 말한다. 최종 제사가 드려질 날을 성령께서도 고대하며 부르짖고 계셨다는 것이다. 성소와 지성소 사이에 휘장이 있는 한, 사람들은 온전히 하나님의 임재 안에 있지 못했다. 이들은 당당하게 하나님께 가까이 나아갈 수 없었다. 따라서 지성소와 성소를 가르는 휘장은 불완전함과 하나님께 나아갈 수 없음을 가리켰다.

새 언약 아래서, 우리는 성소와 지성소를 나눌 필요가 없다. 그리스도께서 "다 이루었다"고 외치시고 지성소와 성소를 나누는 휘장이 위에서 아래로 찢어졌을 때, 하나님이 세상을 향해 선언하고 계셨다. 이제 사람들이 예수 그리스도의 종결된 최종 사역을 믿음으로써 참으로 그분의 임재 안에 들어올 수 있다는 것이다. 우리는 이제 하나님을 만나기 위해 대제사장이 필요하지 않다. 우리는 이제 그리스도를 통해 그분의 알현실에 직접 들어간다.

**불완전한 제물**

하나님께 드리는 예물과 제사는 중요했다. 이것들은 하나님의 진노를 억누르는 데 필수였다. 하지만 9절에서 보듯이, 이것들은 예배자의 양심을 완벽하게 할 수 없었다. 이것들로는 예배자의 마음을 측량할 수도, 그의 마음을 변화시킬 수도 없었다. 장막에서 이뤄지는 외적 예배 행위는 순전히 외적인 것이었다. 이것은 음식과 음료, 다양한 씻음, 몸에 대한 규정("육체의 예법")처럼 외적인 것을 다룰 뿐이었다. 그러나 이스라엘은 마음의 내적 문제를 다루는 예배 행위가 필요했다.

히브리서 저자는 최고의 제물이라도, 대제사장이 속죄일에 지성소에서 드리는 제물이라도 예배자의 양심을 깨끗하게 할 수 없었다는 것을 보여준다. 최고의 제물이라도 마음을 새롭게 할 수 없었다. 이런 이유로, 이스라엘은 예물과 제물을 계속 드려야 했다. 최종적 죄씻음이 전혀 없었기 때문에 제사를 드려야만 했다. 이스라엘은 죄를 위한 제사(속죄제)가 끝나기가 무섭게 같은 제사를 다시 드려야 했다.

대비는 더없이 선명하다. 옛 언약은 마음 깊은 곳을 정결하게 할 수 없는 불완전한 제물을 끊임없이 드리라고 요구했다. 반면에, 그리스도께서는 최종적이고 완전한 정결을 성취하셨다. 예수님은 새 언약의 소망이다. 그분이 대제사장으로 나타나셨을 때(히 9:11) 모든 것이 달라졌다.

1. 그리스도인들이 하나님께 다가간다는 것은 어떤 의미인가? 이 단락은 우리가 하나님을 예배하는 것을 이해하는 데 어떤 유익한 정보를 주는가? 성경은 어디서 하나님께 다가가고 그분을 예배하라고 명령하는가?

2. 하나님을 예배해야 하는 중심 장막이 더는 남아 있지 않다는 사실이 왜 중요한가? 이것이 지교회의 그리스도인 개개인과 전체에게 무엇을 의미하는가?

3. 1절이 말하는 예배 규정에 관한 하나님의 명령들이("섬기는 예법") 어떻게 아버지의 사랑과 같은 성격을 띠는지 설명해 보라. 하나님이 왕으로 다스리신다는 사실이 당신의 삶에, 특히 당신이 일상적인 일을 할 때, 어떻게 영향을 미치는가? 우리의 삶에서 하나님의 사랑 넘치는 다스림을 어떤 방법으로 기쁘게 드러낼 수 있겠는가?

4. 2-5절을 다시 보라. 장막에 있는 이 물건들 하나하나는 어떤 더 깊은 실재를 가리키는가? 이것들이 하나님, 새 언약, 예수 그리스도, 우리 자신에 관해 무엇을 말해주는가?

5. 모르고 짓는 죄란 무엇인가? 무심코 짓는 죄는 죄가 미치는 넓고 깊은 영향을 어떻게 드러내는가? 이러한 종류의 죄가 어떤 식으로 당신의 삶에 영향을 미치고 당신과 사람들의 관계에 영향을 미치는가?

6. 지성소가 하나님의 성품에 관해 무엇을 전달해 주는가? 그리스도께서 십자가에서 하신 일 때문에 지성소와 성소의 구분이 사라졌다는 게 무슨 뜻인가? 왜 이것이 그리스도인들에게 중요한가?

7. 8절의 내용이 새로운 언약의 도래를 어떻게 예견하는지 설명해 보라. 대제사장의 사역이 드물게 반복되었다는 사실이 무엇을 말해주는가? 성령께서 여기서 어떤 역할을 하셨는가?

8. 옛 언약에서는 예물과 제물을 계속해서 드려야 했다는 사실에서 이러한 예물과 제물이 충분하지 못했다는 것이 어떻게 드러나는가? 이것이 그리스도께서 새 언약에서 드린 제물에 관해 우리에게 무엇을 말해 주는가? 이것이 우리의 확신에 어떻게 영향을 미치고 인내하도록 우리에게 힘이 되는가?

9. 옛 언약에서 드린 예물과 제물이 예배자의 양심을 완벽하게 할 수 없었다면 어떤 유익이 있었는가? 이것이 두 언약을 대비하는 데 어떻게 도움이 되는가?

10. 히브리서 저자는 10절에서 "개혁할 때"(the time of the new order)라고 말하는데, 이는 무엇을 의미하는가? 그는 왜 이것을 이렇게 부르는가?

# 18. 그리스도 안에서 성취된 뛰어난 구속

### 히브리서 9:11-22

11그리스도께서는 장래 좋은 일의 대제사장으로 오사 손으로 짓지 아니한 것 곧
이 창조에 속하지 아니한 더 크고 온전한 장막으로 말미암아 12염소와 송아지의
피로 하지 아니하고 오직 자기의 피로 영원한 속죄를 이루사 단번에 성소에 들어
가셨느니라 13염소와 황소의 피와 및 암송아지의 재를 부정한 자에게 뿌려 그 육
체를 정결하게 하여 거룩하게 하거든 14하물며 영원하신 성령으로 말미암아 흠
없는 자기를 하나님께 드린 그리스도의 피가 어찌 너희 양심을 죽은 행실에서 깨
끗하게 하고 살아계신 하나님을 섬기게 하지 못하겠느냐 15이로 말미암아 그는
새 언약의 중보자시니 이는 첫 언약 때에 범한 죄에서 속량하려고 죽으사 부르심
을 입은 자로 하여금 영원한 기업의 약속을 얻게 하려 하심이라 16유언은 유언한
자가 죽어야 되나니 17유언은 그 사람이 죽은 후에야 유효한즉 유언한 자가 살아
있는 동안에는 효력이 없느니라 18이러므로 첫 언약도 피 없이 세운 것이 아니니
19모세가 율법대로 모든 계명을 온 백성에게 말한 후에 송아지와 염소의 피 및 물
과 붉은 양털과 우슬초를 취하여 그 두루마리와 온 백성에게 뿌리며 20이르되 이
는 하나님이 너희에게 명하신 언약의 피라 하고 21또한 이와 같이 피를 장막과 섬
기는 일에 쓰는 모든 그릇에 뿌렸느니라 22율법을 따라 거의 모든 물건이 피로써
정결하게 되나니 피흘림이 없은즉 사함이 없느니라

**핵심 개념**: 우리의 큰 대제사장이신 그리스도의 피가 옛 언약의 짐승 제사보다 뛰어나다. 그분의 피는 단번에 구속을 성취하고, 우리의 영원한 기업을 보장하며, 우리의 양심을 깨끗하게 하고, 그분을 새롭고 더 좋은 언약의 중보자가 되시게 하기 때문이다.

**I. 레위 지파 제사장들보다 뛰어나신 그리스도(9:11-12)**

**II. 레위 제사들보다 뛰어나신 그리스도(9:13-14)**

**III. 뛰어나신 새 언약의 중보자 그리스도(9:15)**

**IV. 새 언약의 더 좋은 피(9:16-22)**

내 인생에 가장 큰 영향을 미친 선생님 가운데 한 분은 11학년 때 문학 수업을 담당했던 여자 선생님이다. 그분은 뛰어난 선생님이었고 내가 좋은 문학을 깊이 사랑하고 감상할 수 있게 도와주셨다. 선생님이 수업과 관련해 내주었던 가장 인상적인 과제는 나 혼자라면 절대 하지 않았을 법한 것이었다. 선생님은 우리에게 책을 읽을 때마다 한 페이지로 요약하라고 하셨다. 처음에는 한 페이지로 요약하는 게 별로 어려워 보이지 않았다. 그러나, 내가 책 읽기를 너무너무 좋아하지만 요약문 쓰기는 정말 싫어한다는 사실을 곧 알게 되었다. 멋진 소설들을 도저히 한 페이지로 요약할 수 없을 것 같았다. 그러나 이 과제를 통해 짧은 요약문 쓰기가 읽은 것을 기억하고 이해력을 높이는 가장 아주 효과적인 방법이라는 것을 배웠다. 우리는 기억하는 것보다 더 많이 잊어버리는 경향이 있으며, 따라서 요약은 우리에게 절실히 필요하다.

이것이 성경이 많은 요약을 사용하는 이유 중 하나다. 바울은 아주 자주 요약을 한다. 로마서 3:9-20, 5:1, 8:1, 12:1에서, 바울은 앞서 했던 논증을 간결하게 요약한다. 신명기에 기록된 모세의 설교들이 오경의 큰 부분들을 요약하는 방식과 비슷하다. 마찬가지로, 히브리서 9-10장도 1-8장을 요약한다고 할 수 있다. 그러므로 히브리서 9:11-22을 저자가 이 서신에서 이미 말한 내용의 맥락에서 이해해야 한다.

# 레위 지파 제사장들보다 뛰어나신 그리스도

### 히브리서 9:11–12

> [11]그리스도께서는 장래 좋은 일의 대제사장으로 오사 손으로 짓지 아니한 것 곧 이 창조에 속하지 아니한 더 크고 온전한 장막으로 말미암아 [12]염소와 송아지의 피로 하지 아니하고 오직 자기의 피로 영원한 속죄를 이루사 단번에 성소에 들어 가셨느니라

11절을 시작하는 단어 'but'은 매우 중요하다.[10] 저자는 히브리서 9:1–10에서 옛 언약과 레위 지파 제사장직을 논하는데, 이것들은 성전과 "섬기는 자를 그 양심상 온전하게 할 수"(perfect the worshiper's conscience, 예배자의 양심을 완벽하게 할 수) 없는 정기적인 제사 행위가 특징이었다(9절). "그러나" 그리스도의 제사장 사역은 이러한 레위 제사장들이 집례하는 의식과 극명하게 대비된다. 옛 언약은 단지 가리킬 수만 있었던 구원을 그리스도의 제사장직이 실제로 성취하기 때문이다. 옛 언약의 제사장들과 대조적으로, 우리의 새 언약의 제사장은 그분의 백성의 죄를 완전히, 최종적으로 속하고 이들이 늘 바랐던 구속의 "좋은 일"을 시작하신다.

'오다'(appeared, 나타나셨다)라는 단어도 중요하다. 이 단어는 하나님의 구원 계획이 이제 그리스도 안에서 가시화되었다는 사실을 강조하기 때문이다. 그리스도께서 대제사장으로 나타나셨다는 것은 종말론적 약속들, 즉 어떤 의미에서 그리스도 안에서 이미 도래했으나 그분이 다시 오실 때 완결될 약속들이 성취되기 시작한다는 신호다. 이 때문에, 히브리서 저자는 예수님을 가리켜 "장래 좋은 일"(good things that have come, 이미

---

10 CSB에서 11절은 이렇게 시작된다. But Christ has appeared as a high priest of the good things that have come(그러나 그리스도께서는 이미 일어난 좋은 일들의 대제사장으로 나타나셨다).

일어난 좋은 일들; 새번역은 "이미 일어난 좋은 일")의 대제사장이라고 말한다. 우리 구속의 여러 측면—천국에서 하나님과 함께하는 삶, 영화, 완전한 성화—은 여전히 미래다. 그렇더라도 우리는 지금 이 좋은 것들의 상속자다. 이 "좋은 일"들이란 무엇인가? 이것들은 우리의 "영원한 속죄"(eternal redemption, 영원한 구속; 새번역은 "영원한 구원")에서 절정에 이르며 그리스도의 속죄가 맺는 열매를 가리킨다(12절).

히브리서 저자는 또한 그리스도께서 "더 크고 온전한 장막"을 지나 "성소"(지성소)에 들어가실 때 그리스도의 제사장 사역이 이루어진다고 말한다. 물론, 이것은 땅의 장막이 아니다. 히브리서 저자는 땅의 장막(또는 텐트)이 실제로 하늘에 있는 하나님의 처소를 본떴다고 이미 설명했다. 그러므로 땅에 있는 장막의 지성소는 하늘에 있는 실체의 한 그림이다. 레위 지파 대제사장은 짐승 제물의 피로 땅의 지성소까지만 들어갈 수 있었다. 반면에, 그리스도께서는 자신의 피로 영원한 하늘의 지성소에 들어가셨다.

그리스도께서는 이렇게 지성소에 "단번에"(once for all time) 들어가셨다. 이것은 레위 지파 제사장들의 반복되는 제사와 달리 그리스도의 제사는 완전하고 영원하다는 것을 강조한다. 레위 지파 제사장들은 계속해서 하나님께 제사를 드려야 했다. 반면에, 그리스도께서는 단 한 번만 제사를 드리셨다. 이로써 그리스도께서는 우리를 위해 영원한 구속을 성취하셨고 자신에게 순종하는 자들을 위한 자신의 속죄가 충분하다는 것을 보여주셨다. 이 영원한 성취와 충분함이 우리가 그리스도 안에서 갖는 확신의 근거이며 히브리서 저자가 우리에게 인내하라고 권면하는 근거다. 우리는 구속받았기에 잃어버려질 수 없다. 예수님의 속죄는 단번에(once for all time, 한 번으로 영원히) 이루어졌고 아버지께 무조건적으로 받아들여졌으며 하늘의 성소에 드려졌다. 분명히 우리는 이제 이 구절들이 그리스도의 선교(사명)를 어떻게 그렇게 간결하고 놀랍게 요약하는지 알 수 있다.

## 레위 제사들보다 뛰어나신 그리스도

**히브리서 9:13-14**

> [13]염소와 황소의 피와 및 암송아지의 재를 부정한 자에게 뿌려 그 육체를 정결하게 하여 거룩하게 하거든 [14]하물며 영원하신 성령으로 말미암아 흠 없는 자기를 하나님께 드린 그리스도의 피가 어찌 너희 양심을 죽은 행실에서 깨끗하게 하고 살아계신 하나님을 섬기게 하지 못하겠느냐

옛 언약 아래서는 하나님께 나아가려면 의식을 통해 깨끗해져야 했다. 대제사장이 속죄일 제물을 드리러 지성소에 들어갈 때도 다르지 않았다. 히브리서 저자가 "육체를 정결하게 하여"라는 말에서 의미하는 것이 의식을 통해 깨끗해지는 것이다. 옛 언약의 제사장들은 이러한 의식에 참여했다. 겉으로 깨끗하게 되어 성소에 들어가 백성을 위해 제물을 드리기 위해서였다. 설령 깨끗해지는 게 잠시였더라도 말이다. 그러나 이러한 의식과 제물이 속사람이나 양심을 깨끗하게 할 수는 없었다.

그러나 그리스도는 전혀 다르다. 그리스도께서는 옛 언약의 제사장들처럼 피 제사와 외적인 씻음으로 자신을 정결하게 하실 필요가 없었다. 예수님은 이미 깨끗하기 때문에 의식을 통해 깨끗해질 필요가 없었다. 예수님은 육체를 정결하게 하는 의식을 통해 자신을 드린 게 아니라 "영원하신 성령으로 말미암아" 흠 없는 자로서 자신을 드리셨다. 뒤이어 그리스도와 옛 제사장들이 훨씬 크게 대비된다. 옛 제사장들은 단순히 제사에 참여하기 위해 외적으로 정결하게 되어야 했다. 반면에, 그리스도께서는 자신을 제물로 드림으로써 자신이 위해서 죽은 자들을 내적으로 깨끗하게 하신다. 그리스도께서 우리의 양심을 정결하게 하신다.

마지막으로, 14절의 끝부분을 살펴보자. "죽은 행실에서 깨끗하게 하고 살아계신 하나님을 섬기게 하지 못하겠느냐." 우리의 양심이 "죽은 행

실에서 깨끗하게 된다"는 게 무슨 뜻인가? 옛 언약 아래서, 자신의 죄가 얼마나 널리 퍼져 있는지 깨달은 사람이라면 누구라도 속죄일이 끝나자마자 자신에게 또다시 제사가 필요함을 알았을 것이다. 이 때문에, 속죄일을 매년 되풀이했다. 이것들이 "죽은 행실"인 것은 마치 우리 가운데 많은 사람이 "죽은" 도덕적·종교적 행위(행실)를 통해 하나님의 호의를 얻으려고 애쓸 때처럼 이것들이 아무것도 아니기 때문이다. 그러나 그리스도의 속죄는 우리의 양심을 완전히 깨끗하게 하며, 따라서 우리는 이제 하나님 앞에서 우리를 정죄하는 우리의 죄에 더는 짓눌리지 않는다. 그리스도께서 십자가에서 하신 일이 우리의 죄책을 완전히 제거하며, 이로써 우리의 양심을 깨끗하게 한다.

이렇게 내적으로 깨끗해졌기에, 우리는 이제 살아계신 하나님을 두려움 없이 섬길 수 있다. 히브리서는 그리스도인의 삶의 균형을 아주 잘 포착한다. 구속받은 사람들은 하나님을 섬기며, 그리스도께서 오시기 전에 의무감에서 했고 자신을 의롭게 하려는 광적 결단에서 했던 바로 그 일들을 하면서 성취감과 기쁨을 얻는다. 그리스도께서 완결하신 일이 우리를 이 어리석은 시도에서 구해내고 죽은 행실에서 구원한다.

## 뛰어나신 새 언약의 중보자 그리스도

**히브리서 9:15**

15이로 말미암아 그는 새 언약의 중보자시니 이는 첫 언약 때에 범한 죄에서 속량하려고 죽으사 부르심을 입은 자로 하여금 영원한 기업의 약속을 얻게 하려 하심이라

그리스도는 자신을 드림으로써 우리의 구속을 확보하신 대제사장이다.

그래서 히브리서 저자는 예수님을 "새 언약의 중보자"라고 말한다. '중보자'(mediator)는 우리 가운데 많은 사람에게 위험한 단어다. 우리는 이 단어가 무슨 뜻인지 안다고 '생각하기' 때문이다. 우리는 중보자(중재자)란 상반된 양쪽을 연결해 타협이나 합의를 이끌어 내려는 사람이라고 생각한다. 예를 들어, 중동에서 분쟁이 발생하면 외교관과 중보자(중재자)를 내세워 일종의 타협을 이끌어내려 할 것이다. 다시 말해, 중보자를 통해 양쪽의 공통분모를 찾아 합의를 도출하려 한다.

그러나 거룩한 하나님과 죄악된 인간 사이에는 공통분모가 없다. 그러므로 우리의 중보자 그리스도는 둘 사이에서 타협점을 찾지 않으신다. 하나님의 거룩에 타협이란 있을 수 없기 때문이다. 그리스도께서는 상반된 두 입장 사이에서 타협을 제안하기는커녕 아버지의 무한한 진노가 우리에게 쏟아져야 마땅하다는 아버지의 입장에 동의하신다. 우리의 죄가 추악하다는 아버지의 입장에 동의하신다. 제물이 필요하다는 아버지의 입장에 동의하신다. 우리의 중보자로서, 그리스도께서는 아버지께서 바로 이 일을 위해 보내시는 제물이 되기로 동의하신다. 이 중보 사역에서, 그리스도께서는 그분의 교회(곧 "부르심을 입은" 자들)를 위한 영원한 기업을 얻으시는데, 이 기업은 그리스도의 구원 사역에서 비롯된 현재와 미래의 모든 유익과 동의어다. 이 "영원한 기업"은 9:12의 "영원한 속죄"(새번역은 "영원한 구원")에 필적한다.

히브리서 저자는 다시 한번 강조한다. 첫 언약 아래서 제사가 성취할 수 없었던 것을 그리스도의 죽음이 구체적으로 성취했다는 것이다. 그리스도의 죽음이 영원한 구속과 용서를 성취했다. 옛 언약의 동물 제사는 구속을 영원히 보장할 수 없었다. 동물 제사는 일시적이었고 되풀이되어야 했다. 반대로, 그리스도의 죽음은 구속을 영원히 보장한다. 그리스도의 죽음은 첫 언약 아래서 지은 모든 죄를 사했다. 게다가, 옛 언약은 백성에게 구속을 충분히 보장할 수 없었다. 옛 언약은 인간과 하나님의 단절된 관계를 회복할 수 없었다. 옛 언약은 새 언약을 내다보았고 새 언약을 의지했기 때문이다. 옛 언약 아래서 속죄와 정결을 위해 드리는 동물 제사는 새 언약 아래서 드리는 완전히 충분한 제사 또는 제물을 예표한다. 그 제물은 바로 예수 그리스도다. 그분은 더 나은 언약을 중보하고 더 나은 제사, 곧 사람들을 첫 언약 아래서 범한 죄에서 구속하기에 유효한 제사를 드리셨다. 이로써, 그리스도께서 부르심을 받은 자들을 위한 영원한 기업을 보장하셨다.

## 새 언약의 더 좋은 피

**히브리서 9:16-22**

16유언은 유언한 자가 죽어야 되나니 17유언은 그 사람이 죽은 후에야 유효한즉
유언한 자가 살아 있는 동안에는 효력이 없느니라 18이러므로 첫 언약도 피 없이
세운 것이 아니니 19모세가 율법대로 모든 계명을 온 백성에게 말한 후에 송아지
와 염소의 피 및 물과 붉은 양털과 우슬초를 취하여 그 두루마리와 온 백성에게
뿌리며 20이르되 이는 하나님이 너희에게 명하신 언약의 피라 하고 21또한 이와
같이 피를 장막과 섬기는 일에 쓰는 모든 그릇에 뿌렸느니라 22율법을 따라 거의
모든 물건이 피로써 정결하게 되나니 피흘림이 없은즉 사함이 없느니라

오늘의 교회는 복음을 여기저기 잘라내고 축소해 말함으로써 빈곤해지는 경우가 많다. 우리는 어떻게 주 예수 그리스도를 알고 자신의 죄에서 구원받을 수 있는지에 대해 자주 말하면서도 그 약속이 이루어지기 위해 무슨 일이 일어나야 하는지 잘 모른다. 히브리서는 분명히 보여준다. 하나님의 뜻은 그리스도께서 우리를 위해 '무엇을' 하셨는지 뿐 아니라 '어떻게' 그것을 하셨는지를 그분의 백성이 아는 것이다. 이유는 그리스도께서 우리의 구속을 '어떻게' 성취하시느냐에서 하나님의 영광이 더 완전하

게 드러나기 때문이다. 우리의 구원을 성취하기 위해 어떤 희생이 있었는지 알아야 한다. 이것을 모르면 하나님이 우리를 위해 하신 일에 대해 하나님을 높이고 예배하며 그분께 감사할 수 없다.

16-22절에서, 저자는 그리스도께서 '어떻게' 우리의 구속을 성취하셨는지 드러내기 시작한다. 그는 언약이란 유언장과 같다고 설명한다. 유언장이 유언한 자가 죽은 후에 사람들에게 선물을 안기듯이, 그리스도의 죽음도 새 언약 공동체의 구성원들에게 선물을 안긴다. 저자는 18절에서 첫 언약의 개시를 말하면서 독자를 출애굽기 24:4-8로 이끈다. 이 언약 개시 의식에서, 사람들에게 짐승의 피를 뿌렸다. 언약에 불순종하는 결과는 죽음이라는 것을 상징했다. 그러나 이 동물들의 죽음은 하나님이 언약을 어긴 자들을 대신할 대속물을 주셨다는 것도 상징했다. 언약을 어긴 자들은 오직 피를 흘림으로써 용서받을 수 있었다. 더욱이, 피흘림은 언약의 개시를 알리는 신호였다. 피흘림, 곧 대속물의 죽음으로 옛 언약과 새 언약이 시작되었다. 이것이 히브리서 저자가 9:18에서 의미하는 것이다. 그러므로 피흘림은 언약의 시작과 죄사함을 상징했다. 이것이 22절의 신학적 핵심이다. 첫 언약이 동물의 죽음으로 시작되고 장막의 정결이 동물의 피로 시작되었듯이, 그리스도께서 그분의 피로 새 언약을 시작하셨고 이로써 죄사함을 이루셨다.

왜 피를 통한 속죄(blood atonement)인가? 구약성경에서, 하나님은 그분의 백성에게 "생명은 피에 있음이라"고 하셨다(레 17:11). 해부학과 생리학을 잘 몰라도 이것이 사실이라는 것은 안다. 피를 너무 많이 흘리면 어떻게 될까? 피가 없으면 생명이 없다. 이스라엘은 황소나 어린양의 목을 잘라 제사를 드릴 때마다 이것을 기억했을 것이다. 이들은 동물의 피가 쏟아져 나오는 것을 보면서 그 생명도 쏟아져 나오는 것을 보았다.

그러므로 제사 제도를 신학적으로 생각하면 피, 죽음, 언약, 속죄의 연관성을 볼 수 있다. 죄를 짓는 행위는 죽음이라는 언약적 결과를 초래한다. 범죄자의 죽음을 요구하는 것은 범죄자의 피를 요구하는 것과 본질적으로 같다. 옛 언약에서 대속하는(대리하는) 동물 제사는 범죄자가 죽어 마땅하다는 것을 생생하게 일깨워주었다. 그러나 이러한 대속하는 피 제사를 통해, 하나님은 죄를 속하는 길을 내셨다. 그러므로 피는 옛 언약의 제사 제도에서 죄의 값비싼 대가를 보여주는 상징이었다. 피는 죄와 함께 죽음이 죽음이 따른다는 것을 가시적으로 보여준다.

갈보리 사건이 이것을 가장 생생하게 보여준다. 그리스도, 곧 완전히 하나님이고 완전히 사람이며 모든 면에서 우리와 똑같이 유혹을 받았으나 죄가 없는 분이 자신의 피를 흘리셨다. 자신의 피를 흘릴 때, 그리스도께서 새롭고 더 좋은 언약의 중보자가 되셨다. 이 피로, 오직 이 피로만, 부르심을 받고 인내하는 모두가 영원히 계속되는 구속과 기업을 받는다.

## 묵상과 토론을 위한 질문

1. 예수님의 제사장직이 구약성경에 나오는 레위 지파 제사장직과 어떤 면에서 극명하게 대비되고 뛰어난가? 어떤 면에서 레위 제사들이 그리스도의 궁극적 제사를 가리키는가? 어떻게 예수님의 죽음이 옛 언약에서 일어난 동물들의 죽음을 성취하는가?

2. 왜 예수님이 당신의 죄를 위한 완벽한 제물인가? 레위 지파 대제사장과 달리 예수님은 의식을 통해 자신을 깨끗하게 하실 필요가 없었다. 그렇다면 이것이 당신의 구원이 안전하다는 데 어떤 영향을 미치는가?

3. 예수님이 "단번에"(once for all time) 이루신 속죄가 당신과 그분의 관계를 바라보는 방식에 어떻게 영향을 미치는가? 이 진리가 어떻게 우리의 소망을 우리의 안전한 구원에 닻을 내리게 하고, 우리가 마지막까지 인내하도록 어떻게 우리를 돕는가?

4. 예수님이 보이신 무조건적 속죄의 모범이 용서와 사랑에 대한 우리 문화의 이해를 어떻게 뒤집는가?

5. 당신의 양심이 "죽은 행실"에서 깨끗하게 된다는 게 무슨 뜻인가? 이러한 씻음이 어떻게 당신을 자유하게 해 당신이 지교회에서 하나님을 진정으로 예배하고 기쁨으로 그분을 섬기게 하는가?

6. 그리스도의 중보자 역할이 우리 문화가 이해하는 중보자(중재자) 역할과 어떻게 다른가? 하나님과 타협하려 드는 일이 얼마나 어리석은지 설명해 보라.

7. 예수님의 죽음이 부르심을 받은 모든 사람의 구속을 안전하게 보장한다. 이것을 알 때, 복음을 전하려는 당신의 동기가 어떻게 강해지는가? 당신은 이것을 알고서 복음 전파와 관련해 "성공"을 다르게 정의하는가? 자신의 대답을 설명해 보라.

8. 왜 예수님이 사람으로 태어나고 우리의 죄를 위해 죽으셔야 했는가? 예수님이 이렇게 하셔야 했다는 것이 당신이 받은 구원의 값비싼 대가에 대해 무엇을 가르쳐주는가? 이것이 당신을 향한 하나님의 사랑에 관해 무엇을 가르쳐주는가?

9. 예수님의 제사장직은 미래의 당신에게 어떤 좋은 선물을 보장하는가? 현재의 당신에게 어떤 좋은 선물을 보장하는가? 이러한 좋은 선물이 미래의 것이라도 어떻게 바로 지금 당신이 이 좋은 선물의 수혜자가 될 수 있는지 설명해 보라.

10. 당신의 지교회는 복음을 여기저기 잘라내고 축소하는 것을 조장하는가? 그렇다면, 어떤 식으로 그렇게 하는가? 당신의 교회 구성원들이 예수 그리스도의 완전한 복음을 이해하고 받아들이도록 당신이 이들을 어떻게 이끌 수 있겠는가?

# 19. 충분하고 최종적인 그리스도의 제사

**히브리서 9:23-28**

[23]그러므로 하늘에 있는 것들의 모형은 이런 것들로써 정결하게 할 필요가 있었으나 하늘에 있는 그것들은 이런 것들보다 더 좋은 제물로 할지니라 [24]그리스도께서는 참 것의 그림자인 손으로 만든 성소에 들어가지 아니하시고 바로 그 하늘에 들어가사 이제 우리를 위하여 하나님 앞에 나타나시고 [25]대제사장이 해마다 다른 것의 피로써 성소에 들어가는 것 같이 자주 자기를 드리려고 아니하실지니 [26]그리하면 그가 세상을 창조한 때부터 자주 고난을 받았어야 할 것이로되 이제 자기를 단번에 제물로 드려 죄를 없이 하시려고 세상 끝에 나타나셨느니라 [27]한 번 죽는 것은 사람에게 정해진 것이요 그 후에는 심판이 있으리니 [28]이와 같이 그리스도도 많은 사람의 죄를 담당하시려고 단번에 드리신 바 되셨고 구원에 이르게 하기 위하여 죄와 상관없이 자기를 바라는 자들에게 두 번째 나타나시리라

**핵심 개념**: 그리스도의 희생적 죽음(자신을 제물로 드림)은 제물을 되풀이해서 드릴 필요가 없게 하고 죄를 영원히 제거하기에 충분했다. 그리스도 안에서 얻는 구원은 그분이 다시 오실 때 임하는 복에서 마침내 절정에 이를 것이다.

**I. 그리스도께서 드린 최고의 제사(9:23-26)**

**II. 심판과 재림(9:27-28)**

A. 사람의 정해진 죽음

B. 임박한 그리스도의 재림

히브리서 9장에서, 저자는 이렇게 가르친다. 그리스도는 자신의 피를 흘림으로써 자신의 백성에게 영원한 구속을 보장하시는 큰 대제사장이다. 그 결과, 예수님은 새롭고 더 좋은 언약의 중보자다. 히브리서 9:22에서 보았듯이, 율법 아래서는 거의 모든 것이 피로 정결하게 된다. 따라서 피흘림이 없으면 죄사함이 없다. 이 의식에 사용된 짐승의 피는 궁극적으로 예수님이 십자가에서 흘리신 피를 예표했다. 히브리서 9장의 마지막 구절들에서 보게 되듯이, 예수님의 피는 하늘에 있는 장소들도 정결하게 했고, 죄를 영원히 제거했으며, 그분 안에서 인내하는 자들에게 최종 구원을 보장한다.

## 그리스도께서 드린 최고의 제사

**히브리서 9:23–26**

23그러므로 하늘에 있는 것들의 모형은 이런 것들로써 정결하게 할 필요가 있었으나 하늘에 있는 그것들은 이런 것들보다 더 좋은 제물로 할지니라 24그리스도께서는 참 것의 그림자인 손으로 만든 성소에 들어가지 아니하시고 바로 그 하늘에 들어가사 이제 우리를 위하여 하나님 앞에 나타나시고 25대제사장이 해마다 다른 것의 피로써 성소에 들어가는 것 같이 자주 자기를 드리려고 아니하실지니 26그리하면 그가 세상을 창조한 때부터 자주 고난을 받았어야 할 것이로되 이제 자기를 단번에 제물로 드려 죄를 없이 하시려고 세상 끝에 나타나셨느니라

땅의 장막에 있으며 하늘의 것들을 본떠 만든 것들은 피로 정결하게 해야 했다. 이것들은 하늘에 있는 더 큰 실재들을 상징할 뿐인데도 이러한 정결 의식이 필요했다. 피흘림이 없이는 죄사함이 있을 수 없었다. 따라서 이러한 복제품들을 정결하게 하지 않으면 안 되었다. 그러나 이러한

복제품들이 상징했던 하늘의 실재들은 더 큰 제물이 필요했다. 이것들은 더 큰 실재들을 상징했기 때문에 더 좋은 제물이 필요했다.

하늘에 있는 것들을 정결하게 해야 한다는 말은 하늘의 처소들이 인간의 죄로 더럽혀졌기 때문에 깨끗하게 되어야 한다는 뜻이 아니다. 오히려, 그리스도께서 드린 제물(제사)이 유효하고 뛰어나다는 뜻이다. 히브리서 저자가 하늘의 언어를 사용하는 것은 그리스도와 관련해 최고의 언어를 사용하는 것과 상응한다. 예수님이 드린 제물이 더 좋은 것은 하늘 자체, 곧 하나님의 거처와 연결되기 때문이다.

저자는 24절에서 23절을 설명한다. 예수님은 땅의 장막에 들어가 자신을 제물로 드리지 않으셨다. 그분은 하나님의 임재 안으로 들어가셨다. 거듭 말하건대, 위치나 공간을 생각해서는 안 된다. 23절의 언어처럼, 24절의 언어도 상징적이며 그리스도께서 드린 제물이 뛰어나다는 것을 가리킨다. 우리가 그리스도 안에서 인내할 수 있는 것은 그리스도께서 하늘에 계신 하나님 앞에서 우리를 대신해 자신을 제물을 드리셨기 때문이다. 그분이 드린 제물은 참으로 더 좋은 제물이다.

그리스도의 죽음은 단회적 사건으로 기독교 신앙의 중심이다. 히브리서 9:25-26이 이것을 설명한다. 그리스도는 날마다 제물이 되실 필요가 없으며, 이것이 그리스도인들이 그분의 부활을 강조하는 한 가지 이유다. 예수님은 세상 끝에 단번에 나타나 자신을 제물로 드림으로써 죄를 제거하셨다. 그분의 제물은 너무나 뛰어나 해마다 드릴 필요가 없으며, 따라서 더 이상 어떤 제물도 필요하지 않다. 이런 점에서도 예수님은 옛 제사장들보다 뛰어나다.

히브리서 저자가 어떤 뜻으로 그리스도께서 "한 번"(one time, 개역개정은 "단번에" 새번역은 "단 한 번") 나타나셨다고 말하는지 온전히 이해하는 게 중요하다. 히브리서에 세 번 나타나는 "단번에"(once for all time)라는 표현이 떠오른다(7:27; 9:12; 10:10; 참조. 롬 6:10). 이번에도, 히브리서 저자는 그리스도께서 드린 제사(제물)의 충분성과 단회성과 유효성을 강조하고 있다. 그리스도께서 드린 최고의 제사는 되풀이될 필요가 없다. 앞선 모든 제사와 땅의 제사장들과 속죄일은 우리로 그리스도를 고대하고 갈망하게 하기 위한 것이었다. 이제 세상 끝에, 단번에, 이 모든 것들이 그리스도의 제사로 마침내 성취되어 죄를 영원히 제거한다.

그리스도의 성육신은 전례가 없는 순간이다. 그리스도께서 죄를 제거하기 위해 "세상의 마지막에"(참조. 히 1:2) 역사 속에 단번에(once for all time) 나타나셨다. 바울은 갈라디아서 4:4에서 같은 시각으로 말한다. "죄를 없이 하시려고"는 죄를 심판하고 정죄하는 것을 의미한다. 아들이 드린 뛰어난 제사가 죄를 제거하고 몰아내며 심판하고 마침내 이긴다. 이 표현이 현대 복음주의에서는 일반적이다. 그러나 메시아가 자신을 제물로 드려 죄를 제거한다는 개념이 1세기에는 참으로 혁명적이었다. 그리스도의 철저한 자기희생(자신을 제물로 드림)이 마침내 죄를 이기는 수단이다.

## 심판과 재림

**히브리서 9:27-28**

27한 번 죽는 것은 사람에게 정해진 것이요 그 후에는 심판이 있으리니 28이와 같이 그리스도도 많은 사람의 죄를 담당하시려고 단번에 드리신 바 되셨고 구원에 이르게 하기 위하여 죄와 상관없이 자기를 바라는 자들에게 두 번째 나타나시리라

이 단락의 마지막 두 절에서, 저자는 새로운 주제를 다룬다. 사람에게 정해진 심판과 그리스도의 재림이다. 본문이 분명히 밝히듯이, 그리스도께서 다시 오시는 것은 죄를 해결하기 위해서가 아니라 그분을 간절히 기다리는 자들을 구원하기 위해서다.

### 사람의 정해진 죽음

27절에서, 저자는 사람에게 서서히 다가오는 죽음과 심판을 그리스도의 사역과 연결해 살펴본다. 우리의 죽음과 심판이 정해져 있는 이유는 에덴동산까지 거슬러 올라간다. 하나님이 아담과 하와에게 금지된 나무의 열매를 먹으면 죽으리라고 말씀하셨다. 하나님은 이들이 불순종하면 죽는다고 "정하셨다." 이들이 반역했을 때, 필멸성(mortality, 반드시 죽음)이 인간의 경험에 들어왔다. 우리와 아담의 연합으로, 우리 시조의 죄가 우리의 죄가 되었고 그가 죽었듯이 우리도 죽게 되었다.

이것은 인간 존재의 끝을 강조한다. 인생은 한 번 살며, 그 후에 죽음과 심판이 있다. 아담과 하와의 경우처럼 말이다. 인간은 죽을 것이고 뒤이어 하나님의 심판을 받을 것이다. 이것은 그리스도의 사역과 직접 연결된다. 그리스도께도 한 번 죽는 게 정해졌다. 그분은 한 번 죽으셨고, 그분의 죽음은 절대 반복될 필요가 없다. 그분은 한 번 죽으셨기 때문에 제물이 되려고 다시 오시는 게 아니다. 오히려 자기 백성을 최종적으로 구원하려고 다시 오신다.

히브리서 저자는 이렇게 죽음과 심판에 초점을 맞춤으로써 죽음이 일종의 우주적 사고(cosmic accident)라는 생각을 반박한다. 죽음은 세상에서 일어나는 자연스러운 과정이 아니다. 죽음은 하나님이 죄를 심판하시는 과정의 일부다. 그러나 이야기는 여기서 끝나지 않는다. 복음 때문에 소망이 있다. 히브리서 저자는 28절에서 이 소망에 눈을 돌린다.

### 임박한 그리스도의 재림

28절의 메시지는 마지막까지 예수님을 믿는 자들에게는 죽음 후에 생명이 온다는 것이다. 그리스도께서 하나님의 확실한 계획에 따라 십자가에 못 박혀 죽으셨다(행 2:22-24). 모든 사람의 죽음이 정해져 있듯이(필연이듯이), 예수님의 죽음도 정해져 있었다. 그러나 다른 모든 사람과 달리, 예수님은 다시 오실 것이다. 그리스도께서 다시 오시리라는 것을 알고 미래를 생각할 때, 그분이 자신의 희생을 되풀이하려 다시 오시는 게 아님을 기억해야 한다. 그분은 죄를 용서하러 다시 오시는 게 아니다. 그분을 간절히 기대하는 자들을 구원하기 위해 다시 오신다. '엄청난' 소식이다! 그리스도께서 자신이 구원한 자들을 구조하고 자신의 교회를 오로지 자신의 것이게 하려고 다시 오신다. 예수님을 간절히 기다리는 자들에게, 달콤한 구원이 다가오고 있다.

'기다림'(waiting, 개역개정은 "바라는")이란 단어는 신자들이 그리스도의 재림을 갈망해야 한다는 사실을 가리킨다. 살아있는 자들은 그리스도의 재림을 의식하며 기꺼이 기다려야 한다. 구원받고 그리스도의 재림을 소망하는 자들은 안전하다. 땅에서 살면서 늘 힘겹고 수고할지라도, 그리스도인들은 바로 지금 그리스도 안에서 영원히 안전하다는 소망을 가질 수 있으며 이 소망을 반드시 붙잡아야 한다. 다시 말하건대, 이것은 히브리서 저자가 서신 전체에서 강조하는 '이미와 아직'의 긴장의 한 부분이다. 우리는 지금 절대적으로 구원받았으나 예수님이 다시 와서 우리의 구원을 완성하실 것이다.

우리의 구원은 과거이고 현재이자 미래다. 우리의 구원은 그리스도께서 오래전에 그분의 피로 성취하셨다는 의미에서 과거다. 우리의 구원은 우리가 바로 지금 구원받아 그리스도와 연합한 상태라는 의미에서 현재다. 우리의 구원은 그리스도께서 다시 오실 때 우리가 이 깨진 세상에서 구원받아 영원한 교제와 평화에 들어가며 영원히 죄에서 자유하게 된다는 의미에서 미래다. 그러므로 우리는 지금 간절히 기다릴 때, 과거를 기뻐하고 미래에 열릴 새 하늘과 새 땅, 곧 회복된 땅을 고대한다. 모든 세대의 그리스도인이 다가오는 나라를 기다렸다. 우리 세대도 다르지 않다. 우리는 살아있는 한 기다리고 있다. 우리는 간절히 기다려야 한다.

## 묵상과 토론을 위한 질문

1. 왜 히브리서 저자는 "하늘"의 언어를 사용해 그리스도께서 드린 제물(제사)을 설명하는가? 그가 강조하려는 핵심은 무엇인가? 이것이 그리스도께서 드린 제물이 최고라는 것을 어떻게 드러내는가?

2. 단회적 사건인 그리스도의 죽음이 기독교 신앙의 핵심이 되는 이유는 무엇인가? 그리스도의 제사(제물)가 옛 언약의 제사와 어떻게 다른가? 왜 그리스도의 제사가 더 나은 제사인가?

3. 왜 하나님은 애초에 옛 언약에서 제사를 반복해서 드리라고 명하셨는가? 옛 언약의 제사가 무엇을 내다보았는가? 예수님이 "세상 끝에" 드려진 마지막 제물(제사)이라는 것은 무슨 뜻인가?

4. 이 단락에 따르면, 예수님의 초림 때 그분의 사명은 무엇이었는가? 예수님이 죄를 없이 하신다는 게 무슨 뜻인가? 그분의 초림과 재림의 핵심적 차이들을 요약해 보라.

5. 왜 히브리서 저자는 사람의 죽음과 그리스도의 죽음을 비교하는가? 그리스도의 죽음이 우리의 죽음과 어떻게 다른가?

6. 당신의 죽음과 심판을 생각해 보라. 이것들이 창세기의 에덴동산과 어떻게 연결되는가? 아담의 경험이 당신의 경험에 관해 무엇을 말해주는가?

서서히 다가오는 당신의 죽음과 하나님 앞에서 받을 심판을 생각할 때, 믿음으로 인내해야(믿음을 지켜야)겠다는 자극을 어떻게 받는가?

7. 그리스도의 초림이 당신이 믿음으로 인내하는(믿음을 지키는) 데 어떻게 도움이 되는가? 그리스도의 재림에 관한 약속이 당신이 인내하는 데 어떻게 도움이 되는가? 당신이 보기에 이 단락에서 '이미와 아직'의 긴장이 어떻게 작용하는가?

8. 그리스도인들은 미래의 소망을 약속받았다. 그렇다면 오늘의 교회가 영원을 어떻게 준비해야 하는가? 그리스도인들이 함께 그리고 각자 어떻게 준비할 수 있는가?

9. 그리스도의 재림을 간절히 기다리는 사람의 삶에서 보리라고 기대할 수 있는 것은 무엇인가?

10. 어떻게 당신의 구원이 과거이고 현재이며 미래인지 자신의 말로 설명해 보라.

# 20. 그리스도께서 단번에 드린 제사로 충분하다

히브리서 10:1–18

1율법은 장차 올 좋은 일의 그림자일 뿐이요 참 형상이 아니므로 해마다 늘 드리
는 같은 제사로는 나아오는 자들을 언제나 온전하게 할 수 없느니라 2그렇지 아니
하면 섬기는 자들이 단번에 정결하게 되어 다시 죄를 깨닫는 일이 없으리니 어찌
제사 드리는 일을 그치지 아니하였으리요 3그러나 이 제사들에는 해마다 죄를 기
억하게 하는 것이 있나니 4이는 황소와 염소의 피가 능히 죄를 없이 하지 못함이
라 5그러므로 주께서 세상에 임하실 때에 이르시되 하나님이 제사와 예물을 원하
지 아니하시고 오직 나를 위하여 한 몸을 예비하셨도다 6번제와 속죄제는 기뻐하
지 아니하시나니 7이에 내가 말하기를 하나님이여 보시옵소서 두루마리 책에 나
를 가리켜 기록된 것과 같이 하나님의 뜻을 행하러 왔나이다 하셨느니라 8위에 말
씀하시기를 주께서는 제사와 예물과 번제와 속죄제는 원하지도 아니하고 기뻐하
지도 아니하신다 하셨고 (이는 다 율법을 따라 드리는 것이라) 9그 후에 말씀하시
기를 보시옵소서 내가 하나님의 뜻을 행하러 왔나이다 하셨으니 그 첫째 것을 폐
하심은 둘째 것을 세우려 하심이라 10이 뜻을 따라 예수 그리스도의 몸을 단번에
드리심으로 말미암아 우리가 거룩함을 얻었노라 11제사장마다 매일 서서 섬기며
자주 같은 제사를 드리되 이 제사는 언제나 죄를 없게 하지 못하거니와 12오직 그
리스도는 죄를 위하여 한 영원한 제사를 드리시고 하나님 우편에 앉으사 13그 후
에 자기 원수들을 자기 발등상이 되게 하실 때까지 기다리시나니 14그가 거룩하
게 된 자들을 한 번의 제사로 영원히 온전하게 하셨느니라 15또한 성령이 우리에
게 증언하시되 16주께서 이르시되 그 날 후로는 그들과 맺을 언약이 이것이라 하
시고 내 법을 그들의 마음에 두고 그들의 생각에 기록하리라 하신 후에 17또 그들
의 죄와 그들의 불법을 내가 다시 기억하지 아니하리라 하셨으니 18이것들을 사

하셨은즉 다시 죄를 위하여 제사 드릴 것이 없느니라

**핵심 개념**: 옛 언약의 제사들은 죄를 완전하게 속할 수 없었다. 반면에, 예수님의 제사(sacrifice, 제사, 제물, 희생의 의미를 모두 내포한다)는 옛 언약의 의식들이 필요 없게 하고 하나님의 백성에게 완전한 죄사함과 성화를 보장한다.

**I. 충분하지 못한 제사(10:1)**

A. 핵심적 대비

B. 그림자와 아들

**II. 죄를 없애기에 충분한 제사(10:2–4)**

**III. 옛 언약의 제사를 대체하기에 충분한 제사(10:5–10)**

A. 예수님과 시편 40편

B. 예수님과 마지막 제사

**IV. 완벽함을 이루기에 충분한 제사(10:11–14)**

A. 앉아계신 제사장

B. 능력으로 앉아계신 제사장

**V. 죄를 사하기에 충분한 제사(10:15–18)**

히브리서 10장을 시작하면서, 성경 해석에서 아주 중요한 문제와 마주한다. 옛 언약과 새 언약의 대비를 이해하는 것이다. 그리스도인들은 옛 언약과 새 언약의 차이를 말할 때, 거의 습관적으로 옛 언약은 나쁘고 새 언약은 좋다는 생각에 빠진다. 우리는 옛 언약을 부정적으로 생각하고 싶은 유혹을 받는다. 옛 언약이 우리를 구원하지 못한다는 것을 알기 때문이다. 그러나 히브리서 저자는 옛 언약과 새 언약의 대비를 이런 식으로 보지 않는다. 그는 옛 언약과 새 언약을 필연적으로, 날카롭게 구분한다.

그렇지만 자신의 독자들이 옛 언약을 경멸하길 원치 않는다. 오히려 그는 두 언약을 대비해 옛 언약이 어떻게 새 언약을 갈망하고 새 언약에서 성취되는지 보여준다. 옛 언약은 우리에게 새 언약의 길을 예비해 주고 궁극적으로 새 언약의 필요성을 보여준다.

## 충분하지 못한 제사

**히브리서 10:1**

> [1]율법은 장차 올 좋은 일의 그림자일 뿐이요 참 형상이 아니므로 해마다 늘 드리는 같은 제사로는 나아오는 자들을 언제나 온전하게 할 수 없느니라

이 구절은 옛 언약의 제사들이 갖는 몇 가지 큰 결점을 콕 집어낸다. 히브리서 저자가 이 구절에서 분명히 하듯이, 옛 언약의 제사들은 도래할 더 좋은 것들의 그림자일 뿐이다. 옛 언약의 제사들은 매년 드렸으나 하나님께 가까이 나오는 자들을 절대로 구원할 수 없었고 완벽하게("온전하게") 할 수도 없었다.

### 핵심적 대비

1절에서 저자는 서술적 언어를 사용해 율법이 "장차 올 좋은 일"을 가리킨다는 것을 보여준다. "장차 올 좋은 일"이란 표현은 그리스도께서 그분의 삶과 죽음과 부활로 성취하신 모든 것을 요약한다. 이러한 좋은 일 중에서 죄사함이 가장 크다. 히브리서 저자는 9:11-12에서 이것을 분명히 했다.

그리스도께서 성취하신 영원한 구속이 옛 언약과 새 언약에서 가장 대비되는 점이다. 새 언약은 그리스도를 통해 영원한 구속을 이루지만 옛

언약은 하나님의 심판을 잠시 미루었을 뿐이다. 히브리서 9:22의 렌즈를 통해 옛 언약의 제사를 돌아보면, 옛 언약의 제사가 단 하나의 죄도 사하지 못했다는 것을 알 수 있다. 대신에, 옛 언약의 제사는 모든 죄가 사함받는 것을 '가리켰다'(내다보았다).

그렇다면 옛 언약의 제사가 가졌던 즉각적 효과는 무엇이었는가? 로마서 3:21-26에 따르면, 옛 언약의 제사는 하나님의 진노를 잠시 지연했다. 예를 들면, 죽음의 천사가 애굽의 맏물들을 치던 밤에, 이스라엘의 장자들은 구원받았다. 이스라엘이 믿음으로 행동해 유월절 어린양의 피를 하나님이 명하신 대로 자신들의 문설주와 인방에 발랐기 때문이다. 이스라엘의 장자들은 결국 자신들의 죄 때문에 죽을 테지만 하나님이 애굽인들을 무섭게 심판하시는 그날에는 죽지 않았다. 하나님은 믿음으로 드린 제물 때문에 그분의 공의와 심판을 미루셨다. 이와 비슷하게, 대제사장이 속죄일에 지성소에 들어가 속죄소에 짐승의 피를 뿌릴 때, 하나님이 그분의 진노를 한 해 더 참으셨다. 이렇게 하나님은 그리스도의 제사 이전에 드려진 모든 제사를 죄에 대한 그분의 진노를 보류하는 수단으로 받아들이셨다.

### 그림자와 아들

히브리서 저자는 "그림자" 이미지를 사용해 그리스도의 제사와 옛 언약의 제사를 대비한다. 그리스도께서 십자가에서 죽을 때 다른 사람의 피를 흘리지 않으셨다. 자신의 피를 흘리셨다. 그뿐 아니라, 먼저 자신의 죄를 위해 제사를 드리고 장막에 들어가지도 않으셨다. 사람의 손으로 세운 장막에 들어가지도 않으셨다. 하늘 장막에 들어가셨다. 우리를 위한 속죄를 성취하신 후, 단번에 영원한 구속을 성취하셨고, 이 구속이 진정으로 죄를 사한다. 그 모든 동물은 그리스도의 십자가를 통해 성취된 이러한 실재를 가리키는 그림자로서 죽었다. 십자가에서, 그리스도께서 이 모두를 완벽하게 성취하셨다.

히브리서 저자는 '율법'이란 단어를 사용할 때 옛 언약 전체를 가리킨다. 율법, 다시 말해 옛 언약은 "장차 올 좋은 일의 그림자일 뿐이다." 옛 언약 아래서, 이스라엘은 장차 올 것의 형태를 보았을 뿐이다. 이들은 그림자를 보면서 실재를 갈망했다. 그림자로서 옛 언약은 충분하지 못하다. 가까이 나오는 자들을 완벽하게(온전하게) 할 수 없었다.

오직 예수님만 이렇게 하실 수 있다. 하나님은 그리스도의 제사에 만족하고 아들의 의를 우리에게 전가하신다. 완벽한(완전한) 의에 미치지 못하는 그 무엇도 하나님의 기준을 충족하지 못할 것이기 때문이다. 우리는 안타깝게도 자신의 힘으로 완벽한 의에 전혀 미치지 못한다. 오직 그리스도의 의만 우리의 죄를 사하기에 충분하다. 오직 그리스도만 죄를 속하고 영원한 구속을 이루실 수 있다.

## 죄를 없애기에 충분한 제사

**히브리서 10:2-4**

[2]그렇지 아니하면 섬기는 자들이 단번에 정결하게 되어 다시 죄를 깨닫는 일이 없으리니 어찌 제사 드리는 일을 그치지 아니하였으리요 [3]그러나 이 제사들에는 해마다 죄를 기억하게 하는 것이 있나니 [4]이는 황소와 염소의 피가 능히 죄를 없이 하지 못함이라

2절에서, 히브리서 저자는 수사 의문문을 사용해 옛 언약의 제사가 충분하지 못했다고 말한다. "죄를 깨닫는 일"(consciousness of sins, 새번역과 공동번역 개정판은 "죄의식")은 인간의 내면에서 옛 언약의 제사에 영향을 받지 않는 부분을 가리킨다. 대제사장이 백성의 죄를 씻으려고 속죄일에 지성소에 들어갔다. 그렇더라도 백성이 그 직후에 지은 죄에 관해서는 그 무

었도 이들의 양심을 씻을 수 없었다. 율법은 인간 양심의 죄책감을 덜어 주기 위해 할 수 있는 게 전혀 없었다. 2절의 논리는 옛 언약의 제사들이 하나님의 모든 약속을 충분히 성취했다면 제사장들이 제사를 드리길 그쳤으리라는 것이다. 그러나 제사장들은 제사를 드리길 그치지 않았다. 제사를 날마다, 주마다, 해마다 드렸다. 이스라엘의 제사는 백성을 죄 없는 상태로 유지할 수 없었다.

3절에서, 저자는 반복되는 제사가 죄를 기억나게 하는 역할을 했다고 말한다. 반복되는 제사는 매년 백성에게 그들의 죄책과 불순종을 일깨웠고 제사가 궁극적으로 이들을 정결하게 할 수 없다는 것을 일깨웠다. "해마다"는 이러한 제사를 속죄일과 분명하게 연결한다. 속죄일은 해마다 되풀이되는 생생한 행사, 곧 백성에게 이들이 율법의 계명에 완벽하게 순종할 수 없으며 자신들을 위해 중보할 제사장이 절실히 필요하다는 것을 일깨우는 행사였다.

4절에서, 저자는 복음의 본질적 핵심을 제시한다. 동물의 피는 죄를 씻을 수 없다는 것이다. 이 주장은 특히 저자가 피흘림이 없이는 죄사함이 없다고 말한다는 사실을 고려할 때 흥미롭다(9:22). 그렇더라도 옛 언약의 제사는 그 모든 피를 흘리고도 죄를 없앨 수 없었다. 대신에, 옛 언약의 제사는 죄를 사할 수 있는 하나의 제사(제물)를 가리켰다. 예수 그리스도다. 그분의 완벽한 제사는 한 번 드려졌고 절대로 되풀이될 필요가 없었다. 동물의 피와 달리, 그리스도의 피는 죄를 영원히 씻는다.

## 옛 언약의 제사를 대체하기에 충분한 제사

**히브리서 10:5-10**

5그러므로 주께서 세상에 임하실 때에 이르시되 하나님이 제사와 예물을 원하지 아니하시고 오직 나를 위하여 한 몸을 예비하셨도다 [6]번제와 속죄제는 기뻐하지 아니하시나니 [7]이에 내가 말하기를 하나님이여 보시옵소서 두루마리 책에 나를 가리켜 기록된 것과 같이 하나님의 뜻을 행하러 왔나이다 하셨느니라 [8]위에 말씀하시기를 주께서는 제사와 예물과 번제와 속죄제는 원하지도 아니하고 기뻐하지도 아니하신다 하셨고 (이는 다 율법을 따라 드리는 것이라) [9]그 후에 말씀하시기를 보시옵소서 내가 하나님의 뜻을 행하러 왔나이다 하셨으니 그 첫째 것을 폐하심은 둘째 것을 세우려 하심이라 [10]이 뜻을 따라 예수 그리스도의 몸을 단번에 드리심으로 말미암아 우리가 거룩함을 얻었노라

이 단락에서도, 히브리서 저자는 그리스도의 제사와 옛 언약의 제사가 어떻게 다른지 말한다. 그는 대제사장들이 옛 언약 아래서 드린 제사가 큰 대제사장 예수 그리스도께서 드린 뛰어난 제사와 비교할 때 부족하다는 것을 계속 강조한다. 여기서 저자는 그리스도께서 무엇을 성취하러 세상에 오셨는지 구체적으로 설명하고 그분의 죽음이 필수였다는 것을 보여준다. 이를 위해 그는 시편 40편에 크게 의존한다.

### 예수님과 시편 40편

히브리서 저자는 시편 40:6-8을 성육하신 그리스도의 말씀으로 돌린다. 다시 말해, 그리스도께서 이 말씀을 하셨다고 말한다. 히브리서 저자는 삼위일체 하나님이 성경의 저자라고 믿기 때문에 이렇게 말하는 것은 놀랍지 않다. 이렇게 단언함으로써 그는 독자들에게 구약성경에서 예수님을 어떻게 정확히 보아야 하는지 알려준다. 저자는 이 시편을 '오로지' 역사적으로만 읽어서는 안 되며 모형론적으로도 읽어야 한다고 말한다.

예수님은 아버지의 뜻을 행하러 세상에 오셨다. 그래서 자신의 생명을 속죄 제물로 내어주셔야 했다. 5-7절이 이것을 가르친다. 그리스도께서는 세상에 들어올 때 자신의 몸이 하나님을 기쁘게 하고 그분의 진노를

만족시키는 제물이 되리라는 것을 아셨다. 옛 언약의 제사와 제물은 궁극적으로 죄를 사할 수 없었다. 설상가상으로, 제물을 드리는 많은 사람에게 제사는 종교의식에 지나지 않았다. 이들은 더는 믿음과 순종으로 제사를 드리지 않았다. 시늉만 할 뿐이었다.

아버지께서 아들에게 제사들(sacrifices, 옛 언약의 제사장들처럼 반복해서)을 드리라고 요구하지 않으셨다. 아버지께서 아들을 위해 한 몸을 예비하고 아들에게 그 자신이 제물(sacrifice, 단 한 번)이 되라고 요구하셨다. 그러면서 아버지께서는 아들에게 순종을 요구하셨다. 아버지의 뜻과 아들의 순종이 이사야서 53장에 정확히 묘사된다. 하나님은 번제와 속죄제가 아니라 순종을 기뻐하신다(삼상 15:22-23). 이것은 옛 언약의 제물이 어떤 면에서든 하나님의 뜻과 모순되었다는 뜻이 아니다. 하나님은 믿음과 순종에서 비롯되지 않은 종교의식에 관심이 없다는 뜻일 뿐이다. 믿음에서 비롯되지 않은 행위는 하나님이 보시기에 의미가 없다.

8절에서, 히브리서 저자는 자신이 예수님께 돌린 말씀을 간략하게 주석한다. 그는 하나님이 "율법을 따라 드리는" 레위교(Levitical cult)의 제사를 기뻐하시지 않는다고까지 말한다. 이번에도, 이것은 옛 언약의 제사가 일시적이며 부족하다는 것을 강조한다. 더 큰 제사, 하나님이 영원히 기뻐하실 제사가 아직 드려지지 않았다.

#### 예수님과 마지막 제사

9절에서 저자는 예수님이 새 언약을 세우려고 옛 언약을 폐하셨다고 말한다. 이것은 예수님이 "보시옵소서 내가 하나님의 뜻을 행하러 왔나이다"라고 말씀하실 때 선언하셨던 것이다. 이 말씀이 첫 언약을 폐하고 둘째 언약을 세웠다. 그러므로 구약성경의 제사 제도는 완결되었다. 히브리서 저자는 실제로 "폐기하다"(abolish)에 해당하는 헬라어 단어를 사용해 구약성경의 제사 제도가 종결되었다는 것을 최대한 강조한다. 율법의 시대는 끝났다. 예수님이 율법의 시대를 폐하신다. 예수님이 우리가 더는 황소와 염소로 제사를 드릴 필요가 없는 이유다. 이것은 황소와 염소에게 좋은 소식이며, 우리에게는 훨씬 좋은 소식이다.

10절에서, 저자는 둘째이자 최종 제사의 뛰어남을 설명한다. 그러면서 예수님의 몸에 관한 언어로 돌아간다. 예수님은 자신의 몸을 죄를 위한 대속물로 단번에(once-for-all-time) 드려 아버지의 뜻을 행하셨다. 그분의 자발적 제사(희생)는 옛 제사를 폐하고 새 언약을 개시하는 최종적이고 완전히 유효한 제사다. 그리스도와의 연합과 그분의 제사(희생) 덕분에, 신자들은 이제 거룩하고 정결한 영역에 속한다. 신자들은 "거룩함을 얻었다"(새번역은 "거룩하게 되었습니다").

"단번에"는 히브리서에서 매우 중요한 어휘다. 이것은 그리스도의 제사(희생)가 결정적이고 충분하다는 것을 크고 분명하게 선언한다. 그 어떤 제사도 다시 드릴 필요가 없다. 하나님은 그리스도의 제사를 기뻐하신다. 히브리서 저자는 힘주어 말한다. 단 한 번(just once)이 아니라 '단번에'(once for all time)다.

## 완벽함을 이루기에 충분한 제사

**히브리서 10:11-14**

11제사장마다 매일 서서 섬기며 자주 같은 제사를 드리되 이 제사는 언제나 죄를
없게 하지 못하거니와 12오직 그리스도는 죄를 위하여 한 영원한 제사를 드리시
고 하나님 우편에 앉으사 13그 후에 자기 원수들을 자기 발등상이 되게 하실 때까
지 기다리시나니 14그가 거룩하게 된 자들을 한 번의 제사로 영원히 온전하게 하
셨느니라

### 앉아계신 제사장

이러한 구분의 중심에 두 종류의 제사장이 있다. 서 있는 제사장들과 앉아계신 제사장이다. 11절에서, 히브리서 저자는 서 있는 제사장들의 부족함을 세세히 말한다. 옛 언약 아래서 제사장들은 날마다 서서 하나님을 섬기면서 똑같은 제사를 되풀이해서 드렸다. 이들의 제사는 절대로 죄를 없애지 못했으나(10:4) 이들은 계속해서 제사를 드렸다. 이들은 매일 서 있었다. 이들의 일이 전혀 끝나지 않았을뿐더러 진전되지도 않았기 때문이다. 이런 이유로, 제사장들은 매일 서서 "같은" 제사를 드렸다. 이들의 사역은 대대로 반복되어야 했으며, 단 한 죄인도 구원할 수 없었다.

12절에서 저자는 앉아계신 제사장, 곧 예수 그리스도에 대해 자세하게 설명한다. 예수님은 단 한 번 속죄 제사를 드렸고 그 제사는 한 번으로 언제까지나 충분했다. 그래서 예수님은 하나님 오른편에 앉으셨다. 이것을 가리켜 그리스도의 시간(Session of Christ)이라 한다. 이것은 예수님이 아버지 오른편에 권세와 능력으로 앉아계시며 거기서 하나님의 백성을 위해 중보 사역을 하고 자신의 원수들이 자신의 발등상이 될 날을 기다리신다는 뜻이다. 서 있는 제사장들은 숱한 제사를 거듭 드린다. 그러나 예수님은 단 한 번 제사를 드리신다. 그분의 제사는 죄를 영원히 없애기에 충분하며, 그 유익은 절대로 끝나지 않는다. 예수님이 앉아계신 이유는 서 계실 필요가 없기 때문이다. 그분의 속죄 사역은 완결되었고, 이제 그분은 우리를 위해 중보하신다.

### 능력으로 앉아계신 제사장

예수님의 원수들이 그분의 발등상이 될 날을 내다보노라면 시편 110편 말씀으로 돌아가게 된다. 시편 기자는 메시아께서 그분의 원수들로 발등상을 삼으시리라고 말한다. 이 말씀은 예수님의 재림을 가리킨다. 히브리서 저자는 앞 장에서 그분의 재림을 이미 암시했다(9:28). 여기서 히브리서 저자의 마음에 그리스도의 재림이 가장 중요한 주제임이 드러난다.

예수님은 다시 오실 테지만 또 다른 제사를 드리러 오시는 게 아니다. 앉아계신 제사장은 다시 와서 자신의 원수들을 심판하실 것이다. 예수님은 능력으로 앉아계신 제사장이다.

14절에서 저자는 예수님이 단 한 번 드린 제사의 유효성을 다시 말한다. 제사장으로서 자신의 몸을 제물로 드림으로써, 예수님은 거룩하게 되고 있는 자들을 완벽하게(완전하게) 하셨다. 단순히 개선하신 게 아니다. 히브리서 저자는 이것을 몇 번이나, 몇 가지 방식으로 강조할 수 있겠는가? 분명히 한 번으로는 충분하지 않다. 그는 이 아름다운 사실을 거듭거듭 강조한다. 예수님은 거룩하게 되고 있는 자들을 영원히(for all time), 완벽하게(완전하게) 하셨다. 그분의 사역이 신자들을 영원히 완벽하게 한다. 신자들의 완벽함은 객관적·종말론적 실재이며 절대로 끝나지 않을 것이다.

## 죄를 사하기에 충분한 제사

**히브리서 10:15–18**

[15]또한 성령이 우리에게 증언하시되 [16]주께서 이르시되 그 날 후로는 그들과 맺을 언약이 이것이라 하시고 내 법을 그들의 마음에 두고 그들의 생각에 기록하리라 하신 후에 [17]또 그들의 죄와 그들의 불법을 내가 다시 기억하지 아니하리라 하셨으니 [18]이것들을 사하셨은즉 다시 죄를 위하여 제사 드릴 것이 없느니라

15-18절에서, 저자는 구약성경에 한 번 더 의지한다. 여기서 그는 예레미야 31:31-34과 새 언약의 계시에 눈을 돌린다. 하나님이 그분의 법을 그분의 백성의 마음에 두고 그들의 생각에 기록하겠다고 약속하신다. 예수님이 드린 최종적이자 최고의 제사가 죄를 완전히 사하며, 따라서 속죄

제사가 더는 필요하지 않다. 새 언약이 새 마음을 준다.

히브리서 저자는 다시 한번 구약성경의 말씀을 성령의 말씀으로 돌린다. 히브리서 3:7과 9:8에서, 저자는 성령께서 구약성경을 통해 말씀하신다고 이미 말했다. 새 언약은 새롭지만, 새로운 계시가 아니다. 예수님의 제사(희생)는 하나의 옛 계시, 곧 예레미야 선지자가 성령의 증언을 통해 약속한 계시의 성취였다. 이 약속이 예레미야의 약속이 아니었다는 데 주목하라. 이것은 하나님의 약속이었다. 예레미야의 예언을 통해, 성령께서 이 새 언약을 증언하신다.

이미 보았듯이, 히브리서 저자는 8:8-12에서 예레미야 31:31-34을 언급했다. 그는 이 단락을 다시 인용해 자신의 독자들에게 이 새 언약이 그들과 맺어졌다고 말한다. 히브리서 저자가 자신의 독자들을 새 이스라엘로 생각한다는 뜻이다. 어쨌든, 저자는 자신의 편지를 읽는 사람들도 새 언약의 수혜자라고 말하고 있다. 이 새 언약의 핵심적 특징 가운데 하나는 하나님의 주권적 은혜다. 하나님이 친히 그분의 법을 그분의 백성의 마음에 두고 생각에 기록하신다. 이들의 순종은 하나님이 그분의 법을 주권과 은혜로 새기신 결과다. 옛 제사는 절대로 이것을 성취할 수 없었다. 오직 그리스도만 성취하실 수 있었다.

"그들의 죄와 그들의 불법을 내가 다시 기억하지 아니하리라"는 말씀은 옛 언약 아래서는 실현되지 않았다. 이스라엘 백성은 자신들의 죄를 알고 특히 속죄일에 부르짖었다. 하나님은 그분의 진노를 이들의 죄에 즉시 쏟아붓지 않았으나 여전히 이들의 죄를 기억하셨다. 그러나 이제 그리스도께서 새롭고 더 좋은 언약을 중보하셨고, 그래서 하나님은 우리의 죄와 우리의 불법을 더는 기억하지 않으신다. 예수님의 피가 이것들을 영원히 지워버렸다.

18절에서, 저자는 예수님이 새 언약에서 이루신 죄사함의 중요한 요소를 하나 더 제시한다. 그리스도의 피가 참으로 죄를 영원히 사했기에 "다시 죄를 위하여 제사 드릴 것이 없다"(새번역은 "죄를 사하는 제사가 더 이상 필요 없습니다"). 그러므로 우리의 예배당 앞쪽에 주의 만찬을 위한 상은 있지만 동물 제사를 위한 제단은 없다. 그리스도께서 우리의 죄를 사하는 데 필요한 모든 것을 성취하셨다. 예수님의 속죄 제사가 우리의 죄를 단번에 사하기에 충분했기에 그분의 제사는 다른 모든 제사를 종결하기에 충분했다.

1. 성경의 이 섹션(히 10:1-18)은 어떻게 옛 언약이 새 언약을 가리키는지를 다룬다. 당신은 옛 언약을 어떻게 설명하겠는가? 옛 언약이 어떻게 새 언약을 가리켰는가? 새 언약이란 무엇인가? 어떤 성경 구절들이 두 언약을 정의하고 설명하는 데 도움이 되는가?

2. 옛 언약과 제사의 관계를 설명해 보라. 왜 하나님은 제사 제도를 세우셨는가? 제사가 궁극적으로 충분하지 못했다면, 제사의 효과는 무엇이었는가?

3. 히브리서 저자가 옛 언약의 제사에 관해 가장 먼저 강조하려는 것은 옛 언약의 제사가 제사를 드리는 자들을 완벽하게(완전하게) 하지 못한다는 것이다. 저자가 이것을 보여주기 위해 사용하는 첫째 논거는 무엇인가? 왜 제사 제도의 이러한 특징이 제사 제도의 불충분함을 보여주는가?

4. 왜 히브리서 저자는 제사 제도가 죄를 사했던 게 아니라 사실상 죄를 기억나게 했다고 말하는가? 그는 제물로 희생된 황소와 염소의 피에 대해 어떤 결론을 내리는가?

5. 히브리서 10:5에서, 저자는 구약의 한 부분을 인용해 그리스도의 말씀으로 돌리지만 그가 인용한 부분은 복음서 어디에도 없다. 그가 인용한 부분은 다윗의 시편 중 하나에 나오는 것이다. 히브리서 저자가 이 시편을 예수님께 돌리는 것이 어떻게 옳을 수 있는지 설명해 보라.

6. 히브리서 10:11에서, 저자는 옛 언약의 제사와 예수님의 죽음을 분명하게 대비하기 시작한다. 그는 정확히 무엇과 무엇을 비교하는가? 예수님의 제사에 관해, 그가 옛 제사와 대비시켜 강조하는 것은 무엇인가? 이러한 측면들이 옛 언약의 제사들이 충분하지 못하고 그리스도의 제사는 충분하다는 것을 어떻게 반영하는가?

7. 히브리서 저자는 그리스도의 제사를 다가오는 그분의 심판과 연결한다. 어떻게 연결하는가? 성경에 나타난 예수님의 역할과 관련해, 이러한 연결이 왜 중요한가?

8. 히브리서 10:14은 "그가 거룩하게 된 자들을 한 번의 제사로 영원히 온전하게 하셨느니라"고 말한다. 저자가 여기 말하는 완벽함(온전함)과 거룩함 둘 다 예수님의 사역과 어떻게 연결되는가? 이 구절에서 작동하는 '이미와 아직'의 긴장을 설명해 보라.

9. 히브리서 저자는 예레미야 31장을 인용하여 옛 언약과 새 언약의 근본적 차이가 무엇이라고 설명하는가? 왜 이것이 새 언약의 그리스도인들에게 그렇게 중요한가?

10. 예수님은 사람들의 죄를 위해 제사를 드리셨다(자신을 속죄 제물로 드렸다). 히브리서 저자는 이들의 죄에 대해 어떤 아름다운 결론을 도출하는가? "단번에"(once for all time)의 언어가 죄사함 그리고 속죄 제사의 종결과 어떻게 연결되는가?

# 21. 그리스도를 향한 확신에 찬 고백

**히브리서 10:19-25**

[19]그러므로 형제들아 우리가 예수의 피를 힘입어 성소에 들어갈 담력을 얻었나
니 [20]그 길은 우리를 위하여 휘장 가운데로 열어 놓으신 새로운 살 길이요 휘장은
곧 그의 육체니라 [21]또 하나님의 집 다스리는 큰 제사장이 계시매 [22]우리가 마음
에 뿌림을 받아 악한 양심으로부터 벗어나고 몸은 맑은 물로 씻음을 받았으니 참
마음과 온전한 믿음으로 하나님께 나아가자 [23]또 약속하신 이는 미쁘시니 우리가
믿는 도리의 소망을 움직이지 말며 굳게 잡고 [24]서로 돌아보아 사랑과 선행을 격
려하며 [25]모이기를 폐하는 어떤 사람들의 습관과 같이 하지 말고 오직 권하여 그
날이 가까움을 볼수록 더욱 그리하자

**핵심 개념**: 우리는 예수 그리스도의 제사장 사역을 통해 하나님께 나아갈 확신이 있다. 이러한 확신 때문에, 우리는 그리스도의 재림을 고대하며 믿음을 더욱 확고히 하라고 서로 격려할 수 있다.

**I. 그리스도를 향한 확신(10:19-22)**

A. 피를 통해 들어간다

B. 제사장을 통해 들어간다

C. 참 마음과 온전한 믿음으로 들어간다

D. 깨끗한 마음으로 들어간다

**II. 우리의 고백을 굳게 잡자(10:23-25)**

A. 과거의 약속들에 대한 하나님의 신실하심

B. 그리스도인의 교제를 통한 현재의 확신

C. 그리스도의 재림을 향한 고대

히브리서 저자는 복음의 틀과 내용을 제시하면서 복음의 의미를 계속 되짚는다. 그는 동일한 진리를 자주 되풀이하지만, 그러면서 조금 다른 측면을 강조함으로써 독자들의 주의를 끌 것이다. 히브리서 10:1-18에서 복음의 "단번에" 측면을 살펴본 후, 저자는 10:19-25에서 복음이 내포하는 또 다른 의미에 주목한다. 그는 독자들이 예수님의 사역이 그분의 백성을 위해 성취한 아름다운 실재들을 기억하도록 돕기 위해 복음의 다양한 측면을 다시 한번 요약할 것이다. 그뿐 아니라, 이러한 아름다운 실재들을 토대로 행동하도록 자신의 사람들을 권면할 것이다.

## 그리스도를 향한 확신

### 히브리서 10:19-22

19그러므로 형제들아 우리가 예수의 피를 힘입어 성소에 들어갈 담력을 얻었나니
20그 길은 우리를 위하여 휘장 가운데로 열어 놓으신 새로운 살 길이요 휘장은 곧
그의 육체니라 21또 하나님의 집 다스리는 큰 제사장이 계시매 22우리가 마음에
뿌림을 받아 악한 양심으로부터 벗어나고 몸은 맑은 물로 씻음을 받았으니 참 마
음과 온전한 믿음으로 하나님께 나아가자

19절 첫머리에 나오는 접속사 '그러므로'는 새로운 섹션이 시작된다는 표식이며, 히브리서 저자가 방금 논의를 마친 진리들이 내포하는 여러 의미로 우리를 인도한다. 히브리서 저자의 권면들은 예수님의 제사장 사역에 근거하며 그분의 사역이 참으로 놀랍다는 것을 거듭 강조한다.

### 피를 통해 들어간다

이 말씀에 주목하라. "우리가 예수의 피를 힘입어 성소에 들어갈 담력을 얻었나니." 그리스도인 독자들이 이 말씀을 깨닫지 못한 채 지나쳐 버릴 수 있지만 속도를 늦추고 잘 씹어 소화해야 한다. "성소"는 장막(성막)의 지성소를 가리킨다. 대제사장 외에 누구도 여기에 들어갈 수 없었고, 대제사장이라도 일 년에 단 한 번 더없이 엄격한 준비를 거친 후에야 들어갈 수 있었다. 대제사장 외에 누구라도 허락 없이 지성소에 들어가면 죽었다. 그러나 이제 그리스도께서 십자가에서 하신 일 때문에, 신자들은 확신을 갖고(당당하게) 지성소에 들어갈 수 있다. 이것은 신자들이 물리적 지성소에 들어간다는 뜻이 아니라 이제 그리스도의 사역을 확신하며(사역에 힘입어) 하나님의 임재 안에 들어갈 수 있다는 뜻이다. 하나님의 은혜로, 그분의 임재 안에 들어가는 문이 이제 활짝 열렸다. 이것은 혁명적이 아닐 수 없다.

어떤 사람들은 기독교에서 피의 언어를 제거하고 예수님의 사랑만 말하려 했다. 그러나 그리스도의 피는 기독교 신학에 더없이 중요하다. 그리스도의 피가 양과 염소를 나누지만, 그 피로 구원받은 자들로 하나 되게 한다. 피의 언어를 잃으면 복음을 잃는다. 윌리엄 쿠퍼(William Cowper, 1731-1800)가 쓴 "샘물과 같은 보혈은"이란 찬송이 그리스도의 피가 하는 역할을 아름답게 포착한다.

> 샘물과 같은 보혈은 주님의 피로다
> 보혈에 죄를 씻으면 정하게 되겠네
> 정하게 되겠네 정하게 되겠네
> 보혈에 죄를 씻으면 정하게 되겠네

더없이 성경적인 찬송이다.

히브리서는 그리스도인들이 하나님께 나아갈 수 있는 정확한 이유는 예수 그리스도의 피가 이것을 가능하게 했기 때문이라는 것을 보여준다. 그리스도의 피가 없으면 하나님께 나아갈 수 없다. 피흘림이 없으면 죄사함이 없다. 옛 언약이 피 제사를 요구했듯이, 새 언약도 피 제사를 요구한다. 그러나 최종적이고 유효한 피 제사는 제단에서 흘린 동물의 피를 통해 드려진 게 아니라 십자가에서 흘린 하나님의 아들의 피를 통해 드려졌다. 그분의 완전하고 죄없는 피를 힘입어, 우리는 담대하게 성소에 들어갈 수 있다.

### 제사장을 통해 들어간다

20절에서 저자는 그리스도께서 하나님의 임재 안으로 들어가는 문을 어떻게 여셨는지 계속 설명한다. 그는 이것을 "새로운 살 길"이라 부르는데, 이 표현도 새 언약의 뛰어남을 강조한다. 예수님은 새 언약의 더 나은 제사장이며, 그분의 백성을 위해 영원히 중보하시는 분이다(7:25).

이 새로운 살 길이 "휘장 가운데로" 열렸다. 여기서 휘장은 "그의 육체," 곧 우리를 위해 십자가에서 찢기고 피 흘리신 그리스도의 몸을 가리킨다. 장막에서 휘장은 성소와 지성소를 분리했다. 그리스도께서 십자가에서 죽음으로써 하나님의 임재로 들어가는 길을 여셨다. 이것이 예수님이 죽으셨을 때 성전 휘장이 찢어진 것으로 표현된다(마 27:51). 예수님의 제사장 사역과 제사(희생) 덕분에, 우리는 이제 휘장을 통해("휘장 가운데로") 하나님의 임재에 들어가지 않는다. 하나님의 집에서 우리의 큰 대제사장이신 예수님을 통해 들어간다.

### 참 마음과 온전한 믿음으로 들어간다

그리스도께서 제사장으로서 하신 모든 일 때문에, 히브리서 저자는 하나님의 백성이 "참 마음과 온전한 믿음으로" 나아가야 한다고 자신 있게 주장한다. 우리가 누구에게 나아갈 수 있는가? 아버지께 나아갈 수 있다. 어떻게 그분께 가까이 나아갈 수 있는가? 온전히 믿는 참 마음으로 나아갈 수 있다. 바꾸어 말하면, 우리는 예수님을 믿음으로 우리의 죄가 용서되었다고 확신하며 하나님 앞에 설 수 있다.

온전한 믿음(full assurance of faith, 완전한 믿음의 확신, 새번역은 "확고한 믿음")은 그리스도인들이 씨름하는 문제이자 교회사 내내 상당한 논란을 일으킨 문제다. 숱한 그리스도인이 구원의 확신과 씨름한다. 그러나 신약성경은 그리스도인들에게 그들이 구원받았다는 것을 알라고 권면한다. 하나님은 확신을 주신다. 그러나 그 확신은 사람의 믿음이 아니라 그리스도의 신실하심에 근거한다. 사도 요한은 요한일서 5:13에서 이렇게 썼다. "내가 하나님의 아들의 이름을 믿는 너희에게 이것을 쓰는 것은 너희로 하여금 너희에게 영생이 있음을 알게 하려 함이라." 로마서 10:9, 13은 주의 이름을 부르는 자는 구원을 받으리라고 약속한다. 따라서 신자는 완전한 확신을 가져야 한다. 그러나 자신이나 자신의 신실함에 대한 확신이 아니라 믿음의 대상이신 예수 그리스도를 향한 확신이어야 한다. 그와 동시에, 신자들은 히브리서 저자가 자신의 서신에서 하는 무수한 경고에 주목해야 한다. 신자라면 반드시 열매를 맺어야 한다. 열매 없는 믿음은 구원하지 못한다.

### 깨끗한 마음으로 들어간다

뿌린다는 표현은 구약성경의 제사 제도를 암시한다. 대제사장이 속죄일에 동물의 피를 하나님의 속죄소(시은좌)에 뿌려 화목제사(propitiation)를 드렸다(레 16:14). 그 결과, 하나님은 이스라엘을 향한 진노를 거두고 이들을 받아들이셨다. 바르고 뿌린 피가 옛 언약 아래서 하나님의 백성을 정결하게 했듯이, 그리스도의 피가 새 언약 아래서 우리를 정결하게 한다. 그러나 예수님의 피는 뛰어난 능력과 효능으로 우리를 깨끗하게 한다. 황소와 염소의 피와 달리, 예수님의 피는 양심을 정결하게 한다. 예수님의 피는 우리의 중심을 차지한 죄를 씻어 우리의 마음을 완벽하게(온전하게) 한다.

"맑은 물"(pure water)로 씻음도 뒤로 돌아가 구약성경을 가리킨다. 구약성경에서, 깨끗해지려면 몸을 씻어야 했다. 하지만 이러한 씻음은 사람들을 진정으로 깨끗하게 할 수 없었다. 히브리서 저자는 여기서 진정으로 정결하게 하는 씻음의 유형을 염두에 두는 것 같다. 이 맑은 물은 우리의 죄를 완전히 씻는다. 이것은 우리를 단지 외적으로가 아니라 내적으로 정결하게 하는 포괄적 씻음이다. 씻음의 언어는 또한 구원의 생생한 그림인 세례를 가리키는 아름다운 이미지를 암시한다. 세례를 받을 때, 우리는 생생하게 그리스도와 함께 장사되고 새 생명으로 그분과 아름답게 다시 살아난다. 세례는 그리스도께서 성취하신 내적 사역의 외적 상징이다.

## 우리의 고백을 굳게 잡자

**히브리서 10:23-25**

> 23또 약속하신 이는 미쁘시니 우리가 믿는 도리의 소망을 움직이지 말며 굳게 잡고 24서로 돌아보아 사랑과 선행을 격려하며 25모이기를 폐하는 어떤 사람들의 습관과 같이 하지 말고 오직 권하여 그 날이 가까움을 볼수록 더욱 그리하자

이 단락에서, 히브리서 저자는 시간의 모든 측면을 멋지게 다룬다.

- 과거: 그리스도 안에서 과거의 약속들에 신실하신 하나님
- 현재: 그리스도인의 교제를 통한 확신
- 미래: 그리스도의 재림을 향한 고대

히브리서 저자는 먼저 하나님이 그분의 약속에 신실하다고 말하며 과거를 언급한다. 그는 지금 그리스도인의 교제와 격려가 필요하다고 말한

다. 또한 다가오는 주의 날을 인식하며 권면을 미래로 확대한다.

### 과거의 약속들에 대한 하나님의 신실하심

확신과 온전한 믿음을 토대로, 히브리서 저자는 자신의 독자들에게 "우리 소망의 고백을 굳게 잡자"(hold on to the confession of our hope, 개역개정: "우리가 믿는 도리의 소망을…굳게 잡고", 새번역: "우리가 고백하는 그 소망을 굳게 지킵시다")고 간청한다. 고백에서 믿음이 드러난다. 고백은 회개하는 마음을 말로 확인하는 것이다. 그리스도인의 소망의 고백이란 무엇인가? 예수님은 주님이며 예수님은 구원하신다. 히브리서 저자는 장황한 교리 진술을 말하고 있는 게 아니다. 그가 생각하는 고백은 예수님이 죄인들을 구원하신다는 핵심 고백이다. 그리스도인들은 아무리 작은 부분에서라도 이 고백에서 절대로 벗어나지 말아야 한다. 히브리서 저자의 청중처럼, 우리도 처음에 소망을 두었던 고백을 굳게 잡아야 한다.

그리스도인은 자신의 끈기가 아니라 하나님의 신실하심을 굳게 잡아야 한다. 우리는 끝까지 인내할(persevere, 견인될) 것이다. 하나님은 그분의 자녀들을 버리지 않으시기 때문이다. 하나님은 자신이 약속에 신실하다는 것을 성경 전체에서 증명하셨다. 예수님은 요한복음 6:37에서 아버지의 신실하심을 단언하셨다. "아버지께서 내게 주시는 자는 다 내게로 올 것이요 내게 오는 자는 내가 결코 내쫓지 아니하리라." 그리스도께 오는 자는 누구라도 절대로 그분의 손에서 빼앗길 수 없다(요 10:28). 하나님의 보호와 공급은 안전하며, 그래서 교회는 흔들리지 않고 고백을 굳게 잡을 수 있다.

### 그리스도인의 교제를 통한 현재의 확신

24절에서, 히브리서 저자는 초점을 현재로 옮긴다. 여기서 그는 그리스도인의 교제를 강조하고 신자들이 끝까지 인내하도록 돕는 교회의 역할을 강조한다. 교회가 없으면, 확신과 온전한 믿음을 가질 수 없다. 혼자서는 인내할 수 없다. 그리스도인은 서로 격려해 줄 신자들의 몸이 절실히 필요하다. 확신을 얻으려면, 다른 성도들로부터 끊임없이 일깨움을 받아야 한다.

그리스도는 그분을 따르는 자들이 서로에게서 가장 좋은 것을 끌어내도록 명하신다. 신자들은 사랑하고 선한 일을 하도록 적극적으로, 말로 서로 격려하고 응원해야 한다. 건강하지 못한 교회는 이렇게 하지 못한다. 안타깝게도, 어떤 교회들은 교인들에게서 가장 좋은 것이 아니라 가장 나쁜 것을 끌어낸다. "주 믿는 형제들"(Blest Be the Tie That Binds, 새찬송가 221장)이란 찬송은 주 예수 그리스도 안에서 이루어지는 교제와 서로의 짐을 지는 것의 가치를 아름답게 표현한다.

그리스도인들은 함께 모여 예배하고 기도하며 서로 격려하길 게을리해서는 안 된다. 24, 25절에서, 히브리서 저자는 다른 신자들을 소홀하게 대하는 습관이 있는 자들을 향한 심판을 강한 어조로 말한다. 함께 모이길 소홀히 하는 자들은 그리스도께서 그분의 백성을 먹이고 지키며 보호하는 수단에서 스스로를 차단하는 것이다. "나 혼자 할 수 있어"라고 말하는 것은 그리스도의 명령 자체를 거부하는 것이다. 어떤 사람들은 인터넷으로 더 나은 설교를 들을 수 있다거나 너무 바빠 교회에 갈 수 없다고 주장할는지 모른다. 그러나 이러한 변명은 불순종하는 마음을 드러낼 뿐이다. 변명거리를 찾는 대신, 그리스도인들은 함께 모이기 위해 힘을 다해야 한다. 그리스도인들은 강단에서 선포되는 하나님의 말씀을 먹어야 할 뿐 아니라 사랑하고 선을 행하도록 동료 신자들을 독려하는 것이 믿음의 한 부분이기 때문이다.

### 그리스도의 재림을 향한 고대

마지막으로, 히브리서 저자는 미래로 초점을 옮긴다. 많은 영어 번역이 '날'(day)을 대문자로 표기하는데, 이날이 역사에서 구체적인 날을 가리키기 때문이다. 이날은 그리스도의 재림과 하나님의 심판이 있을 날을 가리킨다(벧후 3:10). 그리스도께서 그날 그분의 교회를 불러 모으고 그분의 교회에 속하지 않은 자들을 심판하실 것이다.

그날을 향한 신실한 고대가 교회 일상의 특징이어야 한다. 그리스도의 재림이 가까울수록 서로 격려하며 함께 모이는 일이 더 긴급하고 더 중요하다. 히브리서 저자는 주의 날이 가까워질수록 교회가 더욱 신실하게 헌신하길 기대한다. 그날이 언제일지 아무도 모른다. 그러나 하나님의 말씀은 그날이 임박했다고 단언한다. 우리는 늘 준비되어 있어야 한다.

1. 저자가 히브리서를 요약한 목적과 결과는 무엇인가? 특히 앞에서 살펴본 단락에 대해 밝혀보라.

2. 왜 그리스도의 피가 그리스도인들에게 중요한 교리인가? 피 언어가 제거되면 기독교는 무엇을 잃게 되는가? 그리스도의 피가 우리에게 무엇을 가능하게 하는가? 왜 그런가?

3. 히브리서 저자는 그리스도께서 "휘장 가운데로…새로운 살 길"을 여셨다고 말하는데, 이는 무슨 뜻인가? 우리는 이제 하나님의 임재에 어떻게 들어가는가? 그리스도의 제사장 사역과 제사(희생)가 이 새로운 살 길에서 하는 역할을 설명해 보라.

4. 왜 우리는 참 마음과 온전한 믿음(full assurance, 완전한 확신)으로 아버지께 가까이 나아갈 수 있는가? 성경은 그리스도인들이 자신의 구원에 대해 완전한 확신을 가질 수 있다고 어떻게 단언하는가? 예를 들어보라.

5. 그리스도께서 그분의 피를 뿌리신 것이 구약성경에서 피를 뿌린 것과 어떻게 연결되는가? 그리스도께서 자신의 피를 뿌리신 것이 옛 언약의 제사에서 피를 뿌린 것보다 어떻게 뛰어난가? 이러한 피 뿌림이 무엇을 상징하고 신자를 위해 무엇을 성취하는가?

6. 22절에 언급된 물로 씻음이 구약성경에서 언급된 씻음보다 어떻게 뛰어난가? 이러한 씻음이 어떻게 세례와 연결되는가? 구원에서 세례의 역할은 무엇인가? 우리의 성화에 세례가 어떻게 중요한가? 설명해 보라.

7. '우리 소망의 고백'이란 무엇인가? 왜 우리는 이 고백을 잃지 말아야 하는가? 우리가 우리의 고백을 굳게 잡는 데 하나님의 신실하심이 어떤 역할을 하는가? 신자들을 격려하는 데 하나님의 약속이 어떤 역할을 하는가? 성경 어디에서 하나님이 그분의 약속을 성취하시는 모습을 볼 수 있는가? 이러한 예가 당신이 굳게 잡는 데 어떻게 힘이 되는가?

8. 왜 그리스도인에게 교회가 필요한가? 신자 개개인이 다른 곳에서나 스스로 얻을 수 없는 어떤 것을 교회가 그에게 주는가? 우리가 믿음으로 인내하며(믿음을 지키며) 우리의 고백을 굳게 잡도록 지교회가 어떻게 우리를 돕는가?

9. 히브리서 저자가 24, 25절에서 하는 명령과 관련해, 지교회에서 제자도(제자훈련)가 어떤 역할을 하는가? 그리스도인들은 믿음의 형제자매들이 구원의 확신을 갖도록 어떻게 도울 수 있는가? 신자들이 이러한 확신을 갖도록 서로를 격려할 수 있는 어떤 실제적 방법들이 있는가?

10. 그리스도의 재림을 고대하며 사는 삶을 교회가 어떻게 더 잘 강조할 수 있겠는가? 종말론이 일상생활에 어떻게 영향을 미치는가? 이것이 당신의 일상에 어떻게 영향을 미치는가? 이것이 우리의 제자도와 교회 생활에 어떻게 영향을 미쳐야 하는가?

# 22. 신실한 자들의 순종

**히브리서 10:26–39**

26우리가 진리를 아는 지식을 받은 후 짐짓 죄를 범한즉 다시 속죄하는 제사가 없
고 27오직 무서운 마음으로 심판을 기다리는 것과 대적하는 자를 태울 맹렬한 불
만 있으리라 28모세의 법을 폐한 자도 두세 증인으로 말미암아 불쌍히 여김을 받
지 못하고 죽었거든 29하물며 하나님의 아들을 짓밟고 자기를 거룩하게 한 언약
의 피를 부정한 것으로 여기고 은혜의 성령을 욕되게 하는 자가 당연히 받을 형벌
은 얼마나 더 무겁겠느냐 너희는 생각하라 30원수 갚는 것이 내게 있으니 내가 갚
으리라 하시고 또 다시 주께서 그의 백성을 심판하리라 말씀하신 것을 우리가 아
노니 31살아계신 하나님의 손에 빠져 들어가는 것이 무서울진저 32전날에 너희가
빛을 받은 후에 고난의 큰 싸움을 견디어 낸 것을 생각하라 33혹은 비방과 환난으
로써 사람에게 구경거리가 되고 혹은 이런 형편에 있는 자들과 사귀는 자가 되었
으니 34너희가 갇힌 자를 동정하고 너희 소유를 빼앗기는 것도 기쁘게 당한 것은
더 낫고 영구한 소유가 있는 줄 앎이라 35그러므로 너희 담대함을 버리지 말라 이
것이 큰 상을 얻게 하느니라 36너희에게 인내가 필요함은 너희가 하나님의 뜻을
행한 후에 약속하신 것을 받기 위함이라 37잠시 잠깐 후면 오실 이가 오시리니 지
체하지 아니하시리라 38나의 의인은 믿음으로 말미암아 살리라 또한 뒤로 물러가
면 내 마음이 그를 기뻐하지 아니하리라 하셨느니라 39우리는 뒤로 물러가 멸망
할 자가 아니요 오직 영혼을 구원함에 이르는 믿음을 가진 자니라

**핵심 개념**: 참 그리스도인은 하나님께 순종하며 살 뿐 아니라 박해 가운데서도 인내하며 신실하다. 그리스도를 믿는 자는 마침내 그분이 다시 오실 때 소망의 약속이 이루어지리라 확신하는 이유가 있다.

**I. 무서운 경고(10:26-27)**

**II. 하나님의 심판(10:28-31)**

A. 모세의 율법을 무시함

B. 배교의 세 가지 표식

C. 살아계신 하나님의 손에

**III. 견디는 자들의 믿음(10:32-39)**

A. 이전 날들을 기억하라

B. 물러서지 않는 자들

어려운 성경 구절들은 하나님의 모략 전체를 더 온전히 이해하는 데 도움이 된다. 어려운 성경 구절들을 건너뛰면 성경적으로 빈곤해진다. 따라서 성경 읽기가 빈곤해지면 경건의 성장도 그렇게 된다. 성경의 어려운 부분들을 더 분명한 부분들에 비추어 이해하려 해야 한다. 종교개혁자들이 가르쳤듯이, 성경이 성경을 해석한다. 어려운 구절들은 정경 전체의 맥락 안에서 살필 때 더 분명해진다. 히브리서 10:26-39도 이런 방식으로 읽어야 한다.

히브리서 10:26-39은 히브리서에 기록된 세 가지 경고 가운데 하나다. 이 단락의 훈계들은 성경에서 가장 엄한 훈계에 속한다. 이 훈계들은 정신이 번쩍 들게 하고 머릿속에서 떠나지 않으며, 따라서 우리를 신실함으로 몰아가야 한다. 히브리서 저자가 곧 보여주듯이, 믿음을 버릴 때 따르는 위험은 너무나 커서 감당할 수 없다.

# 무서운 경고

**히브리서 10:26-27**

26우리가 진리를 아는 지식을 받은 후 짐짓 죄를 범한즉 다시 속죄하는 제사가 없고 27오직 무서운 마음으로 심판을 기다리는 것과 대적하는 자를 태울 맹렬한 불만 있으리라

저자는 확신에 관한 섹션을 경고로 마무리한다. "짐짓"(deliberately, 현대인의 성경과 가톨릭 성경은 "일부러")으로 번역된 헬라어 단어는 실제로 문장 맨 앞에 위치한다. 이러한 문장 구조를 통해, 저자는 자신의 독자들에게 구체적인 점을 강조한다. 죄에 머물지 말라는 것이다. "짐짓" 죄를 짓지 말라는 경고는 우리가 짓는 모든 죄가 우리를 위한 예수님의 희생을 무효화 한다는 뜻이 아니다. 오히려, 죄에 머물고 회개하길 노골적으로 거부하면 본질적으로 복음을 거부하고 멸망에 이르는 길을 자진해서 걷는다는 뜻이다. 이런 의미에서, 우리의 죄를 사하는 제사가 더는 남아 있지 않다. 우리가 유일하게 유효한 제사를 거부했고 하나님 앞에서 우리를 의롭게 하실 수 있는 유일한 분에게 등을 돌렸기 때문이다. 이런 결정을 한 사람은 용서받을 수 없다.

히브리서 저자는 우리가 "진리를 아는 지식을 받았다"고 말한다. 이는 무슨 뜻인가? 이것은 복음을 듣고 알면서도, 복음이 진리라는 것을 이해하면서도, 고의적이고 단호하게 복음을 거부하는 자들을 가리킨다. 저자는 기독교 신앙을 한 번 받아들였으나 이후 신앙을 버린 자들도 염두에 둔다. 이들은 한때 자신이 신자라고 고백했으나 이들의 고백이 거짓으로 드러났다. 이들은 믿음의 인내를 이룬(믿음을 지킨) 게 아니라 오히려 믿음을 버리고 죄를 좇았다(아마도 박해를 받을 때). 믿음을 버린 자들에게는 용서가 있을 수 없다.

예수님은 마태복음 13장에서 이런 사람들을 향해 경고하신다. 그분은 복음의 씨가 얕은 땅에 떨어진 경우를 말씀하셨다. 이 씨는 즉시 생명의 신호를 보이지만 박해가 닥치면 죽는다. 생명의 첫 신호는 거듭남이 아니라 영적 관심을 가리킬 뿐이다. 반대로, 거듭난 생명은 변화하고, 새 열매를 맺으며, 영원한 영향을 지속적으로 미친다. 히브리서 10:26처럼, 이 비유도 지옥에는 복음을 분명하게 알지만 왕이신 그리스도께 절대로 무릎을 꿇지 않은 자들로 넘쳐난다는 것을 오싹하게 일깨워준다. 사도 요한도 하나님의 백성이라면서 결국 그분의 교회를 버리는 자들이 있으리라고 경고한다(요일 2:19). 우리는 경고를 받았다. 성경은 분명하다. 진리를 아는 지식을 받은 후에도 자진해서, 짐짓 계속 죄를 짓는 자들은 마지막에 용서받지 못할 것이다.

28절에서, 저자는 짐짓 계속 죄를 짓는 자들에게 무엇이 준비되어 있는지 들려준다. 이들은 자신들의 죄를 자비롭게 용서받는 게 아니라 공의를 받는다. 이들은 다가오는 하나님의 심판을 기다린다. 하나님의 아들을 거부했기 때문이다. 이들은 하나님의 백성인 교회와 손을 잡는 대신 교회의 원수들과 손을 잡기로 선택했다. 여기서 심판은 하나님의 마지막 심판을 가리키며, 그때 하나님은 그분의 모든 원수를 단번에 정죄하실 것이다. 27절의 언어도 이사야 26:11을 떠올리게 하는데, 이 구절은 하나님이 그분의 대적들을 불로 심판하시리라고 말한다. 나중에 한 구절에서 보듯이(히 12:29), 우리의 하나님은 소멸하는 불이다. 그리스도를 거부하는 자들은 스스로 하나님의 원수가 되며, 따라서 하나님의 진노가 이들에게 임할 것이다. 모골이 송연한 경고다.

# 하나님의 심판

**히브리서 10:28–31**

[28]모세의 법을 폐한 자도 두세 증인으로 말미암아 불쌍히 여김을 받지 못하고 죽
었거든 [29]하물며 하나님의 아들을 짓밟고 자기를 거룩하게 한 언약의 피를 부정
한 것으로 여기고 은혜의 성령을 욕되게 하는 자가 당연히 받을 형벌은 얼마나 더
무겁겠느냐 너희는 생각하라 [30]원수 갚는 것이 내게 있으니 내가 갚으리라 하시
고 또 다시 주께서 그의 백성을 심판하리라 말씀하신 것을 우리가 아노니 [31]살아
계신 하나님의 손에 빠져 들어가는 것이 무서울진저

히브리서 저자는 이번에도 구약성경에 근거해 논증을 이어간다. 이 단락에서, 그는 모세 율법과 새 언약을 다시 한번 비교한다. 그뿐 아니라, 예수님을 거부해 하나님의 손에 넘어가는 것이 얼마나 무서운지 강조한다. 배교하지 말라는 엄중한 경고다. 이 경고를 가볍게 여겨서는 안 된다.

### 모세 율법을 무시함

모세 율법을 무시함(disregarded the law of Moses, 개역개정은 "모세의 법을 폐한", 새번역은 "모세 율법을 어긴")은 무엇보다도 우상숭배를 금하는 첫째 계명을 어기는 것을 가리킨다. 이것은 하나님이 모세를 통해 이스라엘에게 주신 구약 율법 전체를 완전히 거부함을 짧게 표현한 것이다. 모세 율법을 무시하는 자들은 이스라엘 자녀가 되는 권리를 잃는다.

따라서 모세 율법을 무시한다는 것을 단순히 율법을 무시한다는 뜻으로 생각해서는 안 된다. 이것은 하나님께 맞서는 극악하고 교만하기 이를 데 없는 반역을 가리킨다. 따라서 이런 식으로 율법을 어긴 자들은 두세 사람의 증언을 토대로 자비를 베풀지 말고 죽여야 했다. 이 형벌이 우상숭배에 적용되었다는 점에서, 히브리서 10:29이 훨씬 엄중하게 들린다.

### 배교의 세 가지 표식

29절에서, 저자는 하나님의 아들을 짓밟고 언약의 피를 부정하게 여기며 성령을 모독하는 자들은 구약성경에 나오는 벌보다 훨씬 엄한 벌을 받으리라는 것을 보여준다. 모세 율법을 무시한 자들은 땅의 벌을 받았다. 예수 그리스도의 계시를 무시하는 자들은 더 심한 벌을 받는다. 히브리서 저자는 수사 의문문을 활용해 배교에 얼마나 엄한 재판이 따를지 보여준다. 배교의 죄는 세 가지다. (1) 하나님의 아들을 짓밟는 것, (2) 언약의 피를 부정하게 여기는 것, (3) 성령을 욕되게 하는 것이다.

첫째 죄, 곧 하나님의 아들을 짓밟는 것은 그리스도의 신분을 거부하는 자들을 묘사한다. 예수님은 요한복음 14장에서 아들을 거부하는 것은 아버지를 거부하는 것이라고 할 때 이 개념을 확대하신다. 이것은 아주 중요한 부분이다. 그리스도의 신성과 아들됨을 거부하는 자들은 아버지를 거부하는 것이며, 이들에게는 죄를 사하는 제물(제사)이 없다.

둘째 죄, 곧 언약의 피를 부정하게 여기는 것은 구약성경에서 장막(성막)과 성전에 위치한 거룩한 기구들을 귀하게 여겼던 것을 떠올리게 한다. 정결하게 되지 않은 채 어느 성물이라도 만지는 것은 즉각적 죽음을 부르는 짓이었다. 히브리서 10:29은 우리에게 보여준다. 언약의 피, 곧 언약 제물이신 예수 그리스도의 피를 부정하게 여기는 것은 성전의 성물을 훼손하거나 가벼이 여기는 것보다 훨씬 악하다(삼상 2:17을 보라). 언약의 피를 부정하게 여기는 것은 본질적으로 그리스도의 피가 우리의 죄를 씻을 수 있음을 믿지 않는다는 뜻이다. 그리스도의 피가 중심이고 능력이라는 것을 히브리서 전체에서 이미 보았는데(9:12,14, 25-26; 10:19), 29절도 다르지 않다. 언약의 피가 우리를 거룩하게 한다. 그리스도의 피를 무시하는 것은 그 피로 성취되는 정결을 무시하는 것이다.

셋째 죄, 곧 은혜의 성령을 욕되게 하는 것은 성령을 폄하하는 것을 가리키며, 성령 모독과 다르지 않다(마 12:31-32). 아버지께서 신자들을 위로하고 돕기 위해 예수님을 통해 성령을 주셨기에(요 16:7) 예수님을 거부하는 자들도 성령을 거부하는 것이다. 배교하는 자들은 본질적으로 스스로 성령의 원수가 된다. 그리스도를 거스르는 자들은 성령을 욕되게 하기 때문이다.

### 살아계신 하나님의 손에

30절에서 저자는 신명기 32:35-36을 인용한다. 이스라엘이 약속의 땅에 들어가기 직전에 모세가 이들에게 한 말이다. 히브리서 저자는 이 인용문을 사용하여 고의로 죄를 짓는 자는 더 큰 벌을 받아 마땅하다는 자신의 주장을 뒷받침한다. 인용문에서 보듯이, 하나님이 그분을 거부하는 자들을 실제로 심판하시리라는 데는 의심의 여지가 거의 없다. 아들을 짓밟고 그분의 피를 부정하게 여기며 성령을 욕되게 하는 자들을 하나님의 보응과 공의가 기다린다. 땅의 공의는 종종 제대로 시행되지 않지만 하나님의 공의는 완벽하게 시행될 것이다. 이스라엘과 달리, 우리는 하나님의 손에("징벌하시는 손에"—새번역, "심판의 손에"—공동번역 개정판) 빠져 들어가지 말아야 한다.

그리스도를 무시하는 자들은 이 말씀에 깊은 두려움을 느껴야 한다. 하나님의 마지막 심판은 영원한 공포의 문제다. 우리는 하나님을 가벼이 여기지 말아야 한다. 배교는 하지 말아야 할 게임이다. 살아계신 하나님, "소멸하는 불"("태워 없애는 불"—새번역)이신 하나님의(12:29) 손에 빠져 들어가는 것은 참으로 무서운 일이다. 아들을 거부하는 자들은 아버지를 두려워야 할 이유가 차고 넘친다.

# 견디는 자들의 믿음

**히브리서 10:32-39**

32전날에 너희가 빛을 받은 후에 고난의 큰 싸움을 견디어 낸 것을 생각하라 33혹
은 비방과 환난으로써 사람에게 구경거리가 되고 혹은 이런 형편에 있는 자들과
사귀는 자가 되었으니 34너희가 갇힌 자를 동정하고 너희 소유를 빼앗기는 것도
기쁘게 당한 것은 더 낫고 영구한 소유가 있는 줄 앎이라 35그러므로 너희 담대함
을 버리지 말라 이것이 큰 상을 얻게 하느니라 36너희에게 인내가 필요함은 너희
가 하나님의 뜻을 행한 후에 약속하신 것을 받기 위함이라 37잠시 잠깐 후면 오실
이가 오시리니 지체하지 아니하시리라 38나의 의인은 믿음으로 말미암아 살리라
또한 뒤로 물러가면 내 마음이 그를 기뻐하지 아니하리라 하셨느니라 39우리는
뒤로 물러가 멸망할 자가 아니요 오직 영혼을 구원함에 이르는 믿음을 가진 자
니라

이 단락에서도, 히브리서 저자는 인내하라며 독자들을 격려한다. 그는 독자들을 격려했고 이들에게 경고했으며 이제 무슨 일을 만나더라도 인내하라고 권면한다. 여기서 그는 예수님이 요한복음 16:33에서 하신 말씀을 본질적으로 되울린다. 그리스도인들은 이 세상에서 환난을 당할 것이다. 그러나 우리는 담대해야 한다. 예수님이 세상을 이기셨다.

### 이전 날들을 기억하라

32-34절에서, 저자는 이 신자들에게 이전 날들을 기억하라고 요구한다. 이들이 회심한 직후 몇 년을 기억하라는 뜻일 것이다. 이들은 주님을 향해 품었던 강한 열심을 기억해야 하고, 그리스도를 대적하는 세상에서 그분을 따랐기 때문에 겪었던 어려움을 어떻게 이겨냈는지 기억해야 한다. 그때 이들은 믿음 때문에 당한 고난을 견뎠다. 그러므로 현재 상황에

서도 고난을 견딜 수 있다.

이들이 예전에 구체적으로 어떤 고난을 당했는지 33, 34절에 나온다. 이들은 공개적으로 비방을 받고 환난을 당했다. 이들이 예수님을 믿는다고 공개적으로 고백하길 부끄러워하지 않았고 그렇게 할 때 모욕과 학대를 당했다는 뜻이다. 이들은 타락한 세상에서 그리스도와 하나 되길 선택했고, 그래서 사회는 이들에게 망신을 주었다. 이들은 이러한 학대를 직접 당했을 뿐 아니라 같은 학대를 당하는 자들과 하나 되길 선택했다.

그리스도인으로서, 우리는 같은 박해를 기꺼이 견뎌야 한다. 예수님이 왕이길 원치 않는 세상에서 그분과 하나 된다는 것은 광장에서 언어폭력과 조롱과 수치의 대상이 된다는 뜻이다. 그런데도 그리스도 편에 서는 자들은 문화의 바람에 동화될 수 없다.

34절에서, 저자는 이러한 그리스도인들이 예전에 했던 경험을 좀 더 자세히 풀어낸다. 이들은 갇힌 자를 동정하고 자신의 소유를 빼앗기는 일도 기쁘게 받아들였다. "갇힌 자"는 믿음 때문에 투옥된 그리스도인들을 가리킨다. 처음 믿었을 때, 이 그리스도인들은 사슬에 매인 형제자매들을 불쌍히 여겼다. 이들은 직접 갇히지 않았으나, 박해받는 자들과 이렇게 하나 되길 선택했다.

그뿐 아니라, 이들은 재산을 빼앗겨도 기쁨으로 견뎠다. 놀라운 것은 이들이 예수님과 하나 되어 재산을 잃었다는 게 아니라 이러한 박해에 "기쁘게" 반응했다는 것이다. 왜 이들은 이토록 놀랍게 반응할 수 있었을까? 자신들은 "더 낫고 영구한 소유"가 있음을 알았기 때문이다. 박해를 받을 때 기뻐하는 자들을 하늘나라가 하늘 재산과 함께 기다리고 있음을 이들은 알았다(마 5:12). 박해 가운데 인내하는 자들을 위해 "더 나은" 소유가 준비되어 있음을 이 신자들은 알았다. 그래서 이들은 늘 그리스도의 편에 섰다. 이 땅에서 희생이 따를 때도 다르지 않았다. 더욱이, 이들은 자신들을 기다리는 소유가 "영구하다"는 것을 알았다. 이들은 하늘에 있는 자신들의 소유는 그 누구도 빼앗을 수 없고 절대로 없어지지 않으리라는 것을 알았다. 이러한 지식은 이들이 초기에 믿음을 지키는 데 도움이 되었다. 그래서 히브리서 저자는 자신의 독자들에게 그때를 기억하며 지금의 상황을 견디는 데 도움을 받으라고 권면한다.

우리는 그리스도 때문에 모든 것을 잃을 수도 있다. 그러나 영원에서 보면, 우리는 아무것도 잃지 않는다. 우리는 이생의 소유와 친구와 가족과 편안한 삶을 잃을지 모른다. 그러나 더 낫고 영원한 소유가 천성에서 우리를 기다린다. 히브리서에 나오는 신자들처럼, 우리가 박해를 견딜 때 얻는 것은 그 누구도, 그 무엇도 절대로 우리에게서 빼앗을 수 없다.

### 물러서지 않는 자들

35-39절에서 히브리서 저자는 이 신자들이 그리스도 안에서 확신을 갖고 계속 인내하면 종말론적 상을 받게 되리라는 것을 상기시켜준다. 신자들이 그리스도와 연합되었기에 갖는 담대함은 히브리서의 한 중심 주제다. 저자는 이것을 35절에서 다시 강조한다. 믿음을 버리는 것은 그리스도인의 확신, 곧 하나님의 보좌에 나아갈 수 있다는 확신을 버리는 것이다. 독자들이 배교한다면 이러한 확신뿐 아니라 여기에 수반되는 큰 상, 곧 영생도 잃을 것이다.

36절에서 저자는 우리가 인내해야 하며, 약속된 기업이 인내하는 자들을 기다린다고 말한다. 우리가 하나님의 뜻을 행한다면 그것은 믿음의 인내(믿음을 지킴)를 보여주는 것이다. 주님께 순종하고 그분의 뜻을 신실하게 행하면 그분이 신자들에게 약속한 영원한 기업을 받는다(9:15). 이 약속은 우리의 생애에 이루어지지 않을지 몰라도, 이어지는 구절들이 말하듯이, 곧 이루어질 것이다. 우리의 기업은 땅의 기업이 아니라 하늘의 기업, 종말론적으로 성취되는 약속이다.

히브리서 저자는 하박국 2:3-4을 인용해 이것을 뒷받침한다. 하박국은 유다가 하나님의 뜻을 행하길 거부했기에 하나님의 심판이 유다에게 임하리라고 말한다. 히브리서 저자는 이것을 모형론적으로 취해 그리스도의 재림 때 있을 마지막 심판을 가리킨다. 다시 말해, 하박국은 하나님이 오시리라고 말하고, 히브리서 저자는 이것이 그리스도의 재림에서 성취된다고 본다. 그리스도께서 속히 오실 것이다. 그러므로 하나님의 뜻을 늘 행해야 하며 믿음이 뒷걸음질 쳐서는 안 된다. 38절이 말하듯이, 주님은 다시 오실 때 우리가 믿음으로 살고 있지 않는 모습을 보시면 기뻐하지 않으실 것이다.

39절에서 저자는 독자들에게 하나님의 백성으로서 갖는 정체성과 힘을 일깨움으로써 이들에 대한 최고의 확신을 표현한다. 그는 이들이 믿음에서 뒷걸음질 치지 않을 것이며 이로써 마지막까지 그리스도를 향한 충성을 증명하리라고 선언한다. 멸망은 뒷걸음질 치는 자들을 기다리지만 전진하며 자기 영혼을 지키는 자들을 기다리지는 않는다. 이들은 인내하는 자들에게 약속된 생명을 얻을 것이다. 구원이란 단어의 모든 의미에서, 이들은 구원을 얻을 것이다. 이것이 그리스도의 제자가 된다는 의미이다.

이러한 경고 단락들은 신자들이 영적 안일에 빠지지 않게 한다. 히브리서 저자가 11장에서 제시하는 신실한 본보기들에게 배우고 익히기 전에, 이 신자들은 믿음 안에서 인내해야 한다는 사실을 상기해야 한다. 이들이 히브리서 11장에 나오는 인물들과 교제할 수 있으려면, 먼저 그리스도로부터 멀어지지 않도록 모든 노력을 다해야 한다. 히브리서 저자는 이러한 최종 경고를 통해 모든 신자에게 진정으로 믿음을 부여잡고 이로써 모든 시대의 성도들과 교제하라고 힘주어 말한다.

1. 히브리서 저자가 말하는 "짐짓" 죄를 짓는다는 게 무슨 뜻인가? 이러한 죄가 속죄 제사를 구체적으로 어떻게 무효하게 하는가? 우리는 "진리를 아는 지식을 받은 후" 짐짓 죄를 짓는 자들을 어떻게 생각해야 하는가? 히브리서 저자는 어떤 의미로 이 표현을 사용했는가?

2. 히브리서 저자는 어떻게 모세 율법을 사용해 타락하지 말라(배교하지 말라)는 자신의 주장을 뒷받침하는가? 모세 율법을 "무시한다"(disregard, 개역개정은 "폐한")는 게 무슨 뜻인가? 이것이 새 언약을 무시하는 것과 어떻게 비교되는가? 모세 율법을 무시한 벌과 새 언약을 무시한 벌이 어떻게 비교되는가?

3. "하나님의 아들을 짓밟고"는 무엇을 가리키는가? 하나님의 아들을 거부하는 것이 왜 그렇게 충격적인가/아이러니한가? 그리스도의 신분을 거부하는 것이 아버지를 거부하는 것과 어떻게 연결되는가?

4. 언약의 피를 부정하게 여긴다는 게 무슨 뜻인가? 새 언약의 피가 왜 그렇게 중요한가? 예수님의 피가 히브리서 전체에서 여러 번 언급되며, 이 사실을 고려하면 답을 찾는 데 도움이 될 것이다. 이 구절들/단락들이 이 죄를 이해하는 데 어떻게 도움이 되는가?

5. 성령을 욕되게 한다는 게 무슨 뜻인가? 성령을 욕되게 하는 것이 어떤 면

에서 아버지와 아들을 욕되게 하는 것과 같은가? 배교하는 자들이 어떻게 스스로 성령의 원수가 되는가?

6. 히브리서 저자는 배교의 세 가지 표식과 관련해 30절에서 구약성경을 인용해 어떻게 사용하는가? 30-31절의 경고가 어떻게 당신이 배교하지 않게 하고 신실하게 순종하도록 자극하는가?

7. 당신이 처음 그리스도인이 되었던 때를 떠올려 보라. 그때는 어땠는가? 그때와 지금, 당신의 열정이 어떻게 다른가? 당신이 과거에 경험했던 어떤 구체적 고난들이 지금 시련을 견디는 데 도움이 되는가?

8. 당신이 보기에, 문화가 공공장소에서 그리스도인들을 어떤 식으로 학대하고 잘못 표현하는가? 어떤 상황에서 그리스도인들은 그리스도와 하나된 것 때문에 타락한 세상에서 수치를 당하는가? 당신은 이런 일을 어떻게 경험했는가?

9. 히브리서에 언급된 그리스도인들은 왜 고난을 견딜 수 있었는가? 왜 이들은 재산을 약탈당할 때 기쁨으로 반응할 수 있었는가? 우리는 이들이 이러한 박해에 보인 반응에서 무엇을 배울 수 있는가?

10. 특히 박해와 고난 가운데서, 우리의 확신은 무엇인가? 임박한 그리스도의 재림이 이러한 확신을 어떻게 북돋우는가? 확신을 잃지 않을 때 어떤 상을 받는가? 우리의 확신은 우리의 인내(견딤)와 어떻게 연결되는가?

11. 우리는 어떻게 믿음의 인내로(믿음을 지킴으로) "구원받는가"? 히브리서 저자는 무슨 뜻으로 이렇게 말하는가? 이 특별한 경고 단락이 어떻게 당신을 영적 안일로부터 지켜주는가?

# 23. 믿음의 전당

히브리서 11:1–10

[1]믿음은 바라는 것들의 실상이요 보이지 않는 것들의 증거니 [2]선진들이 이로써 증거를 얻었느니라 [3]믿음으로 모든 세계가 하나님의 말씀으로 지어진 줄을 우리가 아나니 보이는 것은 나타난 것으로 말미암아 된 것이 아니니라 [4]믿음으로 아벨은 가인보다 더 나은 제사를 하나님께 드림으로 의로운 자라 하시는 증거를 얻었으니 하나님이 그 예물에 대하여 증언하심이라 그가 죽었으나 그 믿음으로써 지금도 말하느니라 [5]믿음으로 에녹은 죽음을 보지 않고 옮겨졌으니 하나님이 그를 옮기심으로 다시 보이지 아니하였느니라 그는 옮겨지기 전에 하나님을 기쁘시게 하는 자라 하는 증거를 받았느니라 [6]믿음이 없이는 하나님을 기쁘시게 하지 못하나니 하나님께 나아가는 자는 반드시 그가 계신 것과 또한 그가 자기를 찾는 자들에게 상주시는 이심을 믿어야 할지니라 [7]믿음으로 노아는 아직 보이지 않는 일에 경고하심을 받아 경외함으로 방주를 준비하여 그 집을 구원하였으니 이로 말미암아 세상을 정죄하고 믿음을 따르는 의의 상속자가 되었느니라 [8]믿음으로 아브라함은 부르심을 받았을 때에 순종하여 장래의 유업으로 받을 땅에 나아갈새 갈 바를 알지 못하고 나아갔으며 [9]믿음으로 그가 이방의 땅에 있는 것 같이 약속의 땅에 거류하여 동일한 약속을 유업으로 함께 받은 이삭 및 야곱과 더불어 장막에 거하였으니 [10]이는 그가 하나님이 계획하시고 지으실 터가 있는 성을 바랐음이라

**핵심 개념**: 구약성경에 나오는 우리의 선조들은 믿음으로 하나님이 주시는 구원의 복을 받았다. 새 언약의 신자들도 믿음으로 이 복을 받으며, 따라서 앞선 사람들의 믿음을 본받아야 한다.

**I. 투자된 확신(11:1-2)**

**II. 아벨의 믿음(11:3-4)**

A. 믿음으로 행함

B. 지금도 말하는 믿음

**III. 에녹의 믿음(11:5-6)**

A. 본보기 에녹

B. 믿음과 불가능한 것

C. 믿음의 이유

**IV. 노아의 믿음(11:7)**

A. 노아의 경외

B. 이신칭의

**V. 아브라함의 믿음(11:8-10)**

A. 외국인의 믿음

B. 약속된 미래를 확신하며 현재에 충실한 삶

히브리서 11장은 성경 전체에서 아주 친숙한 단락으로 이른바 믿음의 전당이라 불린다. 성경의 특정 단락들이 친숙한 것은 좋지만 위험할 수도 있다. 어떤 장의 어휘들이 너무 익숙해져 그 어휘들의 의미와 역할을 좀 더 넓은 문맥에서 보지 못할 수 있다.

청중에게 일련의 경고가 거듭 주어진 후에 히브리서 11장이 나온다. 히브리서 저자는 지금껏 자신의 회중에게 복음을 가볍게 여기지 말고 죄를 겉핥기로 이해하지 말라고 했다(10:31). 실제로, 이들에게 하나님의 아들을 짓밟고 복음을 거부한 자들을 위해 무엇이 준비되었는지 경고까지 한다(10:29).

히브리서 10:32-39에서, 저자는 10장의 여러 훈계와 권면을 11장과 연결한다. "전날에 너희가 빛을 받은 후에 고난의 큰 싸움을 견디어 낸 것을 생각하라"(10:32). 11장에 들어가면서 기억해야 하는 말씀이다. 히브리서 청중이 박해와 환난 가운데서 견뎌야 했던 "큰 싸움"(hard struggle, 새번역은 "고난의 싸움")을 기억해야 한다. 히브리서 저자가 이들에게 일깨우듯이, "우리는 뒤로 물러가 멸망할 자가 아니요 오직 영혼을 구원함에 이르는 믿음을 가진 자"다(10:39). 이곳의 주제에 주목하라. 인내다. 인내는 믿음의 증거다. 믿음은 하나님이 그리스도 안에서 우리를 위해 하신 일에 뿌리를 둔다. 히브리서 저자는 확신을 표현한다. 자신의 청중이 그리스도를 위해 박해를 견딘 것이 이들의 믿음을 보여주는 증거라는 것이다. 이것이 히브리서 11장의 핵심 주제로 바로 이어진다.

더 나아가, 이미 여러 번 언급했듯이, 히브리서 저자의 주요 목표 가운데 하나는 구약성경을 어떻게 읽어야 하는지 우리에게 가르치는 것이다. 그리스도인들은 구약성경을 '기독론적으로' 읽어야 한다. 하나님이 예수 그리스도를 가리키는 모형과 그림자를 구속사에 넣어두셨다. 그러므로 창세기부터 요한계시록까지, 성경은 하나의 이야기를 들려준다. 오직 그리스도 안에서 발견되는 하나님의 은혜 이야기다.

그러나 하나 더 기억해야 한다. 구약성경을 기독론적으로 읽는다는 말은 구약성경에 없는 뭔가를 구약성경에 덧붙인다는 뜻이 아니다. 사실, 히브리서 11장에서 아주 중요한 해석학적 고찰들을 얻을 수 있으며, 그 가운데 하나는 구약성경에서 등장하는 진정한 하나님의 백성은(마음에 할례를 받은 사람들은) 옛 언약과 그 모든 특징이 한 분 메시아를 가리킴을 알았다는 것이다. 이것은 이들이 '믿음으로' 받은 것이었다. 다시 말해, 우리가 믿음으로 그리스도의 십자가와 부활을 돌아보며 하나님이 주시는 구원의 은혜를 받듯이, 구약의 성도들도 옛 언약의 모형과 그림자를 통해 메시아를 내다보았다. 이로써 이들은 믿음으로 하나님이 주시는 구원의 복을 받았다.

# 투자된 확신

### 히브리서 11:1-2

> [1]믿음은 바라는 것들의 실상이요 보이지 않는 것들의 증거니 [2]선진들이 이로써 증거를 얻었느니라

2절의 "증거"(approval, 공동번역 개정판은 "인정")는 단지 일시적인 물질의 복을 가리키지 않는다.[11] 오히려, 이것은 최종적·종말론적 인정이다. 다시 말해, 영원한 정죄가 아니라 영원한 칭찬을 받는 것이다. 선택지는 칭찬과 정죄 둘뿐임을 기억하는 것이 중요하다. 제3의 대안은 없다. 심판날, 우리는 그리스도 안에서 옳다고 인정받거나 그게 아니면 그리스도 없이 정죄를 받을 것이다.

옛사람들은 어떻게 하나님께 인정받았는가? 다시 말해, 왜 이스라엘 족장들이 칭찬을 받았는가? 이는 신학적으로만 중요한 질문이 아니라 히브리서 저자와 원청중에게 특히 중요한 질문이다. 히브리서 1-10장에 비추어 볼 때, 이 유대인 그리스도인들이 이렇게 생각하는 게 당연하겠다. '아브라함은 어떤가요? 모세는 어떤가요? 하나님이 그리스도 안에서 우리에게 은혜를 베푸신 이야기에 이들이 어떻게 포함되었나요?' 히브리서 저자는 이들이 믿음을 행했기 때문에 인정받았다고 분명하게 답한다.

바울은 로마서 4:1-12에서 같은 말을 한다. 아브라함이 하나님 앞에서 의롭다하심을 받은 것은 그의 믿음 때문이었다(창 15:6을 보라). 이 단락은 신약성경의 일관되고 분명한 가르침을 보여준다. 그리스도의 죽음과 부활 이전에 살았던 이스라엘의 구속받은 자들이 구원받은 것은 하나님이

---

11 CSB은 11:1-2을 이렇게 옮겼다. Now faith is the reality of what is hoped for, the proof of what is not seen. For by this our ancestors were approved(이제 믿음은 소망하는 것의 실재이고 보이지 않는 것들의 증거다. 그러므로 이로써 우리의 선조들이 인정을 받았다).

그분의 약속에 신실하시다는 것을 믿었기 때문이다. 이들은 아직 보이지 않는 것을, 약속되었으나 아직 오지 않은 해방자를 바랐다.

## 아벨의 믿음

**히브리서 11:3-4**

3믿음으로 모든 세계가 하나님의 말씀으로 지어진 줄을 우리가 아나니 보이는 것은 나타난 것으로 말미암아 된 것이 아니니라 4믿음으로 아벨은 가인보다 더 나은 제사를 하나님께 드림으로 의로운 자라 하시는 증거를 얻었으니 하나님이 그 예물에 대하여 증언하심이라 그가 죽었으나 그 믿음으로써 지금도 말하느니라

3절에서 저자는 우리가 믿음으로 그리스도인의 삶을 시작하듯이 하나님의 말씀을 믿음으로써 기독교 세계관을 받아들인다고 말한다. 우리는 창조를 직접 본 증인이 아니다. 간단히 말해, 우리는 창조를 그 자리에서 경험하지 않았다. 우리가 하나님이 우주를 창조하셨다고 단언하는 것은 이렇게 말하는 성경을 믿음으로 받아들이기 때문이며, 그래서 존재하는 모든 것이 하나님의 영광을 드러낸다고 성경과 함께 단언한다. 더 나아가, 칼뱅이 우리에게 일깨우듯이, 창조세계는 구속의 드라마에서 하나님의 영광을 드러내는 극장이다. 우리는 믿음으로 이것을 안다.

### 믿음으로 행함

히브리서 11:4에서, 저자는 믿음의 본보기였던 성경 인물 목록을 펼친다. 이 목록은 여러 부분에서 흥미롭다. 적어도 단순히 구약성경을 읽기만 해서는 알 수 없을 많은 정보를 주기 때문이다. 문장을 시작하는 표현 '믿음으로'(by faith)는 히브리서 11장의 신학적 핵심을 소개할 뿐 아니라

본문을 구성하고 우리의 주의를 끌기 위한 강력한 수사적인 장치를 제공한다.

더 나아가, '믿음으로'를 반복하면서, 우리에게 구약 이야기를 도덕화하는 오류를 피하라고 가르친다. 이런 오류는 복음주의자들 사이에서, 특히 교회학교 커리큘럼에서 다음과 같이 자주 일어난다: "바로처럼 되지 말고 모세처럼 되세요." 구약성경 내러티브는 우리가 배워야 하는 도덕적 교훈을 실제로 포함한다. 그러나 히브리서 저자는 도덕적 교훈이 핵심은 아니라고 일깨운다. 구약성경의 도덕적 교훈이 복음 이야기 맥락 안에서 나온다는 사실을 기억해야 한다. 히브리서 저자는 이 인물들에게서 권면을 위한 적용을 끌어내기는 한다. 그러나 이 사람들이 그렇게 살았던 이유는 구속자를 바라보며 믿음으로 행했기 때문이라는 것을 상기시키면서 이렇게 한다.

### 지금도 말하는 믿음

"믿음으로" 이야기 가운데 첫째는 아벨 이야기다. 창세기 4장에서, 모세는 아벨이 자신의 가축으로 제사를 드린 반면 가인은 땅의 소산으로 하나님께 제사를 드렸다고 말한다. 물론, 땅의 소산으로 제사를 드리는 것은 전혀 잘못이 아니다. 사실, 하나님은 나중에 이스라엘에게 주신 율법에서 첫 수확의 첫 열매를 요구하셨다. 그렇다면 왜 하나님이 아벨의 제사는 받고 가인의 제사는 받지 않으셨는가? 창세기는 이 질문에 답하지 않는다. 그러나 나머지 구약성경에서, 하나님이 왜 아벨의 제사를 받으셨는지에 관해 몇 가지 힌트를 얻을 수 있다. 예를 들면, 히브리서 저자는 앞에서 "피흘림이 없은즉 사함이 없느니라"고 말했다(히 9:22). 아벨의 제사는 어떤 의미에서 구약성경의 제사 제도 전체를 예표하며, 따라서 그리스도의 제사를 예표한다. 아벨은 자신의 가장 큰 문제가 무엇인지 알았다. 그가 하나님의 심판 아래 있다는 것이었다. 그러므로 그는 화목제사가 필요했다. 아벨의 피 제사는 그 자신의 죄를 가리켰고 하나님이 제물이 되실(자신을 희생하실) 구주를 보내시리라는 그의 소망을 가리켰다. 이런 까닭에, 하나님이 아벨의 제사를 "받으셨다"(창 4:4). 아벨은 하나님의 약속을 믿는 "믿음으로" 제사를 드렸다.

히브리서 저자는 아벨에 관해 마지막으로 "그가 죽었으나 그 믿음으로써 지금도 말하느니라"고 말한다. 엄청나게 흥미로우면서도 힘이 되는 선언이다. 생각해 보라. 당신의 장례식에 어떤 말이 나오겠는가? 추도사가 어떤 말로 장식되겠는가? 15분 추도사에서 당신의 삶이 어떻게 요약되겠는가? 우리 모두 아벨과 같은 증언을 남기고 떠나면 좋겠다. 그는 죽었으나 그의 삶이 대속의 희생에서만 볼 수 있는 은혜와 자비를 증언한다. 그리스도인들은 믿음의 유산을 남겨야 한다. 그리스도인들은 자신의 추모객들에게 아벨처럼 예수 그리스도의 구원하는 능력을 풍성하게 증언하는 삶을 남겨야 한다. 아벨의 믿음은 그의 삶의 범위를 훌쩍 뛰어 넘어 그리스도의 크심을 증언했다.

## 에녹의 믿음

**히브리서 11:5–6**

[5]믿음으로 에녹은 죽음을 보지 않고 옮겨졌으니 하나님이 그를 옮기심으로 다시 보이지 아니하였느니라 그는 옮겨지기 전에 하나님을 기쁘시게 하는 자라 하는 증거를 받았느니라 [6]믿음이 없이는 하나님을 기쁘시게 하지 못하나니 하나님께 나아가는 자는 반드시 그가 계신 것과 또한 그가 자기를 찾는 자들에게 상주시는 이심을 믿어야 할지니라

저자가 히브리서 11장에서 강조하려는 구약 인물들은 주목할 만하다. 그 중에 다수는 예상 가능한 사람들이다. 노아, 아브라함, 이삭, 야곱, 요셉

등 언급된 많은 인물은 구약의 주요 인물들이다. 그러나 때때로 히브리서 저자는 성경의 "믿음의 전당"에서 보리라고 전혀 예상하지 못한 인물, 그렇게 중요하지 않은 인물을 강조한다. 5절에 등장하는 에녹이 바로 이런 경우다.

**본보기 에녹**

우리는 에녹에 관해 아는 바가 거의 없다. 사실, 에녹은 창세기 겨우 몇 절에 언급될 뿐이다.

> 에녹은 육십오 세에 므두셀라를 낳았고 므두셀라를 낳은 후 삼백 년을 하나님과 동행하며 자녀들을 낳았으며 그는 삼백육십오 세를 살았더라 에녹이 하나님과 동행하더니 하나님이 그를 데려가시므로 세상에 있지 아니하였더라. (창 5:21-24)

하나님이 에녹을 "데려가시는" 이야기는 그리 자세하지 않다. 바꾸어 말하면, 창세기의 이 단락은 에녹의 삶이 주목할 만하게 끝났다고 기록하지만, 우리는 에녹에 관해서뿐 아니라 그의 삶을 끝낸 특별한 사건에 관해서도 아는 바가 거의 없다. 구약성경에서 비슷한 일을 겪은 인물은 엘리야뿐이며, 엘리야는 불병거를 타고 하늘로 올라갔다. 그러나 히브리서 저자는 에녹에 관해 중요한 언급을 한다. 에녹이 땅에서 살았던 삶이 기적으로 끝난 것은 그의 믿음에서 비롯된 결과였다는 것이다. 에녹의 믿음은 하나님을 높였다. 그래서 하나님은 에녹을 칭찬하셨고 "에녹은 죽음을 보지 않았다." 믿음은 하나님을 높이고 하나님은 믿음을 높이신다. 이것을 보여주는 최고의 본보기가 에녹이다. 에녹의 믿음은 하나님을 기쁘시게 하는 향기였다.

### 믿음과 불가능한 것

히브리서 저자는 에녹과 아벨을 "믿음이 없이는 하나님을 기쁘시게 하지 못한다"는 6절의 신학적 단언을 뒷받침하는 구약의 증거로 사용한다. 이 말씀은 중요한 신학적 진리 두 가지를 가르친다. 첫째, 믿음이 없이는 '칭찬받을' 수 없다. 외적으로 의로운 행위를 하고 일반적 도덕을 갖추었다면 사람들 앞에서 칭찬받을 수 있겠지만 하나님 앞에서 칭찬받기에는 충분하지 못하다. 인도주의 정신과 종교성과 도덕성을 갖추고 윤리 규범을 더없이 꼼꼼하게 따르더라도 심판날 하나님 앞에서 인정받을 수 없다. 믿음이 없으면 하나님을 기쁘시게 할 수 없다. 예수 그리스도를 믿지 않은 채 (세상 기준에서) 의롭게 행하는 그 누구라도 하나님은 칭찬하지 않으신다.

둘째, 믿음이 있으면 '정죄받을' 수 없다. 물론, 이것이 복음의 영광이다. 그리스도의 의가 우리에게 전가되어 우리의 가장 악한 죄와 가장 잔혹한 행위까지도 우리를 하나님의 사랑에서 끊을 수 없다. 바울이 로마서 8:38-39에서 말하듯이, 그리스도의 대속적 희생과 부활을 믿음으로써, 우리는 정죄를 받을 수 없다고 확신할 수 있다.

> 내가 확신하노니 사망이나 생명이나 천사들이나 권세자들이나 현재 일이나 장래 일이나 능력이나 높음이나 깊음이나 다른 어떤 피조물이라도 우리를 우리 주 그리스도 예수 안에 있는 하나님의 사랑에서 끊을 수 없으리라.

### 믿음의 이유

이것은 6절 후반부로 바로 연결된다. "하나님께 나아가는 자는 반드시 그가 계신 것과 또한 그가 자기를 찾는 자들에게 상주시는 이심을 믿어야 할지니라." 믿음은 우리를 하나님의 복과 연결한다. 믿음은 하나님의 약속을 신뢰하고, 하나님이 욕심 많은 구두쇠가 아니라 그분의 선하심을 믿는 자들에게 후하게 주시는 분, 곧 "상주시는 분"이심을 인정한다.

6절 후반부는 중요한 두 가지를 단언한다. 첫째, 우리는 믿음으로 하나님의 존재를 받아들인다. 둘째, 우리는 믿음으로 하나님의 약속을 받아들인다. 물론, 우리가 믿음으로 하나님의 존재를 받아들인다고 말하는 것은 이성을 거슬러 하나님을 실재하는 존재로 받아들인다고 주장하는 게 아니다. 신학과 철학의 역사가 보여주듯이, 하나님의 존재를 믿을 합당한 이유가 많으며, 무신론자가 되지 않을 이유는 훨씬 많다. 가장 오랜 시간의 검증을 거친 최고의 유신론 논증들을 하나님의 존재에 관한 "고전적 증거들"이라 한다(목적론적 증명, 도덕적 증명, 우주론적 증명 등이 여기에 속한다). 그러나 히브리서 저자는 우리가 하나님의 존재를 받아들이는 궁극적 이유는 하나님이 예수 그리스도 안에서 자신을 계시하셨고 성경에서 우리에게 말씀하셨다고 믿기 때문이라고 일깨워준다(1:1-2).

그리스도인들이 여기에 놀라서는 안 된다. 궁극적 권위에 대한 모든 확신은 믿음의 헌신에 기초한다. 노만 가이슬러(Norman Geisler)와 프랭크 튜렉(Frank Turek)은 자신들의 책 제목 《나는 무신론자가 되기에는 믿음이 부족하다》(*I Don't Have Enough Faith to Be an Atheist*, 우리말로는 '진리의 기독교'(좋은씨앗)로 번역되었다)에서 이에 관해 힌트를 준다. 다시 말해, 그리스도인들은 믿음의 사람들이고 무신론자들은 이성의 사람들이라는 뜻이 아니다. 모든 사람은 궁극적인 지적 출발점, 곧 자신의 세계관을 떠받치는 신념 체계가 있다. 무신론자들은 자신들이 믿음으로 받아들이는 일련의 추정과 전제에 기초한 세계관, 곧 세속적 자연주의와 유물론에 기초한 세계관에 따라 움직인다. 그러나 그리스도인들은 성경적 세계관을 궁극적인 지적 출발점으로 받아들인다. 다시 말해, 증거와 이성을 거스르는 게 아니라 이것들과 조화를 이룬다.

둘째 단언 "자기를 찾는 자들에게 상주시는 이"는 복음의 은혜를 일깨운다. 하나님은 "상주시는 이"다. 하나님은 그분의 약속을 '신뢰하는' 자들에게 은혜와 자비를 베푸시기 때문이다. 복음에서 하나님은 구원에 대해 약속하시고, 자신의 선하심을 선포하신다. 우리가 이 약속을 신뢰하고 이 선포를 믿을 때, 하나님은 그분의 말씀을 이루고 그분의 인애를 우리에게 상으로 주신다. 얼마나 영광스런 진리인가! 어떻게 하나님의 복을 누리는가? 우리가 믿음의 빈손으로 나아가면 하나님이 그분의 말씀 대로 우리에게 은혜를 쏟아부으시리라는 것을 믿음으로써 하나님의 복을 누린다.

## 노아의 믿음

**히브리서 11:7**

7믿음으로 노아는 아직 보이지 않는 일에 경고하심을 받아 경외함으로 방주를 준비하여 그 집을 구원하였으니 이로 말미암아 세상을 정죄하고 믿음을 따르는 의의 상속자가 되었느니라

노아는 6절 후반부의 신학적 단언을 뒷받침하는 증거다. 노아가 어떻게 하나님의 심판(대홍수)에서 살아남았는가? 단순히 큰 배를 지었기 때문이 아니다. 노아는 왜 방주를 지었는가? 노아는 하나님의 말씀을 믿었다. 그의 행동은 믿음의 샘에서 흘러나왔다.

## 해설: 노아에 관한 신학적 관찰

어떤 이유에선가, 많은 복음주의자가 구속사에서 노아 이야기가 갖는 중요성을 과소평가한다. 어쩌면 아동 문학에서 가볍게 다뤄지는 노아 이야기를 자주 접했기 때문일 것이다. 또는 우리가 노아 홍수의 중요성을 놓

치는 것은 그것이 창조와 타락 내러티브(창 1-3장)와 아브라함 언약이라는(창 12, 15, 17장) 신학적 산맥 사이에 위치하기 때문일 수도 있다.

이에 비춰볼 때, 노아 이야기에 관해 몇 가지 신학적 관찰을 해 보는 게 중요하다. 첫째, 성경은 이것이 전 지구적 홍수였다고 분명히 말한다. 성경 본문은 이 홍수가 온 인류에 대한 전 지구적 심판이었다고 분명하게 말한다. 더 나아가, 콜로라도 한가운데서 발견되는 해양 생물의 화석부터 그랜드캐니언의 형성까지, 지구의 지리적 특징이 이것을 증언한다.

둘째, 홍수의 근원은 자연이 아니라 하나님이다. 다시 말해, 이것은 단순히 자연재해가 아니었다. 노아 홍수는 하나님이 지휘하신 인류를 향한 초자연적 심판이었다.

셋째, 노아 홍수 이야기는 성경신학의 본질적 요소다. 노아 홍수는 하나님의 심판과 인간의 죄의 결말을 보여주는 전형적 예다. 사실, 성경 전체에서 노아 홍수는 하나님의 최종적·종말론적 심판을 모형론적으로 가리킨다.

### 노아의 경외

이것을 염두에 두고, 히브리서 저자가 노아에 관해서 하는 말을 살펴보자. 첫째, 노아는 홍수가 있으리라는 하나님의 경고를 믿었다. 다시 말해, "아직 보이지 않는 일"에 대한 하나님의 경고를 믿었다. 히브리서 저자는 여기서 1절을 상기시킴으로써 참믿음의 성격을 다시 한번 강조한다. "믿음은 바라는 것들의 실상이요 '보이지 않는 것들의 증거다.'" 바꾸어 말하면, 노아는 미래에 대한 예언에서도 하나님의 계시를 믿었다.

이 구절은 또한 노아가 "경외함"으로 방주를 지었다고 말한다. 노아는 하나님의 거룩을 알았다. 히브리서가 말하듯이, 노아는 "하나님은 소멸하는 불이심"을 알았다(히 12:29). 경외는 하나님의 공의에 대한 유일한 적절한 반응이다. 하나님은 놀랍도록 은혜롭지만, 하나님의 은혜는 그분의 공의와 죄에 대한 진노라는 어두운 배경에서만 제대로 보인다.

"믿음으로 노아는…세상을 정죄했다." 노아가 어떻게 세상을 정죄했는가? 노아가 대홍수 이전에 공식 재판석에 앉아 사람들을 재판했다는 게 아니다. 오히려 개인이 세상의 부도덕에 맞서 하나님께 순종하며 살 때마다, 그가 나머지 세상의 불의를 정죄한다는 것이다. 이것을 이렇게 생각해 보라. 캄캄한 방에 불을 켜면 어떻게 되는가? 빛이 어둠을 밝히고 보이지 않던 것이 있는 그대로 보인다. 빛이 비칠 때까지, 우리의 환경이 얼마나 캄캄한지 인식조차 못 하기 일쑤다. 마찬가지로, 의인의 순종은 세상의 불순종을 드러내고 정죄한다.

### 이신칭의

7절 끝부분은 아주 놀랍다. "믿음으로 노아는…믿음을 따르는 의의 상속자가 되었느니라." 11:7 끝부분에 놀라운 이신칭의 교리가 등장한다. 이 부분은 그리스도인들이 오직 믿음으로 그리스도의 의를 받듯이 구약의 성도들이 믿을 때 그리스도의 의가 이들에게 (소급적으로) 전가되었다는 것을 보여준다(창 15:6을 보라). 성경신학의 시각에서 보면, 방주와 그 안에 있는 사람들은 교회를 보여주는 그림이다. 노아는 믿음을 실천해 하나님의 물 심판에서 구원받은 본보기다. 구약성경에서 하나님의 진노가 가장 무섭게 드러날 때라도 그분의 은혜가 특별하게 드러난다. 노아와 그의 가족이 구원받은 것은 다른 사람들보다 의로웠기 때문이 아니라 단지 "노아는 여호와께 은혜를 입었기" 때문이다(창 6:8).

## 아브라함의 믿음

**히브리서 11:8–10**

8믿음으로 아브라함은 부르심을 받았을 때에 순종하여 장래의 유업으로 받을 땅에 나아갈새 갈 바를 알지 못하고 나아갔으며 [9]믿음으로 그가 이방의 땅에 있는 것 같이 약속의 땅에 거류하여 동일한 약속을 유업으로 함께 받은 이삭 및 야곱과 더불어 장막에 거하였으니 [10]이는 그가 하나님이 계획하시고 지으실 터가 있는 성을 바랐음이라

아브라함이 믿음의 전당에 포함된 것은 예상된 일일 뿐만 아니라 의미가 깊다. 아벨과 에녹과 노아는 이스라엘 민족이 형성되기 전에 살았던 인물이다. 바꾸어 말하면, 이들은 이스라엘 이야기의 한 부분인 만큼이나 인류 전체 이야기의 한 부분이다. 그러나 아브라함은 이스라엘 민족의 시조다. 아브라함이 하나님의 약속과 오실 메시아를 믿는 믿음으로 살았다면, 이것은 모든 유대인이 이렇게 살아야 한다는 의미를 내포한다. 히브리서 독자들이 그리스도를 거부하는 것이 아브라함을 받아들이는 것이라 생각한다면 실수하는 것이다. 그리스도를 받아들이는 것이 사실 아브라함을 따라 행하는 것이다.

### 외국인의 믿음

8절은 처음 읽으면 상당히 복잡해 보일 수 있다. 그러나 8절의 핵심은 아주 간단하다. 아브라함의 믿음은 그가 정확히 어디로 가는지도 모르면서도 하나님께 순종해 메소보다미아에 자리한 고향 하란을 떠난 사실에서 나타난다. 물론, 이것이 우리에게 놀라운 믿음의 행위로 다가오지 않을는지 모른다. 그러나 이것은 우리가 고대 중동의 문화를 거의 알지 못한다는 것을 증명할 뿐이다. 메소보다미아 세계는 아주 위험했을 수 있다. 신체적 보호는 친족 및 공동체와 촘촘히 연결되어 있을 때 가능한 일이었다. 여행은 특히 위험했다. 여행을 떠나면 보호받는 곳에서 멀어지고 약탈자와 강도들에게 노출되기 때문이었다. 이에 비춰볼 때, 아브라함이 하란을 떠나 알지 못하는 땅으로 여행했다는 사실은 참으로 놀랍게 하나

님을 신뢰하는 행위였다.

9절에서 저자는 하나님이 아브라함으로 큰 민족이 되게 하고 그의 후손들이 가나안 땅을 차지하리라고 약속하셨는데도 아브라함은 평생을 그 땅에서 외국인으로 살았다고 말한다. 그는 거주자가 아니었다. 아브라함은 믿음으로 장래 일을 보았으나 비옥한 땅과 무수한 후손에 관한 약속의 성취를 전혀 보지 못했다. 저자는 9절에서 언약의 약속이 아브라함에서 이삭을 거쳐 야곱에게로 대물림되었다고도 말한다. 이 셋이 족장으로서 이스라엘 민족의 기초를 놓았다. 이들도 "동일한 약속을… [아브라함과] 함께 받은" 공동 상속자였다.

10절에서, 저자는 아브라함이 가진 믿음의 내용과 그가 순종한 동기를 설명한다. "이는 그가 하나님이 계획하시고 지으실 터가 있는 성을 바랐음이라." 아브라함의 유목 생활과 대조되는 "성"(city) 이미지는 아주 강렬하다. 아브라함은 천막에 살았다. 천막은 "터"(기초) 위에 세우지 않는다. 터는 영구성을 암시한다.

### 약속된 미래를 확신하며 현재에 충실한 삶

이 단락에는 중요한 두 핵심이 있다. 첫째, 하나님이 지으시는 성은 영원한 성이다. 하나님이 지으시는 성은 메소보다미아나 애굽이나 심지어 한때 스스로를 "영원한 성"(영원한 도시)이라 불렀던 고대 로마의 성들과 같지 않을 것이다. 이 도시들은 생겨나고 사라졌다. 약탈당하고 습격당했다. 남아 있는 것이라곤 폐허더미뿐이다. 그러나 하나님이 지으시는 성은 참으로 영원한 성이다. 그 성은 완전히 안전하고 흔들리지 않으며 멸망할 수 없다. "성"을 주제로 성경을 훑어보면 알듯이, 약속된 성은 요한계시록 21:9-27에 자세히 묘사된 "새 예루살렘"이다.

둘째, 아브라함은 하나님이 행동하셔서 종말론적 구원을 이루시리라는 사실에 소망을 둠'으로써' 믿음으로 행했다. 아브라함은 가나안 땅을 기업으로 받을 것을 고대하는 데 그치지 않았다. 가나안 너머에 있으며 가나안이 예표하는 것을 바라보았다. 하늘의 성이 땅에 내려오고 하나님이 창조세계를 회복하실 것을 바라보았다. 아브라함은 하나님이 그분의 약속에 신실하시리라는 사실을 고대하며 온 삶을 살았다. 바꾸어 말하면, 아브라함은 하나님이 '미래에' 이루실 일을 확신했기에 '현재에' 충실했다.

솔직해지자. 내세의 기쁨을 조금도 확신하지 못한다면 현세에 누릴 수 있는 모든 즐거움을 좇는 게 타당하다. 바울이 고린도전서 15:32에서 "내일 죽을 터이니 먹고 마시자"라고 말한 것처럼 말이다. 그러나 그리스도인으로서, 우리는 '이' 세상이 제시하는 약속과 즐거움에 궁극적 만족과 소망을 둘 수 없다. 우리는 이생에서 알 수 있는 그 어떤 기쁨보다 큰 기쁨을 어느 날 경험하리라는 것을 알기에 '믿음으로' 살아야 한다. 이 세상의 기쁨은 덧없고 지나간다. 그러나 하늘의 기쁨은 영원하고 풍성하며 절대로 사라지지 않는다. 우리가 이러한 기쁨을 위해 산다면 영원을 사모하며, 그리스도를 위해 의미 있게 살고, 하나님의 천성에서 우리를 기다리는 기쁨을 고대하며 그리스도의 이름으로 고난을 견딜 것이다.

우리의 도시, 우리의 집, 이생이 주는 위로는 덧없다. 이것은 영원한 성이 아니다. 그러나 그리스도인들은 그리스도가 왕이신 성이 있음을 안다. 그리스도를 믿음으로써 그 성의 시민이 된다. 아브라함은 유목민으로 광야를 떠돌 때도 그 성을 보았다. 믿음은 이런 모습이다. 우리는 광야를 떠도는 유목민이 아닐 테지만, 모든 그리스도인은 우리의 소유가 아닌 땅을 지나는 순례자다. 이 세상의 모래성에 눈이 팔려 우리를 기다리는 천성을 놓쳐서는 안 된다. 그 천성에 우리의 소망을 두어야 한다.

1. 히브리서 10장 말미와 11장이 어떻게 연결되는가? 인내와 믿음은 어떤 관계인가? 믿음이 어떻게 인내의 동기로 작용하는가?

2. 11:1-10에서, 히브리서 저자는 구약성경을 어떻게 읽어야 하는지 어떻게 다시 한번 가르치는가? 구약의 사람들은 메시아를 어떻게 고대하고 어떻게 하나님께 구원을 받았는가?

3. 옛사람들이 어떻게 하나님의 칭찬과 인정을 받았는지 자신의 말로 설명해 보라. 이들은 어디에 믿음을 두었는가? 이들의 믿음이 우리의 믿음과 어떻게 같은가? 어떻게 다른가?

4. 구약성경에서 만나는 인물들을 단순히 도덕화하는 것이 왜 위험한가? "믿음으로"라는 표현이 우리가 구약 이야기를 도덕화하는 오류를 피하는 데 어떻게 도움이 되는가?

5. 아벨은 죽었는데 어떻게 지금도 말하는가? 당신이 바로 지금 살아가는 방식을 살펴보라. 당신의 장례식 추도사 내용이 어떨 것 같은가? 당신이 죽은 후에도 당신의 믿음이 여전히 말하려면 지금 당신이 어떻게 달라져야 하겠는가?

6. 왜 그리스도인들은 성경적 세계관을 믿길 두려워하지 말아야 하는가? 무

신론적 세계관이든 유신론적 세계관이든, 왜 모든 세계관은 어느 정도의 "믿음"이 필수인가? 믿음과 이성이 서로 맞서지 않고 실제로 조화롭게 작용한다는 것을 이해한다는 데 이 단락이 어떻게 도움이 되는가? 그리스도인들이 하나님의 존재를 받아들이는 궁극적 이유는 무엇인가?

7. 히브리서 저자가 11:1, 6에서 믿음에 관해서 하는 단언을 노아는 어떤 방식으로 뒷받침하는가? 하나님의 거룩이 그분을 향한 우리의 경외와 어떻게 연결되는가? 노아의 믿음이 어떻게 "세상을 정죄하는가"?

8. 노아의 믿음이 이신칭의 교리를 어떻게 뒷받침하는가? 이것이 구약 성도들과 새 언약의 신자들 간의 유사성을 어떻게 드러내는가? 어떻게 방주가 교회를 보여주는 그림인가?

9. 미래의 영원한 나라가 확실한 실재라는 것이 당신이 믿음으로 전진하는 데 어떻게 힘이 되는가? 이 실재가 아브라함에게 어떻게 동기를 부여하거나 힘이 되었는가? 우리가 현재에 충실한 것과 하나님이 미래에 충실하신(신실하신) 것이 어떻게 연결되는가?

10. 이 세상과 이 세상이 제시하는 모든 것이 우리가 하나님을 믿고 미래에 관한 그분의 약속을 믿는 데 어떤 식으로 방해가 될 수 있는가? 이 세상이 우리의 집이 아니라는 것을 알 때 어떤 위로를 받는가? 아브라함처럼, 하나님이 미래에 관한 그분의 약속에 충실하시리라는 사실을 고대하는 방식으로 당신의 삶을 어떻게 꾸릴 수 있는가?

# 24. 아브라함과 사라를 비롯해 믿음을 따라 죽은 자들의 믿음

**히브리서 11:11-19**

11믿음으로 사라 자신도 나이가 많아 단산하였으나 잉태할 수 있는 힘을 얻었으니 이는 약속하신 이를 미쁘신 줄 알았음이라 12이러므로 죽은 자와 같은 한 사람으로 말미암아 하늘의 허다한 별과 또 해변의 무수한 모래와 같이 많은 후손이 생육하였느니라 13이 사람들은 다 믿음을 따라 죽었으며 약속을 받지 못하였으되 그것들을 멀리서 보고 환영하며 또 땅에서는 외국인과 나그네임을 증언하였으니 14그들이 이같이 말하는 것은 자기들이 본향 찾는 자임을 나타냄이라 15그들이 나온 바 본향을 생각하였더라면 돌아갈 기회가 있었으려니와 16그들이 이제는 더 나은 본향을 사모하니 곧 하늘에 있는 것이라 이러므로 하나님이 그들의 하나님이라 일컬음 받으심을 부끄러워하지 아니하시고 그들을 위하여 한 성을 예비하셨느니라 17아브라함은 시험을 받을 때에 믿음으로 이삭을 드렸으니 그는 약속들을 받은 자로되 그 외아들을 드렸느니라 18그에게 이미 말씀하시기를 네 자손이라 칭할 자는 이삭으로 말미암으리라 하셨으니 19그가 하나님이 능히 이삭을 죽은 자 가운데서 다시 살리실 줄로 생각한지라 비유컨대 그를 죽은 자 가운데서 도로 받은 것이니라

**핵심 개념**: 사라와 아브라함은 어려운 환경과 시련 가운데서 하나님의 약속을 믿음으로써 참 믿음이 무엇인지 보여주었다.

**I. 사라의 믿음: 잉태(11:11-12)**

**II. 믿음을 따라 죽은 자들의 믿음(11:13-16)**

### III. 아브라함의 믿음: 아들을 제물로 바침(11:17-19)

앞 섹션에서, 히브리서 저자는 아브라함의 믿음에 초점을 맞추었다. 하나님이 그를 '아무것도 아닌 곳'(nowhere)으로 부르신 것처럼 보였는데도, 아브라함은 믿음으로 하나님의 명령에 순종해 가나안으로 떠났다. 그러나 이 "아무것도 아닌 곳"이 하나님이 아브라함에게 주겠다고 약속하실 바로 그 땅이었다. 그곳에서 하나님은 아브라함을 통해 민족들에게 복을 주실 것이었다. 히브리서가 이 사람에게 주목하는 것은 구원사에서 그의 중요한 역할과 믿음의 인내를 이룬(endured in the faith, 믿음을 지킨) 자들의 역사에서 차지하는 그의 위치를 드러낸다. 이제 히브리서 저자는 계속해서 아브라함의 믿음에 초점을 맞추지만 다른 사람의 믿음도 포함한다. 아브라함의 아내 사라의 믿음이다.

## 사라의 믿음: 잉태

**히브리서 11:11-12**

> 11믿음으로 사라 자신도 나이가 많아 단산하였으나 잉태할 수 있는 힘을 얻었으니 이는 약속하신 이를 미쁘신 줄 알았음이라 12이러므로 죽은 자와 같은 한 사람으로 말미암아 하늘의 허다한 별과 또 해변의 무수한 모래와 같이 많은 후손이 생육하였느니라

앞 단락에서 보았듯이, 옛사람들은 '믿음으로' 칭찬받았다. 사라가 받은 칭찬은 무엇인가? 사라는 "약속하신 이를 미쁘신 줄 알았다"(새번역은 "약속하신 분을 신실하신 분으로 생각했다"). 이 단락은 하나님을 신뢰함의 능력을 강조한다. 믿음으로 이 여인은 자신의 말씀에 신실하신 하나님을 신뢰했고,

이로써 "잉태할 수 있는 힘을 얻었다."

대부분의 사람들은 잉태 과정을 생각할 때, 여자가 잉태하는 힘을 '얻는다'(receiving)고 생각하지 않는다. 사실, 대다수는 아기가 잉태될 때마다 단순한 사실만 생각할 뿐 그 이면에 자리한 신학적 의미, 곧 하나님의 형상을 지닌 새 생명이 생겨난다는 것을 전혀 생각하지 않는다. 성경은 잉태가 단순히 생물학적 행위가 아니라고 가르치며, 여기에는 우리가 생각해야 하는 중요한 두 의미가 담겨 있다. 첫째, 우연한 출생은 없다. 모든 사람은 하나님의 형상으로 창조되며 하나님이 "생명이 있으라"고 말씀하시기 때문에 생명이 된다. 둘째, 자연적 출생이란 없다. 성경은 하나님이 태를 여신다고 말한다. 잉태에 관해서도, 하나님이 궁극적 주권자다.

사라는 아들을 가질 능력을 달라고 기도하고 있었다. 히브리서 저자는 이 능력을 "후손을 잉태하는 힘"(power to conceive offspring, CSB)이라고 말한다. 더 나아가, 사라가 잉태를 위해 기도하고 있었던 것은 자녀가 절실히 필요했기 때문이 아니었다. 사라가 기도하고 있었던 것은 하나님이 그녀의 남편에게 하신 약속에 참여하고 싶었기 때문이다. 사라는 아브라함이 큰 민족의 아버지가 되리라는 것을 아주 잘 알았으며, 이것은 사라 자신이 큰 민족의 어머니가 된다는 뜻이었다. 이것을 이해하려면 창세기 15장을 이해해야 한다.

하나님은 아브라함에게 큰 약속을 하셨다. 그런데도 아브라함은 당장 상속자가 없었다. 그의 유일한 상속자는 그의 종, 곧 다메섹의 엘리에셀이었다. 아브라함은 자신의 씨가 하나님의 약속을 받으리라는 기대를 접은 늙은이였다. 그러나 아브라함의 흔들림에도 불구하고 여전히 신실한 자로 여겨지는 데는 이유가 있다. "아브람이 여호와를 믿으니 여호와께서 이를 그의 의로 여기"셨기 때문이다(창 15:6). 설령 아브라함의 믿음처럼 흔들리는 믿음이라도, 믿음이 있으면 "신실한" 사람으로 인정받을 수 있다. 아브라함은 하나님이 그분의 약속에 신실하심을 믿었다. 사라도 "약속하신 이를 미쁘신 줄"(새번역은 "약속하신 분을 신실하신 분으로") 믿었고(히 11:11), 이 믿음 때문에 인정을 받고 상을 받았다. 하나님은 아브라함의 가족에 대한 약속을 재확인해 주셨다. "내가 그에게 복을 주어 그가 네게 아들을 낳아 주게 하며 내가 그에게 복을 주어 그를 여러 민족의 어머니가 되게 하리니 민족의 여러 왕이 그에게서 나리라"(창 17:16). 창세기 문맥에서, 아브라함과 사라는 '아무것도 아닌 곳'에 양 떼들 틈에 있다. 이들의 보잘것없는 무리가 한 민족처럼 보이지는 않는다. 하나님의 갱신된 약속에 답해, "아브라함이 엎드려 웃으며 마음속으로 이르되 백 세 된 사람이 어찌 자식을 낳을까 사라는 구십 세니 어찌 출산하리요"라고 말했다(창 17:17). 이어지는 내러티브에서, 한 아이가 태어나며, 이 아이 곧 이삭이 약속의 상속자가 된다. 하나님은 그분이 약속하신 그대로 행하신다. "여호와께서 말씀하신 대로 사라를 '돌보셨고'(came) 여호와께서 말씀하신 대로 사라에게 '행하셨다'"(창 21:1).

히브리서 11장은 창세기에 기록된 이러한 사건들을 요약하며, 사라가 칭찬받는 것은 그녀의 믿음 때문이라고 말한다: "사라 자신도 나이가 많아 단산하였으나 잉태할 수 있는 힘을 얻었다." 사라는 90세였다. 아이를 가질 나이는 절대 아니었다. 그러나 하나님은 그분의 주권으로 그분의 약속을 성취하는 능력을 보이기 위해 90세 할머니를 선택하셨다. 여기에 구원하는 믿음의 본질이 있다. "이러므로 죽은 자와 같은 한 사람으로 말미암아 하늘의 허다한 별과 또 해변의 무수한 모래와 같이 많은 후손이 생육하였느니라"(히 11:12). 히브리서 저자는 자신의 독자들에게 믿음이 무엇과 같은지 알려주고 싶다. 믿음은 100세 할아버지와 90세 할머니가 인간의 이성에 따르면 불가능해 보일 때라도 하나님이 그분의 약속을 이루시리라고 믿는 것과 같다.

# 믿음을 따라 죽은 자들의 믿음

**히브리서 11:13-16**

13이 사람들은 다 믿음을 따라 죽었으며 약속을 받지 못하였으되 그것들을 멀리
서 보고 환영하며 또 땅에서는 외국인과 나그네임을 증언하였으니 14그들이 이같
이 말하는 것은 자기들이 본향 찾는 자임을 나타냄이라 15그들이 나온 바 본향을
생각하였더라면 돌아갈 기회가 있었으려니와 16그들이 이제는 더 나은 본향을 사
모하니 곧 하늘에 있는 것이라 이러므로 하나님이 그들의 하나님이라 일컬음 받
으심을 부끄러워하지 아니하시고 그들을 위하여 한 성을 예비하셨느니라

저자는 13절에서 4절의 아벨까지 거슬러 올라간다. 히브리서 11장에 열거된 구약의 인물들은 모두 믿음을 따라(in faith, 새번역은 "믿음으로 살다가") 죽었다. 이들은 하나님이 그분의 약속을 지키시리라 믿으며 살았고 그 약속을 따라 죽었다. 이들은 하나님의 약속을 보았으나 약속의 성취를 보지는 못했다. 아브라함은 이스라엘 자녀들이 약속의 땅에 진군해 들어가는 것을 보지 못하고 죽었다. 그러나 그는 믿음을 따라 죽었다. 믿음을 따라(in faith) 사는 것과 죽음에 직면하면서도 하나님이 그분의 약속을 이루시리라고 여전히 믿는 것은 전혀 다르다. 히브리서 11장에 열거된 족장들이 정확히 이렇게 했다. 이들은 하나님의 능력과 신실하심을 믿음의 눈으로 보았으며, 이로써 자신들의 육체적 눈이 절대 보지 못한 것을 보았다. 하나님이 장래에 그분의 약속을 성취하실 것을 보았다. 이들은 하나님의 신실하심을 알았고, 그래서 절대 믿음을 포기하지 않았다.

히브리서 저자는 이들의 믿음의 여정을 한 성을 향하는 순례자의 여정으로 묘사한다. 족장들은 그 성을 향해 가면서 그 성의 빛을 보았으나 자신들이 살아서 그 성에 이르지 못하리라는 것을 알았다. 그런데도 자신들이 "땅에서는 외국인과 나그네임"을 고백하며 믿음의 인내를 이루었다

(믿음을 지켰다). 이 땅의 외국인과 나그네로서 족장들은, 그리고 궁극적으로 믿음의 인내를 이루는 모든 사람은 다른 성을 찾고 있었다. 베드로가 그리스도인들을 "나그네…택하심을 받은 자들"(벧전 1:1, 2)과 "거류민"이라 부를 때(벧전 2:11) 말한 것이 정확히 이것이다. 바울은 "우리의 시민권은 하늘에 있는지라"라고 할 때 같은 감성을 표현한다(빌 3:20). 옛 성도들처럼, 우리는 하늘에 있는 집을 갈망한다.

족장들은 자신들이 이 땅에서 외국인이요 나그네라는 것을 말과 행동으로 보여주었다. 14-15절이 이것을 분명히 한다. 히브리서 저자는 족장들이 줄곧 뒤를 돌아봤다면 죽을 때까지 믿음을 유지하지 못했으리라고 말한다. 그 무엇도, 하나님의 약속에 대한 믿음 외에 그 무엇도 아브라함이 하란으로 돌아가는 것을 막을 수 없었다. 하나님의 사람들은 뒤돌아보지 않는다. 앞을 본다. 하나님의 약속이 참되다는 것을 절대적으로 확신하기 때문이다.

히브리서 전체에서 여러 차례 보았듯이, '더 나은/좋은'(better)이란 단어는 저자의 논증에 매우 중요하다. 16절에서 저자는 이 단어를 다시 사용한다. 족장들은 '더 나은' 성을 바라보았다. '더 나은' 나라를 바라보았다. 저자의 논리를 따르면, 그리스도 안에서 모든 것이 무한히 더 낫다. 하나님의 신실하심과 그분의 확실한 약속을 굳게 붙잡았기에, 족장들은 단순히 땅에서 이루어지는 것을 갈망한 게 아니라 하나님의 약속이 가리키는 하늘의 실재를 갈망했다.

우리의 선조들이 믿음의 인내를 보여주었고, 그래서 하나님은 이들의 하나님이라 불리길 부끄러워하지 않으셨다. 이것은 하나님이 어떤 사람들, 곧 믿음을 따라 죽지 않은 자들을 부끄러워하신다는 것을 암시한다. 하나님이 부끄러워하신 사람들이 있다. 하나님이 약속하신 것을 이루실 수 있다는 믿음을 보여주지 못한 사람들이다. 그러나 하나님은 그분이 부끄러워하지 않는 사람들을 위해 한 성을 준비하셨다. 하나님은 죽기까지 믿음의 인내를 이루는(믿음을 지키는) 자들에게 천성, 곧 하늘나라를 약속하신다.

## 아브라함의 믿음: 아들을 제물로 바침

**히브리서 11:17–19**

17아브라함은 시험을 받을 때에 믿음으로 이삭을 드렸으니 그는 약속들을 받은
자로되 그 외아들을 드렸느니라 18그에게 이미 말씀하시기를 네 자손이라 칭할
자는 이삭으로 말미암으리라 하셨으니 19그가 하나님이 능히 이삭을 죽은 자 가
운데서 다시 살리실 줄로 생각한지라 비유컨대 그를 죽은 자 가운데서 도로 받은
것이니라

창세기 21장에서, 하나님은 아브라함에게 언약의 약속이 이스마엘이 아니라 이삭을 통해 이어지리라고 말씀하셨다. 창세기 22장에서, 이삭이 아마도 열두세 살 무렵일 때 아브라함은 더없이 고통스러운 시험을 마주했다.

> 하나님이 아브라함을 시험하시려고 그를 부르시되 아브라함아 하시니 그가 이르되 내가 여기 있나이다 여호와께서 이르시되 네 아들 네 사랑하는 독자 이삭을 데리고 모리아 땅으로 가서 내가 네게 일러 준 한 산 거기서 그를 번제로 드리라. (창 22:1-2)

창세기 22장은 성경 전체에서 아주 중요하면서도 매우 악명 높은 단락이다. 하나님은 아브라함에게 이삭을, 그가 사랑하는 아들을, 약속을 이어갈 아들을 모리아산에 데려가 거기서 그분께 번제로 바치라고 명하신다. 우리는 번제가 무엇인지 안다. 번제란 짐승을 죽여 그 피를 빼고 사체

를 불태우는 제사다. 어느 아버지라도 아들에게 이렇게 하라는 명령을 받는다면 상상을 초월한 시험일 것이다. 그런데 아브라함이 바로 이 시험을 받았다.

놀랍게도, 본문은 아브라함이 하나님께 순종했다고 말한다.

> 아브라함이 아침에 일찍이 일어나 나귀에 안장을 지우고 두 종과 그의 아들 이삭을 데리고 번제에 쓸 나무를 쪼개어 가지고 떠나 하나님이 자기에게 일러 주신 곳으로 가더니 제 삼일에 아브라함이 눈을 들어 그 곳을 멀리 바라본지라. (창 22:3-4)

하나님의 명령은 그분이 아브라함에게 하신 약속과 정면으로 충돌하는 것 같았다. 그런데도 아브라함은 하나님이 명령하신 대로 했다.

그러나 마지막 장면에서 보듯이, 하나님의 명령은 그분의 약속과 충돌하지 않았다. 아브라함은 이삭이 제물로 희생되더라도 하나님이 이삭을 죽은 자 가운데서 다시 살리실 수 있다고 믿었다. 이것이 히브리서 저자가 19절에서 덧붙이는 주석이다. 창세기 22:5에서 하는 그의 말에서 보듯이, 아브라함은 이삭이 살아서 돌아오리라 믿었다. "너희는 나귀와 함께 여기서 기다리라 내가 아이와 함께 저기 가서 예배하고 우리가 너희에게로 돌아오리라." 그러므로 아브라함이 하나님의 명령에 믿음으로 반응했기 때문에 하나님은 아브라함에게 하신 약속을 되풀이하셨다. "내가 네게 큰 복을 주고 네 씨가 크게 번성하여 하늘의 별과 같고 바닷가의 모래와 같게 하리니 네 씨가 그 대적의 성문을 차지하리라"(창 22:17).

어떤 의미에서, 이삭은 죽었다. 히브리서 저자는 11:19 후반부에서 이것을 지적한다. 이삭은 육체적으로 죽은 게 아니라 비유적 의미로 죽었다. 그는 죽음 직전까지 갔다가 되살아났다. 그러므로 어떤 의미에서, 이삭이 죽어 부활했다고 말할 수 있다. 이런 의미에서 이 이야기와 이삭의 역할은 우리의 큰 대제사장이신 예수 그리스도의 죽음과 부활을 구체적으로 예표한다.

아브라함은 하나님의 약속을 굳게 믿었기에 하나님의 시험을 통과했다. 그는 하나님의 명령에 기꺼이 순종해 아들을 제물로 바치려 함으로써 하나님을 향한 믿음을 보여주었다. 그는 하나님이 이삭을 구원하시리라 믿었고, 심지어 이렇게 하는 것이 하나님의 영광을 가장 크게 드러내리라 생각했을 것이다. 이것이 복음 이야기다. 하나님은 죄인들을 구원하기로 결정하셨고 그분께 가장 큰 영광이 되는 방식으로 죄인들을 구원하셨다. 바로 이런 이유로, 아브라함이 이삭을 사랑한 것보다 훨씬 더 자신의 아들을 사랑하는 하나님이 우리를 위해 죽도록 그분의 아들을 보내셨다. 하나님의 말씀은 참되며 그분의 약속은 언제나 이루어진다. 하나님이 그분의 약속을 어떻게 이루실지 우리가 상상조차 할 수 없을 때라도 다르지 않다. 그렇더라도 우리는 '믿음으로' 하나님께 순종하고 그분을 따라야 한다.

## 묵상과 토론을 위한 질문

1. 사라는 자신의 믿음을 어떻게 드러내 보였는가? 왜 이것이 믿음으로 여겨지는가? 하나님의 약속이 우리에게 아무리 터무니없게 들리거나 보이더라도, 하나님의 약속이 우리가 믿고 순종할 가치가 있는 것은 무엇 때문인가?

2. "후손을 잉태하는 힘"(power to conceive offspring, CSB)을 구하는 사라의 기도가 하나님이 아브라함에게 하신 약속과 어떻게 연결되는가? 히브리서 저자는 사라와 아브라함의 예를 사용해 자신의 독자들에게 무엇을 말하려 하는가?

3. 하나님이 사라에게 하신 약속은 잉태 과정에 관해 우리에게 무엇을 가르치는가? 이것이 오늘의 문화가 출생과 잉태에 관해서 말하는 것과 어떻게 다른가?

4. 히브리서 11:13의 "다"(all)는 누구인가? 이들이 어떻게 "믿음을 따라"(in faith, 새번역은 "믿음을 따라 살다가") 죽었는가? 이들이 보지 않은 것은 무엇인가? 왜 히브리서 저자는 이들의 여정을 한 "성"(city)을 향한 여정으로 묘사하는가? 이것이 어떻게 중요한가?

5. 아브라함은 어떻게 외국인과 나그네였는가? 이러한 언어가 당신에게 무엇을 전달하는가? 왜 "외국인과 나그네"가 그리스도인들을 묘사하는 적

절한 표현인가? 아브라함을 비롯해 외국인으로 살았던 족장들에게서 배워 우리 자신의 삶에 적용할 수 있는 것은 무엇인가?

6. 왜 아브라함이 받은 시험이 중요한가? 하나님이 아브라함에게 하신 명령과 하나님이 아브라함에게 하신 약속이 어떻게 정면으로 충돌하지 않는지 설명해 보라. 아브라함은 하나님이 제사를 통해 무엇을 하시리라 믿었고, 히브리서 저자는 11:19에서 창세기 22:5을 어떻게 활용해 이것을 보여주는가?

7. 어떤 의미에서, 이삭이 모리아 땅에서 죽었는가? 이삭이 창세기 22장에서 하는 역할과 히브리서 저자가 19절 후반부에서 하는 주석이 예수 그리스도의 죽음과 부활을 어떻게 예표하는가?

8. 창세기 22:10-14을 보라. 하나님이 무엇을 주어 이삭을 대신하게 하셨는가? 하나님이 대속 제물을 주셨다는 것은 궁극적 희생제물이신 예수님을 어떻게 가리키는가? 이삭의 희생 이야기와 복음 이야기가 어떻게 하나님께 가장 큰 영광을 돌리는가?

9. 당신이 생각하기에, 왜 히브리서 저자는 특별히 아브라함과 사라를 이 단락에서 믿음의 본보기로 제시하는가? 어떻게 이삭은 믿음의 본보기가 될 수 있는가?

## 25. 하나님의 신실하심을 믿는 믿음

히브리서 11:20-40

[20]믿음으로 이삭은 장차 있을 일에 대하여 야곱과 에서에게 축복하였으며 [21]믿
음으로 야곱은 죽을 때에 요셉의 각 아들에게 축복하고 그 지팡이 머리에 의지
하여 경배하였으며 [22]믿음으로 요셉은 임종 시에 이스라엘 자손들이 떠날 것을
말하고 또 자기 뼈를 위하여 명하였으며 [23]믿음으로 모세가 났을 때에 그 부모가
아름다운 아이임을 보고 석 달 동안 숨겨 왕의 명령을 무서워하지 아니하였으며
[24]믿음으로 모세는 장성하여 바로의 공주의 아들이라 칭함 받기를 거절하고 [25]도
리어 하나님의 백성과 함께 고난 받기를 잠시 죄악의 낙을 누리는 것보다 더 좋
아하고 [26]그리스도를 위하여 받는 수모를 애굽의 모든 보화보다 더 큰 재물로 여
겼으니 이는 상 주심을 바라봄이라 [27]믿음으로 애굽을 떠나 왕의 노함을 무서워
하지 아니하고 곧 보이지 아니하는 자를 보는 것 같이 하여 참았으며 [28]믿음으로
유월절과 피 뿌리는 예식을 정하였으니 이는 장자를 멸하는 자로 그들을 건드리
지 않게 하려 한 것이며 [29]믿음으로 그들은 홍해를 육지 같이 건넜으나 애굽 사람
들은 이것을 시험하다가 빠져 죽었으며 [30]믿음으로 칠 일 동안 여리고를 도니 성
이 무너졌으며 [31]믿음으로 기생 라합은 정탐꾼을 평안히 영접하였으므로 순종하
지 아니한 자와 함께 멸망하지 아니하였도다 [32]내가 무슨 말을 더 하리요 기드온,
바락, 삼손, 입다, 다윗 및 사무엘과 선지자들의 일을 말하려면 내게 시간이 부족
하리로다 [33]그들은 믿음으로 나라들을 이기기도 하며 의를 행하기도 하며 약속을
받기도 하며 사자들의 입을 막기도 하며 [34]불의 세력을 멸하기도 하며 칼날을 피
하기도 하며 연약한 가운데서 강하게 되기도 하며 전쟁에 용감하게 되어 이방 사
람들의 진을 물리치기도 하며 [35]여자들은 자기의 죽은 자들을 부활로 받아들이기
도 하며 또 어떤 이들은 더 좋은 부활을 얻고자 하여 심한 고문을 받되 구차히 풀

려나기를 원하지 아니하였으며 [36]또 어떤 이들은 조롱과 채찍질뿐 아니라 결박과 옥에 갇히는 시련도 받았으며 [37]돌로 치는 것과 톱으로 켜는 것과 시험과 칼로 죽임을 당하고 양과 염소의 가죽을 입고 유리하여 궁핍과 환난과 학대를 받았으니 [38](이런 사람은 세상이 감당하지 못하느니라) 그들이 광야와 산과 동굴과 토굴에 유리하였느니라 [39]이 사람들은 다 믿음으로 말미암아 증거를 받았으나 약속된 것을 받지 못하였으니 [40]이는 하나님이 우리를 위하여 더 좋은 것을 예비하셨은즉 우리가 아니면 그들로 온전함을 이루지 못하게 하려 하심이라

**핵심 개념**: 하나님의 언약 가족 안에서 사는 삶의 특징은 그분의 언약적 약속을 믿고 신뢰하는 것이다.

**I. 이삭과 야곱과 요셉의 미래를 내다보는 믿음(11:20-22)**

**II. 믿음에서 비롯된 모세의 순종(11:23-28)**

A. 하나님의 가치에 고정된 믿음

B. 예수님을 증언하는 믿음

C. 보이지 않는 것을 믿는 믿음

**III. 언약을 지키시는 하나님을 향한 놀라운 믿음(11:29-31)**

**IV. 믿음의 마지막 본보기들(11:32-40)**

A. 삶에 흠이 있었으나 놀라운 믿음을 보인 사람들

B. 새 언약에서 성취된 옛 약속들

이 단락에서 우리는 우리보다 앞서간 영적 조상들을 엿볼 수 있다. 하나님은 이들을 통해 그분의 구속 사역을 시작하셨다. 이들은 완벽하지(완전하지) 않았다. 그러나 성경은 이들을 믿음의 본보기로, 우리가 배워야 할 본보기로 제시한다. 이들은 하나님과 그분의 약속을 신뢰하며 신실하게 산다는 게 무슨 뜻인지 보여주는 패러다임이다. 이들은 확신을 버리지 않

왔고, 그러므로 하나님의 뜻을 행했으며 약속된 것을 받았다(10:35-36). 이 단락을 읽을 때, 이것이 단순히 구약 역사의 요약본이 아님을 기억해야 한다. 이것은 모든 그리스도인의 이야기다. 이 본보기들은 단순히 이스라엘 족장들과 믿음의 영웅들이 아니다. 이들은 우리의 족장들이고 우리 믿음의 영웅들이기도 하다. 우리는 주 그리스도가 머리이신 한 가족의 구성원들이다.

## 이삭과 야곱과 요셉의 미래를 내다보는 믿음

**히브리서 11:20-22**

[20]믿음으로 이삭은 장차 있을 일에 대하여 야곱과 에서에게 축복하였으며 [21]믿음으로 야곱은 죽을 때에 요셉의 각 아들에게 축복하고 그 지팡이 머리에 의지하여 경배하였으며 [22]믿음으로 요셉은 임종 시에 이스라엘 자손들이 떠날 것을 말하고 또 자기 뼈를 위하여 명하였으며

이삭은 하나님이 아브라함에게 한 약속을 성취하실 아들이었지만, 궁극적으로 민족의 형성은 이삭의 아들 야곱과 에서를 통해 이루어졌다. 이삭은 아버지에게 물려받은 약속을 두 아들에게 물려주었다(창 27:27-29, 39-40). 여기서 이삭이 하나님의 약속, 곧 아브라함의 상속자를 통해 그의 후손이 별처럼 무수히 많아지리라는 약속을 신뢰했다는 게 드러난다(창 15:1-6; 갈 3:29). 이삭은 미래를 내다보았으며 하나님이 아브라함에게 하신 언약의 약속을 이루실 것을 믿었다.

야곱도 그의 아버지처럼 하나님이 약속을 지키실 것을 믿었다. 그는 죽음이 임박한 순간에도 아들들을 축복하며 하나님이 미래에 하실 일을 고대했다(창 48:1-22). 야곱의 믿음은 미래를 향했고 하나님의 신실하심에

고정되어 있었다.

이와 비슷하게 요셉도 믿음으로 미래를 내다보며 하나님이 그분의 백성을 애굽에서 구속하실 것을 믿었다. 본문이 말하듯이, 야곱은 자신이 이스라엘로 돌아갈 날을 고대했다(창 50:24-25). 이 일은 하나님이 이스라엘을 애굽에서 인도하셔서 약속의 땅으로 들이실 때야 일어날 것이었다. 요셉이 출애굽을 내다보고 이것을 아들들에게 전했다는 것은 아브라함이 사라에게 "우리가 아이를 낳을 거예요"라고 말한 것만큼이나 충격적이다. 그런데도 요셉은 하나님의 계획을 향한 놀라운 신뢰를 보여주었다. 요셉은 하나님이 이스라엘을 떠나거나 이스라엘을 외국 땅에 버려두지 않으실 것을 믿었다. 이것이 믿음이다. 우리는 이런 믿음을 본받아야 한다.

## 믿음에서 비롯된 모세의 순종

**히브리서 11:23-28**

23믿음으로 모세가 났을 때에 그 부모가 아름다운 아이임을 보고 석 달 동안 숨겨 왕의 명령을 무서워하지 아니하였으며 24믿음으로 모세는 장성하여 바로의 공주의 아들이라 칭함 받기를 거절하고 25도리어 하나님의 백성과 함께 고난 받기를 잠시 죄악의 낙을 누리는 것보다 더 좋아하고 26그리스도를 위하여 받는 수모를 애굽의 모든 보화보다 더 큰 재물로 여겼으니 이는 상 주심을 바라봄이라 27믿음으로 애굽을 떠나 왕의 노함을 무서워하지 아니하고 곧 보이지 아니하는 자를 보는 것 같이 하여 참았으며 28믿음으로 유월절과 피 뿌리는 예식을 정하였으니 이는 장자를 멸하는 자로 그들을 건드리지 않게 하려 한 것이며

### 하나님의 가치에 고정된 믿음

히브리서 저자는 이스라엘 족장들의 모범적인 믿음을 계속 탐구한다.

여기서 특히 출애굽과 연관된 사건들에서 보여준 믿음에 집중한다. 히브리서 저자는 모세의 부모가 그를 숨긴 것은 그가 "아름다운 아이"였기 때문이라고 말한다. 모세가 귀여운 아이였기 때문에 부모가 그를 숨겼다는 뜻이 아니다. 오히려, 모세의 아름다움은 그의 특별한 운명을 암시한다. 모세가 아름다운 아이였던 것은 하나님이 특별한 일을 위해 그를 구별하셨기 때문이다. 특별한 일이란 이스라엘을 애굽에서 인도해 가나안으로 이끌어 들이는 것이었다. 그러므로 모세의 부모는 왕의 칙령, 곧 히브리인들이 사내아이를 낳으면 모두 나일강에 던지고 여자아이를 낳으면 모두 살려두라는 명령에 불순종하길 두려워하지 않았다(출 1:22). 모세의 부모는 두려움에 휩싸여 행동하는 대신 아들의 특별한 자질을 보았고 하나님을 신뢰했다.

24절에서 저자는 스포트라이트를 모세 부모의 믿음에서 모세 자신의 믿음으로 옮긴다. 모세가 바로의 공주의 아들이길 거부하지 않았다면 덧없는 죄의 즐거움을 선택했을 것이다. 그의 앞에 놓인 선택은 궁극적으로 이것이었다. 애굽의 집에서 편안함과 특권을 누릴 것인가, 아니면 이스라엘 백성과 함께 박해와 고난을 받을 것인가? 전자를 선택한다면 믿음이 없는 것이다. 후자를 선택한다면 믿음이 충만한 것이다. 모세는 후자를 선택했다. 그는 지위를 고집하기보다 이스라엘과 함께하는 쪽을 선택했다. 하나님을 신뢰했고 애굽이 자신의 집이 아님을 알았기 때문이다. 모세는 바로의 집이 헛되며 하나님께 순종하는 것이 훨씬 더 가치 있음을 알았다.

### 예수님을 증언하는 믿음

26절은 흥미로운 질문을 불러일으킨다. 모세가 애굽을 거부한 것이 그리스도와 도대체 무슨 관련이 있는가? 성경의 줄거리는 오실 메시아에 관한 약속에 온전히 기초한다. 히브리서 저자는 모세가 겪은 학대가 궁극적으로 예수님, 곧 그분의 백성을 구속하러 오실 메시아를 가리킨다는 것을 보여준다. 모세 자신이 자신보다 큰 선지자가 와서 하나님의 약속을 성취하리라고 썼다(신 18:15-22). 이 구약의 성도들이 믿었던 언약의 약속들이 모두 예수님에게서 성취된다(고후 1:20). 그러므로 모세는 이스라엘을 구속하실 분을 내다보았으며, 그가 이스라엘과 하나됨으로써 당한 치욕은 그리스도께서 그분의 백성을 위해 당하실 치욕을 증언했다.

죄의 덧없는 즐거움 대신 박해를 선택함으로써, 모세는 하나님의 약속을 향한 믿음에 걸맞게 행동했다. 사람의 부가 아니라 하나님과 그분의 약속을 신뢰해 받는 상은 세상이 줄 수 있는 모든 것보다 크다. 죄에 빠지면 큰 즐거움이 따를 테지만 이 즐거움은 잠시다. 모세처럼 예수님과 함께 치욕을 당하면 영원한 상과 끝없는 기쁨이 따른다.

### 보이지 않는 것을 믿는 믿음

모세는 또한 애굽을 떠남으로써 하나님을 향한 믿음을 보여주었다. 모세와 요셉의 유사점에 주목하라. 요셉처럼 모세도 애굽이 자신의 집이 아님을 알았다. 애굽은 약속의 땅이 아니었다. 모세가 애굽을 떠난 것은 하나님이 이스라엘에게 주신 약속을 믿었기 때문이다. 저자는 27절에서 성경의 기본 원리를 일깨운다. 우리는 누구의 진노를 더 두려워할지 결정해야 한다. 세상과 그 세상을 다스리는 자들의 진노인가 아니면 산 자와 죽은 자를 심판하실 하나님의 진노인가? 모세는 하나님이 누군지 분명하게 알았다. 하나님은 만물을 다스리는 주권자다. 그래서 모세는 바로를 두려워하지 않았다. 대신에, 하나님을 따랐다.

이상해 보일 수 있겠지만, 히브리서 저자가 하나님은 보이지 않는다고 한 것은 매우 중요하다. 11:1을 떠올려 보라. "믿음은 바라는 것들의 실상이요 '보이지 않는' 것들의 증거니." 하나님이 보이지 않는다는 진리는 유신론의 본질일 뿐 아니라(우리는 우상을 숭배하지 않는다) 히브리서 11장에 언급된 인물들이 보여준 신뢰와 연결된다. 이들이 약속을 믿은 것은 하나님을 믿은 것과 밀접하게 연결된다. 이들은 보이지 않는 하나님을 믿었듯이 하나님이 하신 약속의 보이지 않는 성취를 믿었다. 이것이 믿음의 본질이다.

28절에서, 저자는 유월절에 대한 모세의 믿음을 말한다. 유월절에 등장하는 대속물은 믿음으로 마음의 문설주에 그분의 피를 바르는 자들의 죄를 사하기 위해 죽임을 당하실 최종적이며 완벽한 어린양을 예표했다(사 53:7; 마 27:14; 행 8:26-40). 모세의 인도를 따라, 이스라엘은 유월절을 지켰으며 하나님이 자신들에게 하신 약속을 지키실 것을 의심하지 않았다. 장자가 죽었으면 아브라함에게 하신 언약의 약속이 끝났을 것이다. 그러나 이스라엘의 장자는 보호받았다. 왜? 하나님이 공급하신 대속 제물을 모세가 흔들림 없이 사용했기 때문이다. 모세는 하나님이 신실하시리라 믿었다.

## 언약을 지키시는 하나님을 향한 놀라운 믿음

**히브리서 11:29-31**

[29]믿음으로 그들은 홍해를 육지 같이 건넜으나 애굽 사람들은 이것을 시험하다가 빠져 죽었으며 [30]믿음으로 칠 일 동안 여리고를 도니 성이 무너졌으며 [31]믿음으로 기생 라합은 정탐꾼을 평안히 영접하였으므로 순종하지 아니한 자와 함께 멸망하지 아니하였도다

29절에서, 히브리서 저자는 하나님이 그분의 주되심(lordship)을 가장 특별하고 놀랍게 드러내시는 한 사건에 대해 말한다. 홍해가 갈라지는 사건이다. 이 사건은 예수님이 죄인들을 자유하게 하실 때 성취될 구속의 맛보기였다. 히브리서 저자는 성령에 감동되어 구약성경을 해석하면서 출애굽에 내포된 의미를 분명하게 드러낸다. 바다를 육지처럼 건너려면 하

나님의 미쁘심(미더우심)을 믿어야 한다. 어떻게 바다가 갈라졌는가? 하나님이 이스라엘에게 하신 언약의 약속을 그분의 섭리 가운데 지키셨다. 그래서 애굽 군대가 홍해를 건너려 했을 때, 갈라졌던 바다가 다시 합쳐졌고 이들은 수장되었다.

30절에서 저자는 출애굽에서 여리고 전투로 옮겨간다(수 6장). 상당히 흥미롭게도, 우리의 주의를 이스라엘이 여리고에서 보인 믿음에 집중시키려 한다. 하지만 여호수아서는 백성의 믿음에 관해 아무것도 기록하지 않는다. 그런데도 저자는 이들이 하나님의 전투 계획에 믿음으로 순종했다고 말한다.

31절에서, 저자는 우리를 여리고에서 라합 이야기로 데려간다. 언뜻 보면, 내용이 극적으로 전환되는 것 같다. 저자는 지금까지 우리가 자연스레 믿음의 본보기로 여길 사람들을 소개했다. 하지만 '라합'은 우리가 이 명단에서 예상하는 이름이 아니다. 기생(창녀)은 대개 하나님께 신실한 사람으로 묘사되지 않는다. 그런데도 히브리서 저자는 라합을 본받아야 할 인물로 제시한다. 라합은 어떻게 하나님을 믿었고, 그녀의 직업에도 불구하고 왜 라합의 믿음이 칭찬받을 만한가? 라합은 이스라엘 정탐꾼들을 숨겨주었고, 여리고성을 빠져나갈 방법을 일러주었다(수 2장). 그 결과, 라합과 그녀의 가족이 모두 구원받았다(수 6:22-25). 라합의 동기는 용기나 자기 보호나 정치적 계산이 아니었다. 그녀의 동기는 믿음이었다. 라합은 이스라엘의 하나님이 그분의 백성에게 하신 약속을 이루실 뿐 아니라 여리고의 멸망에서 자신을 보호해 주시리라 믿었다. 위험한 상황에서 라합은 이스라엘 백성이 아니었는데도 야훼의 백성과 하나 되어 하나님의 약속을 믿었다. 참으로 본받을 만한 믿음이다.

# 믿음의 마지막 본보기들

**히브리서 11:32-40**

32내가 무슨 말을 더 하리요 기드온, 바락, 삼손, 입다, 다윗 및 사무엘과 선지자들
의 일을 말하려면 내게 시간이 부족하리로다 33그들은 믿음으로 나라들을 이기기
도 하며 의를 행하기도 하며 약속을 받기도 하며 사자들의 입을 막기도 하며 34불
의 세력을 멸하기도 하며 칼날을 피하기도 하며 연약한 가운데서 강하게 되기도
하며 전쟁에 용감하게 되어 이방 사람들의 진을 물리치기도 하며 35여자들은 자
기의 죽은 자들을 부활로 받아들이기도 하며 또 어떤 이들은 더 좋은 부활을 얻고
자 하여 심한 고문을 받되 구차히 풀려나기를 원하지 아니하였으며 36또 어떤 이
들은 조롱과 채찍질뿐 아니라 결박과 옥에 갇히는 시련도 받았으며 37돌로 치는
것과 톱으로 켜는 것과 시험과 칼로 죽임을 당하고 양과 염소의 가죽을 입고 유리
하여 궁핍과 환난과 학대를 받았으니 38(이런 사람은 세상이 감당하지 못하느니
라) 그들이 광야와 산과 동굴과 토굴에 유리하였느니라 39이 사람들은 다 믿음으
로 말미암아 증거를 받았으나 약속된 것을 받지 못하였으니 40이는 하나님이 우
리를 위하여 더 좋은 것을 예비하셨은즉 우리가 아니면 그들로 온전함을 이루지
못하게 하려 하심이라

히브리서 11장 막바지에 이르면서, 마치 멋진 교향곡을 들은 것 같다. 저자는 11장에서 구약성경 이곳저곳에 등장하는 인물들을 소개한다. 인물 목록이 이제 마지막 본보기들에서 절정으로 치닫는다. 이들은 우리에게 덜 친숙할는지 모른다. 그렇더라도 핵심 메시지는 다르지 않다. 이들 하나하나가 하나님을 향한 놀라운 믿음을 보여주었다. 우리도 그래야 한다.

**삶에 흠이 있었으나 놀라운 믿음을 보인 사람들**

이 단락에 언급된 인물들의 삶은 우리에게 본보기가 된다. 이들은 완

벽한 본보기였는가? 아니다. 루터가 죽음을 앞두고 했던, 우리의 필요를 강조하는 말이 이들에게도 적용된다. "우리는 거지입니다. 이것은 사실입니다." 기드온은 하나님께 표적을 구했고, 에봇을 만들어 이스라엘로 죄를 짓게 했다(삿 6:36-40; 8:24-27). 삼손은 성적으로 문란했고 하나님과 맺은 언약을 어겼다(삿 13-16장). 입다는 딸을 번제물로 드리겠다고 맹세했다(삿 11:30-31, 34-40). 다윗은 한 여인과 간음했으며, 이를 숨기려고 그 여인의 남편을 죽음에 몰아넣었다(삼하 11장). 그렇더라도, 히브리서 저자가 이들을 기억하는 것은 이들의 흠 때문이 아니다. 그는 이들의 믿음을 칭찬한다. 이들이 죄를 지었으나 이들의 삶은 궁극적으로 하나님을 향한 믿음으로 대변되었고, 히브리서 저자는 33, 34절에서 이것을 강조한다. 이들은 실패했으나 믿음으로 각자 위업을 성취했으며, 이로써 하나님을 향한 놀라운 믿음의 본을 보였다.

35-38절에서, 히브리서 저자는 우리의 주의를 믿음으로 그리스도를 위해 고난당한 사람들에게로 옮긴다. 자신의 죽은 자들을 부활로 받은 여자들은 열왕기상 17:17-23에 나오는 엘리야의 사역과 열왕기하 4:18-36에 나오는 엘리사의 사역을 가리킬 것이다. 이 여자들은 하나님을 믿었고, 그래서 자신의 죽은 자들을 부활로 받았다. 저자가 세세하게 말하는 끔직한 고난을 겪은 사람들은 박해 가운데서도 믿음을 잃지 않았다. 이들은 하나님이 약속의 땅을 자신들에게 반드시 주시리라는 것과 마지막 날에 자신들을 다시 살리시리라는 것을 믿었다. 이들은 믿음으로 의롭다함을 얻었으나 하나님을 향한 헌신 때문에 세상에서 멸시를 당했다. 그러므로 "이런 사람은 세상이 감당하지 못한다"(새번역은 "세상은 이런 사람들을 받아들일 만한 곳이 못 되었습니다").

히브리서 저자는 우리에게 이들처럼 죽으라고 요구하는 게 아니라 이들처럼 언약의 하나님을 믿으라고 요구한다. 설령 이러한 믿음이 이들처럼 죽는다는 뜻이더라도 말이다. 초기 교회 교부인 순교자 유스티누스(Justin Martyr)는 이와 똑같은 믿음을 보여주었다. 유스티누스는 자신과 자신의 회중이 순교할 곳을 보며 이렇게 말했다. "형제자매들이여 기억하십시오. 저들은 우리를 죽일 수 있지만 우리를 해칠 수는 없습니다." 이것이 구약 성도들이 보여준 헌신이며, 우리가 각자의 삶에서 보여주어야 할 헌신이다.

### 새 언약에서 성취된 옛 약속들

히브리서 저자는 11장의 교향곡을 마무리하면서 자신의 독자들을 교향의 도입부, 즉 11:2의 주제로 다시 데려간다. 이 성도들은 하나님이 그분의 약속을 놀랍게 성취하시는 것을 미리 엿보았을 뿐이다. 이들은 갈릴리 십자가에서 거행된 예수님의 대관식을 보지 못했다. 그런데도 하나님의 약속을 향한 특별한 믿음 때문에 칭찬을 받는다. 이들은 약속의 궁극적 성취를 보지 못했으나 이것을 종말론적으로 경험하리라는 것을 알았다. 히브리서 저자가 앞서 소개한 사람들의 믿음처럼, 이들의 믿음도 미래를 내다보는 믿음이었다.

이로써 새 언약이 더없이 중요하다는 것이 다시 한번 강조된다. 예수님의 피로 새 언약이 세워졌을 때 비로소 옛 언약의 약속들이 성취될 수 있었다. 이것이 히브리서 저자가 40절에서 의미하는 것이다. 새 언약이 없으면, 마지막 날에 하나님과 완벽하고 순전한 교제를 나누리라는 소망도 없다.

1. 당신은 하나님이 새 언약의 구성원인 당신에게 하신 약속들을 적극적으로 상기하는가? 하나님의 약속을 기억하는 것이 당신이 살아가는 방식에 어떻게 영향을 미치는가? 하나님의 약속들이 당신이 죄와 싸우고 거룩을 위해 노력하는 데 어떻게 도움이 되는가?

2. 이 세상이 집처럼 느껴지는가? 자신이 살고 있는 문화에서 위로를 갈망하는가? 그리스도께서 다시 오시고 당신이 모든 의미에서 집에 돌아가는 날을 어떻게 더 잘 준비할 수 있는가? 이 세상이 집처럼 느껴지지 않으려면 어떻게 해야 하는가?

3. 이삭과 야곱과 요셉은 하나님의 언약적 약속을 향한 믿음을 어떻게 보여주었는가? 특히 요셉의 믿음은 어떻게 출애굽을 가리켰는가?

4. 모세의 부모가 당국의 보복이 있을 수 있는데도 모세를 숨겼다는 것이 무엇을 말해주는가? 우리는 자신이 처한 문화적 상황에서 비슷한 믿음의 행위를 어떤 식으로 강요받을 수 있겠는가? 모세의 부모가 보여주었듯이, 당신의 삶은 사람을 두려워하지 않는 삶인가? 그게 아니라면, 왜 아닌가?

5. 모세가 했던 어떤 일에서 그의 믿음이 드러났는가? 모세의 행동이 하나님의 가치를 어떻게 드러냈는가? 당신의 삶도 똑같이 말하는가? 다시 말

해, 하나님의 가치가 그 무엇보다 뛰어나고 이 땅의 즐거움이 덧없다고 말하는가? 당신이 처한 상황에서 하나님의 가치를 어떻게 적극적으로 드러낼 수 있는가?

6. 히브리서 저자는 그리스도를 위해 당하는 치욕을 모세와 연결해서 언급한다. 이것이 무엇을 의미하는지 자신의 말로 설명해 보라. 출애굽 사건들이 어떻게 예수님을 가리키는가?

7. 기생 라합이 명단에 포함되어 놀랐는가? 이것이 그분을 믿는 죄인들을 향한 하나님의 성품에 관해 무엇을 말해주는가?

8. 하나님의 신실하심이 우리의 환경을 이해하는 방식에 어떤 영향을 미치는가? 믿음 때문에 고난을 받은 자들이 당신이 인내하는 데 어떻게 힘이 되는가?

9. 미래를 내다보는 믿음이 있다는 것은 무엇을 의미하는가? 히브리서 11장에 나오는 모든 본보기는 미래지향적 믿음을 어떻게 보여주는가? 새 언약의 신자들은 어떤 방식으로 이렇게 할 수 있겠는가?

10. 히브리서 저자는 이 성도들이 "우리가 아니면…온전함을 이루지 못할" 것이라고 말하는데(40절), 이것이 무슨 뜻인가? 새 언약이 이들의 온전함(완벽함)과 어떻게 연결되는가?

# 26. 경주하라

## 히브리서 12:1-11

1이러므로 우리에게 구름 같이 둘러싼 허다한 증인들이 있으니 모든 무거운 것과
얽매이기 쉬운 죄를 벗어 버리고 인내로써 우리 앞에 당한 경주를 하며 2믿음의
주요 또 온전하게 하시는 이인 예수를 바라보자 그는 그 앞에 있는 기쁨을 위하여
십자가를 참으사 부끄러움을 개의치 아니하시더니 하나님 보좌 우편에 앉으셨느
니라 3너희가 피곤하여 낙심하지 않기 위하여 죄인들이 이같이 자기에게 거역한
일을 참으신 이를 생각하라 4너희가 죄와 싸우되 아직 피흘리기까지는 대항하지
아니하고 5또 아들들에게 권하는 것 같이 너희에게 권면하신 말씀도 잊었도다 일
렀으되 내 아들아 주의 징계하심을 경히 여기지 말며 그에게 꾸지람을 받을 때에
낙심하지 말라 6주께서 그 사랑하시는 자를 징계하시고 그가 받아들이시는 아들
마다 채찍질하심이라 하였으니 7너희가 참음은 징계를 받기 위함이라 하나님이
아들과 같이 너희를 대우하시나니 어찌 아버지가 징계하지 않는 아들이 있으리요
8징계는 다 받는 것이거늘 너희에게 없으면 사생자요 친아들이 아니니라 9또 우
리 육신의 아버지가 우리를 징계하여도 공경하였거든 하물며 모든 영의 아버지께
더욱 복종하며 살려 하지 않겠느냐 10그들은 잠시 자기의 뜻대로 우리를 징계하
였거니와 오직 하나님은 우리의 유익을 위하여 그의 거룩하심에 참여하게 하시느
니라 11무릇 징계가 당시에는 즐거워 보이지 않고 슬퍼 보이나 후에 그로 말미암
아 연단 받은 자들은 의와 평강의 열매를 맺느니라

**핵심 개념**: 그리스도인들은 고난의 무게를 온전히 견디신 예수님을 바라보고 모든 시련과 어려움 가운데서 아버지의 자애로운 섭리를 믿어야 한다.

**I. 경주하라(12:1–3)**

A. 영적 경주

B. 믿음의 주요 온전케 하시는 이

C. 예수를 생각하라

**II. 아버지의 징계(12:4–11)**

A. 하나님이 징계하시는 이유

B. 하나님이 징계하시는 목적

11장에서, 히브리서 저자는 신실한(믿음의) 본보기의 명단을 제시한다. 그런 뒤, 이러한 본보기를 근거로 활용해 자신의 독자들에게 신실함을 잃지 말라고 촉구한다. 그러나 이 단락의 핵심은 땅의 아버지들을 바라보는 것이 아니라, 우리가 힘을 얻고 하늘 아버지의 징계를 정확히 이해하기 위한 궁극적인 근원이신 예수님을 바라보는 것이다. 신자들이 그리스도를 바라보는 것은 그분이 교회를 구원하려고 고난을 견디셨기 때문이다. 그리스도께서 받으신 적대감은 그분의 백성이 받아야 마땅한 것이었다. 그리스도께서 친히 대속물이 되어 택함을 받은 자들을 위해 고난을 받으셨다. 구약 인물 중에 그 누구도 택함을 받은 자들을 위해 그리스도처럼 고난을 받거나 행동하지 않았다. 그러므로 그리스도가 초점의 중심이다.

## 경주하라

**히브리서 12:1–3**

1이러므로 우리에게 구름 같이 둘러싼 허다한 증인들이 있으니 모든 무거운 것과 얽매이기 쉬운 죄를 벗어 버리고 인내로써 우리 앞에 당한 경주를 하며 2믿음의 주요 또 온전하게 하시는 이인 예수를 바라보자 그는 그 앞에 있는 기쁨을 위하여 십자가를 참으사 부끄러움을 개의치 아니하시더니 하나님 보좌 우편에 앉으셨느니라 [3]너희가 피곤하여 낙심하지 않기 위하여 죄인들이 이같이 자기에게 거역한 일을 참으신 이를 생각하라

신약성경은 은유로 넘쳐난다. 예수님은 알곡과 가라지 비유를 비롯해 농경과 관련된 은유를 자주 사용하신다. 바울 서신에는 군사와 운동과 관련된 은유가 자주 나온다. 여기서 히브리서 저자는 분명히 운동과 관련된 은유를 사용하는데, 그가 제국의 어느 대도시에 거주하는 헬라파 그리스도인 회중에게 서신을 쓰고 있었으리라는 것이 여기서도 드러난다. 운동과 관련된 은유는 알렉산드리아와 같은 도시처럼 운동 경기가 가장 유명했던 곳에서 가장 이해가 잘 되었을 것이다. 따라서 저자는 우리를 큰 경주로 인도한다. 이 큰 경주는 구약 성도들이 가득 들어찬 스타디움에서 펼쳐진다. 이곳은 단순히 관중이 들어찬 콜로세움이 아니다. 이미 경주를 마친 인내하는 성도들이 들어찬 콜로세움이다.

### 영적 경주

히브리서 마지막 네 장은 인내하라는 저자의 영적 권면을 담고 있다. 저자는 '이러므로'라는 단어로 12장을 시작하는데, 이 단어는 그가 구약 성도들의 본보기에서 신자들의 삶에 적용하기로 옮겨가는 다리다. 그 어떤 운동선수도 일부러 무거운 짐을 들고 경주하지 않는다. 그러므로 신자들은 "모든 무거운 것을…벗어 버려야" 한다. 죄에 관한 아주 무서운 진리가 있다. 죄는 죄인에게 달라붙는다는 것이다. 그리스도인들은 그리스도를 믿으면 더는 죄의 공격을 받지 않는다고 말하고 싶어 한다. 안타깝게도, 죄는 쉽게 떨어지지 않는다. 하나님의 말씀은 회심 후에는 죄의 공격이나 유혹이 없을 거라고 말하지 않는다. 대신에, 바울이 로마서 7장에서 하듯이, 성경은 경고하고 본보기를 제시한다. 죄는 실재하는 위협이

며, 따라서 그리스도인들은 죄와 끊임없이 싸워야 한다. 이런 이유로, 히브리서 저자는 죄를 벗어버리라고 명한다. 그러지 않으면 인내하지 못한다.

우리는 또한 "인내로써" 경주해야 한다. 전형적 경주에서 절대다수는 구경만 한다. 실제로 경주하는 사람은 극소수다. 그리스도인의 삶에서, 출발 총성이 울렸다. 모든 그리스도인이 구원받은 순간부터 죽는 순간까지 경주한다. 바울은 디모데에게 "나의 달려갈 길을 마쳤다"고 말한다(딤후 4:7). 경주를 마쳤다(완주했다)는 뜻이다. 신자라면 누구라도 이렇게 말할 수 있길 바란다. 경주를 마침, 곧 완주는 인내의 산물이다. 하나님이 택하신 자들은 마지막까지 인내하며 자신 앞에 놓인 경주를 마친다.

인내로써 경주하는 그 어떤 신자도 자신의 힘으로 경주하지 않는다. 우리는 온갖 약점이 다 있다. 우리가 인내로써 경주할 때 인내는 온전히 그리스도의 것이다. 우리가 인내하는 이유는 그리스도께 속했기 때문이다. 베드로전서 1:5이 가르치듯이, 우리는 능력으로 보호하심을 받는다. 그러나 이것은 우리가 수동적으로 인내한다는 뜻이 아니다. 하나님이 구약의 성도들을 높이신 것은 이들이 수동적이었기 때문이 아니다. 이들은 적극적으로 신실했다. 마찬가지로, 하나님은 오늘 우리에게 적극적 신실함이 요구되는 경주를 하게 하신다.

### 믿음의 주요 온전하게 하시는 이

우리 힘의 열쇠는 무엇인가? 히브리서 저자는 11장에서 신실한 믿음의 사람들 명단을 우리 앞에 펼쳐놓는다. 이 명단은 아벨에서 시작해 돌에 맞아 죽었거나 톱질을 당해 몸이 둘로 갈라져 죽었거나 칼에 죽었거나 온갖 괴롭힘과 학대를 당한 이름 모를 사람들로 끝난다. 세상은 이들을 감당하지 못했으며, 그중에 어떤 사람들은 광야와 산속을 유리하며 토굴이나 동굴에서 살 수밖에 없었다. 이 시점에서, 독자는 허다한 증인들을 보라는 말을 들으리라 생각할는지 모른다. 그러나 히브리서 저자는 이렇게 말하지 않는다. 2절에서 그는 교회를 향해 "믿음의 주요 또 온전하게 하시는 이인 예수를 바라보자"고 말한다.

기독교는 영웅을 숭배하는 사이비 종교가 아니다. 기독교는 예수 그리스도 한 분께 집중한다. 우리가 지금 여기 있는 것은 아벨이나 모세나 아브라함이나 심지어 톱질을 당해 몸이 둘로 갈라져 죽었거나 땅을 유리하며 동굴에서 살았던 사람들 때문이 아니다. 교회가 존재하는 것은 예수님이 죽고 다시 살아나셨기 때문이며, 인내하는 유일한 길은 그분을 바라보는 것이다. 구름같이 허다한 증인들은 우리를 격려하고 우리에게 감동을 준다. 그러나 우리가 계속 경주하게 하시는 분은 오직 그리스도다. 2절은 예수님을 두 방식으로 묘사한다.

- 주(source, 근원)
- 온전하게 하시는 이(perfecter)

'주'(source, 근원)의 의미는 분명하다. 예수님은 우리 믿음의 기초다. 모퉁잇돌이자 머릿돌이다. 우리의 소망과 구원의 흔들리지 않는 기반이다. 그분이 없으면 우리의 믿음은 헛되고 근거가 없다. 예수님이 자신이 말씀하신 분이 아니라면 우리의 믿음은 헛되다(고전 15:14-15). 기독교 신앙 전체가 그리스도의 위격(person)과 사역의 유효성에 달렸다고 해도 지나치지 않다.

예수님은 또한 우리의 믿음을 '온전하게 하시는 이'(perfecter)다. 예수님만 그리스도인의 삶을 완벽하게(온전하게) 사셨다는 뜻인가? 그렇기는 하지만, 이것이 저자가 말하려는 핵심은 아니다. 이것이 핵심이라면 피상적일 것이다. 히브리서 저자가 "온전하게 하시는 이"에서 의미하는 것은 "마치시는 분"(finisher) 또는 "완결하시는 분"이다. 그리스도께서 "다 이루었다"(It is finished)라고 하실 때, 그리고 아버지께서 그분을 죽은 자 가운데서 일으킴으로써 그분의 순종을 높이셨을 때, 그리스도의 사역은 완벽했다. 그리스도의 사역은 오늘도 여전히 완벽하다. 히브리서 저자가 충분히 설명했듯이, 예수님은 여전히 우리의 중보자로 일하시며 그분의 백성을 집으로 인도해 들이실 것이다. 바꾸어 말하면, 그리스도께서 우리의 구원을 안전하게 하는 데 필요한 모든 것을 하셨고 그분이 시작하신 일을 완수하실 것이다.

이 단락은 맥락 없이도 그리스도인들에게 감동을 준다. 그러나 운동 경기의 맥락은 감동의 깊이를 더한다. 운동선수들은 마지막에 상을 받으려고 경쟁한다. 고대 그리스와 로마의 운동 경기에서, 최후의 승자는 일반적으로 월계관을 상으로 받았다. 월계관 자체는 별 가치가 없었으나 월계관을 쓰면 상당한 명예가 따랐다. 고대 세계에서 명예를 얻기란 쉽지 않았다. 사람들이 전형적으로 명예로웠던(유명했던) 것은 출신이나 물려받은 재산이나 군인으로서의 비범함이나 용맹 때문이었다. 운동을 통해, 사람들은 유명해지고 지위가 향상되며 챔피언으로서 새로운 삶의 영역에 들어갈 수 있었다. 이러한 경기들 후에, 승자는 왕족과 함께 앉는 영예를 얻었다. 히브리서 저자는 자신의 경주를 마치신 그리스도를 이렇게 묘사한다. 그리스도는 우리를 위해 십자가를 견디셨다. 물질적 이익이나 사회적 이익을 바랐기 때문이거나 월계관을 쓰고 싶어서가 아니었다. 대신에, 그리스도께서는 우리의 유익과 아버지의 영광을 위해 부끄러움을 개의치 않고 가시관을 쓰셨으며 이것을 부끄러움으로 여기지 않으셨다.

### 예수를 생각하라

3절에서, 저자는 예수님을 생각하라고 자신의 사람들을 다시 한번 일깨운다. 그저 그리스도를 고려하라고 요구하는 것이 아니다. '생각하라'(consider)는 말은 그리스도를 모델로 삼고 그분을 늘 바라보며 영감과 격려를 구하라는 뜻이다. 예수님은 그분의 제자들에게 마지막에 신실하다고 여겨지려면 어떻게 해야 하는지 보여주신다. 이것은 히브리서에서 새로운 논증이 아니다. 저자는 3장에서 했던 권면을 되울리고 있다. 인내하고 굳게 서는 유일한 길은 예수님을 생각하는 것이다. 그분은 경주하면서 큰 적대감을 견디셨다.

우리가 박해받는다고 느끼는 데는 많은 괴롭힘이나 적대감이 필요 없다. 지금 이 순간에도 예수 그리스도를 믿는다는 이유로 심한 신체적 박해를 받는 사람들이 있다. 매질을 당하거나 폭행을 당하거나 감옥에 갇히거나 가족과 생이별을 하거나 그분의 이름으로 순교하는 사람들까지 있다. 여러 해 전, 중동에 갔을 때 이란인 목사를 만났다. 그의 등에 비밀경찰에게 사슬로 맞아 생긴 흉터가 있었다. 잊을 수 없는 장면이다. 이것이 히브리서 저자가 말하는 적대감이다.

서구 사회가 점점 세속화되고 있으며, 이 때문에 그리스도인들이 주변으로 밀려나고 해를 당할 수도 있다. 그렇지만 이 단락은 구체적으로 신체적 박해와 피흘림을 말한다. 이것이 전 세계 많은 그리스도인이 겪는 현실이며, 이러한 현실을 보면 1, 2세기 그리스도인들이 겪었던 극심한 박해가 떠오른다. 물리적 적대감을 생각하면서, 히브리서 저자는 우리의 구속자께서 고문당하셨다는 것을 일깨운다. 예수님은 채찍질을 당하셨고, 자신을 향한 적대감을 견디셨다. 예수님이 견디신 고난을 생각하면, 기독교에 점점 더 적대적이고 기독교를 점점 더 반대하는 세상에서 견디는 데 도움이 될 것이다. 인내하려면 예수 그리스도께 시선을 고정해야 한다.

## 아버지의 징계

**히브리서 12:4-11**

4너희가 죄와 싸우되 아직 피흘리기까지는 대항하지 아니하고 5또 아들들에게 권하는 것 같이 너희에게 권면하신 말씀도 잊었도다 일렀으되 내 아들아 주의 징계하심을 경히 여기지 말며 그에게 꾸지람을 받을 때에 낙심하지 말라 6주께서 그 사랑하시는 자를 징계하시고 그가 받아들이시는 아들마다 채찍질하심이라 하였으니 [7]너희가 참음은 징계를 받기 위함이라 하나님이 아들과 같이 너희를 대우 하시나니 어찌 아버지가 징계하지 않는 아들이 있으리요 [8]징계는 다 받는 것이거늘 너희에게 없으면 사생자요 친아들이 아니니라 [9]또 우리 육신의 아버지가 우리를 징계하여도 공경하였거든 하물며 모든 영의 아버지께 더욱 복종하며 살려 하지 않겠느냐 [10]그들은 잠시 자기의 뜻대로 우리를 징계하였거니와 오직 하나님은 우리의 유익을 위하여 그의 거룩하심에 참여하게 하시느니라 [11]무릇 징계가 당시에는 즐거워 보이지 않고 슬퍼 보이나 후에 그로 말미암아 연단 받은 자들은 의와 평강의 열매를 맺느니라

우리의 싸움은 단지 박해에 맞서는 게 아니다. 죄에 맞서는 싸움이기도 하다. 바꾸어 말하면, 히브리서 저자는 타락의 유혹에 맞서는 저항은 죄의 유혹에 맞서는 저항이기도 하다고 말한다. 박해를 피하거나 믿음을 버리라는 유혹은 궁극적으로 죄에 굴복하라는 유혹이다.

4절의 "아직"(not yet)은 매우 중요하다. 어떤 그리스도인들은 아직 신체적 박해를 겪지 않았을 수 있다. 그러나 이는 우리 모두에게 실제적 가능성이 있는 일이다. 늘 기억해야 한다. 지금 우리가 아는 편안함이 영원히 보장되지는 않는다. 상황이 느닷없이 바뀔 수 있고, 세상의 많은 부분이 실제로 순식간에 바뀐다. 거의 즉각적으로, 여러 나라의 정부나 헌법이나 법집행 방식이 바뀐다. 그리스도인은 언제 어디서 박해를 받을지 모르며, 박해를 받으면 곧 피를 흘리게 될 수 있다.

### 하나님이 징계하시는 이유

히브리서 저자가 유대인 회중에게 편지를 쓰고 있다는 사실을 기억하라. 그의 독자들은 유대인 회심자다. 이들은 '토라'와 구약성경이 친숙하다. 5절에 인용된 잠언을 비롯해 구약성경의 지혜 문학을 안다. 잠언 3:11-12에서, 솔로몬은 하나님의 징계를 가볍게 여기지 말라고 아들에

게 경고했다. 솔로몬은 아들이 하나님의 징계를 비웃지 않길 바란다. 징계는 아들됨의 표식이기 때문이다. 하나님이 누군가를 징계하신다는 사실 자체가 그 사람을 사랑하신다는 증거다. 히브리서 저자는 독자들이 이 개념을 본능적으로 깨닫길 바란다. 이 개념은 우리 세대처럼 혼란스럽고 대체로 훈련되지 않은 세대에는 역으로 작동한다. 그러나 솔로몬이 아들에게 전하려 했던 진리가 바로 이것이다.

징계는 부모의 일이다. 그 누구도 다른 사람의 자녀를 징계하지 않는다. 징계하는 사람은 징계받는 사람을 아들이나 딸처럼 대하는 것이다. 솔로몬은 아들을 징계(훈계)하며 쓴 글에서 사실상 이렇게 말한다. "하나님의 징계를 그 만큼 너를 사랑하신다는 표시로, 내가 너를 사랑하기 때문에 너를 징계하는 것과 똑같이 받아들여라." 히브리서 저자는 징계가 자녀의 필요를 아는 의로운 부모가 하는 사랑의 행위라고 생각한다.

### 하나님이 징계하시는 목적

징계는 본래 유쾌하지 않다. 징계는 고통스럽지만 목적이 있다. 부모는 자신이 무엇을 하는지 안다. 자녀는 왜 자신이 징계를 받는지 또는 어떻게 징계가 사랑의 행위인지 늘 알지는 못한다. 그러나 자녀가 매번 이것을 꼭 알아야 하는 것은 아니다. 자녀가 이 모두를 미리 안다면 징계받을 행동을 하지 않을 것이다. 어떤 교훈은 징계를 통해서만 배울 수 있다.

히브리서 저자는 논의를 이어가며 징계의 목적을 말한다. 징계의 목적은 자녀의 삶에서 "의와 평강의 열매를 맺는" 것이다. 부모는 자녀를 사랑하기 때문에 늘 합리적으로, 단호하게, 권위 있게, 그러나 사랑을 담아 의로운 방법으로 징계한다. 부모가 자녀를 사랑하지 않으면 자녀가 제멋대로 하게 내버려 둘 것이다. 그러나 부모는 자녀가 의와 평강의 열매를 알길 원한다. 자녀에게 이것을 보여주려면, 아버지의 사랑이 때로 징계의 형태를 띠어야 한다.

사람들은 이런저런 일이 자신에게 우연히 일어난다고 생각하는 경향이 있다. 사실, 다양한 일들이 우리 삶에 일어나는 것은 하나님의 주권적 의도와 목적 때문이다. 모든 것이 다 선하지는 않지만, 하나님을 사랑하는 자들에게는 모든 것이 유익하며 덕을 세운다. 때때로 그리스도인들은 일이 자신에게 유익해 보이지 않을 때도 믿음을 지켜야 한다.

로마서 8장에서, 바울은 하나님이 모든 것이 합력하여 신자들에게 선을 이루게 하신다고 말한다. 종양이 생기거나 그 외에 비극적인 일이 일어날 때 감사해야 한다는 뜻이 아니다. 이것들은 우리가 기도하며 구해야 할 일이 아니다. 그러나 어려운 상황에서도, 하나님은 우리의 유익을 위해 일하신다. 히브리서 저자는 이 진리를 염두에 두고 이 단락을 쓰고 있다. 사랑하는 아버지로서 하나님은 우리를 징계하면서, 우리의 믿음을 연단하고 성숙시키실 수 있다.

사람들은 징계를 생각할 때 흔히 교정이나 처벌만 생각한다. 그러나 징계는 그 이상이다. 징계는 가르침이다. 하나님은 징계를 통해 제자를 만들고 계신다. 징계에 불평하고 징계가 하나님이 우리를 사랑하지 않으신다는 표시라고 생각하려는 유혹이 있다. 그리스도인들은 어떻게 하나님이 무서운 상실을 통해 선을 이루실 수 있는지 묻는다. 그러나 하나님은 그분의 아들의 끔찍한 죽음 가운데서 우리의 유익을 위해 일하셨다. 환경 때문에 하나님의 사랑을 의심한다면, 십자가를 바라보면서 우리가 하나님의 아들이 되도록 하나님이 그분의 아들을 우리에게 주셨다는 것을 상기할 수 있다.

1. 그리스도인의 삶을 경주에 비유하는 것이 히브리서 저자의 청중뿐 아니라 오늘의 그리스도인들에게도 적절한 유비인 이유는 무엇인가? 경주의 유비가 당신의 삶에 어떻게 적용되는가?

2. 히브리서 저자는 1-3절에서 달음질에 동기를 부여하는 세 가지를 생각하라고 말한다. 이 세 가지가 무엇인가? "구름 같이 둘러싼 허다한 증인들이 있다"는 것을 아는 게 당신에게 어떻게 힘이 되는가? 예수님은 어떤 방법으로 당신에게 힘을 주시는가?

3. 히브리서 저자는 왜 우리에게 "모든 무거운 것과 얽매이기 쉬운 죄를 벗어 버리라"고 말하는가? 죄와 무거운 것(hindrances, 방해물)이 우리의 영적 경주에 어떤 영향을 미치는가? 이것들이 우리의 인내에 어떻게 영향을 미치는가? 이러한 은유들이 같은 것을 가리킨다고 생각하는가? 왜 그렇게 생각하거나, 그렇게 생각하지 않는가?

4. 적극적 신실함은 어떤 모습이겠는가? 당신이 보기에, 구약 성도들은 적극적 신실함을 구체적으로 어떻게 실천하는가? 자신이 경험하는 특정 상황에서 적극적 신실함을 어떤 식으로 실천할 수 있는가?

5. 그리스도인이 하는 경주의 목표와 결승선은 무엇인가? 바꾸어 말하면, 우리는 왜 인내하도록 격려받는가? 예수님을 생각하면 어떻게 인내하려

는 마음이 생기는가?

6. 왜 하나님은 그분의 백성이 박해를 인내하게(겪게) 하시는가? 그리스도인이라면 박해에 어떻게 반응하는 게 적절한가? 그리스도인들이 겪는 다양한 박해 중에 몇 가지를 열거해 보라.

7. 왜 하나님은 그분의 교회를 징계하시는가? 하나님이 누군가를 징계하신다면, 이것이 그 사람에 관해 무엇을 말해주는가? 그리스도인은 자신의 삶에서 하나님의 징계의 증거에 어떻게 반응해야 하는가? 이것이 믿음이 성숙하는 데 어떻게 도움이 되겠는가?

8. 왜 그리스도인들은 아버지의 뜻이 자애롭고 완전하다고 믿을 수 있는가? 성경의 어떤 구절들이 어려움 가운데서도 하나님의 성품과 계획이 선하다고 단언하는가?

9. 잠언과 히브리서 이 단락이 묘사하는 징계가 우리 문화의 징계 개념과 어떻게 다른가? 하나님의 징계 목적과 세상이 징계를 사용하는 방식을 맞대어 비교해 보라.

# 27. 완주

**히브리서 12:12-17**

[12]그러므로 피곤한 손과 연약한 무릎을 일으켜 세우고 [13]너희 발을 위하여 곧은
길을 만들어 저는 다리로 하여금 어그러지지 않고 고침을 받게 하라 [14]모든 사람
과 더불어 화평함과 거룩함을 따르라 이것이 없이는 아무도 주를 보지 못하리라
[15]너희는 하나님의 은혜에 이르지 못하는 자가 없도록 하고 또 쓴 뿌리가 나서 괴
롭게 하여 많은 사람이 이로 말미암아 더럽게 되지 않게 하며 [16]음행하는 자와 혹
한 그릇 음식을 위하여 장자의 명분을 판 에서와 같이 망령된 자가 없도록 살피라
[17]너희가 아는 바와 같이 그가 그 후에 축복을 이어받으려고 눈물을 흘리며 구하
되 버린 바가 되어 회개할 기회를 얻지 못하였느니라

**핵심 개념**: 그리스도인들이 믿음의 경주를 마치려면 모든 방해물을 말끔히 제거하고 서로 격려하며 부정적 본보기에 관한 성경의 경고에 주목해야 한다.

**I. 명령: 경주를 계속하라(12:12-13)**

**II. 도전: 거룩하게 살아라(12:14-17)**

A. 화평함과 거룩함을 따르라

B. 서로를 살펴라

C. 에서의 본보기를 피하라

D. 경고에 주목하라

소통을 공부하는 사람들은 특정 몸짓이 거의 모든 문화에서 같은 의미

를 전달한다고 믿는다. 예를 들면, 미소와 찡그림은 하나같이 행복이나 슬픔을 전달한다. 체념한 표정이나 저항의 몸짓은 그 누가 통역하지 않아도 이해할 수 있다. 이 단락에서, 히브리서 저자는 피곤한 손, 연약한 무릎, 저는 다리를 비롯해 보편적으로 이해되는 몸짓을 활용한 은유적 언어로 그리스도인의 삶을 말한다. 이 그림 언어들은 그리스도인의 삶이 때때로 피 말리는 싸움이라는 사실을 이해하는 데 도움이 된다. 이 그림 언어들은 큰 경주를 어떻게 인내로 계속해야 하는지도 보여준다.

## 명령: 경주를 계속하라

**히브리서 12:12-13**

[12]그러므로 피곤한 손과 연약한 무릎을 일으켜 세우고 [13]너희 발을 위하여 곧은 길을 만들어 저는 다리로 하여금 어그러지지 않고 고침을 받게 하라

히브리서 저자가 무슨 뜻으로 "연약한 무릎을 일으켜 세우라(strength)"고 말하는지 알려면 문맥을 이해해야 한다. 12장을 시작하면서, 저자는 우리 보다 앞서 달렸던 사람들을 본받아 경주하라고 권면한다. 12절 첫머리의 "그러므로"는 저자가 11절에서 말했던 징계를 가리킨다. 바꾸어 말하면, 저자는 주님이 그분의 교회를 징계하시는 것은 교회의 기쁨을 위해서라는 것을 알기 때문에, 자신의 사람들에게 시련 가운데 인내하며 주님 안에서 강해지라고 독려한다.

히브리서 저자는 하나님의 백성에게 "[너희] 연약한 무릎을 일으켜 세우라"고도 권면한다. 연약한 무릎은 거의 언제나 두려움을 가리킨다. 유대인이나 이방인이 아니더라도, 옛날 사람이든 요즘 사람이든 상관없이 이것을 안다. 그러므로 히브리서 저자는 이 회중에게 어려운 환경 가운데

서도, 추측컨대 박해 가운데서도 주님 안에 굳게 서라고 독려한다. 경주는 격렬하고 죽음에까지 이를 수 있지만, 우리의 경주는 헛되지 않다.

히브리서 저자는 더 깊은 영적 의미를 다루기 위해 우리의 육체적 자세를 은유적으로 말한다. 그리스도인으로서 우리는 우리가 하나님의 영광을 위해 창조되었다는 것을 안다. 하나님은 주권적이며 우리를 향한 목적이 있다는 것도 이해한다. 하나님이 우리를 징계하실 때라도, 그분의 징계가 우리로 그리스도를 더 닮게 한다는 것을 알기에 그분의 선하심을 믿어야 한다. 어떤 운명이 우리에게 닥치더라도 주저앉을 게 아니라 하나님이 우리를 위해 원하시는 것을 우리도 진심으로 원해야 한다. 그러므로 우리는 피곤한 손과 연약한 무릎을 힘 있게 할("일으켜 세우고") 이유가 있다. 우리 앞에 놓인 기쁨을 향해 달려야 한다.

언뜻 이상하게 들리더라도, "곧은 길을 만들다"라는 말은 성경적 맥락에서 이해할 때 실제로 아주 강력한 표현이다. 히브리서 저자는 이 개념을 이사야 35장에서 가져온 게 거의 확실한데, 이사야 35장은 이스라엘이 포로 생활에서 시온으로 돌아오는 것을 묘사한다(사 40:3-4을 보라). 경주를 잘하려면 말끔한 길(clear path)이 필요하고, 말끔한 길이 되려면 모든 방해물을 제거해야 한다. 달리다가 발목을 접질리거나 바위에 걸려 넘어질 수 있을 위험 지점들을 그대로 두고 싶지는 않을 것이다. 여기서 히브리서 저자는 경주자들에게 그들이 달릴 길을 말끔하게 정리하라고 명한다. 이 길은 의에 이르는 도덕적 길이다. 우리를 함정에 빠뜨리려 고안된 방해물과 위험에서 벗어나야 한다. 우리의 삶을 정돈해 죄가 우리를 덫에 빠뜨릴 기회를 뚝 떨어뜨려야 한다.

우리의 길을 말끔하게 정리하지 못하면, 치료를 받지 못하고 관절이 어그러진 상태 그대로일 것이다. 이것이 13절 후반부가 가르치는 것이다. 이것은 상식이다. 그러나 우리는 이 명령에 순종하는 데 어려움을 겪는다. 우리의 길을 곧게 하고 예수님을 좇아 달리는 게 아니라 책임을 다할 기회를 회피하고 우리의 죄가 계속 살아있게 할 딱 그만큼 죄를 즐긴다. 물론, 여기에 따르는 위험은 우리가 절대로 치유 받지 못하고 우리의 죄 안에서 여전히 절뚝이며 마침내 주님에게서 돌아선다는 것이다. 반대로, 우리의 길을 말끔히 정리하고 예수님을 따르면 우리는 영적으로 회복될 것이다.

## 도전: 거룩하게 살아라

**히브리서 12:14-17**

14모든 사람과 더불어 화평함과 거룩함을 따르라 이것이 없이는 아무도 주를 보지 못하리라 15너희는 하나님의 은혜에 이르지 못하는 자가 없도록 하고 또 쓴 뿌리가 나서 괴롭게 하여 많은 사람이 이로 말미암아 더럽게 되지 않게 하며 16음행하는 자와 혹 한 그릇 음식을 위하여 장자의 명분을 판 에서와 같이 망령된 자가 없도록 살피라 17너희가 아는 바와 같이 그가 그 후에 축복을 이어받으려고 눈물을 흘리며 구하되 버린 바가 되어 회개할 기회를 얻지 못하였느니라

14-16절에서, 히브리서 저자는 경주하는 그리스도인들이 행하며 살아야 할 도덕 명령들을 하나로 엮는다. 이 명령들은 마지막까지 코스를 이탈하지 않는 거룩하고 신실한 경주의 모습을 보여준다. 거꾸로, 저자는 또한 거룩하지 못한 삶을 에서를 통해 보여준다. 우리는 에서처럼 타락해서는 안 된다.

### 화평함과 거룩함을 따르라

화평함을 따르라(pursue peace)는 것은 그리스도인에게 매우 중요한 명령이다. 14절이 "모든 사람과 더불어 화평함을 성취하라(achieve)"고 말하지 않는다는 데 주목하라. 14절은 "모든 사람과 더불어 화평함…을 따르

라(pursue, 추구하라, 도모하라, 좇으라)"고 말한다. 우리는 화평을 성취할 수 없을지 모른다. 그러나 그리스도의 사람들은 화평을 위해 노력하는 사람들이며 이렇게 한다고 알려진 사람들이다. 우리가 "모든 사람과 더불어" 이렇게 해야 한다는 데 주목하라. 단지 우리의 관심 영역 안에 있는 사람들과 화평하려 할 게 아니라 마주하는 모든 사람과 화평하려 해야 한다. 이 권면은 바울이 로마 그리스도인들에게 했던 명령을 되울린다. "할 수 있거든 너희로서는 모든 사람과 더불어 화목하라"(롬 12:18). 모든 사람과 화평(화목)하려는 노력은 히브리서 저자가 그의 사람들에게 달려가라고 독려하는 의의 길을 구성하는 한 부분이다.

같은 절에서, 저자는 자신의 청중에게 거룩함을 따르라(추구하라, 도모하라, 좇으라)고도 권면한다. 그는 거룩함이 없이는 아무도 주님을 보지 못하리라고 경고한다. 그러므로 신자는 거룩해야 한다. 거룩함은 거듭나지 못한 사람들의 표식이 아닐뿐더러 그리스도인이 펼치는 믿음의 경주에서 뒤처지거나 탈락하는 자들의 표식도 아니다. 여기서 히브리서 저자는 '거룩함'(holiness)이란 용어를 사용해 주님을 따르는(pursue) 자들을 묘사한다. 경주하는 자들이 완벽하거나 죄가 없어야 한다는 뜻이 아니라 죄와 싸우며 신실하게 살고 있다는 뜻이다. 이 거룩함이 없으면 아무도 주님을 보지 못할 것이며, 그래서 우리의 발을 위해 길을 곧게 하라는 도덕 명령이 영원히 중요하다.

**서로를 살펴라**

히브리서 저자는 15절에서도 일련의 명령을 이어간다. 신자들은 믿음의 공동체에서 하나님의 은혜를 받지 못하는 사람이 없도록 주의해야 한다. 하나님의 은혜를 복음적 의미로 생각할 수도 있겠으나 저자의 초점은 여기에 있지 않다. 그는 지속적인 하나님의 은혜, 즉 신자들이 말씀 선포와 그리스도인의 훈련을 통해 경험하는 은혜를 말하고 있다. 새 언약의 공동체라는 문맥에서, 저자는 모두가 더 거룩해지고 하나님의 은혜를 받도록 가장 연약한 형제부터 가장 강한 형제까지 서로를 살피라고 독자들에게 요구한다.

히브리서 저자는 또한 자신의 사람들에게 "쓴 뿌리가 나서 괴롭게 하는" 일이 없게 하라고 명한다. 신자들은 쓴 뿌리(공동번역 개정판은 "독초")를 경계해야 한다. 쓴 뿌리는 치명적 전염병이며 심각한 영적 문제의 증상이다. 의의 길이 아니라 죄의 길로 접어드는 진입로이며, 퍼져나가면서 교회를 갈기갈기 찢어놓는다. 우리는 쓴 뿌리가 되겠다고 의식하며 결정하지 않지만 잘못된 것이 마음에 뿌리내릴 만큼 곪도록 내버려 둔다. 그러므로 쓴 뿌리를 캐내야 한다. 그러지 않으면 그리스도의 몸을 이루는 다른 지체들에게 번져 우리를 더럽힌다.

쓴 뿌리를 경계해야 할 뿐 아니라 "음행하는…자가 없도록 살펴야" 한다. 다른 형태의 부도덕도 분명히 존재하지만, 성경은 성적인 죄를 특히 솔직하게 다룬다. 우리는 성적인 죄를 아주 가볍게 여기는 시대를 살지만, 성경은 성적인 죄를 아주 무겁게 여긴다. 왜 그런가? 고린도전서 6:18이 그 이유를 말해준다. "사람이 범하는 죄마다 몸 밖에 있거니와 음행하는 자는 자기 몸에 죄를 범하느니라." 음행은 하나님의 법을 어길 뿐 아니라 성령의 전(殿)인 우리의 몸을 더럽힌다(고전 6:19-20).

#### 에서의 본보기를 피하라

같은 맥락에서, 히브리서 저자는 한 끼 식사에 장자권을 팔아버린 에서처럼 망령된 자("속된 사람"-새번역, "불경스러운 자"-공동번역 개정판)가 되지 말라고 말한다. 에서와 음행이 관련이 있는가? 성경에 에서가 음행했다는 암시가 전혀 없다. 그러므로 에서와 음행의 연결은 에서의 성적인 죄를 말하기 위한 게 아닌 것 같다. 오히려, 문장의 접속사—음행하는 자와 '혹'(or)…에서와 같이 망령된 자—는 음행과 망령됨의 강한 관계를 말한다. 둘 다 하나님께 신실하지 못하다는 표식이다.

11장에 나열된 인물들처럼, 에서의 본보기도 믿음의 인내(믿음을 지킴)

를 격려하기 위한 것이다. 그러나 저자는 에서를 본받으라고 격려하지 않는다. 어떤 희생이 따르더라도 에서를 본받지 말아야 한다. 에서는 하나님께 신실한 자의 본보기 아니기 때문이다. 에서는 육체적 허기를 달래려고 장자권을 팔았다(창 25:29-34). 에서는 이삭의 맏아들로서의 장자권보다 한 끼 식사가 더 중요했다. 에서는 장자권을 야곱에게 팔았고, 이로써 장자권에 관심이 없을 뿐 아니라 하나님의 거룩한 것들에도 관심이 없음을 드러냈다. 사실, 모세는 에서의 행동에서 "장자의 명분을 가볍게 여겼다"는 게 드러났다고 말한다(창 25:34). 따라서 히브리서 저자가 에서를 망령되고 신실하지 못하며 본받을 가치가 없는 자로 규정한 것은 적절하다.

왜 히브리서 저자는 장자권을 판 것이 거룩하지 못하다고 여기는가? 에서는 이삭의 맏아들로서 특권적 지위를 가졌기에 가족을 책임지고 아버지 이삭이 죽으면 그의 이름과 역할을 물려받아야 했다. 이런 영예와 특권은 하나님의 주권적 선택에서 직접 비롯된 결과였다. 그러므로 에서의 행동은 생각할 수 없는 것이었다. 에서의 행동은 가족뿐 아니라 야훼, 곧 그에게 장자권을 부여하신 분을 향한 범죄였다. 에서는 고의로 죄를 지었다. 어쩔 수 없이 장자권을 포기한 게 아니었다. 에서는 식욕을 못 이겨 하나님께 심각한 죄를 지었다.

### 경고에 주목하라

하지만 에서의 이야기는 여기서 끝나지 않는다. 팥죽 한 그릇에 장자권을 내준 후, 에서는 아버지에게 장자의 축복을 받길 고대했다. 그러나 야곱이 아버지 이삭을 속여 장자의 축복을 에서 대신 받았다(창 27:27-30). 에서는 장자의 축복을 동생에게 빼앗겼음을 알고 아버지에게 자신도 축복해 달라고 애타게 간청한다(창 27:34). 그러나 원 축복(original blessing)은 되돌릴 수 없었다.

에서는 자신의 행동을 후회했으나 자신의 잘못을 진정으로 회개하지는 않은 사람의 본보기다. 후회와 회개는 하늘과 땅 차이다. 하나님은 진정한 회개를 절대 내치지 않으시지만 세상적 후회에는 관심을 두지 않으신다(고후 7:10). 에서의 반응에서 자신의 잘못을 진정으로 회개하는 모습을 볼 수 없다. 에서는 자신의 장자권과 장자로서 받을 축복을 잃은 것을 후회할 뿐이다. 에서가 눈물로 구하는 것은 회개가 아니라 야곱에게 빼앗긴 것, 곧 아버지의 축복일 뿐이다.

진정한 회개는 죄를 미워한다. 눈물만으로 회개가 되는 게 아니다. 자신의 죄에 가슴 아파하지만 회개하지 않는 사람이 많다. 이들은 자신의 죄를 하나님과 다르게 생각한다. 이들은 자신의 죄가 예수님이 필요함을 드러낸다는 것을 알지 못한다. 이들은 후회할는지 몰라도 회개하려 하지 않는다. 이것이 히브리서 저자가 에서를 통해 우리에게 하는 경고다.

우리의 주의를 에서에게 집중함으로써, 히브리서 저자는 우리에게 두 가지 선택을 제시한다. 우리는 마지막까지 신실했던 사람들을 본받거나 아니면 에서를 본받을 수 있다. 성경의 긍정적 본보기뿐 아니라 부정적 본보기에 대해서도, 우리는 성경의 정직함과 솔직함이 필요하다. 우리는 에서의 발자취를 따라서는 안 된다. 히브리서 저자의 경고에 주목하고, 반역의 길에서 진정으로 돌아서려 함으로써 신실하게 경주해야 한다.

1. 주님의 징계가 우리의 피곤한 손과 연약한 무릎을 일으켜 세우라(strengthen, 힘 있게 하라)는 권면과 어떻게 연결되는가? 11절이 어떻게 12절의 권면으로 이어지는가? 그리스도인들이 12절에 묘사된 자세로 경주할 수 있는 이유는 무엇인가?

2. 지금 당신의 길에 어떤 방해물이 놓여 있어 영적 의미에서 당신을 걸려 넘어지게 하는가? 당신은 어떤 면에서 죄를 즐길 뿐 죄와 맞서 싸우지 않는가? 어떤 책임과 제자도가 당신의 삶에 내재되어 있어 당신이 자신을 위해 "곧은 길을 만들도록" 돕는가?

3. 화평함을 따르는(추구하는) 것과 그리스도인이 달리는 의의 길이 어떻게 연결되는가? 히브리서 저자가 무슨 뜻으로 우리에게 모든 사람과 더불어 화평함을 "따르라"(추구하라)고 권면하는가? 지교회에서 화평함을 위한 노력은 어떤 모습이겠는가?

4. 그리스도인들은 어떻게 거룩함을 따르는가(추구하는가)? 거룩함이 하나님의 선물이라면, 어떤 의미에서 우리는 거룩함을 위해 적절하게 노력할 수 있는가? 히브리서 저자가 14절에서 '거룩함'(holiness)이란 용어를 사용하는 방식에 따르면, 이것이 바로 지금 당신의 삶을 묘사하는 적절한 단어이겠는가?

5. "하나님의 은혜에 이르지 못하다"라는 말의 의미는 무엇인가? 우리는 이 말을 어떻게 이해해야 하는가? 다른 사람들이 하나님의 은혜를 얻게 하기 위한 우리의 역할은 무엇인가?

6. 쓴 뿌리 때문에 당신의 교회가 분열했던 때를 간략하게 말해 보라. 쓴 뿌리를 어떻게 처리했는가? 이러한 쓴 뿌리는 대개 어디서 오는가? 어떤 실제적 방법들이 서로를 쓴 뿌리로부터 지키는 데 도움이 되는가?

7. 당신이 생각하기에, 왜 히브리서 저자는 다른 명령 중에서 아무도 음행하지 않도록 서로 살피라고 콕 집어 명하는가? 특히 음행이 어떻게 우리의 개인적 거룩을 무너뜨리는가? 음행이 에서의 망령됨과 어떻게 연결되는가? 둘 다 무엇을 보여주는가?

8. 에서의 가련한 본보기에서 어떻게 인내해야겠다고 자극을 받는가? 에서는 장자권을 팔아버림으로써 어떻게 망령됨을 드러냈는가? 에서의 망령됨에서 당신의 삶에 적용할 수 있을 어떤 의미들을 도출할 수 있는가? 당신은 육체적 불편함이나 유혹을 줄이기 위해 하나님의 거룩한 것들을 무시하고 싶은 유혹을 어떻게 받는가?

9. 후회와 회개는 어떻게 다른가? 왜 후회는 죄에 대한 반응으로 불충분한가? 왜 죄에 단지 가슴 아파하는 것으로는 부족한가? 성경에서 어떤 인물들이 자신의 잘못을 후회했으나 회개하지 않았는가?

10. 히브리서를 비롯해 성경 전체에 등장하는 긍정적 본보기와 부정적 본보기 외에, 당신의 삶에서 신실함이나 신실하지 못함의 본보기가 된 사람들은 누구인가? 히브리서 저자는 어떻게 신실하지 못한 인물의 묘사를 통해 독자들을 경고하고 인내하도록 독려하는가?

# 28. 흔들릴 수 없는 나라

**히브리서 12:18-24**

18너희는 만질 수 있고 불이 붙는 산과 침침함과 흑암과 폭풍과 19나팔 소리와 말
하는 소리가 있는 곳에 이른 것이 아니라 그 소리를 듣는 자들은 더 말씀하지 아
니하시기를 구하였으니 20이는 짐승이라도 그 산에 들어가면 돌로 침을 당하리
라 하신 명령을 그들이 견디지 못함이라 21그 보이는 바가 이렇듯 무섭기로 모세
도 이르되 내가 심히 두렵고 떨린다 하였느니라 22그러나 너희가 이른 곳은 시온
산과 살아계신 하나님의 도성인 하늘의 예루살렘과 천만 천사와 23하늘에 기록된
장자들의 모임과 교회와 만민의 심판자이신 하나님과 및 온전하게 된 의인의 영
들과 24새 언약의 중보자이신 예수와 및 아벨의 피보다 더 나은 것을 말하는 뿌린
피니라

**핵심 개념**: 믿음의 인내를 이루는(믿음을 지키는) 자들은 시온, 곧 예수 그리스도께서 중보하신 하나님의 새롭고 더 좋은 언약의 산에 이른다. 그분의 피가 하나님의 진노를 만족시키며 하나님의 백성이 확신을 갖고 자유롭게 하나님의 임재에 들어가게 한다.

- **I. 시내산(12:18-21)**
  - A. 시내산 장면
  - B. 극적인 장면 전환
- **II. 시온산(12:22-24)**
  - A. 종말론적으로 읽기
  - B. 천사들 및 장자들과 함께하기

C. 심판자 앞과 의인의 영들에게 이름

D. 예수님의 피의 더 나은 것

이 단락에서, 히브리서 저자가 1-11장에서 쌓아온 것이 절정에 이른다. 저자는 히브리서 13장에서 바울이 서신들을 마무리하는 방식과 비슷하게 적용과 권면으로 서신을 마무리한다. 그러나 히브리서의 정점은 12장의 마지막 몇 절이다.

## 시내산

**히브리서 12:18-21**

[18]너희는 만질 수 있고 불이 붙는 산과 침침함과 흑암과 폭풍과 [19]나팔 소리와 말하는 소리가 있는 곳에 이른 것이 아니라 그 소리를 듣는 자들은 더 말씀하지 아니하시기를 구하였으니 [20]이는 짐승이라도 그 산에 들어가면 돌로 침을 당하리라 하신 명령을 그들이 견디지 못함이라 [21]그 보이는 바가 이렇듯 무섭기로 모세도 이르되 내가 심히 두렵고 떨린다 하였느니라

18절의 첫 단어 for는 독자에게 뒤돌아보라고 요구한다.[12] 그것은 저자가 방금 12-17절에서 말한 내용을 근거로 하고 있다. 그러므로 이 단락은 그리스도인들이 피곤한 손과 연약한 무릎을 일으켜 세우고 자신의 발을 위해 곧은 길을 낼 수 있는 이유를 제시한다. 그리스도인들이 이렇게 할 수 있는 것은 이들이 이른 곳이 시내산이 아니기 때문이다. 그리스도

---

12 CSB에서 18절은 for로 시작한다: For you have not come to what could be touched, to a blazing fire, to darkness, gloom, and storm.

인들은 더 나은 산, 곧 시온산에 이르렀다.

### 시내산 장면

시내산에 관한 언급도 독자들에게 뒤돌아보라고 요구한다. 이번에는 구약성경까지 거슬러 올라가라고 한다. "만질 수…있는 곳에 이른 것이 아니라"라는 표현에서, 저자는 독자를 데리고 시내산에서 율법을 처음 받았을 때로 거슬러 올라간다(출 19장). 시내산은 모세가 이스라엘을 대신해 올라가 하나님의 율법을 받은 곳이다. 하나님은 모세에게 명령하셨다. 이스라엘 백성에게 경고해 이들이 죽지 않도록 시내산에 오르거나 시내산을 만지는 일을 못하게(경계를 침범하지 않게) 하라는 것이었다(출 19:12). 이스라엘 백성이 시내산을 만질 수 없었던 것은 하나님이 거기 임재하셨기에 그곳이 거룩한 곳이자 죄악된 백성과는 구별된 곳이었기 때문이다. 하나님이 그 산에 임재해 계실 때 초대받지 않은 죄인이 그 산을 만지면(경계를 침범하면) 죽을 것이었다. 하나님이 시내산에 임재해 계실 때, 그곳은 빽빽한 구름과 지진과 우레와 번개에 휩싸였다(출 19:16). 시내산은 연기가 자욱했다. 하나님이 그곳에 불 가운데서 강림하셨기 때문이었다(19:18). 그뿐 아니라, 시내산에서 나팔 소리가 매우 크게 들렸고, 그 소리는 점점 커졌다(19:16, 19). 이 모두는 하나님이 그 산에 임재해 계신다는 증거였다. 이것은 하나님의 비교할 수 없는 힘과 능력과 순전한 거룩함을 상징했다. 그러므로 시내산은 이스라엘에게 경외와 두려움의 장소였다. 이스라엘은 시내산 앞에 서 있을 때 두려워 떨었다. 이스라엘 백성은 바로 이 산에 이르렀었다.

히브리서 12:19-20에서, 저자는 이러한 만남과 관련된 공포와 이것이 이스라엘 백성에게 미친 영향을 표현한다. 하나님이 시내산을 덮은 연기 가운데서 말씀하실 때, 이스라엘 백성은 모세에게 자신들을 대신해 말해 달라고 간청했다(출 20:18-19; 신 5:24-27). 회중은 어떤 짐승이라도 시내산을 만지면(경계를 침범하면) 돌로 쳐 죽이라는 명령까지 받았다(출 19:12-13).

이 엄중한 명령에서, 하나님의 거룩한 임재 가운데 부정한 것이 있으면 그 대가가 얼마나 큰지 알 수 있다. 이스라엘은 죽을까 봐 두려웠다. 히브리서 저자는 짐승을 돌로 쳐 죽이라는 명령을 활용해 시내산에 내린 하나님의 임재가 이스라엘 백성에게 이해할 수 없을 만큼 큰 두려움을 불러일으켰다는 것을 보여준다. 모세도 두려워할 정도의 공포였다.

### 극적인 장면 전환

이스라엘은 이 무서운 곳, 시내산에 이르렀었다. 그러나 그리스도인들이 이른 곳은 시내산이 아니다. 19절의 "아니라"(not)는 우리의 하나님 경험과 이스라엘의 하나님 경험의 근본적 차이를 이해하는 열쇠다. "아니라"는 옛 언약과 새 언약, 율법과 은혜, 약속과 성취를 극명하게 대비시킨다.

그리스도인들이 시온산에 이르렀다는 주장은 히브리서 원청중에게 충격이었을 것이다. 유대인들은 시내산을 통해 자신들과 자신들의 역사를 정의했다. 시내산은 이스라엘이 하나님을 만난 곳이다. 그러나 시내산은 그리스도인들이 새 언약 안에서 하나님을 만나는 곳이 아니다. 이것이 히브리서 저자가 이스라엘이 시내산 어귀에서 느낀 공포와 두려움을 묘사함으로써 분명히 하려는 핵심이다. 그가 자신의 독자들에게 이 무서운 시내산 광경을 그리는 것은 빛나고 영광스러우며 은혜로운 새 언약과 맞세워 극명하게 대비하기 위해서다. 시내산의 엄청난 두려움은 시온산의 철저한 자비를 보여준다. 시온산에서, 하나님은 그분의 은혜로 우리를 안고 우리와 한 언약을 세우시는데, 그 언약에서 그분의 법을 돌판이 아니라 우리의 마음판에 새기신다.

# 시온산

**히브리서 12:22-24**

[22]그러나 너희가 이른 곳은 시온산과 살아계신 하나님의 도성인 하늘의 예루살렘과 천만 천사와 [23]하늘에 기록된 장자들의 모임과 교회와 만민의 심판자이신 하나님과 및 온전하게 된 의인의 영들과 [24]새 언약의 중보자이신 예수와 및 아벨의 피보다 더 나은 것을 말하는 뿌린 피니라

구약성경에서, 땅의 시온산(시온)은 예루살렘의 일부였으며 다윗이 정복했다(삼하 5:7). 시온산은 마침내 예루살렘과 동일시되어 예루살렘의 동의어가 되었다. 그러나 여기서 히브리서 저자는 시온산을 땅의 예루살렘과 연결하지 않는다. 그는 시온산을 종말론적 새 예루살렘과 연결한다. 히브리서 저자가 시온산과 시내산을 맞세워 비교하는 한 가지 이유는 시온산이 상징하는 것을 강조하기 위해서다. 이미 말했듯이, 유대인들은 시온산을 예루살렘으로 보았다. 시온산은 약속과 평화의 성이었다.

더 나아가, 시내산과 시온산의 대비에서, 그리스도께서 시내산이 상징하는 것을 완벽하게 성취하셨다는 것이 드러난다. 그리스도인들은 시내산에 이른 게 아니다. 그리스도께서 시내산 율법을 성취하셨기 때문이다. 예수님은 구약 율법을 파기하거나 무효화하지 않으셨다. 오히려, 그 어떤 죄악된 인간도 할 수 없는 것을 하셨다. 율법에 완벽하게 순종해 율법을 완벽하게 성취하셨다. 율법의 조문과 정신까지 성취하셨다. 그분의 행위와 마음으로 율법에 외적·내적으로 순종하셨다는 뜻이다. 따라서 그리스도께서 하신 일 때문에 시내산은 이제 성취의 산으로 서 있다. 물론, 이 성취는 시온산에서, 즉 예루살렘에서 이루어졌다. 예수님이 예루살렘 인근에서 구원 사역을 성취했으며 죽은 자 가운데서 부활하셨기 때문이다. 그러므로 하나님의 백성은 이제 하나님의 율법이 주어진 곳이 아니라 하

나님의 율법이 성취된 곳과 하나다.

### 종말론적으로 읽기

22, 23절을 제대로 읽으려면 신약성경 전체에서 볼 수 있는 '이미와 아직'의 긴장을 통해 이 구절을 해석해야 한다. 하나님 나라는 (이미) 시작되었으나 (아직) 완성되지 않았다. 바꾸어 말하면, 그리스도인들은 하나님이 하신 약속들이 새 창조에서 완전히 성취되길 기다리는 동안에도 그 부분적 성취를 경험할 수 있다. 이것이 우리가 현세와 내세 사이에서 느끼는 긴장이다.

우리는 히브리서 저자가 2:8에서 '이미와 아직'의 견지에서 말하는 것을 보았다. 그는 이곳 12:22-23에서도 비슷한 견지에서 말한다. 시온산에 이르는 일이 우리의 경험에서 완전히 실현된 것은 아니다. 그러나 이것은 확실하고 약속된 실재다. 우리는 어떤 의미에서 살아계신 하나님의 성에 이미 이르렀으나 이 실재가 아직 완전히 실현되지는 않았다. 바꾸어 말하면, 우리는 이미 시온산에 이르렀으나 그곳에 이르길 여전히 기다리고 있다.

종말론적 견지에서 생각하는 것도 '도성'(city)이란 단어를 이해하는 데 도움이 된다. '도성'(city)이란 단어가 의미 깊은 것은 하나님 나라에 관해 중요한 점을 드러내기 때문이다. 하나님은 그분의 나라에서 다스리지만 단지 그 어떤 옛 장소에서 다스리지는 않으신다. 하나님은 "살아계신 하나님의 도성"에서 다스리신다. 도성이란 말은 그곳이 나라(왕국)의 본거지가 되리라는 것을 일깨운다. 예루살렘이 이스라엘의 수도였듯이, 하늘의 예루살렘은 하나님 나라의 수도가 될 것이다. 시온에 이를 때, 우리는 하나님의 나라와 통치의 수도에 이른다.

### 천사들 및 장자들과 함께하기

우리는 누구와 함께하게 되는가? 우리는 잔치 모임에서 무수한 천사들과 함께하게 된다. 이는 상상할 수 없는 일이다. 살아계신 하나님의 도성은 하나님의 영광 가운데 빛나는 무수한 천사들로 넘쳐난다. 이 광경은 말로 표현할 수 없지만 끝까지 인내하는 자들을 기다리는 광경이다.

히브리서가 어떻게 시작했는지 떠올려 보라. 히브리서는 저자가 그리스도를 천사들보다 뛰어난 분이자 이들의 이름보다 아름다운(뛰어난) 이름을 가진 분으로 정의하면서 시작했다(1:4). 그러나 이것은 그리스도에 비춰볼 때 천사들이 무가치하다고 여겨져야 한다는 뜻이 아니다. 천사들은 하나님의 영광을 발산하고 하나님이 그리스도 안에서 행하시는 구원 행위를 증언한다는 점에서 여전히 최고의 피조물이다. 무수한 천사들이 하늘의 예루살렘에서 기뻐하며 함께 모여 하나님을 찬양하고 예배한다. 우리는 무수한 천사들이 잔치 모임에 들어찬 도성에 이르렀다. 우리는 이들과 함께 영원한 시민권을 갖고 영원히 하나님을 예배할 것이다.

"하늘에 기록된 장자들의 모임"은 무엇인가? 어떤 의미에서, 히브리서 저자는 자신이 히브리서 11장에서 믿음의 본보기로 제시한 인물들, 그리스도께서 성육하시기도 전에 그분을 믿었던 자들을 가리키고 있다. 그러나 다른 의미에서, 장자들의 모임은 그 이상이다. 히브리서 12:1에서, 저자는 그의 독자들에게 구름 같이 이들을 둘러싼 허다한 증인을 말한다. 이미 보았듯이, 그리스도께서 오시기 전에 하나님과 그분의 약속에 신실했던 자들이 구름같이 허다한 이 증인들이다. 또한 히브리서 저자는 자신의 사람들에게, 그리고 오늘의 신자들에게, 뒤이어 말한다. 이들이 자신들보다 앞서간 자들, 곧 하늘에 기록된 장자들과 믿음 안에서 하나 된다는 것이다. 우리는 하늘의 예루살렘의 일부다. 그러므로 우리는 이 회중의 일부다. 영원한 구성원으로서, 우리는 하늘에 기록된 장자들의 모임에 이미 합류했다. 이것이 영원한 교회이고 보편적 교회이며, 우리는 이 교회에 이른 것이다.

### 심판자 앞과 의인의 영들에게 이름

23절은 우리가 만민의 심판자이신 하나님 앞에 이르렀다고 말한다. 인간의 역사에 등장했던 모든 사람이 심판받을 날을 상상해 보라. 자신들의 죄 때문에 의로운 심판을 받으며 그리스도 안에 있는 구원을 전혀 알지 못했던 자들에게, 심판날은 더없는 공포의 날일 것이다. 영원한 지옥이 그날의 저편에 서 있다. 그러나 예수 그리스도께서 자신들을 대신해 정죄받으셨음을 믿고 회개하며 그분께로 돌아선 자들에게, 심판날은 더없는 영광의 날일 것이다. 무한히 의로우시고 은혜로우시며 자비로우신 유일하신 하나님과 함께하는 영원이 그날의 저편에 있다. 히브리서 저자는 마치 우리가 이미 거기 있는 것처럼 이날에 대해 말한다. 우리는 만민의 심판자이신 하나님 앞에 이미 서 있다. 그분의 보좌 앞에 서 있다.

마지막으로, 히브리서 저자는 자신의 독자들이 "온전하게 된 의인의 영들"에게 이르렀다고 말한다. 이것은 시온에 이르는 모두를 가리킨다. 하늘에는 불완전한 자가 하나도 없을 것이다. 하늘 모임에는 의롭지 못하거나 불완전한 자가 하나도 없을 것이다. 우리는 자신의 힘으로 의로워지거나 온전하게 되는 게 아니다. 우리의 의와 온전함(완벽함)은 전적으로 전가된 그리스도의 의에 달렸다. 그분의 온전함이 우리의 온전함이다. 그분의 의가 우리의 의다. 시온에는 인간의 의가 없다. 오직 그리스도의 의만 있다.

### 예수님의 피의 더 나은 것

히브리서 저자는 우리가 이른 곳의 목록을 제시하는데, 이 목록은 예수 그리스도에게서 절정에 이른다. 이제 우리는 새 언약의 중보자이신 예수님께 이르렀으며, 아벨의 피보다 더 나은 것을 말하는 뿌린 피에 이르렀다. 예수님의 제사장 사역은 이 도성의 기초이며, 따라서 히브리서 저자가 우리의 주의를 예수님의 피로 되돌리고 목록을 마무리하는 것은 적절하다.

이미 보았듯이, 히브리서 11장에서 신실한 자들의 당당한 명단은 아벨에서 시작한다(4절). 하나님은 아벨의 피 제사를 분명하게 명하셨고 아벨은 순종했다. 아벨의 순종은 그가 하나님과 그분의 말씀을 믿었다는 증거였다. 그러나 아벨의 피 제사가 그를 구원하지는 못했다. 동물 제사를 통해 흘린 피로 하나님의 진노가 잠시 억제되었으나 이러한 제사가 하나님의 진노를 영원히 만족시키지는 못했다. 그러나 그리스도의 피는 동물 제사가 절대로 성취할 수 없었던 것을 성취했다. 그리스도의 피는 죄를 사하고 우리를 죄에 마땅한 심판에서 구원하기에 충분하다. 그러므로 예수님은 새롭고 더 좋은 언약의 중보자다. 그분의 희생으로, 오직 그분의 희생으로, 우리는 시온에 이르며 아벨의 피보다 더 나은 것을 말하는 뿌린 피에 이른다. 그리스도의 뿌린 피가 아벨의 피보다 더 나은 것을 말하는 이유는 예수님의 피가 구원하기 때문이다. 예수님의 피가 우리의 죄를 완전히 씻으며 하나님의 진노를 단번에(once and for all) 만족시킨다.

이 단락은 히브리서의 절정이다. 이 단락은 시와 산문의 언어로 우리에게 일깨운다. 우리는 다시 그 옛 산으로 가고 있는 게 아니라는 것이다. 시내산은 대체되었고 옛 언약은 성취되었다. 우리는 새로운 산과 더 좋은 언약에 이르렀다. 우리는 시온에 이르렀다. 하나님은 우리를 만져서는(경계를 침범해서는) 안 되는 산으로 부르지 않으신다. 그분은 우리를 구주, 즉 도마에게 그의 손가락을 내밀어 못 박혔던 그분의 손을 만져보고 그의 손을 내밀어 창에 찔렸던 그분의 옆구리를 만져보라고 하셨던 바로 그 구주께로 부르신다(요 20:27). 그리스도 안에서, 옛 법은 폐기되었고 새 법이 제정되었다. 이 새 법은 우리를 정죄하거나 심판하지 않는다. 오히려, 그리스도의 더 나은 피로, 우리에게 영원한 기업과 최종적 죄사함을 보장한다. 그리스도의 피가 우리를 시온으로 이끌고 살아계신 하나님의 영광스러운 임재 안으로 이끈다. 이것들이 참으로 더 나은 것이다.

## 묵상과 토론을 위한 질문

1. 이 단락이 12:12-17과 어떻게 연결되는가? 당신이 이른 곳이 시내산이 아니라는 사실이 히브리서 저자가 12:12-17에서 하는 명령들을 당신이 이행하는 데 어떻게 도움이 되는가? 각 명령을 구체적으로 생각해 보라.

2. 왜 히브리서 저자는 시내산과 시온산을 나란히 두는가?

3. 히브리서 저자는 짐승을 돌로 쳐 죽이라는 명령을 어떻게 활용해 시내산 장면의 엄중함을 이끌어 내는가? 예수님이 새 언약에서 이 명령을 어떻게 대체하셨는가?

4. 19절에서 '아니라'(not)는 단어가 사용된 게 이 단락을 이해하고 새 언약에서 우리와 하나님의 관계를 이해하는 데 왜 그렇게 중요한가?

5. 왜 시내산이 더는 그리스도인들이 하나님과의 경험을 정의하는 곳이 아닌가? 이제 그리스도인들은 어디에 기초해 시온에 이르는가?

6. 그리스도께서 옛 언약을 성취하셨다는 사실에 비추어, 그리스도인들은 옛 언약을 어떻게 생각해야 하는가?

7. 왜 22, 23절을 제대로 읽으려면 '이미와 아직'의 긴장을 통해 읽어야 하는지 자신의 말로 설명해 보라.

8. 시온을 종말론적 새 예루살렘과 연결하는 데에는 어떤 의미가 있는가? 히브리서 저자가 '도성'(city)이란 단어를 사용한 것이 이러한 의미에 어떻게 기여하는가? 이것이 하나님 나라에 관해 무엇을 말해주는가?

9. 왜 예수님의 피가 아벨이 드린 피 제사보다 뛰어난가? 왜 히브리서 저자는 아벨이 드린 피와 예수님이 드리신 피를 비교하는가?

10. 이 단락에 나오는 아름다운 시온의 그림이 당신이 믿음의 인내를 이루는(믿음을 지키는) 데 어떻게 도움이 되는가? 당신이 생각하기에, 저자가 그의 독자들이 마지막까지 인내하도록 동기를 부여하려고 이 그림을 사용하기로 선택한 이유는 무엇인가?

# 29. 임박한 하나님의 심판

**히브리서 12:25-29**

> 25너희는 삼가 말씀하신 이를 거역하지 말라 땅에서 경고하신 이를 거역한 그들이 피하지 못하였거든 하물며 하늘로부터 경고하신 이를 배반하는 우리일까보냐 26그 때에는 그 소리가 땅을 진동하였거니와 이제는 약속하여 이르시되 내가 또 한 번 땅만 아니라 하늘도 진동하리라 하셨느니라 27이 또 한 번이라 하심은 진동하지 아니하는 것을 영존하게 하기 위하여 진동할 것들 곧 만드신 것들이 변동될 것을 나타내심이라 28그러므로 우리가 흔들리지 않는 나라를 받았은즉 은혜를 받자 이로 말미암아 경건함과 두려움으로 하나님을 기쁘시게 섬길지니 29우리 하나님은 소멸하는 불이심이라

**핵심 개념**: 하나님은 그분의 아들 예수 그리스도의 위격과 사역을 통해 우리에게 말씀하셨다. 우리가 이스라엘처럼 그분의 자비로운 말씀(Word)을 거역하면 다가오는 그분의 심판을 피하지 못할 것이다.

- **I. 말씀하고 경고하시는 분(12:25)**
    - A. 그분의 말씀을 거부하지 말라
    - B. 거부하는 자들은 피하지 못할 것이다
- **II. 영존하는 모든 것(12:26-27)**
- **III. 흔들리지 않는 나라와 그 나라의 거룩한 왕(12:28-29)**

성경의 어떤 단락들은 약속이나 경고나 심판을 아주 생생하게 말한다. 히브리서 12:25-29은 이런 생생한 단락에 속한다. 이 단락은 엄하게 경

고한다. 그리스도의 복음을 소홀히 하지 말고 하나님의 말씀을 듣길 거부하지 말라. 엄중한 경고이며 주목하고 마음에 새겨야 할 경고다.

## 말씀하고 경고하시는 분

**히브리서 12:25**

> [25]너희는 삼가 말씀하신 이를 거역하지 말라 땅에서 경고하신 이를 거역한 그들이 피하지 못하였거든 하물며 하늘로부터 경고하신 이를 배반하는 우리일까보냐

히브리서 저자는 12:25을 18절과 비슷하게 시작한다. 그는 '하라'는 명령이 아니라 '하지 말라'는 명령으로 시작하면서 이어지는 명령을 더 강조한다. 저자는 말씀하시는 분의 말씀을 경청하라고, 하나님의 말씀을 무시하지 말라고 촉구한다. 말씀하시는 분을 거역할 때 영원히 따르는 심각한 결과를 뒤이어 설명한다.

### 그분의 말씀을 거부하지 말라

말씀하시는 하나님은 이 단락뿐 아니라 히브리서 전체, 더 나아가 성경 전체에서 필수적이다. 히브리서 처음부터, 저자는 하나님이 말씀하시는 하나님이심을 분명히 한다(1:1). 구약성경에서 하나님은 이스라엘에게 직접 말씀하신다. 신명기 4장에서 하나님은 모세를 통해 이스라엘 자녀들에게 자신이 그들의 하나님이라고 말씀하셨다. 그러므로 이스라엘이 하나님께 속했던 정확한 이유는 하나님이 이들에게 말씀하셨기 때문이다. 이스라엘이 하나님의 백성이었던 것은 하나님이 이들에게 그렇게 말씀하셨기 때문이다. 더 나아가, 이스라엘이 하나님이 계심을 알았던 것은 그분의 음성을 들었기 때문이다.

'거부하다'(reject, 개역개정은 "거역하다")라는 동사에 주의해야 한다. 우리는 종종 본문에 전반적으로 주목하지 않을뿐더러 현대의 문화적 맥락 때문에 복음을 명령이 아니라 고려 대상으로 제시하게 된다. 하지만 이 구절은 절대로 복음을 고려해야 할 제안으로 제시해서는 안 된다는 것을 이해하게 돕는다. 복음은 받아들이거나 거부해야 하는 최후통첩으로 제시된다. 복음 제시는 늘 반응을 일으킨다. 복음을 듣고 믿어 구원에 이르거나, 복음을 듣고 거부해 영원한 심판에 이르거나 둘 중 하나다.

**거부하는 자들은 피하지 못할 것이다**

이 구절은 또한 이스라엘에게 옛 언약을 말씀하신 하나님과 이제 모든 곳의 모든 민족에게 예수 그리스도를 통해 말씀하시는 하나님을 대비시킨다. 하늘과 땅의 대비가 이것을 암시한다. 논증이 작은 것에서 큰 것으로 옮겨간다. 땅에서 모세를 통해 주신 옛 언약에 불순종한 결과가 심각했다. 그렇다면 하늘에서 그리스도를 통해 말씀하신 새 언약을 거부하는 결과가 어떨지 상상해 보라! 땅에 있던 자들이 하나님의 심판을 피하지 못했다. 그러니 하늘에서 말씀하시는 분에게 등을 돌리는 자들이 어떻게 그분의 심판을 피할 수 있겠는가?

이번에도 저자의 단어 선택이 중요하다. 왜 히브리서 저자는 '피하다'(escape)라는 단어를 선택하는가? 무엇을 피한다는 말인가? 그분의 아들을 거부하는 자들에게 내리는 하나님의 진노다. 성경은 하나님이 죄인들을 향해 거룩한 진노를 발하신다고 분명하게 말한다. 하나님이 예수 그리스도를 통해 하신 말씀을 거부하는 자들은 그분의 진노를 피하지 못할 것이다. 이것이 복음의 본질적 부분, 그리스도인들이 주저 없이 선포해야 할 부분이다. 하나님을 거역하면 그분의 진노를 받아 마땅하다. 그런데 회개하고 믿는 모두를 위해, 그분의 말씀을 거부하지 않고 그분의 경고에 등을 돌리지 않는 모두를 위해, 하나님이 이 진노를 그분의 아들에게 쏟으셨다. 하나님을 찬양하라! 예수님을 거부하면 진노를 피하지 못한다.

# 영존하는 모든 것

**히브리서 12:26-27**

[26]그 때에는 그 소리가 땅을 진동하였거니와 이제는 약속하여 이르시되 내가 또 한 번 땅만 아니라 하늘도 진동하리라 하셨느니라 [27]이 또 한 번이라 하심은 진동하지 아니하는 것을 영존하게 하기 위하여 진동할 것들 곧 만드신 것들이 변동될 것을 나타내심이라

저자는 26, 27절에서 하늘과 땅을 대비한다. 먼저, 시내산에서 일어난 일을 생각한다. 하나님의 음성에 땅이 진동하고 시내산에 지진이 일어났다(출 19:18 ; 삿 5:5). 뒤이어 학개 2:2-9을 인용한다. 거기서 하나님은 하늘과 땅을 진동시키리라 약속하신다.

> 너는 스알디엘의 아들 유다 총독 스룹바벨과 여호사닥의 아들 대제사장 여호수아와 남은 백성에게 말하여 이르라 너희 가운데에 남아 있는 자 중에서 이 성전의 이전 영광을 본 자가 누구냐 이제 이것이 너희에게 어떻게 보이느냐 이것이 너희 눈에 보잘것없지 아니하냐 그러나 여호와가 이르노라 스룹바벨아 스스로 굳세게 할지어다 여호사닥의 아들 대제사장 여호수아야 스스로 굳세게 할지어다 여호와의 말이니라 이 땅 모든 백성아 스스로 굳세게 하여 일할지어다 내가 너희와 함께 하노라 만군의 여호와의 말이니라 너희가 애굽에서 나올 때에 내가 너희와 언약한 말과 나의 영이 계속하여 너희 가운데에 머물러 있나니 너희는 두려워하지 말지어다 만군의 여호와가 이같이 말하노라 조금 있으면 내가 하늘과 땅과 바다와 육지를 진동시킬 것이요 또한 모든 나라를 진동시킬 것이며 모든 나라의 보배가 이르리니 내가 이 성전에 영광이 충만하게 하리라 만군의 여호와의 말이니라 은도 내 것이요 금도 내 것이니라 만

군의 여호와의 말이니라 이 성전의 나중 영광이 이전 영광보다 크리라 만군의 여호와의 말이니라 내가 이곳에 평강을 주리라 만군의 여호와의 말이니라.

학개 2장에서, 하나님은 더없이 분명하게 말씀하신다. 그분의 성전을 틀림없이 회복하겠다고 말씀하신다. 만물이 그분의 것이며 그분의 영이 백성 가운데 있다고 단언하신다. 성전이 이전 영광을 회복하는 데 필요한 모든 것을 하겠다고 말씀하신다. 하늘과 땅과 모든 나라(all nations)를 흔들겠다고 하신다. 세상을 심판하시겠다는 뜻이다.

'또 한 번'이란 표현은 하나님이 이전에 흔드셨고 이후에 다시 흔드시리라는 것을 일깨운다. 하나님의 심판이 다가온다. 하나님이 예전에 시내산에서 땅을 흔드셨고, 모든 창조세계를 포함하는 방식으로 다시 한번 흔드실 것이다. 그래서 히브리서 저자는 학개를 인용해 하나님이 틀림없이 세상을 향해 곧 진노하고 심판하시리라는 것을 계속 강조한다.

27절에서, 저자는 자신이 사용한 '또 한 번'이란 표현을 설명한다. 이 표현은 지금 세상이 없어짐을 말하며, 지금 세상의 모든 우상이 부서지고 깨지며 내동댕이쳐짐을 묘사한다. 사람이 만든 모든 것을 하나님이 무너뜨리실 것이다. 하나님께 속한 것들만 남을("영존하게" 될) 것이다. 지금 세상에 소망을 두어서는 안 된다. 지금 세상의 그 무엇도 계속되지 못할 것이기 때문이다. 히브리서 저자가 다음 절에서 말하듯이, 흔들리지 않는 나라를 받은 것에 참으로 감사하자.

# 흔들리지 않는 나라와 그 나라의 거룩한 왕

**히브리서 12:28–29**

28그러므로 우리가 흔들리지 않는 나라를 받았은즉 은혜를 받자 이로 말미암아 경건함과 두려움으로 하나님을 기쁘시게 섬길지니 29우리 하나님은 소멸하는 불이심이라

영존하는 나라는 값 주고 산 하나님 백성의 나라이며, 이들은 그리스도 안에서 연합되어 흔들리지 않을 것이다. 그러나 다른 모든 나라는 마침내 하나님의 심판을 받을 것이다. 이들은 부서지고 무너질 것이다. 이에 대해, 하나님의 백성은 깊은 감사와 예배로 답해야 한다.

왜 우리는 주일마다 함께 모여 예배하는가? 복음과 흔들리지 않는 나라를 우리에게 주신 하나님께 감사하기 위해서다. 우리 주변의 모든 것이 지금은 영원해 보일지 몰라도 순식간에 사라질 것이다. 그러나 하나님의 백성은 영존할 것이다. 그 무엇도 하나님 나라가 이 세상 나라들과 통치자들에게 승리하는 것을 막지 못한다. 하나님 나라와 그 시민들이 승리할 것이다. 하나님 나라는 흔들릴 수 없다. 그래서 히브리서 저자는 하나님께 감사하라며 자신의 사람들을 권면한다.

더 나아가, 히브리서 저자는 하나님을 기쁘시게 섬기라(하나님이 받으실 만한 예배를 드리라)며 이들을 권면한다("하나님을 기쁘시게 섬길지니"). 기쁘시게 섬김(acceptable service, 받으실만한 예배)의 이면에 자리한 개념은 로마서 12:1에 나오는 개념과 같은데, 거기서 바울은 우리 몸을 하나님께 산 제물로 드리라고 말한다. 삶의 전부가 예배다. 그러므로 삶의 전부가 어린 양의 피로 우리를 구속하신 분을 향한 반응이어야 한다. 이러한 예배로 우리 자신을 온전히 하나님께 드릴 때 하나님이 기뻐하신다. 기쁘시게 섬김이란 산 제물이 되는 것이다.

“경건함과 두려움”이 진정한 기독교 예배의 특징이어야 한다. 하늘과 땅을 흔드실 분에게 경솔하게, 마구잡이로 나아가서는 안 된다. 경건함과 두려움으로 하나님을 예배해야 한다. 오만과 부주의가 아니라 겸손과 거룩한 두려움으로 하나님을 예배해야 한다는 뜻이다. 하나님의 자비와 은혜를 받을 자격이 없는 자로서 하나님을 예배해야 한다. 흔들리지 않는 하나님 나라의 시민이라는 경외감으로 하나님을 예배해야 한다.

임박한 하나님의 심판을 생각하며 평생을 살아야 한다. 하나님의 말씀을 거부하는 자들은 소멸하는 불을 피하지 못할 것이다. 그리스도 안에 있는 자들만 흔들리지 않을 것이다. 그러므로 우리는 경건함과 두려움으로 예배해야 한다. 히브리서 저자는 모세가 시내산에 나타나신 하나님을 묘사하며 사용한 언어를 사용해(출 24:17; 신 4:24) 하나님을 소멸하는 불로 표현한다. 복음은 화재 보험이 아니다. 복음은 우리가 마땅히 받아야 하는 거룩한 진노에서 우리를 구원하시는 그리스도의 풍성한 자비다. 하나님이 소멸하는 불이심을 기억하면 그분을 향한 경건함과 두려움이 일어나고 믿음과 회개로 그분께 돌아서지 않을 때 닥치는 혹독하고 영원한 결과를 떠올리게 된다. 우리는 이스라엘처럼 실패해서는 안 된다. 끝까지 인내해야 한다.

1. 하나님이 새 언약에서 말씀하심과 옛 언약에서 말씀하심이 어떻게 다른가? 히브리서 저자는 하늘과 땅을 어떻게 대비시켜 이러한 차이를 드러내는가?

2. 히브리서 저자는 자신의 서신 전체에서 어떻게 하나님을 말씀하시는 하나님으로 정의하는가? 우리의 하나님이 그분의 백성에게 말씀하신다는 사실을 기억하는 것이 왜 중요한가? 하나님의 말씀을 거부한다("거역한다")는 것은 무슨 뜻인가? 하나님이 예수 그리스도를 통해 하신 말씀이 어떻게 은혜의 메시지이자 심판의 메시지인가?

3. 히브리서 저자가 '거부하다'(reject, 개역개정은 "거역하다")와 '피하다'(escape)라는 동사를 사용한 데에는 어떤 의미가 있는가? 이 단어들이 복음과 하나님의 진노 간의 관계에 대해 무엇을 말해주는가? 복음에 대한 인간의 반응에 관해서는 무엇을 말해주는가?

4. 많은 그리스도인과 비그리스도인이 하나님의 진노를 이해하는 데 어려움을 겪는다. 왜 우리는 복음을 말할 때 하나님의 진노를 말해야 하는가? 왜 하나님의 진노가 예수 그리스도의 복음에 필수 요소인가? 왜 우리는 죄와 죄인들에 대한 하나님의 진노를 심각하게 여겨야 하는가?

5. 왜 히브리서 저자는 시내산을 말하고 학개 2장을 인용하는가? 그가 이렇

게 함으로써 상기시키려는 진리는 무엇인가? 하나님이 하늘과 땅을 흔드신다는 게 무엇을 상징하는가? "또 한 번"이란 표현은 무엇을 말하는가?

6. 임박한 하나님의 심판에 관한 약속은 당신이 거룩하게 살고 그분의 말씀을 오늘도 계속 받아들이도록 어떻게 동기를 부여하는가? 당신이 기쁘게 하나님을 섬기고 예배하도록 이 약속이 어떻게 당신을 이끄는가?

7. 왜 히브리서 저자는 흔들리지 않는 나라를 받은 것에 감사하라며 자신의 사람들을 격려하는가? 그리스도인들에게 점점 적대적으로 되어가는 오늘의 상황에서도 당신이 믿음의 인내를 이루도록(믿음을 지키도록) 흔들리지 않는 하나님 나라와 그 나라의 확실한 승리에 관한 약속이 어떻게 당신을 격려하는가?

8. 왜 경건함과 두려움이 진정한 기독교 예배의 특징이어야 하는가? 경건함과 두려움으로 하나님을 예배한다는 것은 무슨 뜻인가? 받으실만한 예배(acceptable service, "기쁘시게 섬김")를 드린다는 것의 의미를 이해하는 데 로마서 12:1이 어떻게 도움이 되는가?

9. 하나님은 소멸하는 불이심을 기억하면 그분을 향한 경건함과 두려움이 어떻게 일어나는가? 이것이 순종과 믿음으로 하나님께 반응하는 데 어떻게 도움이 되는가?

# 30. 마지막 당부: 사랑, 결혼, 돈

**히브리서 13:1–6**

[1]형제 사랑하기를 계속하고 [2]손님 대접하기를 잊지 말라 이로써 부지중에 천사들을 대접한 이들이 있었느니라 [3]너희도 함께 갇힌 것 같이 갇힌 자를 생각하고 너희도 몸을 가졌은즉 학대 받는 자를 생각하라 [4]모든 사람은 결혼을 귀히 여기고 침소를 더럽히지 않게 하라 음행하는 자들과 간음하는 자들을 하나님이 심판하시리라 [5]돈을 사랑하지 말고 있는 바를 족한 줄로 알라 그가 친히 말씀하시기를 내가 결코 너희를 버리지 아니하고 너희를 떠나지 아니하리라 하셨느니라 [6]그러므로 우리가 담대히 말하되 주는 나를 돕는 이시니 내가 무서워하지 아니하겠노라 사람이 내게 어찌하리요 하노라

**핵심 개념**: 신자들은 형제 사랑을 보여주고, 결혼을 귀하게 여기며, 돈을 사랑하지 말아야 한다.

**I. 성도를 향한 사랑: 형제 사랑하기를 계속하라(13:1)**
**II. 낯선 사람을 향한 사랑: 환대하라(13:2)**
**III. 갇힌 자를 향한 사랑: 갇힌 자와 학대받는 자를 생각하라(13:3)**
**IV. 결혼을 귀히 여기라(13:4)**
**V. 돈을 움켜잡지 말라(13:5–6)**

나는 편지를 무척 좋아한다. 사실, 저명한 인물의 서한집이 눈에 띄면 대체로 사는 편이다. 서한집을 읽으면 사람들이 편지 쓰기에 익숙했다는 것과 편지로 소통하던 때가 있었다는 사실이 떠오른다. 히브리서 13장에

이런 종류의 소통이 나온다.

어떤 면에서, 히브리서는 로마서와 비슷하게 끝난다. 로마서는 복음을 제시하면서 교리적·성경적으로 구약성경과 깊이 연결된다. 특히 16장 끝부분은 로마서가 단순한 신학 논문이 아님을 일깨운다. 로마서는 실제 인물들로 구성된 회중에게 보낸 편지다. 바울 서신들의 결말을 보면, 그가 실제 환경에서 살아가는 실제 사람들에게 편지를 썼다는 것을 알 수 있다. 마찬가지로, 히브리서 저자는 믿음의 사람들을 격려하고 더욱 거룩해지도록 권면하기 위해 개인적·실제적 관심사로 서신을 끝맺는다.

이 부분을 살펴보기 전에, 히브리서 저자가 지금까지 말한 것을 되짚어 보아야 한다. 저자는 10장에서 시작한 경고 단락을 히브리서 12장에서 마무리한다. 저자는 천국 시민, 곧 흔들릴 수 없는 나라의 시민이라는 것의 의미를 설명한다. 그는 12장을 이렇게 마무리한다. "그러므로 우리가 흔들리지 않는 나라를 받았은즉 은혜를 받자(let us be thankful, 감사하자) 이로 말미암아 경건함과 두려움으로 하나님을 기쁘시게 섬길지니." 마지막 장에서, 저자는 이렇게 하는 방법을 들려준다.

## 성도를 향한 사랑: 형제 사랑하기를 계속하라

**히브리서 13:1**

> [1]형제 사랑하기를 계속하고

히브리서 13:1에서, 저자는 옛 언약과 새 언약 사이에 큰 전환이 일어났다는 것을 알려준다. 옛 언약에서는 선민 이스라엘과 나머지 모든 민족이 뚜렷하게 구분되었다. 이러한 구분은 성전 안에서도 적용되었다. 성전은 하나님이 '그분의 백성'을 만나시는 곳이었다. 이스라엘의 뜰(지성소)에는 유대인만 들어갈 수 있었다. 물론, 아무 유대인이나 다 들어갈 수 있는 게 아니었다. 유대인 남자 가운데 한 사람, 대제사장만 들어갈 수 있었다. 이런 이유로, '형제'(brotherly)라는 단어가 눈에 확 들어와야 한다. 이 단어는 궁금증을 자아낸다. 누가 나의 형제인가? 우리의 "형제"는 그리스도 안에 있는 모든 사람이다.

'형제'라는 단어가 혁명적인 것은 그리스도인들 간의 관계를 말하기 때문이다. 형제 사랑은 불신자들이 이해할 수 없는 가족 관계다. 세상은 인간의 형제애와 아버지의 부성애를 말하지만 실제로 하나님을 아버지로 믿지 않기에 실제로 형제애 개념이 없다. 그러나 그리스도인들은 그리스도와 함께한 상속자(공동 상속자)이며, 그리스도와 연합했기에 하나님의 자녀이기도 하다. 따라서 우리는 서로 형제자매다. 그리스도를 믿어 서로 가족이 된다. 그러므로 "형제 사랑하기를 계속하라"는 따뜻한 권면이다. 이 특별한 사랑이 이미 이 회중들 사이에 있음을 암시하며, 따라서 이 사랑을 계속하라는 당부다.

## 낯선 사람을 향한 사랑: 환대하라

**히브리서 13:2**

> 2손님 대접하기를 잊지 말라 이로써 부지중에 천사들을 대접한 이들이 있었느니라

2절에서, 히브리서 저자는 형제 사랑을 교회 너머까지 확대하라고 가르친다. 낯선 사람들에게도 환대("손님 대접하기")와 사랑을 베풀어야 한다. 놀랍게도, 나그네 중에 천사가 있기 때문이다. 우리를 찾아온 사람이 누구인지 모를 때가 많다. 이것이 우리가 베푸는 사랑의 동기여서는 안 되겠지만, 그래도 이것을 염두에 두어야 한다. 길거리에 있는 거지, 찾아오는

사람 없는 입원환자, 감옥에 갇힌 사람을 볼 때 우리는 그 사람이 실제로 누구인지 모른다. 우리가 보는 사람이 우리가 보고 있다고 생각하는 그런 사람이 아닐 수도 있다. 어떤 경우든 우리는 마주하는 사람들에게 하나님의 영광을 위해 환대를 베풀어야 한다.

환대는 그리스도인의 중요한 은사다. 안타깝게도, 환대는 자주 소홀히 여겨지는 은사다. 솔직히, 환대는 그리스도인의 소명 중에서 비그리스도인 친구들에게서 많이 배울 수 있는 부분이다. 예를 들면, 무슬림들과 몰몬교도들은 환대를 더없이 중요하게 여긴다. 나는 무슬림 가정이나 기관에서 풍성한 환대를 받지 못한 적이 없다. 그뿐 아니라, 몰몬교도를 만났을 때 큰 친절로 환대를 받지 못한 적이 없다. 환대를 베풀지 못하는 것은 우리 그리스도인들의 부끄러움이다. 우리는 모두에게, 낯선 사람에게도 환대를 베풀어야 한다.

## 갇힌 자를 향한 사랑: 갇힌 자와 학대받는 자를 생각하라

**히브리서 13:3**

> 3너희도 함께 갇힌 것 같이 갇힌 자를 생각하고 너희도 몸을 가졌은즉 학대 받는 자를 생각하라

저자는 3절에서 그리스도의 지체이면서 갇힌 자를 향한 우리의 책임을 말한다. 이 부분에서도, 교회는 갇힌 자를 돌봐야 하는 의무를 좀처럼 이행하지 못한다. 나는 개인적으로, 오랜 세월 동안 갇힌 자들에게 그리스도를 전해 온 그리스도인들에게 감사의 마음을 갖는다. 마치 자신들이 저들과 함께 갇힌 것처럼 갇힌 자들을 기억하는 이 사람들의 순종에 감사한다. 우리도 이같이 해야 한다. 내가 가르칠 때 가장 중요한 어떤 순간들

은 감옥 벽 뒤에서 일어났다.

이 권면을 고대 감옥의 역사적 맥락에서 이해하면 도움이 되겠다. 1세기 감옥은 오래 가두어 두는 곳이 아니었다. 감옥은 재판을 받아야 하거나 빚을 진 사람들을 가두어 두는 곳이었다. 감옥에 갇혔다면 상당한 빚을 갚지 못했기 때문이었을 가능성이 아주 크다. 예수님의 비유에서 이것을 분명하게 알 수 있다. 얼마간 갇혀 있다가 풀려나기에 충분한 돈을 마련한 후에야 풀려날 수 있었다. 그러지 못하면 결국 노예로 팔릴 터였다.

## 결혼을 귀히 여기라

**히브리서 13:4**

[4]모든 사람은 결혼을 귀히 여기고 침소를 더럽히지 않게 하라 음행하는 자들과 간음하는 자들을 하나님이 심판하시리라

저자는 13:4에서 매우 실제적인 문제를 언급한다. 결혼이다. 결혼을 "귀히 여기라"는 권면은 필수다. 그리스도의 사람들이 세상의 눈에 결혼을 가치 있게 여기는 사람들로 보여야 한다는 게 이 권면에서 드러나기 때문이다. 결혼은 그리스도인들에게 우선순위의 맨 아래에 자리한 문제가 아닐뿐더러 이차적 또는 삼차적 문제도 아니다. 오히려 결혼은 최우선 순위이다. "결혼을 귀히 여기라"는 특히 포괄적인 선언이다. 이것은 "간음하지 말라"고 말하지 않는다. 오히려, 이것은 긍정적 선언이다. 그리스도인들은 한 남자와 한 여자의 일부일처제 연합인 결혼에 공적·가시적 영예와 사적·개인적 영예를 부여해야 한다.

히브리서 저자는 관련된 둘째 당부를 한다. "침소를 더럽히지 않게 하라." 여기에 관해서는 많은 설명이 필요하지 않다. 저자는 "하나님이 심판

하시리라"고 말하며, 따라서 성적 더럽힘을 염두에 두는 것이 분명하다. '음란'(sexually immoral, 성적 부도덕)은 간음을 포함하는 넓은 개념이다. 많은 그리스도인이 성도덕 문제를 체크리스트 측면에서는 제대로 알고 있지만, 이해 측면에서는 잘못 알고 있다. 성과 관련해, 성경은 "예"와 "아니오" 목록을 제시하지 않는다. "허용" 목록과 "금지" 목록도 제시하지 않는다. 대신에, 성경은 성도덕이 그 모든 측면과 표현에서 하나의 핵심으로 귀결된다고 가르친다. 성은 오직 결혼에 속하며 다른 어디에도 속하지 않는다는 것이다.

이것은 오늘의 세상에서 하기에 급진적인 선언이지만 매우 성경적이다. 성경은 섹스를 결혼 관계 안에서 선하고 축하할 만한 것으로 인식한다. 우리에게 성도덕에 관한 체크리스트가 있다면 결혼 안에서 이뤄지는 섹스는 "예" 목록에 포함될 것이다. 그러나 나머지 모두는 "아니오" 목록에 포함될 것이다. 결혼 밖에서 이뤄지는 모든 형태의 섹스는 결혼을 뒤집고 더럽히기 때문이다. 간음을 비롯해 결혼 언약 밖에서 이뤄지는 모든 형태의 섹스는 하나님이 주신 결혼이라는 선물을 모욕하며 따라서 하나님의 심판을 받아 마땅하다.

## 돈을 움켜잡지 말라

**히브리서 13:5-6**

5돈을 사랑하지 말고 있는 바를 족한 줄로 알라 그가 친히 말씀하시기를 내가 결코 너희를 버리지 아니하고 너희를 떠나지 아니하리라 하셨느니라 6그러므로 우리가 담대히 말하되 주는 나를 돕는 이시니 내가 무서워하지 아니하겠노라 사람이 내게 어찌하리요 하노라 히브리서 저자가 13:5에서 하는 권면은 열 번째 계명을 살아내라는 요구다. 십계명 가운데 열 번재 계명, 곧 "탐내지 말지니라"는 무엇을 탐내지 말아야 하는지 구체적으로 말한다. 이웃의 아내, 이웃의 가축, 이웃의 소유를 탐내지 말라. 그렇더라도 열 번째 계명은 온전히 이해하기가 가장 어려운 계명일 것이다. 그러나 오늘의 상업 경제 전체의 기초는 원하는 것을 가지라고 부추길 뿐 아니라 갖지 못한 것을 원하라고 부추긴다. 우리는 탐욕의 경제 안에서 작동하는 사회에 살고 있다. 그래서 원하는 것을 줄 수 있는 돈에서 자유로워지고 욕망에서 벗어나 사는 것은 어려운 일이다. 그렇더라도 히브리서 13:5-6은 정확히 이렇게 살라고 말한다.

5절에서, 저자는 돈이 문제라고 말하지 않는다. 대신에, 돈을 '사랑하지' 말라고 경고한다. 이 첫째 권면은 가진 것에 만족하라("있는 바를 족한 줄로 알라")는 권면과 연결된다. 이렇게 말하면서, 저자는 자신의 독자들에게 일하지 말고 그저 가진 것으로 살라고 당부하는 게 아니다. 성경은 검소, 노동, 투자, 저축의 중요성을 폭넓게 말한다. 하나님의 말씀은 우리에게 풍성한 경제적 태피스트리(그림을 짜 넣은 직물)를 주지만, 이 구절은 우리가 가진 것에 만족하라고 말한다. 히브리서는 우리에게 경제 철학을 제시하지 않는다. 우리가 살아야 할 영적 원리를 제시한다.

5절 후반부와 6절 전체에서, 저자는 왜 우리가 가진 것에 만족할 수 있는지 말한다. 우리의 만족은 충분한 소유에서 얻는 안전과 편안함에서 오는 게 아니다. 우리의 만족은 우리를 돌보시는 하나님을 섬기는 데서 온다. 우리는 절대로 우리를 떠나거나 버리지 않으실 하나님을 섬긴다. 하나님이 친히 약속하셨다.

6절에서, 저자는 하나님의 선언("내가 결코 너희를 버리지 아니하고 너희를 떠나지 아니하리라")에 대해 말하고 이것을 예리하게 적용한다. "그러므로 우리가 담대히 말하되 주는 나를 돕는 이시니 내가 무서워하지 아니하겠노라 사람이 내게 어찌하리요." 이것은 그리스도인의 중요한 고백이며, 바울이 로마서 8:31-39에서 변하지 않는 하나님의 성품에 대해 보여준 확신과 똑같은 확신을 드러낸다. 스스로에게 로마서 8장의 질문들을 하고 우리에게 지나친 비극이란 일어날 수 없음을 기억하는 것은 좋은 일이다. 우리는 가진 전부를 잃을 수 있다. 그래도 우리가 믿음의 인내를 이루는(믿음을 지키는 한) 한 괜찮을 것이다. 인정하건대, 이렇게 말하기는 쉬워도 실제로 이렇게 살기는 무척 어렵다. 그러나 우리는 빼앗길 '수 있는' 모든 것을 어느 날 빼앗길 것이다. 그러더라도 우리는 필요한 전부를 그리스도 안에 가지고 있으며, 우리를 돌보시는 하나님을 섬기기에 만족할 수 있다. 주님이 우리 편이다.

1. 히브리서는 개개인이 모인 회중에게 쓴 편지다. 이 사실을 기억하는 것이 왜 중요한가? 히브리서를 편지로 생각하면, 히브리서 마지막 장에 접근하는 방식이 어떻게 영향을 받는가? 히브리서 전체에 접근하는 방식은 어떻게 영향을 받는가?

2. "형제 사랑"은 무엇이 특별한가? 형제 사랑이 언약의 전환에 관해 무엇을 가르치는가? 왜 형제 사랑이 뚜렷한 그리스도인의 사랑인가?

3. 환대("손님 대접하기")가 어떻게 사랑의 한 방식인가? 당신은 어떻게 "형제 사랑"을 보여주거나 환대를 통해 낯선 사람을 향한 사랑을 보여주는가?

4. 당신의 삶에서 어떤 사람들이 당신에게 특별히 큰 환대를 베풀었는가? 당신이 생각하기에, 왜 어떤 문화들은(예를 들면, 무슬림, 중동, 몰몬교, 히스패닉) 그렇게 환대를 잘 베푸는가? 이들에게서 무엇을 배울 수 있는가?

5. 히브리서 13:3은 우리에게 '기억하라'고 명한다. 기억하는 것이 어떻게 사랑의 한 형태인가? 당신의 삶에서 가장 소홀히 여겨지고 자주 잊히는 사람들은 누구인가? 당신이 이들의 상황을 떠올려 이들을 기억하고 기도하거나 찾아갈 수 있으려면 어떻게 해야 하는가?

6. 히브리서 저자는 자신의 서신 끝에서 특별히 결혼에 관해 쓰기로 선택하

며, 이로써 자신이 이 주제를 중요하게 생각한다는 것을 보여준다. 당신은 어떤 방식으로—말이나 생각이나 태도나 행동으로—결혼을 욕되게 하거나 더럽히려는 유혹을 받는가? 어떤 방식으로 우리의 문화는 결혼을 욕되게 하거나 더럽히는 것을 조장하는가? 왜 결혼이 하나님께 중요한가?

7. 결혼과 성에 관한 성경의 명령을 늘 부정의 형태("이것을 하지 말라")가 아니라 긍정의 형태("이것을 하라")로 제시하는 것이 중요한 이유는 무엇인가?

8. 우리에게 돈이 넘쳐날 때 변함없이 돈을 사랑하지 않을 수 있는 실제적 방법들을 열거해 보라. 우리에게 돈이 부족할 때 어떻게 돈에 관한 바른 시각을 유지할 수 있는가?

9. 가진 것에 만족하는 모습은 어떠한가? 우리는 어떤 환경에서 만족하기 어려운가? 끊임없이 탐욕을 부추기는 우리의 문화에 어떻게 맞서 싸울 수 있는가?

10. 복음은 돈을 사랑하지 않고 가진 것에 만족하도록 어떻게 우리에게 동기와 능력을 주는가?

# 31. 마지막 당부

## 히브리서 13:7–14

[7]하나님의 말씀을 너희에게 일러 주고 너희를 인도하던 자들을 생각하며 그들의
행실의 결말을 주의하여 보고 그들의 믿음을 본받으라 [8]예수 그리스도는 어제나
오늘이나 영원토록 동일하시니라 [9]여러 가지 다른 교훈에 끌리지 말라 마음은 은
혜로써 굳게 함이 아름답고 음식으로써 할 것이 아니니 음식으로 말미암아 행한
자는 유익을 얻지 못하였느니라 [10]우리에게 제단이 있는데 장막에서 섬기는 자들
은 그 제단에서 먹을 권한이 없나니 [11]이는 죄를 위한 짐승의 피는 대제사장이 가
지고 성소에 들어가고 그 육체는 영문 밖에서 불사름이라 [12]그러므로 예수도 자
기 피로써 백성을 거룩하게 하려고 성문 밖에서 고난을 받으셨느니라 [13]그런즉
우리도 그의 치욕을 짊어지고 영문 밖으로 그에게 나아가자 [14] 우리가 여기에는
영구한 도성이 없으므로 장차 올 것을 찾나니

**핵심 개념**: 그리스도인들은 자신의 지도자들이 보여준 변함없는 믿음을 기억하고 예수님과 함께 영문 밖에서 고난받을 때 이 믿음을 지켜야 한다.

**I. 너희의 지도자들을 기억하라(13:7)**

**II. 너희의 구주를 기억하라(13:8)**

**III. 미혹되지 말라(13:9)**

A. 여러 가지 다른 교훈

B. 음식이 아니라 은혜로 마음을 굳게 하라

**IV. 영문 밖으로 나아가라(13:10–14)**

A. 더 나은 제단과 거기서 드리는 더 나은 제사

B. 종말론적 도성을 위한 인내

무심코 보면, 히브리서의 마지막 섹션은 잘 와 닿지 않을지 모른다. 제 2차 세계대전의 군사 브리핑을 읽으면 잘 와닿지 않는다고 느끼는 것과 아주 비슷하다. 지휘관은 군사 브리핑에서 군대에게 전투 계획을 알리고, 전술 정보를 제공하며, 설명을 하고, 개별 지시를 내린다. 군대는 이런 브리핑을 받으면서 분명히 지시가 일관성이 있다고 볼 것이다. 그러나 우리는 당시 상황에서 아주 멀리 떨어져 있기에 어리둥절할 것이다. 이런 이유로, 히브리서 13장의 끝맺는 명령들이 우리와 관련이 없어 보일는지 모른다. 히브리서 13:7-14은 지휘관이 군대에게 내리는 마지막 명령이다. 이 명령을 당시 사람들이 들어야 했고, 지금 우리도 들어야 한다.

## 너희의 지도자들을 기억하라

**히브리서 13:7**

> 7하나님의 말씀을 너희에게 일러 주고 너희를 인도하던 자들을 생각하며 그들의 행실의 결말을 주의하여 보고 그들의 믿음을 본받으라

이미 보았듯이, 히브리서는 도덕적 권면으로 가득하다. 마지막 섹션도 다르지 않다. 여기서 히브리서 저자는 그의 사람들에게 그들의 지도자들을 기억하라("생각하라")고 권면한다. 특히, 저자는 하나님의 말씀을 이들에게 들려준 사람들을 이들이 기억하길 바란다. 직접적인 맥락에서 볼 때, 이것은 이들에게 복음을 가르친 자들을 가리킨다. 문맥을 넓혀 보면, 이들에게 성경 전체를 가르친 자들을 가리킨다.

"기억하라"(개역개정은 "생각하라")는 명령이 처음에는 이상해 보일는지 모

른다. 우리는 히브리서 저자가 그들의 지도자들을 높이거나 존중하거나 그들에게 인사하라며 자신의 독자들을 격려하리라 예상한다. 그런데 왜 히브리서 저자는 이들에게 "기억하라"고 하는가? 이것은 히브리서가 기록될 무렵 일어나고 있었던 순교와 관련이 있을지 모른다. 히브리서 저자가 자신의 독자들에게 기억하라고 요구할 때 믿음 때문에 순교한 지도자들을 가리킬 가능성이 아주 크다.

기억하라는 요청은 뒤돌아보라는 요청이다. 독자들은 지도자들이 살아온 길의 결과를 생각하고 이들의 믿음을 본받음으로써 뒤돌아본다. 이 권면은 신약성경에 자주 나오며 바울이 디모데후서 3장에서 하는 권면과 비슷하다. 바울은 디모데에게 악한 본보기를 피하라고 요청하며, 대신 젊은 목사에게 자신을 본받으라고 촉구한다. 바울은 자신의 행동과 삶의 목적과 믿음과 인내와 사랑과 고난을 본받으라며 디모데를 격려한다. 이러한 종류의 당부가 히브리서 이곳에서도 나온다.

제자도란 우리가 가르치는 것뿐만 아니라 우리가 살아가는 방식에서도 다른 사람들이 배우도록 다른 사람들 앞에서 우리의 삶을 사는 것이다. 히브리서 13:7이 말하는 지도자들은 자신이 사는 방식으로 그리스도를 증언했다. 우리는 지도자들이 주는 가르침을 기억해야 하지만 이들이 살아가는 방식을 기억하고 실천하기도 해야 한다. 이 지도자들은 신실했으며, 히브리서 저자는 이들의 신실함을 본받으라고 자신의 독자들에게 당부한다. 지금 우리는 이러한 본보기가 절실히 필요하다.

## 너희의 구주를 기억하라

**히브리서 13:8**

8예수 그리스도는 어제나 오늘이나 영원토록 동일하시니라 그리스도는 변하지 않으시며, 성경은 이것을 아주 분명하게 말한다. 예수 그리스도는 참으로 어제나 오늘이나 영원토록 동일하다. 구약성경은 하나님에 관해 비슷하게 말한다. "나 여호와는 변하지 아니하나니"(말 3:6).

외부 환경은 언제나 변한다. 그러나 그리스도께서 변하시지 않을까 걱정하지 않아도 된다. 우리를 향한 그리스도의 마음은 영원히 변하지 않는다. 그리스도의 구원 능력이 들쭉날쭉하지 않을까 걱정하지 않아도 된다. 우리의 지도자들은 죽지만 예수님은 그분의 자녀들에게 언제나 신실하실 것이다. 우리는 그분이 절대로 변하시지 않으리라고 절대적으로 확신하며 안심할 수 있다.

어떤 주석자들은 간결하고 기독론적인 이 찬송이 문맥과 아무 관련이 없다고 주장한다. 이들이 보기에, 이 찬송이 여러 권면 사이에 느닷없이 등장한다. 하지만 사실, 8절이 여러 권면의 기초다. 우리의 믿음과 믿음의 가르침은 변하지 않는다. 새롭고 개선된 기독교란 없다. 우리가 가진 것은 "성도에게 단번에 주신 믿음"이다(유 3). 히브리서 독자들은 이제 새로운 지도자들을 만나고 이들의 환경은 변할 테지만, 이들의 구주는 언제나 그대로이시다. 그분은 어제나 오늘이나 영원토록 동일하시다. 그러므로 지도자들의 신실함을 기억하고, 변하지 않는 기독교 메시지에 반하는 그 무엇에도 미혹되지 말아야 한다.

## 미혹되지 말라

**히브리서 13:9**

9여러 가지 다른 교훈에 끌리지 말라 마음은 은혜로써 굳게 함이 아름답고 음식으로써 할 것이 아니니 음식으로 말미암아 행한 자는 유익을 얻지 못하였느니라 바르게 이해한다면, 기독교는 어제나 오늘이나 영원토록 동일하다. 예수 그리스도께서 변하지 않으시기 때문이다. 그리스도께서 변하지 않으시기에, 우리는 거짓 가르침을 가려내고 거짓 가르침에 미혹되지 않을 수 있어야 한다. 9절에서 저자는 이렇게 하라며 자신의 사람들을 독려한다.

### 여러 가지 다른 교훈

히브리서 저자는 주목할 만한 두 단어 '여러 가지'(various)와 '다른'(strange)을 사용해 우리가 피해야 할 종류의 가르침을 기술한다. 복음에서, 신학적 변이는 받아들이는 게 아니라 피해야 한다. 믿음도 하나이고 복음도 하나이며 구주도 하나다. 어떤 교훈이 견실한 성경의 가르침과 충돌할 때, 그 교훈을 다른(strange, 이상한) 것으로 인지할 수 있어야 한다. 다른(이상한) 것은 평범하지 않기에 매력적이지만 결국 우리를 미혹한다. 이런 이유로, 히브리서 저자는 이 권면을 한다.

히브리서 저자는 여러 가지 다른 교훈이 무엇인지 분명하게 밝히지 않는다. 그렇더라도, 이어지는 구절들에서 보듯이, 저자는 구약 율법에서 비롯된 교훈(가르침)들을 염두에 두고 있는 것 같다. 이 교훈들은 필시 음식 규정, 곧 이스라엘을 하나님의 거룩한 백성으로 구별하기 위한 규정에 초점을 맞춘다. 이 교훈들이 무엇이든, 이것들은 복음 메시지의 신학적 통일성에 어긋나며, 따라서 저자는 독자들에게 이것들을 피하라고 명한다. 저자는 자신의 사람들에게 거짓 교훈들을 받아들이면 미혹되리라고 경고한다.

### 음식이 아니라 은혜로 마음을 굳게 하라

히브리서 저자는 또한 외적인 음식법이 아니라 은혜로 우리의 마음을 세우거나 굳게 하는 것이 선하고 놀라운 일이라는 것을 우리에게 일깨운다. 처음에는 대비가 혼란스러워 보일는지 모른다. 우리는 은혜와 율법, 복음과 율법의 이분법을 이해한다. 하지만 은혜와 외적 음식법의 이분법은 어떤가? 히브리서 저자는 자신의 청중이 자신의 말을 이해하리라 예상하는 게 분명하다. 이들은 그리스도인이 된 유대인으로서 저자의 말을 들었다.

유대인의 식사 규정 같은 외적인 율법은 여러 부분에서 위험하다. 그 가운데 하나는 우리가 외적인 율법을 지나치게 강조하는 경향이 있다는 것이다. 우리는 외적인 율법을 지킴으로써 의로워질 수 있다고 생각한다. 히브리서 수신자인 유대인 그리스도인들은 구약성경의 음식법에 지나치게 초점을 맞춘 나머지 더 크고 더 중한 것, 즉 그리스도를 믿음으로써 은혜로 구원받았다는 것을 잊었다. 오늘의 우리처럼 이들은 히브리서의 핵심 메시지, 곧 예수님의 피로 시작된 새 언약이 옛 언약보다 훨씬 뛰어나다는 메시지를 꼭 들어야 했다.

그러므로 코셔 식단(유대인에게 적합한 식단)이든 앳킨스 식단(일종의 다이어트 식)이든 간에, 우리가 음식 규정에 얼마나 신경 쓰는지는 중요하지 않다. 그리스도인들은 은혜로 살며, 우리의 마음은 은혜로 굳게 된다(튼튼해진다). 외적인 것들이 우리를 굳게 하거나 구원하지 못한다. 우리는 하나님의 자비로 구원받으며, 하나님의 자비는 새 언약에서 분명하게 나타났다. 히브리서 저자는 뒤이어 우리를 새 언약으로 인도한다.

## 영문 밖으로 나아가라

**히브리서 13:10-14**

[10]우리에게 제단이 있는데 장막에서 섬기는 자들은 그 제단에서 먹을 권한이 없나니 [11]이는 죄를 위한 짐승의 피는 대제사장이 가지고 성소에 들어가고 그 육체는 영문 밖에서 불사름이라 [12]그러므로 예수도 자기 피로써 백성을 거룩하게 하려고 성문 밖에서 고난을 받으셨느니라 [13]그런즉 우리도 그의 치욕을 짊어지고

영문 밖으로 그에게 나아가자 [14]우리가 여기에는 영구한 도성이 없으므로 장차 올 것을 찾나니

새 언약의 그리스도인들은 옛 언약에 따라 바른 음식을 먹는 대신 그리스도를 먹는다. 이것은 옛 언약과 새 언약의 또 다른 대비다. 이런 종류의 대비를 히브리 전체에서 보았다. 그러므로 히브리서 저자는 잠시 멈춰 핵심 가운데 하나를 다시 한번 강조한다. 그리스도는 새롭고 더 좋은 약속에 기초한 새롭고 더 좋은 언약의 중보자라는 것이다.

**더 나은 제단과 거기서 드리는 더 나은 제사**

10절에서 저자는 새 언약의 제단인 그리스도의 십자가와 옛 언약의 제단을 비교한다. 자주 그랬듯이, 저자는 성전이 아니라 장막(성막)을 다시 가리키며, 옛 제단에서 섬기는 자들은 새 제단에서 먹을 권리가 없음을 독자들에게 알려준다. 그러나 신자들은 새롭고 더 나은 제단에서 먹을 권리가 있다. 신자들은 예수 그리스도의 피를 통해 하나님과의 교제를 누리기 때문이다. 다시 한번, 히브리서 저자는 예수님이 참으로 훨씬 더 나은 대제사장이라는 것을 보여준다. 그분의 음식과 제단이 옛 언약의 음식과 제단보다 뛰어나기 때문이다.

뒤이어 히브리서 저자는 옛 언약 아래서 제물로 드렸던 짐승의 몸을 언급한다. 우리는 이 사체("육체")가 어떻게 되었는지 자주 생각하지 않더라도 성 밖으로 가져가 태웠다는 것을 성경을 통해 안다. 이 사체를 성안에서 태웠다면 성이 더럽혀졌을(부정해졌을) 것이다.

옛 언약의 제물들처럼, "예수도…성문 밖에서 고난을 받으셨다." 이러한 비교는 요한복음 19:17-20에서 예수님이 예루살렘 성문 밖 골고다까지 십자가를 지고 가시는 장면에서 가장 분명하게 나타난다. 복음서를 통해, 우리는 예수님이 성문 밖에 장사되셨다는 것도 안다. 참으로 놀랍게

연결된다. 그러나 예수님이 성문 밖에서 받으신 고난이 구약의 동물들이 성문 밖에서 받은 고난보다 훨씬 뛰어난 것은 그분의 고난이 성취하는 것 때문이다. 다시 말해, 예수님은 "자기 피로써 백성을 거룩하게 하려고" 성문 밖에서 고난을 받으셨다. 그분의 피가 실제로 신자들을 거룩하게 한다. 이 놀라운 사실은 옛 언약의 속죄제사가 예수 그리스도의 피로 드려질 더 나은 새 언약의 제사를 가리켰음을 다시 한번 보여준다.

**종말론적 도성을 위한 인내**

13절에서 저자는 이것이 자신의 사람들에게 갖는 의미를 도출한다. 예수님이 성문 밖에서 고난을 받으셨기에, 그분의 백성은 그곳에서 그분과 하나 되어야 한다. 예수님을 따른다는 것은 성문 밖에서 그분과 함께한다는 뜻이다. 히브리서 저자의 사람들은 자신들의 정체성을 예루살렘과 옛 언약에서 찾으려는 유혹을 받았다. 그리스도를 위해 "그의 치욕을 짊어지는" 대신, 예수님이 아닌 다른 것에서 안전과 무사를 찾고 있었다. 그래서 히브리서 저자는 우리가 그리스도의 제자로서 빛을 발하기 위해 영문 밖으로 나가야 한다고, 이것이 고난을 의미하더라도 그렇게 해야 한다고 말한다. 14절에서 저자는 왜, 어떻게 그리스도인들이 그리스도를 위해 고난을 받을 수 있는지 말한다. 우리는 영구한 도성을 고대하기 때문이다. 우리의 소망은 스러지는 사람의 도성이 아니라 영원한 하나님의 도성에 있다. 우리는 종말론적 도성을, 하늘의 예루살렘을 기다린다. 이 도성을 위해, 우리는 영문 밖에서 예수님과 함께 박해를 견딜 수 있다.

1. 히브리서 마지막 장의 몇몇 구절이 당신과 무관해 보이는가? 히브리서가 편지라는 사실을 알면 두서없어 보이는 당부를 이해하는 데 어떻게 도움이 되는가?

2. 히브리서 13:7은 그리스도인들에게 그들의 지도자들을 "기억하라"(개역개정은 "생각하라")고 요구한다. 이것이 실제로 어떻게 보이는가? 이 명령을 오늘 어떻게 적용할 수 있겠는가? 이 단락의 다른 어떤 당부들이 기억하라는 명령을 우리가 적용하는 데 도움이 되는가?

3. 당신의 삶에서 히브리서 13:7의 지도자들은 누구인가? 이들이 어떻게 믿음과 행동으로 당신에게 본을 보였는가? 다른 사람들이 당신에게서 배울 수 있도록 당신은 어떻게 살고 있는가?

4. 그리스도가 변하지 않으신다는 것은 무슨 뜻인가? 그리스도의 변함 없으심은 우리와 그분의 관계에 어떻게 연결되는가? 설령 예수님을 위해 고난을 받는다는 뜻이더라도 그분과 함께 영문 밖으로 나가도록 이 사실이 당신을 어떻게 격려하는가?

5. 예수님에 관한 8절의 선언이 7, 9절의 명령들과 어떻게 연결되는가? 오늘의 이른바 "기독교" 지도자들과 이들이 가르치는 내용을 생각할 때, 8절이 우리에게 어떤 의미를 갖는가?

6. 오늘의 문화에서, 어떤 여러 가지 다른 가르침을 마주하는가? 이 가르침들을 받아들이고 싶은 유혹을 느끼는가? 왜 그런 유혹을 느끼는가, 또는 왜 그런 유혹을 느끼지 않은가? 이러한 가르침들은 참되고 변하지 않는 예수님의 메시지와 어떻게 다른가?

7. 히브리서 저자가 음식으로 굳게 하지 말라고 자신의 독자들을 격려할 때 말하려는 것은 무엇인가? 당신은 어떤 "외적인 법"에서 자신의 의로움을 찾으려는 유혹을 받는가? 은혜가 마음을 세우는(굳게 하는) 것과 어떻게 연결되는가?

8. 10-14절은 히브리서의 주요 주제를 어떻게 되풀이하는가? 왜 옛 제단에서 섬기는 자들은 새 제단에서 먹을 권리가 없는가? 이제 새 언약이 도래했으므로, 이것이 옛 언약에 대해 무엇을 말해주는가?

9. 성문 밖에 나간다는 게 무슨 뜻인가? 옛 언약의 제물들이 어떻게 성문 밖에서 고난을 받았는가? 이것이 어떻게 예수님을 가리키는가? 우리가 예수님과 함께 영문 밖에 나간다는 게 무슨 뜻인가? 예수님과 함께 영문 밖에 나가는 것이 우리가 그리스도의 제자로 살며 그분을 증언하는 데 어떤 역할을 하는가?

10. 당신은 그리스도를 위해 치욕을 짊어지는 데서가 아니라 다른 어떤 데서 안전과 무사를 자주 찾는가? 도래할 하나님의 도성과 우리의 고난은 어떤 관계인가? 영구한 도성의 실재가 당신이 믿음의 인내를 이루도록(믿음을 지키도록) 어떻게 동기를 부여하는가?

# 32. 적절한 결론

히브리서 13:15-25

[15]그러므로 우리는 예수로 말미암아 항상 찬송의 제사를 하나님께 드리자 이는 그 이름을 증언하는 입술의 열매니라 [16]오직 선을 행함과 서로 나누어 주기를 잊지 말라 하나님은 이같은 제사를 기뻐하시느니라 [17]너희를 인도하는 자들에게 순종하고 복종하라 그들은 너희 영혼을 위하여 경성하기를 자신들이 청산할 자인 것 같이 하느니라 그들로 하여금 즐거움으로 이것을 하게 하고 근심으로 하게 하지 말라 그렇지 않으면 너희에게 유익이 없느니라 [18]우리를 위하여 기도하라 우리가 모든 일에 선하게 행하려 하므로 우리에게 선한 양심이 있는 줄을 확신하노니 [19]내가 더 속히 너희에게 돌아가기 위하여 너희가 기도하기를 더욱 원하노라 [20]양들의 큰 목자이신 우리 주 예수를 영원한 언약의 피로 죽은 자 가운데서 이끌어 내신 평강의 하나님이 [21]모든 선한 일에 너희를 온전하게 하사 자기 뜻을 행하게 하시고 그 앞에 즐거운 것을 예수 그리스도로 말미암아 우리 가운데서 이루시기를 원하노라 영광이 그에게 세세무궁토록 있을지어다 아멘 [22]형제들아 내가 너희를 권하노니 권면의 말을 용납하라 내가 간단히 너희에게 썼느니라 [23]우리 형제 디모데가 놓인 것을 너희가 알라 그가 속히 오면 내가 그와 함께 가서 너희를 보리라 [24]너희를 인도하는 자들과 및 모든 성도들에게 문안하라 이달리야에서 온 자들도 너희에게 문안하느니라 [25]은혜가 너희 모든 사람에게 있을지어다

**핵심 개념**: 히브리서 저자는 서신을 마무리하면서 자신의 독자들을 위해 마지막 권면을 하고 진정으로 기도하며 복음에 기초해 격려한다.

### I. 찬송의 제사를 드려라(13:15-16)

**II. 너희의 지도자들에게 복종하라(13:17)**

**III. 우리를 위해 기도하라(13:18–19)**

**IV. 훌륭한 축언(13:20–21)**

A. 평강의 하나님과 부활하신 목자의 피

B. 너희를 온전하게 하사 하나님을 기쁘시게 하시길

**V. 맺는 말(13:22–25)**

지금까지, 히브리서 저자는 구약성경을 읽은 바른 방법을 보여주는 것이 자신의 주요 관심사 중 하나라는 점을 아주 분명히 했다. 이러한 관심사는 히브리서 마지막 장의 마지막 섹션에서도 계속된다. 그는 먼저 1세기 유대인들에게 익숙했을 패턴과 언어를 사용해 예배를 논한다. 이 문제를 충분히 다룬 후, 저자는 일련의 마지막 권면과 기도와 은혜를 비는 축언으로 서신을 마무리한다.

## 찬송의 제사를 드려라

**히브리서 13:15–16**

15그러므로 우리는 예수로 말미암아 항상 찬송의 제사를 하나님께 드리자 이는 그 이름을 증언하는 입술의 열매니라 16오직 선을 행함과 서로 나누어 주기를 잊지 말라 하나님은 이같은 제사를 기뻐하시느니라

그리스도와 그분이 제정하신 새 언약 덕분에, 이제 우리는 동물 제사를 드리지 않는다. 하나님이 옛 언약 아래서 동물 제사를 제정하셨지만, 이제 하나님의 진노가 그리스도의 속죄로 완전히 만족되었다. 따라서 이제 동물 제사는 필요하지 않다. 그러나 바로 이런 이유로, 히브리서 저자

는 15-16절에서 하나님께 찬송의 제사를 계속 드리라고 독자들을 권면한다.

우리는 피의 제사나 황소의 제사나 양의 제사를 드려야 하는 게 아니라 하나님이 원하시는 찬송과 예배의 제사를 드려야 한다. 우리는 이 제사를 그리스도로 "말미암아"(through) 드린다. 이 전치사가 더없이 중요하다. 우리는 자신의 이름이나 능력으로 찬송의 제사를 드리는 것이 아니다. 예수님을 통해(through) 찬송의 제사를 드린다. 예수님이 중보자다. 우리가 아버지께 그분의 아들을 통해 찬송의 제사를 드릴 때만 이 제사가 그분이 받으실만한 제사가 된다.

찬송의 제사를 드린다는 것은 어떤 모습인가? "그 이름을 증언하는(confess) [우리] 입술의 열매" 같은 모습이다. 이 표현에서 바울이 로마서 10:9-10에서 말한 것이 떠오른다. 하나님께 찬송의 제사를 드리려면 주 예수 그리스도를 믿는다고 우리의 입으로 공개적으로 고백해야(confess) 한다는 것이다. 우리가 마음으로 믿는 것을 입술이 되울려야 한다. 지속적인 찬송의 제사는 예수님이 우리의 대제사장이심을 고백하고 인정하는 입술에서 나온다.

16절에서 저자는 선을 행하길 잊지 '말라'고 말한다. 교회에서 옳은 일을 행하고 다른 사람들의 물질적 필요를 채워주는 사람들을 하나님은 기뻐하신다. 저자는 우리가 가진 것을 나눔으로써 다른 사람들에게 선을 행하고 그들을 사랑하는 것을 하나님이 기뻐하시는 제사라고 표현한다. 물질적 필요를 나눈 것은 공산주의의 한 형태가 아니라 복음이 일으켰으며 서로를 돌보려는 간절하고 친절한 마음이었다. 교회라면 기꺼이 나누려는 마음이 있어야 한다. 하나님은 이런 단순한 사랑의 행위를 기뻐하신다.

# 너희의 지도자들에게 복종하라

**히브리서 13:17**

> 17너희를 인도하는 자들에게 순종하고 복종하라 그들은 너희 영혼을 위하여 경성하기를 자신들이 청산할 자인 것 같이 하느니라 그들로 하여금 즐거움으로 이것을 하게 하고 근심으로 하게 하지 말라 그렇지 않으면 너희에게 유익이 없느니라

다시 한번, 히브리서 저자는 그리스도의 사람들에게 당부한다. 가르치는 일에 헌신한 사람들의 가르침에 귀를 기울이고 그 가르침을 받아들이라는 것이다. 저자가 이렇게 당부하는 것은 이들의 지도자들이 더 똑똑하기 때문이 아니라 하나님이 그분의 백성에게 무엇이 필요한지 아시기 때문이다. 하나님의 백성은 선생이 필요하다. 이런 이유로, 교회가 부르심과 가르치는 은사를 받은 사람들을 따로 세워 직무를 맡기는 것은 옳다. 그러나 성경은 우리에게 일깨운다. 이들은 책임이 더 무겁다는 것이다(약 3:1). 이 구절에서, 히브리서 저자는 그의 독자들에게 당부한다. 단지 지도자들의 말을 받아들이는 게 아니라 그들에게 순종하고 복종하라는 것이다.

저자는 자신의 독자들에게 받은 가르침, 즉 선생의 가르침에 복종하라고 요구하지만 선생에게 무턱대고 복종하라고 요구하지 않는다. 하나님은 그분의 말씀이 사람의 목소리로 전달되도록 정하셨다. 그러므로 선생들은 하나님의 말씀을 전하는 인간 도구일 뿐이다. 이 당부는 사이비 종교의 모호한 선언이 아니다. 지도자들이 하나님의 말씀에 맞게 가르친다면 이들에게 순종하고 이들의 가르침을 진지하게 받아들여야 한다. 왜 그래야 하는가? "그들은 너희 영혼을 위하여 경성하기를 자신들이 청산할 자인 것 같이 하느니라"(새번역은 "그들은 여러분의 영혼을 지키는 사람들이요, 이 일을 장차 하나님께 보고드릴 사람들입니다").

교회에서 목사나 장로나 선생이 되는 것은 절대 작은 일이 아니다. 영혼을 돌봐야 하는 일이다. 목사와 장로는 성도의 영적 삶을 살피고 하나님 앞에서 사역하며 하나님께 청산한다(공동번역개정판은 "자기가 한 일을 낱낱이 아뢰어야"). 정신이 번쩍 들게 하는 사실이다. 우리의 지도자들이 우리를 근심이 아니라 기쁨으로 목양하게 해야 한다. 그러지 않으면 이들이 하는 사랑의 수고가 우리에게 아무 유익이 없다. 우리의 지도자들에게 마지못해 순종한다면 우리의 마음은 예리해지는 것이 아니라 무디어진다(강퍅해진다).

## 우리를 위해 기도하라

**히브리서 13:18-19**

> [18]우리를 위하여 기도하라 우리가 모든 일에 선하게 행하려 하므로 우리에게 선한 양심이 있는 줄을 확신하노니 [19]내가 더 속히 너희에게 돌아가기 위하여 너희가 기도하기를 더욱 원하노라

히브리서 저자가 이 단락에서 하는 말은 바울이 사도행전에서 하는 말을 되울린다. "나도…항상 양심에 거리낌이 없기를 힘쓰나이다"(행 24:16). 교회 지도자들은 바로 이것을 위해 기도하고 힘써야 한다. 우리의 목표는 그리스도의 교회를 신실하게 이끌면서 깨끗한 양심을 갖는 것이야 한다. 우리는 말하고 행동하며 생각하는 모든 것에서 주님을 높이길 원한다. 히브리서 저자처럼, 우리는 복음을 조금이라도 욕되게 하길 원치 않는다. 그래서 우리가 돌보는 사람들의 기도가 필요하다.

히브리서 이 지점에서, 히브리서가 말 그대로 편지라는 것을 절감한다. 편지는 당연하게도 1인칭 대명사가 필요한 친밀한 언어를 이끌어낸다. 지

금까지 1인칭을 많이 보지 못했다. 이 편지의 형식적 특징 때문이다. 그러나 히브리서 저자가 편지를 마무리하면서 어조가 바뀌고, 따라서 대명사들도 바뀐다. 그는 자신의 독자들에게 진심으로 촉구한다. 자신이 그들에게 더 빨리 돌아갈 수 있도록 자신을 위해 기도해 달라는 것이다. 그는 자신의 교회와 함께 있지 못하지만 함께 있고 싶어 하는 살아있는 사람이다.

## 훌륭한 축언

**히브리서 13:20-21**

> [20]양들의 큰 목자이신 우리 주 예수를 영원한 언약의 피로 죽은 자 가운데서 이끌어 내신 평강의 하나님이 [21]모든 선한 일에 너희를 온전하게 하사 자기 뜻을 행하게 하시고 그 앞에 즐거운 것을 예수 그리스도로 말미암아 우리 가운데서 이루시기를 원하노라 영광이 그에게 세세무궁토록 있을지어다 아멘

마침내 축언에 이르렀다. 이 기도는 그리스도인의 가장 아름다운 기도에 들 것이다. 이 기도는 히브리서 말미에서 하나님을 향한 절대적 확신을 표현한다. 히브리서 저자가 그곳에 없지만 너무나 사랑하는 교회를 위해 드리는 기도다.

### 평강의 하나님과 부활하신 목자의 피

"평강의 하나님"을 말할 수 있다는 것은 절대로 작은 일이 아니다. 그리스도 안에 있는 자에게 하나님은 평강의 하나님이다. 예수님이 우리를 위해 하신 일 때문에, 이제 우리는 하나님을 평강의 하나님으로 안다. 우리는 하나님이 우리에게 평강으로 답하시길 바랄 필요가 없다. 무슬림의 사고에서, 하나님(알라)의 평강은 바랄 수 있지만 확신할 수 없는 것이다.

이유는 간단하다. 무슬림 신학에는 그리스도가 없기 때문이다. 우리가 하나님과의 평강(평화)을 성취해야 한다면 언제까지나 하나님의 영원한 원수로 남을 것이다. 대신에, 우리는 하나님께 감사한다. 그리스도께서 우리를 위해 평강을 성취하셨기 때문이다. 그러므로 "평강의 하나님"을 말할 수 있는 것은 놀라운 일이다.

이 축언은 그리스도의 부활이 중심이라는 것도 보여준다. 그리스도의 부활은 우리 믿음의 기초다. 히브리서 저자는 예수님에 관해 말할 수 있는 모든 것 중에서 그분의 부활, 곧 죽은 자 가운데서 살아나심을 선택해 강조한다. 저자가 히브리서 전체에서 지적하는 많은 이유가 있지만, 특히 이 때문에 예수님은 나머지 모든 제사장과 다르다. 다시 말해, 나머지 모든 대제사장과 달리, 예수님은 '살아계신' 대제사장이다.

히브리서 저자는 또한 예수님을 "양들의 큰 목자"로 정의한다. 참으로 놀라운 칭호다. 예수님에게 주어진 많은 칭호 중에서, 이보다 아름다운 게 있을까? 양들은 방향 감각이 없고 공격당하기 쉬운 동물이다. 양들은 자신을 돌봐줄 사람이 절실히 필요하다. 히브리서 원래 수신자들이 유대인이었으므로 양 떼 이미지를 잘 알았을 것이다. 그러므로 자신들을 그리스도의 양 떼로, 그분의 백성으로 이해했을 것이다. 우리는 예수님의 목초지의 양 떼다. 이 명칭은 그리스도께서 목자로서 그분의 백성을 사랑하신다는 것을 잘 표현한다. 자신의 양 떼를 향한 예수님의 사랑이 그 얼마나 깊은지 그분은 우리를 위해 자신의 목숨을 버리신다(요 10:11).

이 기도에서도, 히브리서 저자는 하나님이 그분의 백성과 맺으신 새롭고 영원한 언약이 뛰어남을 강조할 또 다른 기회를 놓치지 않는다. 예수님은 양 떼의 큰 목자다. 양 떼를 위해 자신의 피를 흘리셨기 때문이다. 이 피가 하나님과의 영원한 언약을 세운다. 또 다른 언약은 필요 없다. "영원한" 언약은 하나님이 세상을 지으신 목적이며, 그 목적이란 주 예수 그리스도께서 흘리신 피로 죄인들을 구원함으로써 자신의 영광을 드러내시는 것이다.

### 너희를 온전하게 하사 하나님을 기쁘시게 하시길

21절에서, 히브리서 저자가 그리스도의 피로 죄사함을 받은 이 사람들을 위해 하나님이 무엇을 해주시길 기대하는지 알 수 있다. 그는 하나님께 확신을 갖고 구한다. 모든 선한 일에 이들을 온전하게 해서(공동번역 개정판은 "여러분에게 온갖 좋은 것을 마련해 주셔서") 이들이 하나님의 뜻을 행하고 그분을 기쁘시게 할 수 있게 해주시라는 것이다. 하나님의 뜻을 행하려면 하나님의 도움이 필요하다. 우리의 힘으로는 하나님의 뜻을 행할 수 없다. 이 때문에, 히브리서 저자는 그분의 백성에게 이것들을 이루어 주시길 하나님께 구한다.

그리스도인으로서, 우리의 목적은 "그 앞에 즐거운 것을 예수 그리스도로 말미암아"(공동번역 개정판은 "예수 그리스도를 힘입어 당신께서 기뻐하실 일을") 행하는 것이어야 한다. 우리가 하나님을 기쁘시게 할 수 있는 길은 오직 하나, 예수님을 통하는 것이다. 그 누구도 예수님 없이 하나님을 기쁘시게 할 수 없다. 그와 동시에, 히브리서 저자는 자신의 기도가 예수 그리스도를 통해 이루어지길 구한다. 우리를 향한 예수 그리스도의 큰 사랑이 우리를 인도해 아버지께 영원 영원히 영광을 돌리게 하기 때문이다.

## 맺는 말

**히브리서 13:22-25**

22형제들아 내가 너희를 권하노니 권면의 말을 용납하라 내가 간단히 너희에게 썼느니라 23우리 형제 디모데가 놓인 것을 너희가 알라 그가 속히 오면 내가 그와 함께 가서 너희를 보리라 24너희를 인도하는 자들과 및 모든 성도들에게 문안하라 이달리야에서 온 자들도 너희에게 문안하느니라 25은혜가 너희 모든 사람에게 있을지어다 어떤 사람은 아멘이란 '단어'가 축언뿐 아니라 서신도 끝맺는다고 생각하겠지만, 사실 그렇지 않다. 히브리서 저자는 할 말이 조금 더 있고 해야 할 마지막 호소가 있다. 그가 이 교회에 편지하는 것은 단순히 신학 정보를 주기 위해서가 아니다. 그것이 중요하다고 해도, 저자의 주목적은 믿음의 인내를 이루라며 권면하는 것, 따라서 자신의 권면을 받아들이라고 호소하는 것이다. 히브리서는 촘촘하지만 특별히 긴 편지는 아니다.

히브리서 저자는 또한 자신의 독자들이 디모데의 상황을 알길 바란다. 이 디모데는 디모데전·후서의 그 디모데다. 디모데가 감옥에서 풀려났다. 저자는 디모데가 왜 감옥에 갇혔는지 말하지 않지만 복음을 위해서였다고 추정할 수 있다. 디모데가 저자와 합류할 수 있다면, 둘이 함께 독자들을 방문할 것이다.

편지의 결말에서 저자는 13장에서 세 번째 나오는 '인도하는 자'(leader, 지도자)라는 단어를 사용하며, 가르치는 자들의 책임과 청지기 정신을 또다시 강조한다. 저자는 또한 이달리야에서 온 사람들이 이 편지의 수신자들에게 안부를 전한다고 말한다. 이것은 단지 로마만이 아니라 이달리야 전역에 교회들이 생겨났고 지금 저자와 함께 있는 사람들이 이 교회에 안부를 전한다는 것을 암시한다. 이것은 이 교회가 실제 역사의 시간과 장소에서 실제 사람들로 구성되었다는 것을 일깨우는 또 하나의 흥미로운 진술이다.

히브리서 저자는 "은혜"라는 말로 편지를 마무리한다. 히브리서 같은 편지를 마무리하는 데 수신자들에게 하나님의 값없는 은혜가 임하길 구하는 것보다 더 적절하고 값진 방법은 없을 것이다. 히브리서 전체가 실제로 하나님이 예수 그리스도의 피로 그분의 백성과 맺으신 새 언약에 기초한 은혜에 관한 것이다. 우리는 은혜로 구원받았으며, 은혜로 끝까지 견딜 것이다. 참으로 은혜가 우리 모두에게 있기를!

1. 히브리서 저자는 자신의 독자들에게 찬송의 제사를 드리라고 촉구할 때 무엇을 염두에 두는가? 우리가 이 당부에 실제로 순종하는 것은 어떤 모습이겠는가? 우리 입술의 열매와 찬송의 제사가 어떤 관계인가?

2. 당신의 교회에서 누군가의 물질적 필요를 어떻게 채워줄 수 있겠는가? 왜 교회는 복음 중심의 마음으로 형제자매들의 필요를 나누고 채우려는 열망을 가져야 하는가? 성경의 다른 어떤 곳에서 이러한 개념이 실천되고 명령되는가?

3. 교회 지도자들에 대한 우리의 복종과 순종이 어떻게 이들이 우리에게 가르치는 내용에 달려있는가? 왜 우리의 지도자들에 기쁨으로 복종하는 게 중요한가? 왜 우리가 마지못해 순종하고 복종하면 우리에게 해가 되는가?

4. 히브리서 저자는 18절에서 자신의 독자들에게 자신을 위해 기도해달라고 부탁한다. 이것이 그의 바람과 어떻게 연결되는가? 왜 교회 지도자들과 선생들은 자신이 섬기는 사람들의 기도가 특별히 필요한가? 당신의 목회자를 위해 기도하도록 18절은 당신을 어떻게 격려하는가?

5. 히브리서 저자의 축언에서 기독교 신앙의 어떤 핵심 요소/이미지를 보는가? 히브리서 저자는 축언에서 이 요소/이미지를 어떻게 사용해 자신의

독자들에게 복음을 다시 한번 일깨우는가? 이것이 새 언약의 뛰어남을 어떻게 다시 한번 강조하는가?

6. 히브리서 저자가 21절에서 하는 기도와 16절에서 자신의 독자들에게 하는 권면이 어떻게 연결되는가? 왜 예수 그리스도 외에 그 무엇으로도 하나님을 기쁘시게 할 수 없는가?

7. 히브리서에 기록된 짧은 기도에서 경건한 기도에 관해 무엇을 배울 수 있는가? 기도에 관해 배운 것을 당신의 기도 생활에 어떻게 적용할 수 있는가?

8. 히브리서 저자는 이 서신을 어떻게 끝맺는가? 그는 이 서신을 어떻게 시작했는가? 서신의 내용을 알고 보니, 서신 끝부분의 주제가 서신 시작 부분의 주제와 어떻게 연결되는가? 히브리서를 끝맺는 적합한 방법은 무엇인가?

## 인용 자료

Brown, John. *Hebrews*. Geneva Series of Commentaries. Reprint edition. Edinburgh: Banner of Truth Trust, 1961.

Bruce, F. F. *The Epistle to the Hebrews*. Revised edition. New International Commentary on Eerdmans,1990. 《히브리서-뉴인터내셔널 주석 17》, 이장림 옮김(생명의말씀사, 1991).

Calvin, John. *Institutes of the Christian Religion*. Translated by Ford Lewis Battles. Edited by John T. McNeil. Philadelphia, PA: Westminster Press, 1960. 《기독교 강요》.

"Chicago Statement of Biblical Inerrancy." Dallas, TX: International Council on Biblical Inerrancy, 1978. http://library.dts.edu/Pages /TL/Special/ICBI_1.pdf

Ellingworth, Paul. *The Epistle to the Hebrews: A Commentary on the Greek Text*. New International Greek Testament Commentary. Grand Rapids, MI: Eerdmans,1993.

Geisler, Norman, and Frank Turek. *I Don't Have Enough Faith to Be an Atheist*. Wheaton, IL: Crossway, 2004. 《진리의 기독교》, 박규태 옮김(좋은씨앗, 2023).

Henry, Carl F. H. *God Who Speaks and Shows*. Vol. 3 of *God, Revelation and Authority*. Wheaton, IL: Crossway, 1999. 《신, 계시, 권위 4: 말씀하고 보여주시는 하나님》, 이상훈 옮김(알맹e, 2022) 전자책.

Horton, Michael. *Christless Christianity: The Alternative Gospel of the American Church*. Grand Rapids, MI: Baker, 2012. 《그리스도 없는 기독교》, 김성웅 옮김(부흥과개혁사, 2009).

Hughes, R. Kent. *Hebrews: An Anchor for the Soul. Preaching the Word*.

Wheaton, IL: Crossway, 1993.

Lane, William L. *Hebrews 1-8 and Hebrews 9-13*. Word Biblical Commentary. Dallas, TX: Word, 1991.

Owen, John. *The Death of Death in the Death of Christ*. Carlisle, PA: Banner of Truth, 1959.《그리스도의 죽으심》, 조계광 옮김(생명의말씀사, 2014). 요약본이다.

Phillips, Richard D. *Hebrews*. Reformed Expository Commentary: New Testament. Phillipsburg, NJ: P& R, 2006.《REC 히브리서》, 전광규 옮김(부흥과개혁사, 2010).

Schaeffer, Francis. *He Is There and He Is Not Silent*. Wheaton, IL: Tyndale House, 1972.《거기 계시며 말씀하시는 하나님》, 허긴 옮김(생명의말씀사, 1973.)

Schreiner, Thomas R. *Commentary on Hebrews*. Biblical Theology for Christian Proclamation. Edited by T. Desmond Alexander, Andreas J. Köstenberger, and Thomas R. Schreiner. Nashville, TN: B& H, 2015.《토머스 슈라이너 히브리서 주석》, 장호준 옮김(복있는 사람, 2016)

Warfield, B. B. *Inspiration and Authority of the Bible*. Phillipsburg, NJ: P& R Publishing, 1948.

# 성경 색인

## 창세기



## 출애굽기

**야고보서**



**베드로전서**

CCEC 그리스도 중심 강해주석 _히브리서

초판 1쇄 발행 2025년 3월 7일

**지은이** 앨버트 몰러
**펴낸이** 정선숙

**펴낸곳** 협동조합 아바서원
**등록** 제 274251-0007344
**주소** 경기도 고양시 덕양구 향동로 217 DMC플렉스데시앙 B동 1523호
**전화** 02-388-7944 **팩스** 02-389-7944
**이메일** abbabooks@hanmail.net



ISBN 979-11-90376-85-3
979-11-90376-83-9 (세트)

"너희는 다시 무서워하는 종의 영을 받지 아니하고 양자의 영을 받았으므로
우리가 아빠(아바) 아버지라고 부르짖느니라"(로마서 8:15)